Schillers sämmtliche Werke in zwölf Bänden
Elfter Band

Verone

Schillers sämmtliche Werke in zwölf Bänden
Elfter Band

1st Edition | ISBN: 978-9-92503-742-1

Place of Publication: Nikosia, Cyprus

Erscheinungsjahr: 2016

TP Verone Publishing House Ltd.

Über Völkerwanderung, Kreuzzüge und Mittelalter u.a. Nachdruck des Originals von 1857.

Schillers
sämmtliche Werke

in zwölf Bänden.

Elfter Band.

Inhalt.

	Seite
Ueber Völkerwanderung, Kreuzzüge und Mittelalter	3
Uebersicht des Zustands von Europa zur Zeit des ersten Kreuzzugs. Ein Fragment	16
Universalhistorische Uebersicht der merkwürdigsten Staatsbegebenheiten zu den Zeiten Kaiser Friedrichs I.	28
Geschichte der Unruhen in Frankreich, welche der Regierung Heinrichs IV. vorangingen, bis zum Tode Karls IX.	60
Herzog von Alba bei einem Frühstück auf dem Schlosse zu Rudolstadt, im Jahre 1547	196
Denkwürdigkeiten aus dem Leben des Marschalls Vieilleville	200
Vorrede zu der Geschichte des Malteserordens nach Vertot von M. N. bearbeitet	301
Vorrede zu dem ersten Theile der merkwürdigen Rechtsfälle nach Pitaval	309
Ueber Anmuth und Würde	313
Ueber das Pathetische	383
Ueber den Grund des Vergnügens an tragischen Gegenständen	415
Ueber die tragische Kunst	433
Zerstreute Betrachtungen über verschiedene ästhetische Gegenstände	460

Kleine

Schriften vermischten Inhalts.

Ueber Völkerwanderung, Kreuzzüge und Mittelalter.[1]

Das neue System gesellschaftlicher Verfassung, welches, im Norden von Europa und Asien erzeugt, mit dem neuen Völkergeschlechte auf den Trümmern des abendländischen Kaiserthums eingeführt wurde, hatte nun beinahe sieben Jahrhunderte lang Zeit gehabt, sich auf diesem neuen und größern Schauplatz und in neuen Verbindungen zu versuchen, sich in allen seinen Arten und Abarten zu entwickeln, und alle seine verschiedenen Gestalten und Abwechselungen zu durchlaufen. Die Nachkommen der Vandalen, Sueven, Alanen, Gothen, Heruler, Longobarden, Franken, Burgundier u. a. m., waren endlich eingewohnt auf dem Boden, den ihre Vorfahren mit dem Schwert in der Hand betreten hatten, als der Geist der Wanderung und des Raubes, der sie in dieses neue Vaterland geführt, beim Ablauf des eilften Jahrhunderts in einer andern Gestalt und durch andere Anlässe wieder bei ihnen aufgeweckt wurde. Europa gab jetzt dem südwestlichen Asien die Völkerschwärme und Verheerungen heim, die es

[1] Anmerkung des Herausgebers. Dieser Aufsatz war ein Theil der einleitenden Abhandlung, die dem ersten Bande der ersten Abtheilung der von dem Verfasser herausgegebenen historischen Memoires vorgedruckt wurde.

siebenhundert Jahre vorher von dem Norden dieses Welttheils
empfangen und erlitten hatte, aber mit sehr ungleichem Glücke;
denn so viel Ströme Bluts es den Barbaren gekostet hatte,
ewige Königreiche in Europa zu gründen, so viel kostete es jetzt
ihren christlichen Nachkommen, einige Städte und Burgen in
Syrien zu erobern, die sie zwei Jahrhunderte darauf auf immer
verlieren sollten.

Die Thorheit und Raserei, welche den Entwurf der Kreuzzüge erzeugten, und die Gewaltthätigkeiten, welche die Ausführung desselben begleitet haben, können ein Auge, das die Gegenwart begränzt, nicht wohl einladen, sich dabei zu verweilen.
Betrachten wir aber diese Begebenheit im Zusammenhang mit
den Jahrhunderten, die ihr vorhergingen, und mit denen, die
darauf folgten, so erscheint sie uns in ihrer Entstehung zu natürlich, um unsere Verwunderung zu erregen, und zu wohlthätig
in ihren Folgen, um unser Mißfallen nicht in ein ganz anderes
Gefühl aufzulösen. Sieht man auf ihre Ursachen, so ist diese
Expedition der Christen nach dem heiligen Lande ein so unge-
künsteltes, ja ein so nothwendiges Erzeugniß ihres Jahrhunderts,
daß ein ganz Ununterrichteter, dem man die historischen Prä-
missen dieser Begebenheit ausführlich vor Augen gelegt hätte,
von selbst darauf verfallen müßte. Sieht man auf ihre Wirkungen, so erkennt man in ihr den ersten merklichen Schritt, wodurch der Aberglaube selbst die Uebel anfing zu verbessern, die
er dem menschlichen Geschlecht Jahrhunderte lang zugefügt hatte.
und es ist vielleicht kein historisches Problem, das die Zeit reiner
aufgelöst hätte, als dieses, keines, worüber sich der Genius, der
den Faden der Weltgeschichte spinnt, befriedigender gegen die
Vernunft des Menschen gerechtfertigt hätte.

Aus der unnatürlichen und entnervenden Ruhe, in welche
das alte Rom alle Völker, denen es sich zur Herrscherin aufdrang,

versenkte, aus der weichlichen Sklaverei, worin es die thätigsten Kräfte einer zahlreichen Menschenwelt erstickte, sehen wir das menschliche Geschlecht durch die gesetzlose stürmische Freiheit des Mittelalters wandern, um endlich in der glücklichen Mitte zwischen beiden Aeußersten auszuruhen, und Freiheit mit Ordnung, Ruhe mit Thätigkeit, Mannigfaltigkeit mit Uebereinstimmung wohlthätig zu verbinden.

Die Frage kann wohl schwerlich seyn, ob der Glücksstand, dessen wir uns erfreuen, dessen Annäherung wir wenigstens mit Sicherheit erkennen, gegen den blühendsten Zustand, worin sich das Menschengeschlecht sonst jemals befunden, für einen Gewinn zu achten sey, und ob wir uns gegen die schönsten Zeiten Roms und Griechenlands auch wirklich verbessert haben. Griechenland und Rom konnten höchstens vortreffliche Römer, vortreffliche Griechen erzeugen — die Nation, auch in ihrer schönsten Epoche, erhob sich nie zu vortrefflichen Menschen. Eine barbarische Wüste war dem Athenienser die übrige Welt außer Griechenland; und man weiß, daß er dieses bei seiner Glückseligkeit sehr mit in Anschlag brachte. Die Römer waren durch ihren eigenen Arm bestraft, da sie auf dem ganzen großen Schauplatz ihrer Herrschaft nichts mehr übrig gelassen hatten, als römische Bürger und römische Sklaven. Keiner von unsern Staaten hat ein römisches Bürgerrecht auszutheilen; dafür aber besitzen wir ein Gut, das, wenn er Römer bleiben wollte, kein Römer kennen durfte — und wir besitzen es von einer Hand, die Keinem raubte, was sie Einem gab, und was sie einmal gab, nie zurücknimmt: wir haben Menschenfreiheit; ein Gut, das — wie sehr verschieden von dem Bürgerrecht des Römers! — an Werthe zunimmt, je größer die Anzahl derer wird, die es mit uns theilen, das, von keiner wandelbaren Form der Verfassung, von keiner Staatserschütterung abhängig, auf dem festen Grund der Vernunft und Billigkeit ruhet.

Der Gewinn ist also offenbar, und die Frage ist bloß diese: war kein näherer Weg zu diesem Ziele? Konnte sich diese heilsame Veränderung nicht weniger gewaltsam aus dem römischen Staat entwickeln, und mußte das Menschengeschlecht nothwendig die traurige Zeitstrecke vom vierten bis zum sechzehnten Jahrhundert durchlaufen?

Die Vernunft kann in einer anarchischen Welt nicht aushalten. Stets nach Uebereinstimmung strebend, läuft sie lieber Gefahr, die Ordnung unglücklich zu vertheidigen, als mit Gleichgültigkeit zu entbehren.

War die Völkerwanderung und das Mittelalter, das darauf folgte, eine nothwendige Bedingung unserer bessern Zeiten?

Asien kann uns einige Aufschlüsse darüber geben. Warum blühten hinter dem Heerzuge Alexanders keine griechischen Freistaaten auf? Warum sehen wir Sina, zu einer traurigen Dauer verdammt, in ewiger Kindheit altern? Weil Alexander mit Menschlichkeit erobert hatte, weil die kleine Schaar seiner Griechen unter den Millionen des großen Königs verschwand, weil sich die Horden der Mantschu in dem ungeheuern Sina unmerkbar verloren. Nur die Menschen hatten sie unterjocht; die Gesetze und die Sitten, die Religion und der Staat waren Sieger geblieben. Für despotisch beherrschte Staaten ist keine Rettung als in dem Untergang. Schonende Eroberer führen ihnen nur Pflanzvölker zu, nähren den siechen Körper, und können nichts, als seine Krankheit verewigen. Sollte das verpestete Land nicht den gesunden Sieger vergiften, sollte sich der Deutsche in Gallien nicht zum Römer verschlimmern, wie der Grieche zu Babylon in einen Perser ausartete, so mußte die Form zerbrochen werden, die seinem Nachahmungsgeist gefährlich werden konnte, und er mußte auf dem neuen Schauplatz, den er jetzt betrat, in jedem Betracht der stärkere Theil bleiben.

Die scythische Wüste öffnet sich und gießt ein rauhes Geschlecht über den Occident aus. Mit Blut ist seine Bahn bezeichnet. Städte sinken hinter ihm in Asche, mit gleicher Wuth zertritt es die Werke der Menschenhand und die Früchte des Ackers; Pest und Hunger holen nach, was Schwert und Feuer vergaßen; aber Leben geht nur unter, damit besseres Leben an seiner Stelle keime. Wir wollen ihm die Leichen nicht nachzählen, die es aufhäufte, die Städte nicht, die es in die Asche legte. Schöner werden sie hervorgehen unter den Händen der Freiheit, und ein besserer Stamm von Menschen wird sie bewohnen. Alle Künste der Schönheit und der Pracht, der Ueppigkeit und Verfeinerung gehen unter; kostbare Denkmäler, für die Ewigkeit gegründet, sinken in den Staub, und eine tolle Willkür darf in dem feinen Räderwerk einer geistreichen Ordnung wühlen; aber auch in diesem wilden Tumult ist die Hand der Ordnung geschäftig, und was den kommenden Geschlechtern von den Schätzen der Vorzeit beschieden ist, wird unbemerkt vor dem zerstörenden Grimm des jetzigen geflüchtet. Eine wüste Finsterniß breitet sich jetzt über dieser weiten Brandstätte aus, und der elende ermattete Ueberrest ihrer Bewohner hat für einen neuen Sieger gleich wenig Widerstand und Verführung.

Raum ist jetzt gemacht auf der Bühne — und ein neues Völkergeschlecht besetzt ihn, schon seit Jahrhunderten still, und ihm selbst unbewußt, in den nordischen Wäldern zu einer erfrischenden Colonie des erschöpften Westen erzogen. Roh und wild sind seine Gesetze, seine Sitten; aber sie ehren in ihrer rohen Weise die menschliche Natur, die der Alleinherrscher in seinen verfeinerten Sklaven nicht ehret. Unverrückt, als wär' er noch auf salischer Erde, und unversucht von den Gaben, die der unterjochte Römer ihm anbietet, bleibt der Franke den Gesetzen getreu, die ihn zum Sieger machten; zu stolz und zu weise, aus den Händen der Unglücklichen Werkzeuge des Glücks anzunehmen. Auf dem Aschenhaufen römischer Pracht breitet er seine nomadischen Gezelte aus, bäumt den eisernen Speer, sein höchstes Gut, auf dem eroberten Boden, pflanzt ihn vor den Richterstühlen auf, und selbst das Christenthum, will es anders den Wilden fesseln, muß das schreckliche Schwert umgürten.

Und nun entfernen sich alle fremden Hände von dem Sohne der Natur. Zerbrochen werden die Brücken zwischen Byzanz und Massilien, zwischen Alexandria und Rom, der schüchterne Kaufmann eilt heim, und das ländergattende Schiff liegt entmastet am Strande. Eine Wüste von Gewässern und Bergen, eine Nacht wilder Sitten wälzt sich vor den Eingang Europens hin, der ganze Welttheil wird geschlossen.

Ein langwieriger, schwerer und merkwürdiger Kampf beginnt jetzt: der rohe germanische Geist ringt mit den Reizungen eines neuen Himmels, mit neuen Leidenschaften, mit des Beispiels stiller Gewalt, mit dem Nachlaß des umgestürzten Roms, der in dem neuen Vaterland noch in tausend Netzen ihm nachstellt; und wehe dem Nachfolger eines Clodion, der auf der Herrscherbühne des Trajanus sich Trajanus dünkt! Tausend Klingen sind gezückt, ihm die scythische Wildniß ins Gedächtniß zu rufen. Hart stößt die Herrschsucht mit der Freiheit zusammen, der Trotz mit der Festigkeit, die List strebt die Kühnheit zu umstricken, das schreckliche Recht der Stärke kommt zurück, und Jahrhunderte lang sieht man den rauchenden Stahl nicht erkalten. Eine traurige Nacht, die alle Köpfe verfinstert, hängt über Europa herab, und nur wenige Lichtfunken fliegen auf, das nachgelassene Dunkel desto schrecklicher zu zeigen. Die ewige Ordnung scheint von dem Steuer der Welt geflohen, oder, indem sie ein entlegenes Ziel verfolgt, das gegenwärtige Geschlecht aufgegeben zu haben. Aber, eine gleiche Mutter allen ihren Kindern, rettet sie einstweilen die erliegende Ohnmacht an den Fuß der Altäre, und gegen eine Noth, die sie ihm nicht erlassen kann, stärkt sie das Herz mit dem Glauben der Ergebung. Die Sitten vertraut sie dem Schutz eines verwilderten Christenthums, und vergönnt dem mittlern Geschlechte, sich an diese wankende Krücke zu lehnen, die sie dem stärkern Enkel zerbrechen wird. Aber in diesem langen Kriege erwarmen zugleich die Staaten und ihre Bürger; kräftig wehrt sich der deutsche Geist gegen den herzumstrickenden Despotismus, der den zu früh ermatteten Römer erdrückte; der Quell der Freiheit springt in lebendigem Strom, und unüberwunden und wohlbehalten langt das spätere Geschlecht bei dem schönen Jahrhundert an, wo sich endlich, herbeigeführt durch die vereinigte Arbeit des Glücks und der Menschen, das Licht des Gedankens mit der Kraft des Entschlusses, die Einsicht mit dem Heldenmuth gatten soll. Da Rom noch Scipionen und Fabier zeugte, fehlten ihm die Weisen, die ihrer Tugend das Ziel gezeigt hätten; als seine Weisen blühten, hatte der Despotismus sein Opfer gewürgt, und die Wohlthat ihrer Erscheinung war an dem entnerten Jahrhundert verloren. Auch die griechische Tugend erreichte die hellen Zeiten des Perikles und Alexanders nicht mehr, und als Harun seine Araber denken lehrte, war die Glut ihres Busens erkaltet. Ein besserer Genius war es, der über das neue Europa wachte. Die lange Waffenübung des Mittelalters hatte dem sechzehnten Jahrhundert ein gesundes, starkes Geschlecht zugeführt, und der Vernunft, die jetzt ihr Panier entfaltet, kraftvolle Streiter erzogen.

Auf welchem andern Strich der Erde hat der Kopf die Herzen in Glut gesetzt, und die Wahrheit [1] den Arm der

[1] Oder was man dafür hielt. Es braucht wohl nicht erst gesagt zu werden, daß es hier nicht auf den Werth der Materie ankommt, die

Tapfern bewaffnet? Wo sonst, als hier, erlebte man die Wundererscheinung, daß Vernunftschlüsse des ruhigen Forschers das Feldgeschrei wurden in mörderischen Schlachten, daß die Stimme der Selbstliebe gegen den stärkern Zwang der Ueberzeugung schwieg, daß der Mensch endlich das Theuerste an das Edelste setzte? Die erhabenste Anstrengung griechischer und römischer Tugend hat sich nie über bürgerliche Pflichten geschwungen, nie oder nur in einem einzigen Weisen, dessen Name schon der größte Verwurf seines Zeitalters ist: das höchste Opfer, das die Nation in ihrer Heldenzeit brachte, wurde dem Vaterland gebracht. Beim Ablauf des Mittelalters allein erblickt man in Europa einen Enthusiasmus, der einem höhern Vernunftidol auch das Vaterland opfert. Und warum nur hier, und hier auch nur einmal diese Erscheinung? Weil in Europa allein, und hier nur am Ausgang des Mittelalters, die Energie des Willens mit dem Licht des Verstandes zusammentraf, hier allein ein noch männliches Geschlecht in die Arme der Weisheit geliefert wurde.

Durch das ganze Gebiet der Geschichte sehen wir die Entwicklung der Staaten mit der Entwicklung der Köpfe einen sehr ungleichen Schritt beobachten. Staaten sind jährige Pflanzen, die in einem kurzen Sommer verblühen, und von der Fülle des Saftes rasch in die Fäulniß hinübereilen; Aufklärung ist eine langsame Pflanze, die zu ihrer Zeitigung einen glücklichen Himmel, viele Pflege und eine lange Reihe von Frühlingen braucht. Und woher dieser Unterschied? Weil die Staaten der Leidenschaft anvertraut sind, die in jeder Menschenbrust ihren

gewonnen wurde, sondern auf die unternommene Mühe der Arbeit; auf den Fleiß und nicht auf das Erzeugniß. Was es auch sern mochte, wofür man kämpfte — es war immer ein Kampf für die Vernunft: denn durch die Vernunft allein hatte man das Recht dazu erfahren, und für dieses Recht wurde eigentlich ja nur gestritten.

Zunder findet, die Aufklärung aber dem Verstande, der nur durch fremde Nachhülfe sich entwickelt, und dem Glück der Entdeckungen, welche Zeit und Zufälle nur langsam zusammentragen. Wie oft wird die eine Pflanze blühen und welken, ehe die andere einmal heranreift? Wie schwer ist es also, daß die Staaten die Erleuchtung abwarten, daß die späte Vernunft die frühe Freiheit noch findet? Einmal nur in der ganzen Weltgeschichte hat sich die Vorsehung dieses Problem aufgegeben, und wir haben gesehen, wie sie es löste. Durch den langen Krieg der mittlern Jahrhunderte hielt sie das politische Leben in Europa frisch, bis der Stoff endlich zusammengetragen war, das moralische zur Entwicklung zu bringen.[1]

[1] Freiheit und Cultur, so unzertrennlich beide in ihrer höchsten Fülle mit einander vereinigt sind, und nur durch diese Vereinigung zu ihrer höchsten Fülle gelangen, so schwer sind sie in ihrem Werden zu verbinden. Ruhe ist die Bedingung der Cultur, aber nichts ist der Freiheit gefährlicher als Ruhe. Alle verfeinerten Nationen des Alterthums haben die Blüthe ihrer Cultur mit ihrer Freiheit erkauft, weil sie ihre Ruhe von der Unterdrückung erhielten. Und eben darum gereichte ihre Cultur ihnen zum Verderben, weil sie aus dem Verderblichen entstanden war. Sollte dem neuen Menschengeschlecht dieses Opfer erspart werden, d. i. sollten Freiheit und Cultur bei ihm sich vereinigen, so mußte es seine Ruhe auf einem ganz andern Weg als dem Despotismus empfangen. Kein anderer Weg war aber möglich als die Gesetze, und diese kann der noch freie Mensch nur sich selber geben. Dazu aber wird er sich nur aus Einsicht und Erfahrung entweder ihres Nutzens, oder der schlimmen Folgen ihres Gegentheils entschließen. Jenes setzte schon voraus, was erst geschehen und erhalten werden soll; er kann also nur durch die schlimmen Folgen der Gesetzlosigkeit dazu gezwungen werden. Gesetzlosigkeit aber ist nur von sehr kurzer Dauer, und führt mit raschem Uebergange zur willkürlichen Gewalt. Ehe die Vernunft die Gesetze gefunden hätte, würde die Anarchie sich längst in Despotismus geendigt haben. Sollte die Vernunft also Zeit finden, die Gesetze sich zu geben, so mußte die Gesetzlosigkeit verlängert werden, welches in dem Mittelalter geschehen ist.

12

Nur Europa hat Staaten, die zugleich erleuchtet, gesittet und ununterworfen sind, sonst überall wohnt die Wildheit bei der Freiheit, und die Knechtschaft bei der Cultur. Aber auch Europa allein hat sich durch ein kriegerisches Jahrtausend gerungen, und nur die Verwüstung im fünften und sechsten Jahrhundert konnte dieses kriegerische Jahrtausend herbeiführen. Es ist nicht das Blut ihrer Ahnherren, nicht der Charakter ihres Stammes, der unsere Väter vor dem Joch der Unterdrückung bewahrte, denn ihre gleich frei gebornen Brüder, die Turkomanen und Mantschu, haben ihre Nacken unter den Despotismus gebeugt. Es ist nicht der europäische Boden und Himmel, der ihnen dieses Schicksal ersparte, denn auf eben diesem Boden und unter eben diesem Himmel haben Gallier und Britten, Hetrurier und Lusitanier das Joch der Römer geduldet. Das Schwert der Vandalen und Hunnen, das ohne Schonung durch den Occident mähte, und das kraftvolle Völkergeschlecht, das den gereinigten Schauplatz besetzte, und aus einem tausendjährigen Kriege un=
überwunden kam — diese sind die Schöpfer unsers jetzigen Glücks; und so finden wir den Geist der Ordnung in den zwei schrecklichsten Erscheinungen wieder, welche die Geschichte aufweiset.

Ich glaube dieser langen Ausschweifung wegen keiner Entschuldigung zu bedürfen. Die großen Epochen in der Geschichte verknüpfen sich zu genau mit einander, als daß die eine ohne die andere erklärt werden könnte; und die Begebenheit der Kreuzzüge ist nur der Anfang zur Auflösung eines Räthsels, das dem Philosophen der Geschichte in der Völkerwanderung aufgegeben worden.

Im dreizehnten Jahrhundert ist es, wo der Genius der Welt, der schaffend in der Finsterniß gesponnen, die Decke hinwegzieht, um einen Theil seines Werks zu zeigen. Die trübe Nebelhülle, welche tausend Jahre den Horizont von Europa umzogen, scheidet sich in diesem Zeitpunkt, und heller Himmel sieht hervor. Das vereinigte Elend der geistlichen Einförmigkeit und der politischen Zwietracht, der Hierarchie und der Lehenverfassung, vollzählig und erschöpft beim Ablauf des eilften Jahrhunderts, muß sich in seiner ungeheuersten Geburt, in dem Taumel der heiligen Kriege, selbst ein Ende bereiten.

Ein fanatischer Eifer sprengt den verschlossenen Westen wieder auf, und der erwachsene Sohn tritt aus dem väterlichen Hause. Erstaunt sieht er in neuen Völkern sich an, freut sich am thracischen Bosporus seiner Freiheit und seines Muths, erröthet in Byzanz über seinen rohen Geschmack, seine Unwissenheit, seine Wildheit, und erschrickt in Asien über seine Armuth. Was er sich dort nahm und heimbrachte, bezeugen Europens Annalen; die Geschichte des Orients, wenn wir eine hätten, würde uns sagen, was er dafür gab und zurückließ. Aber scheint es nicht, als hätte der fränkische Heldengeist in das hinsterbende Byzanz noch ein flüchtiges Leben gehaucht? Unerwartet rafft es mit seinen Komnenern sich auf, und durch den kurzen Besuch der Deutschen gestärkt, geht es von jetzt an einen edlern Schritt zum Tode.

Hinter dem Kreuzfahrer schlägt der Kaufmann seine Brücke, und das wieder gefundene Band zwischen dem Abend und Morgen, durch einen kriegerischen Schwindel flüchtig geknüpft, befestigt und verewigt der überlegende Handel. Das levantische Schiff begrüßt seine wohlbekannten Gewässer wieder, und seine reiche Ladung ruft das lüsterne Europa zum Fleiße. Bald wird es das ungewisse Geleit des Arkturs entbehren, und, eine feste Regel in sich selbst, zuversichtlich auf nie besuchte Meere sich wagen.

Asiens Begierden folgen dem Europäer in seine Heimat —

aber hier kennen ihn seine Wälder nicht mehr, und andere Fahnen wehen auf seinen Burgen. In seinem Vaterlande verarmt, um an den Ufern des Euphrats zu glänzen, gibt er endlich das angebetete Idol seiner Unabhängigkeit und seine feindselige Herrengewalt auf, und vergönnt seinen Sklaven, die Rechte der Natur mit Gold einzulösen. Freiwillig bietet er den Arm jetzt der Fessel dar, die ihn schmückt, aber den Niegebändigten bändigt. Die Majestät der Könige richtet sich auf, indem die **Sklaven des Ackers zu Menschen** gedeihen; aus dem Meer der Verwüstung hebt sich, dem Elend abgewonnen, ein neues fruchtbares Land, **Bürgergemeinheit**.

Er allein, der die Seele der Unternehmung gewesen war und die ganze Christenheit für seine Größe hatte arbeiten lassen, der **römische Hierarch**, sieht seine Hoffnungen hintergangen. Nach einem Wolkenbild im Orient haschend, gab er im Occident eine wirkliche Krone verloren. Seine Stärke war die Ohnmacht der Könige; die Anarchie und der Bürgerkrieg die unerschöpfliche Rüstkammer, woraus er seine Donner holte. Auch noch jetzt schleudert er sie aus — jetzt aber tritt ihm die befestigte Macht der Könige entgegen. Kein Bannfluch, kein himmelsperrendes Interdict, keine Lossprechung von geheiligten Pflichten löst die heilsamen Bande wieder auf, die den Unterthan an seinen rechtmäßigen Beherrscher knüpfen. Umsonst, daß sein ohnmächtiger Grimm gegen die Zeit streitet, die ihm seinen Thron erbaute, und ihn jetzt davon herunter zieht! Aus dem Aberglauben war dieses Schreckbild des Mittelalters erzeugt, und groß gezogen von der Zwietracht. So schwach seine Wurzeln waren, so schnell und schrecklich durfte es aufwachsen im eilften Jahrhundert — seines Gleichen hatte kein Weltalter noch gesehen. Wer sah es dem Feinde der heiligsten Freiheit an, daß er der Freiheit zu Hülfe geschickt wurde? Als der Streit zwischen den Königen und den Edeln sich erhitzte, warf er sich zwischen die ungleichen Kämpfer, und hielt die gefährliche Entscheidung auf, bis in dem dritten Stande ein besserer Kämpfer heranwuchs, das Geschöpf des Augenblicks abzulösen. Ernährt von der Verwirrung, zehrte er jetzt ab in der Ordnung; die Geburt der Nacht schwindet er weg in dem Lichte. Verschwand aber der Dictator auch, der dem unterliegenden Rom gegen den Pompejus zu Hülfe eilte? Oder Pisistratus, der die Factionen Athens auseinander brachte? Rom und Athen gehen aus dem Bürgerkriege zur Knechtschaft über — das neue Europa zur Freiheit. Warum war Europa glücklicher? weil hier durch ein vorübergehendes Phantom bewirkt wurde, was dort durch eine bleibende Macht geschah — weil hier allein sich ein Arm fand, der kräftig genug war, Unterdrückung zu hindern, aber zu hinfällig, sie selbst auszuüben.

Wie anders säet der Mensch, und wie anders läßt das Schicksal ihn ernten? Asien an den Schemel seines Throns zu ketten, liefert der heilige Vater dem Schwert der Saracenen eine Million seiner Heldensöhne aus, aber mit ihnen hat er seinem Stuhl in Europa die kräftigsten Stützen entzogen. Von neuen Anmaßungen und neu zu erringenden Kronen träumt der Adel, und ein gehorsameres Herz bringt er zu den Füßen seiner Beherrscher zurück. Vergebung der Sünden und die Freuden des Paradieses sucht der fromme Pilger am heiligen Grabe, und ihm allein wird mehr geleistet, als ihm verheißen ward. Seine Menschheit findet er in Asien wieder, und den Samen der Freiheit bringt er seinen europäischen Brüdern aus diesem Welttheile mit — eine unendlich wichtigere Erwerbung als die Schlüssel Jerusalems, oder die Nägel vom Kreuz des Erlösers.

Ueberſicht des Zuſtands von Europa zur Zeit des erſten Kreuzzugs.

Ein Fragment.[1]

Der europäiſche Occident, in ſo viele Staaten er auch zer= theilt iſt, gibt im eilften Jahrhundert einen ſehr einförmigen Anblick. Durchgängig von Nationen in Beſitz genommen, die zur Zeit ihrer Niederlaſſung ziemlich auf einerlei Stufe geſell= ſchaftlicher Bildung ſtanden, im Ganzen denſelben Stamms= charakter trugen, und bei Beſitznehmung des Landes in einerlei Lage ſich befanden, hätte er ſeinen neuen Bewohnern ein merk= lich verſchiedenes Local anbieten müſſen, wenn ſich in der Folge der Zeit wichtige Verſchiedenheiten unter denſelben hätten äußern ſollen.

Aber die gleiche Wuth der Verwüſtung, womit dieſe Na= tionen ihre Eroberung begleiteten, machte alle noch ſo verſchie= den bewohnten, noch ſo verſchieden bebauten Länder, die der Schauplatz derſelben waren, einander gleich, indem ſie Alles, was ſich in ihnen vorfand, auf gleiche Weiſe niedertrat und ver= tilgte, und ihren neuen Zuſtand mit demjenigen, worin ſie ſich

---

[1] Anmerkung des Herausgebers. Dieſe Abhandlung erſchien in dem erſten Bande der hiſtoriſchen Memoires, wurde aber wegen der damaligen Krankheit des Verfaſſers nicht fortgeſetzt.

vorher befunden, fast außer aller Verbindung setzte. Wenn auch schon Klima, Beschaffenheit des Bodens, Nachbarschaft, geographische Lage einen merklichen Unterschied unterhielten, wenn gleich die übrig gebliebenen Spuren römischer Cultur in den mittäglichen, der Einfluß der gebildetern Araber in den südwestlichen Ländern, der Sitz der Hierarchie in Italien, und der öftere Verkehr mit den Griechen in eben diesem Lande nicht ohne Folgen für die Bewohner derselben seyn konnten, so waren ihre Wirkungen doch zu unmerklich, zu langsam und zu schwach, um das feste generische Gepräge, das alle diese Nationen in ihre neuen Wohnsitze mitgebracht hatten, auszulöschen, oder merklich zu verändern. Daher nimmt der Geschichtsforscher an den entlegensten Enden von Europa, in Sicilien und Britannien, an der Donau und an der Eiver, am Ebro und an der Elbe, im Ganzen eine Gleichförmigkeit der Verfassung und der Sitten wahr, die ihn um so mehr in Verwunderung setzt, da sie sich mit der größten Unabhängigkeit und einem fast gänzlichen Mangel an wechselseitiger Verbindung zusammen findet. So viele Jahrhunderte auch über diesen Völkern hinweggegangen sind, so große Veränderungen auch durch so viele neue Lagen, eine neue Religion, neue Sprachen, neue Künste, neue Gegenstände der Begierde, neue Bequemlichkeiten und Genüsse des Lebens, im Innern ihres Zustands hätten bewirkt werden sollen und auch wirklich bewirkt wurden, so besteht doch im Ganzen noch dasselbe Staatsgerüste, das ihre Voreltern bauten. Noch jetzt stehen sie, wie in ihrem scythischen Vaterland, in wilder Unabhängigkeit, gerüstet zum Angriff und zur Vertheidigung, in Europa's Districten, wie in einem großen Heerlager ausgebreitet; auch auf diesen weitern politischen Schauplatz haben sie ihr barbarisches Staatsrecht verpflanzt, bis in das Innere des Christenthums ihren nordischen Aberglauben getragen.

Monarchien nach römischem oder asiatischem Muster und Freistaaten nach griechischer Art sind auf gleiche Weise von dem neuen Schauplatz verschwunden. An die Stelle derselben sind soldatische Aristokratien getreten, Monarchien ohne Gehorsam, Republiken ohne Sicherheit und selbst ohne Freiheit, große Staaten in hundert kleine zerstückelt, ohne Uebereinstimmung von innen, von außen ohne Festigkeit und Beschirmung, schlecht zusammenhängend in sich selbst und noch schlechter unter einander verbunden. Man findet Könige, ein widersprechendes Gemisch von barbarischen Heerführern und römischen Imperatoren, von welchen letztern einer den Namen trägt, aber ohne ihre Machtvollkommenheit zu besitzen; Magnaten, an wirklicher Gewalt wie an Anmaßungen überall dieselben, obgleich verschieden benannt in verschiedenen Ländern; mit dem weltlichen Schwert gebietende Priester; eine Miliz des Staats, die der Staat nicht in der Gewalt hat und nicht besoldet; endlich Landbauer, die dem Boden angehören, der ihnen nicht gehört; Adel und Geistlichkeit, Halbfreie und Knechte. Municipalstädte und freie Bürger sollen erst werden.

Um diese veränderte Gestalt der europäischen Staaten zu erklären, müssen wir zu entfernteren Zeiten zurückgehen und ihrem Ursprung nachspüren.

Als die nordischen Nationen Deutschland und das römische Reich in Besitz nahmen, bestanden sie aus lauter freien Menschen, die aus freiwilligem Entschluß dem Bund beigetreten waren, der auf Eroberung ausging, und bei einem gleichen Antheil an den Arbeiten und Gefahren des Kriegs ein gleiches Recht an die Länder hatten, welche der Preis dieses Feldzugs waren. Einzelne Haufen gehorchten den Befehlen eines Häuptlings; viele Häuptlinge mit ihren Haufen einem Feldhauptmann oder Fürsten, der das Heer anführte. Es gab also bei gleicher Freiheit drei

verschiedene Ordnungen oder Stände, und nach diesem Ständes
unterschied, vielleicht auch nach der bewiesenen Tapferkeit, fielen
nunmehr auch die Portionen bei der Menschenbeute und Ländertheilung aus. Jeder freie Mann erhielt seinen Antheil, der
Rottenführer einen größeren, der Heerführer den größten; aber
frei, wie die Personen ihrer Besitzer, waren auch die Güter,
und was einem zugesprochen wurde, blieb sein auf immer, mit
völliger Unabhängigkeit. Es war der Lohn seiner Arbeit, und
der Dienst, der ihm ein Recht darauf gab, schon geleistet.

Das Schwert mußte vertheidigen, was das Schwert errungen hatte, und das Erworbene zu beschützen, war der einzelne
Mann eben so wenig fähig, als er es einzeln erworben haben
würde. Der kriegerische Bund durfte also auch im Frieden nicht
auseinander fallen; Rottenführer und Heerführer blieben, und
die zufällige temporäre Hordenvereinigung wurde nunmehr zur
ansässigen Nation, die bei eintretendem Nothfall sogleich, wie
zur Zeit ihres kriegerischen Einfalls, kampffertig wieder da stand.

Von jedem Länderbesitz war die Verbindlichkeit unzertrennlich, **Heerfolge** zu leisten, d. i. mit der gehörigen Ausrüstung
und einem Gefolge, das dem Umfang der Grundstücke, die man
besaß, angemessen war, zu dem allgemeinen Bunde zu stoßen,
der das Ganze vertheidigte; eine Verbindlichkeit, die vielmehr
angenehm und ehrenvoll, als drückend war, weil sie zu den
kriegerischen Neigungen dieser Nationen stimmte, und von wichtigen Vorzügen begleitet war. Ein Landgut und ein Schwert,
ein freier Mann und eine Lanze galten für unzertrennliche Dinge.

Die eroberten Ländereien waren aber keine Einöden, als
man sie in Besitz nahm. So grausam auch das Schwert dieser
barbarischen Eroberer und ihrer Vorgänger, der Vandalen und
Hunnen, in denselben gewüthet hatte, so war es ihnen doch
unmöglich gewesen, die ursprünglichen Bewohner derselben ganz

zu vertilgen. Viele von diesen waren also mit unter der Beute- und Ländertheilung begriffen, und ihr Schicksal war, als leibeigene Sklaven jetzt das Feld zu bebauen, welches sie vormals als Eigenthümer besessen hatten. Dasselbe Loos traf auch die beträchtliche Menge der Kriegsgefangenen, die der erobernde Schwarm auf seinen Zügen erbeutet hatte, und nun als Knechte mit sich schleppte. Das Ganze bestand jetzt aus Freien und aus Sklaven, aus Eigenthümern und aus Eigenen. Dieser zweite Stand hatte kein Eigenthum, und folglich auch keines zu beschützen; er führte daher auch kein Schwert, er hatte bei politischen Verhandlungen keine Stimme. Das Schwert gab Adel, weil es von Freiheit und Eigenthum zeugte.

Die Ländertheilung war ungleich ausgefallen, weil das Loos sie entschieden, und weil der Rottenführer eine größere Portion davon getragen hatte als der Gemeine, der Heerführer eine größere als alle Uebrigen. Er hatte also mehr Einkünfte, als er verbrauchte, oder Ueberfluß, folglich Mittel zum Luxus. Die Neigungen jener Völker waren auf kriegerischen Ruhm gerichtet, also mußte sich auch der Luxus auf eine kriegerische Art äußern. Sich von auserlesenen Schaaren begleitet, und an ihrer Spitze von dem Nachbar gefürchtet zu sehen, war das höchste Ziel, wornach der Ehrgeiz jener Zeiten strebte; ein zahlreiches kriegerisches Gefolge, die prächtigste Ausstellung des Reichthums und der Gewalt, und zugleich das unfehlbarste Mittel beides zu vergrößern. Jener Ueberfluß an Grundstücken konnte daher auf keine bessere Art angewendet werden, als daß man sich kriegerische Gefährten damit erkaufte, die einen Glanz auf ihren Führer werfen, ihm das Seinige vertheidigen helfen, empfangene Beleidigungen rächen, und im Kriege an seiner Seite fechten konnten. Der Häuptling und der Fürst entäußerten also gewisse Stücke Landes, und traten den Genuß derselben an andere minder vermögende Gutsbesitzer ab, welche sich dafür zu gewissen kriegerischen Diensten, die mit der Vertheidigung des Staats nichts zu thun hatten und bloß die Person des Verleihers angingen, verpflichten mußten. Bedurfte Letzterer dieser Dienste nicht mehr, oder konnte der Empfänger sie nicht mehr leisten, so hörte auch die Nutznießung der Ländereien wieder auf, deren wesentliche Bedingung sie waren. Diese Länderverleihung war also bedingt und veränderlich, ein wechselseitiger Vertrag, entweder auf eine festgesetzte Anzahl Jahre, oder auf Zeitlebens errichtet, aufgehoben durch den Tod. Ein Stück Landes auf solche Art verliehen, hieß eine Wohlthat (**Beneficium**) zum Unterschied von dem Freigut (**Allodium**), welches man nicht von der Güte eines Andern, nicht unter besondern Bedingungen, nicht auf eine Zeitlang, sondern von Rechtswegen, ohne alle andere Beschwerde als die Verpflichtung zur Heerfolge, und auf ewige Zeiten besaß. Feudum nannte man sie im Latein jener Zeiten, vielleicht weil der Empfänger dem Verleiher Treue (Fidem) dafür leisten mußte, im Deutschen **Lehen**, weil sie geliehen, nicht auf immer weggegeben wurden. Verleihen konnte Jeder, der Eigenthum besaß; das Verhältniß von Lehensherrn und Vasallen wurde durch kein anderes Verhältniß aufgehoben. Könige selbst sah man zuweilen bei ihren Unterthanen zu Lehen gehen. Auch verliehene Güter konnten weiter verliehen, und der Vasall des Einen wieder der Lehensherr eines Andern werden, aber die oberlehensherrliche Gewalt des ersten Verleihers erstreckte sich durch die ganze noch so lange Reihe von Vasallen. So konnte z. B. kein leibeigener Landbauer von seinem unmittelbaren Herrn freigelassen werden, wenn der oberste Lehensherr nicht darein willigte.

Nachdem mit dem Christenthum auch die christliche Kirchenverfassung unter den neuen europäischen Völkern eingeführt

worden, fanden die Bischöfe, die Domstifter und Klöster sehr
bald Mittel, den Aberglauben des Volks und die Großmuth
der Könige in Anspruch zu nehmen. Reiche Schenkungen ge=
schahen an die Kirchen, und die ansehnlichsten Güter wurden
oft zerrissen, um den Heiligen eines Klosters unter seinen Erben
zu haben. Man wußte nicht anders, als daß man Gott be=
schenkte, indem man seine Diener bereicherte; aber auch ihm
wurde die Bedingung nicht erlassen, welche an jedem Länderbesitz
haftete; eben so gut, wie jeder Andere, mußte er die gehörige
Mannschaft stellen, wenn ein Aufgebot erging, und die Welt=
lichen verlangten, daß die Ersten im Rang auch die Ersten auf
dem Platze seyn sollten. Weil Alles, was an die Kirche ge=
schenkt wurde, auf ewig und unwiderruflich an sie abgetreten
war, so unterschieden sich Kirchengüter dadurch von den Lehen,
die zeitlich waren, und nach verstrichenem Termin in die Hand
des Verleihers zurückkehrten. Sie näherten sich aber von einer
andern Seite dem Lehen wieder, weil sie sich nicht, wie Allodien,
vom Vater auf den Sohn forterbten, weil der Landesherr beim
Ableben des jedesmaligen Besitzers dazwischen trat, und durch
Belehnung des Bischofs seine oberherrliche Gewalt ausübte.
Die Besitzungen der Kirche, könnte man also sagen, waren
Allodien in Rücksicht auf die Güter selbst, die niemals zurück=
kehrten, und Beneficien in Rücksicht auf den jedesmaligen Be=
sitzer, den nicht die Geburt, sondern die Wahl dazu bestimmte.
Er erlangte sie auf dem Wege der Belehnung, und genoß sie
als Allodien.

Es gab noch eine vierte Art von Besitzungen, die man auf
Lehenart empfing, und an welcher gleichfalls Lehensverpflichtungen
hafteten. Dem Heerführer, den man auf seinem bleibenden
Boden nunmehr König nennen kann, stand das Recht zu, dem
Volke Häupter vorzusetzen, Streitigkeiten zu schlichten oder

Richter zu bestellen und die allgemeine Ordnung und Ruhe zu erhalten. Dieses Recht und diese Pflicht blieb ihm auch nach geschehener Niederlassung und im Frieden, weil die Nation noch immer ihre kriegerische Einrichtung beibehielt. Er bestellte also Vorsteher über die Länder, deren Geschäft es zugleich war, im Kriege die Mannschaft anzuführen, welche die Provinz ins Feld stellte; und da er, um Recht zu sprechen und Streitigkeiten zu entscheiden, nicht überall zugleich gegenwärtig seyn konnte, so mußte er sich vervielfältigen, d. i. er mußte sich in den verschiedenen Districten durch Bevollmächtigte repräsentiren, welche die oberrichterliche Gewalt in seinem Namen darin ausübten. So setzte er Herzoge über die Provinzen, Markgrafen über die Gränzprovinzen, Grafen über die Gauen, Centgrafen über kleinere Districte u. a. m., und diese Würden wurden gleich den Grundstücken belehnungsweise ertheilt. Sie waren eben so wenig erblich als die Lehengüter, und wie diese konnte sie der Landesherr von einem auf den andern übertragen. Wie man Würden zu Lehen nahm, wurden auch gewisse Gefälle, z. B. Strafgelder, Zölle und dergleichen mehr auf Lehensart vergeben.

Was der König in dem Reiche, das that die hohe Geistlichkeit in ihren Besitzungen. Der Besitz von Ländern verband sie zu kriegerischen und richterlichen Diensten, die sich mit der Würde und Reinigkeit ihres Berufes nicht wohl zu vertragen schienen. Sie war also gezwungen, diese Geschäfte an Andere abzugeben, denen sie dafür die Nutznießung gewisser Grundstücke, die Sporteln des Richteramts und andere Gefälle überließ, oder nach der Sprache jener Zeiten, sie mußte ihnen solche zu Lehen auftragen. Ein Erzbischof, Bischof oder Abt war daher in seinem Districte, was der König in dem ganzen Staat. Er hatte Advokaten oder Vögte, Beamte und Lehenträger, Tribunale und einen Fiscus; Könige selbst hielten es nicht unter ihrer

Würde, Lehenträger ihrer Bischöfe und Prälaten zu werden, welches diese nicht unterlassen haben, als ein Zeichen des Vorzugs geltend zu machen, der dem Clerus über die Weltlichen gebühre. Kein Wunder, wenn auch die Päpste sich nachher einfallen ließen, den, welchen sie zum Kaiser gemacht, mit dem Namen ihres Vogts zu beehren. Wenn man das doppelte Verhältniß der Könige, als Baronen und als Oberhäupter ihres Reichs, immer im Auge behält, so werden sich diese scheinbaren Widersprüche lösen.

Die Herzoge, Markgrafen, Grafen, welche der König als Kriegsobersten und Richter über die Provinzen setzte, hatten eine gewisse Macht nöthig, um der äußern Vertheidigung ihrer Provinzen gewachsen zu seyn, um gegen den unruhigen Geist der Baronen ihr Ansehen zu behaupten, ihren Rechtsbescheiden Nachdruck zu geben, und sich, im Falle der Widersetzung, mit den Waffen in der Hand Gehorsam zu verschaffen. Mit der Würde selbst aber ward keine Macht verliehen, diese mußte sich der königliche Beamte selbst zu verschaffen wissen. Dadurch wurden diese Bedienungen allen minder vermögenden Freien verschlossen, und auf die kleine Anzahl der hohen Baronen eingeschränkt, die an Allodien reich genug waren, und Vasallen genug ins Feld stellen konnten, um sich aus eigenen Kräften zu behaupten. Dies war vorzüglich in solchen Ländern nöthig, wo ein mächtiger und kriegerischer Adel war, und unentbehrlich an den Gränzen. Es wurde nöthiger von einem Jahrhundert zum andern, wie der Verfall des königlichen Ansehens die Anarchie herbeiführte, Privatkriege einrissen, und Straflosigkeit die Raubsucht aufmunterte; daher auch die Geistlichkeit, welche diesen Räubereien vorzüglich ausgesetzt war, ihre Schirmvögte und Vasallen unter den mächtigen Baronen aussuchte. Die hohen Vasallen der Krone waren also zugleich begüterte Baronen oder Eigenthumsherren, und hatten selbst schon ihre Vasallen unter sich, deren Arm ihnen zu Gebote stand. Sie waren zugleich Lehenträger der Krone, und Lehensherren ihrer Untersassen; das Erste gab ihnen Abhängigkeit, indem Letzteres den Geist der Willkür bei ihnen nährte. Auf ihren Gütern waren sie unumschränkte Fürsten; in ihren Lehen waren ihnen die Hände gebunden, jene vererbten sich vom Vater zum Sohne, diese kehrten nach ihrem Ableben in die Hand des Lehensherrn zurück. Ein so widersprechendes Verhältniß konnte nicht lange Bestand haben. Der mächtige Kronvasall äußerte bald ein Bestreben, das Lehen dem Allodium gleich zu machen, dort, wie hier, unumschränkt zu seyn, und jenes, wie dieses, seinen Nachkommen zu versichern. Anstatt den König in dem Herzogthum oder in der Grafschaft zu repräsentiren, wollte er sich selbst repräsentiren, und er hatte dazu gefährliche Mittel an der Hand. Eben die Hülfsquellen, die er aus seinen vielen Allodien schöpfte, eben dieses kriegerische Heer, das er aus seinen Vasallen aufbringen konnte und wodurch er in den Stand gesetzt war, der Krone in diesem Posten zu nützen, machte ihn zu einem eben so gefährlichen als unsichern Werkzeug derselben. Besaß er viele Allodien in dem Lande, das er zu Lehen trug, oder worin er eine richterliche Würde bekleidete (und aus diesem Grunde war es ihm vorzugsweise anvertraut worden), so stand gewöhnlich der größte Theil der Freien, welche in dieser Provinz ansässig waren, in seiner Abhängigkeit. Entweder trugen sie Güter von ihm zu Lehen, oder sie mußten doch einen mächtigen Nachbar in ihm schonen, der ihnen schädlich werden konnte. Als Richter ihrer Streitigkeiten hatte er ebenfalls oft ihre Wohlfahrt in Händen, und als königlicher Statthalter konnte er sie drücken und erledigen. Unterließen es nun die Könige, sich durch öftere Bereisung der Länder durch Ausübung ihrer oberrichterlichen Würde und dergleichen dem Volk (unter welchem Namen man immer die waffenführenden Freien und niedern Gutsbesitzer verstehen muß) in Erinnerung zu bringen, oder wurden sie durch auswärtige Unternehmungen daran verhindert, so mußten die hohen Freiherren den niedrigen Freien endlich die letzte Hand scheinen, aus welcher ihnen sowohl Bedrückungen kamen, als Wohlthaten zuflossen; und da überhaupt in jedem Systeme von Subordination der nächste Druck immer am lebhaftesten gefühlt wird, so mußte der hohe Adel sehr bald einen Einfluß auf den niedrigen gewinnen, der ihm die ganze Macht desselben in die Hände spielte. Kam es also zwischen dem König und seinem Vasallen zum Streit, so konnte letzterer weit mehr als jener auf den Beistand seiner Untersassen rechnen, und dieses setzte ihn in den Stand, der Krone zu trotzen. Es war nun zu spät und auch zu gefährlich, ihm oder seinem Erben das Lehen zu entreißen, das er im Fall der Noth mit der vereinigten Macht des Kantons behaupten konnte; und so mußte der Monarch sich begnügen, wenn ihm der zu mächtig gewordene Vasall noch den Schatten der Oberlehensherrschaft gönnte, und sich herabließ, für ein Gut, das er eigenmächtig an sich gerissen, die Belehnung zu empfangen. Was hier von den Kronvasallen gesagt ist, gilt auch von den Beamten und Lehenträgern der hohen Geistlichkeit, die mit den Königen insofern in Einem Fall war, daß mächtige Baronen bei ihr zu Lehen gingen.

So wurden unvermerkt aus verliehenen Würden und aus lehenweise übertragenen Gütern erbliche Besitzungen, und wahre Eigenthumsherren aus Vasallen, von denen sie nur noch den äußern Schein beibehielten. Viele Lehen oder Würden wurden auch dadurch erblich, daß die Ursache, um derentwillen man dem Vater das Lehen übertragen hatte, auch bei seinem Sohn und Enkel noch statt fand. Belehnte z. B. der deutsche König einen sächsischen Großen mit dem Herzogthum Sachsen, weil derselbe in diesem Lande schon an Allodien reich und also vorzüglich im Stande war es zu beschützen, so galt dieses auch von dem Sohn dieses Großen, der diese Allodien erbte; und war dieses mehrmals beobachtet worden, so wurde es zur Observanz, welche sich ohne eine außerordentliche Veranlassung und ohne eine nachdrückliche Zwangsgewalt nicht mehr umstoßen ließ. Es fehlt zwar auch in spätern Zeiten nicht ganz an Beispielen solcher zurückgenommenen Lehen, aber die Geschichtschreiber erwähnen ihrer auf eine Art, die leicht erkennen läßt, daß es Ausnahmen von der Regel gewesen. Es muß ferner noch erinnert werden, daß diese Veränderung in verschiedenen Ländern, mehr oder minder allgemein, frühzeitiger oder später erfolgte.

Waren die Lehen einmal in erbliche Besitzungen ausgeartet, so mußte sich in dem Verhältniß des Souveräns gegen seinen Adel bald eine große Veränderung äußern. So lange der Souverän das erledigte Lehen noch zurücknahm, um es von neuem nach Willkür zu vergeben, so wurde der niedere Adel noch oft an den Thron erinnert, und das Band, das ihn an seinen unmittelbaren Lehensherrn knüpfte, wurde minder fest geflochten, weil die Willkür des Monarchen und jeder Todesfall es wieder zertrennte. Sobald es aber eine ausgemachte Sache war, daß der Sohn dem Vater auch in dem Lehen folgte, so mußte der Vasall, daß er für seine Nachkommenschaft arbeitete, indem er sich dem unmittelbaren Herrn ergeben bezeigte. So wie also durch die Erblichkeit der Lehen das Band zwischen den mächtigen Vasallen und der Krone erschlaffte, wurde es zwischen jenen und ihren Untersassen fester zusammengezogen. Die großen Lehen hingen endlich nur noch durch die einzige Person des Kronvasallen mit der Krone zusammen, der sich oft sehr lange bitten ließ, ihr die Dienste zu leisten, wozu ihn seine Würde verpflichtete.

Universalhistorische Uebersicht

der

merkwürdigsten Staatsbegebenheiten zu den Zeiten Kaiser Friederichs I.[1]

Der heftige Streit des Kaiserthums mit der Kirche, der die Regierungen Heinrichs IV. und V. so stürmisch machte, hatte sich endlich (1122) in einem vorübergehenden Frieden beruhigt und durch den Vergleich, welchen Letzterer mit Papst Calirtus II. einging, schien der Zunder erstickt zu seyn, der ihn wieder herstellen konnte. Das Geistliche hatte sich, Dank sey der zusammenhängenden Politik Gregors VII. und seiner Nachfolger, gewaltsam von dem Weltlichen geschieden, und die Kirche bildete nun im Staate und neben dem Staate ein abgesondertes, wo nicht gar feindseliges System. Das kostbare Recht des Throns, durch Ernennung der Bischöfe verdiente Diener zu belohnen und neue Freunde sich zu verpflichten, war selbst bis auf den äußerlichen Schein durch die freigegebenen Wahlen für die Kaiser verloren. Nichts blieb ihnen übrig von diesem unschätzbaren Regal, als

---

[1] Anmerkung des Herausgebers. Im dritten Bande der historischen Memoires (erste Abtheilung) findet sich diese Abhandlung, aber ungeendigt. Die Fortsetzung unterblieb wegen der damaligen Krankheit des Verfassers.

den erwählten Bischof, vor seiner Einweihung vermittelst des
Scepters, wie einen weltlichen Vasallen, mit dem weltlichen
Theil seiner Würde zu bekleiden. Ring und Stab, die geweihten
Sinnbilder des bischöflichen Amtes, durfte die unkeusche, blut=
besudelte Laienhand nicht mehr berühren. Bloß für streitige
Fälle, wenn sich das Domcapitel in der Wahl eines Bischofs
nicht vereinigen konnte, hatten die Kaiser noch einen Theil ihres
vorigen Einflusses gerettet, und der Zwiespalt der Wählenden
ließ es ihnen nicht an Gelegenheit fehlen, davon Gebrauch zu
machen. Aber auch diesen wenigen geretteten Ueberresten der
vormaligen Kaisergewalt stellte die Herrschsucht der folgenden
Päpste nach, und der Knecht der Knechte Gottes hatte keine
größere Angelegenheit, als den Herrn der Welt so tief als
möglich neben sich zu erniedrigen.

  Die gefährlichste Stelle in der Christenheit war jetzt un=
streitig der römische Kaiserthron; gegen diesen zielte die auf=
strebende päpstliche Macht mit allen Donnern, die ihr zu Gebote
standen, mit allen Fallstricken ihrer verborgenen Staatskunst.
Deutschlands Verfassung erleichterte ihr den Sieg über seinen
Oberherrn; der Glanz des kaiserlichen Namens machte ihn
schimmernd. Jeder deutsche Fürst, den die Wahl seiner Mit=
stände auf den Stuhl der Ottonen setzte, brach eben dadurch mit
dem apostolischen Stuhl. Er konnte sich als ein Opfer betrachten,
das man zum Tode schmückte. Zugleich mit dem kaiserlichen Pur=
pur mußte er Pflichten übernehmen, die mit den Vergrößerungs=
plänen der Päpste durchaus unvereinbar waren, und seine kaiser=
liche Ehre, sein Ansehen im Reich hing an ihrer Erfüllung.
Seine Kaiserwürde legte ihm auf, die Herrschaft über Italien
und selbst in den Mauern Roms zu behaupten; in Italien konnte
der Papst keinen Herrn ertragen, die Italiener verschmähten auf
gleiche Art das Joch des Ausländers und des Priesters. Es

blieb ihm also nur die bedenkliche Wahl, entweder dem Kaiserthron von seinen Rechten zu vergeben, oder mit dem Papst in
den Kampf zu gehen, und auf immer dem Frieden seines Lebens
zu entsagen.

Die Frage ist der Erörterung werth, warum selbst die
staatskundigsten Kaiser so hartnäckig darauf bestanden, die Ansprüche des deutschen Reichs auf Italien geltend zu machen, ungeachtet sie so viele Beispiele vor sich hatten, wie wenig der
Gewinn der erstaunlichen Aufopferungen werth war, ungeachtet
jeder italienische Zug von den Deutschen selbst ihnen so schwer
gemacht, und die nichtigen Kronen der Lombardei und des Kaiserthums in jedem Betracht so theuer erkauft werden mußten. Ehrgeiz allein erklärt diese Einstimmigkeit ihres Betragens nicht;
es ist höchst wahrscheinlich, daß ihre Anerkennung in Italien
auf die einheimische Autorität der Kaiser in Deutschland einen
merklichen Einfluß hatte, und daß sie alsdann vorzüglich dieser
Hülfe bedurften, wenn sie durch Wahl allein, ohne Mitwirkung des Erbrechts, auf den Thron gestiegen waren. Was
auch ihr Fiscus dabei gewinnen mochte, so konnte der Ertrag
des Eroberten den Aufwand der Eroberung kaum bezahlen, und
die Goldquelle vertrocknete, sobald sie das Schwert in die Scheide
steckten.

Zehn Wahlfürsten, welche jetzt zum ersten Male einen engern
Ausschuß unter den Reichsständen bilden, und vorzugsweise dieses Recht ausüben, versammeln sich nach dem Hinscheiden Heinrichs V. zu Mainz, dem Reich einen Kaiser zu geben. Drei
Prinzen, damals die mächtigsten Deutschlands, kommen zu dieser
Würde in Vorschlag: Herzog Friedrich von Schwaben, des verstorbenen Kaisers Schwestersohn, Markgraf Leopold von Oesterreich, und Lothar, Herzog zu Sachsen. Aber die Schicksale der
zwei vorhergehenden Kaiser hatten den Kaisernamen mit so

vielen Schrecknissen umgeben, daß Markgraf Leopold und Herzog Lothar fußfällig und mit weinenden Augen baten, sie mit dieser gefährlichen Ehre zu verschonen. Herzog Friedrich allein war nun noch übrig, aber eine unbedachtsame Aeußerung dieses Prinzen schien zu erkennen zu geben, daß er auf seine Verwandtschaft mit dem Verstorbenen ein Recht an den Kaiserthron gründe. Dreimal nach einander war das Scepter des Reichs von dem Vater auf den Sohn gekommen, und die Wahlfreiheit der deutschen Krone stand in Gefahr, sich in einem verjährten Erbrecht endlich ganz zu verlieren. Dann aber war es um die Freiheit der deutschen Fürsten gethan; ein befestigter Erbthron widerstand den Angriffen, wodurch es dem unruhigen Lehengeist so leicht ward, das ephemerische Gerüste eines Wahlthrons zu erschüttern. Die arglistige Politik der Päpste hatte erst kürzlich die Aufmerksamkeit der Fürsten auf diesen Theil des Staatsrechts gezogen, und sie zu lebhafter Behauptung eines Vorrechts ermuntert, das die Verwirrung in Deutschland verewigte, aber dem apostolischen Stuhl desto nützlicher wurde. Die geringste Rücksicht, welche bei dem neuaufzustellenden Kaiser auf Verwandtschaft genommen wurde, konnte die deutsche Wahlfreiheit aufs neue in Gefahr bringen, und den Mißbrauch erneuern, aus dem man sich kaum losgerungen hatte. Von diesen Betrachtungen waren die Köpfe erhitzt, als Herzog Friedrich Ansprüche der Geburt auf den Kaiserthron geltend machte. Man beschloß daher, durch einen recht entscheidenden Schritt dem Erbrecht zu trotzen, besonders da der Erzbischof von Mainz, der das Wahlgeschäft leitete, hinter dem Besten des Reichs eine persönliche Rache versteckte. Lothar von Sachsen wurde einstimmig zum Kaiser erklärt, mit Gewalt herbeigeschleppt und auf den Schultern der Fürsten, unter stürmischem Beifallgeschrei, in die Versammlung getragen. Die mehrsten Reichsstände billigten diese Wahl auf der Stelle, nach einigem

Widerstand wurde sie auch von dem Herzog Heinrich von Bayern, dem Schwager Friedrichs, und von seinen Bischöfen gut geheißen. Herzog Friedrich erschien endlich selbst, sich dem neuen Kaiser zu unterwerfen.

Lothar von Sachsen war ein eben so wohldenkender als tapferer und staatsverständiger Fürst. Sein Betragen unter den beiden vorhergehenden Regierungen hatte ihm die allgemeine Achtung Deutschlands erworben. Da er die vaterländische Freiheit in mehreren Schlachten gegen Heinrich IV. verfochten, so befürchtete man um so weniger, daß er als Kaiser versucht werden könnte, ihr Unterdrücker zu werden. Zu mehrerer Sicherheit ließ man ihn eine Wahlcapitulation beschwören, die seiner Macht im Geistlichen sowohl als im Weltlichen sehr enge Gränzen setzte. Lothar hatte sich das Kaiserthum aufdringen lassen, dennoch machte er den Thron niedriger, um ihn zu besteigen.

Wie sehr aber auch dieser Fürst, da er noch Herzog war, an Verminderung des kaiserlichen Ansehens gearbeitet hatte, so änderte doch der Purpur seine Gesinnungen. Er hatte eine einzige Tochter, die Erbin seiner beträchtlichen Güter in Sachsen; durch ihre Hand konnte er seinen künftigen Eidam zu einem mächtigen Fürsten machen. Da er als Kaiser nicht fortfahren durfte, das Herzogthum Sachsen zu verwalten, so konnte er den Brautschatz seiner Tochter noch mit diesem wichtigen Lehen begleiten. Damit noch nicht zufrieden, erwählte er sich den Herzog Heinrich von Bayern, einen an sich schon sehr mächtigen Fürsten, zum Eidam, der also die beiden Herzogthümer Bayern und Sachsen in seiner einzigen Hand vereinigte. Da Lothar diesen Heinrich zu seinem Nachfolger im Reich bestimmte, das schwäbisch-fränkische Haus hingegen, welches allein noch fähig war, der gefährlichen Macht jenes Fürsten das Gegengewicht zu halten, und ihm die Nachfolge streitig zu machen, nach einem festen Plan zu unterdrücken strebte, so verrieth er deutlich genug seine Gesinnung, die kaiserliche Macht auf Unkosten der ständischen zu vergrößern.

Herzog Heinrich von Bayern, jetzt Tochtermann des Kaisers, nahm mit neuen Verhältnissen ein neues Staatssystem an. Bis jetzt ein eifriger Anhänger des Hohenstaufischen Geschlechts, mit dem er verschwägert war, wendete er sich auf einmal zu der Partei des Kaisers, der es zu Grund zu richten suchte. Friedrich von Schwaben und Konrad von Franken, die beiden Hohenstaufischen Brüder, Enkel Kaiser Heinrichs IV. und die natürlichen Erben seines Sohns, hatten sich alle Stammgüter des salisch-fränkischen Kaisergeschlechts zugeeignet, worunter sich mehrere befanden, die gegen kaiserliche Kammergüter eingetauscht, oder von geächteten Ständen für den Reichsfiscus waren eingezogen worden. Lothar machte bald nach seiner Krönung eine Verordnung bekannt, welche alle dergleichen Güter dem Reichsfiscus zusprach. Da die Hohenstaufischen Brüder nicht darauf achteten, so erklärte er sie zu Störern des öffentlichen Friedens und ließ einen Reichskrieg gegen sie beschließen. Ein neuer Bürgerkrieg entzündete sich in Deutschland, welches kaum angefangen hatte, sich von den Drangsalen der vorhergehenden zu erholen. Die Stadt Nürnberg wurde von dem Kaiser, wiewohl vergeblich, belagert, weil die Hohenstaufen schleunig zum Entsatz herbeieilten. Sie warfen darauf auch in Speyer eine Besatzung, den geheiligten Boden, wo die Gebeine der fränkischen Kaiser liegen.

Konrad von Franken unternahm noch eine kühnere That. Er ließ sich bereden, den deutschen Königstitel anzunehmen, und eilte mit einer Armee nach Italien, um seinem Nebenbuhler, der dort noch nicht gekrönt war, den Rang abzulaufen. Die Stadt Mailand öffnete ihm bereitwillig ihre Thore, und Anselmo, Erzbischof dieser Kirche, setzte ihm in der Stadt Monza die lombardische Krone auf; in Toscana erkannte ihn der ganze dort mächtige Adel als König. Aber Mailands günstige Erklärung machte alle diejenigen Staaten von ihm abwendig, welche mit jener Stadt in Streitigkeiten lebten, und da endlich auch Papst Honorius II. auf die Seite seines Gegners trat, und den Bannstrahl gegen ihn schleuderte, so entging ihm sein Hauptzweck, die Kaiserkrone, und Italien wurde eben so schnell von ihm verlassen, als er darin erschienen war. Unterdessen hatte Lothar die Stadt Speyer belagert, und, so tapfer auch, entflammt durch die Gegenwart der Herzogin von Schwaben, ihre Bürger sich wehrten, nach einem fehlgeschlagenen Versuch Friedrichs sie zu entsetzen, in seine Hände bekommen. Die vereinigte Macht des Kaisers und seines Eidams war den Hohenstaufen zu schwer. Nachdem auch ihr Waffenplatz, die Stadt Ulm, von dem Herzog von Bayern erobert und in die Asche gelegt war, der Kaiser selbst aber mit einer Armee gegen sie anrückte, so entschlossen sie sich zur Unterwerfung. Auf einem Reichstag zu Bamberg warf sich Friedrich dem Kaiser zu Füßen und erhielt Gnade; auf eine ähnliche Weise erhielt sie auch Konrad zu Mühlhausen; beide unter der Bedingung, den Kaiser nach Italien zu begleiten.

Den ersten Kriegszug hatte Lothar schon einige Jahre vorher in dieses Land gethan, wo eine bedenkliche Trennung in der römischen Kirche seine Gegenwart nothwendig machte. Nachdem Honorius II. im Jahre 1130 verstorben war, hatte man in Rom, um den Stürmen vorzubeugen, welche der getheilte Zustand der Gemüther befürchten ließ, die Uebereinkunft getroffen, die neue Papstwahl acht Cardinälen zu übertragen. Fünfe von diesen erwählten in einer heimlich veranstalteten Zusammenkunft den Cardinal Gregor, einen ehemaligen Mönch, zum Fürsten der römischen Kirche, der sich den Namen Innocentius II. beilegte.

Die brei übrigen, mit dieser Wahl nicht zufrieden, erhoben einen
gewissen Pater Leonis, den Enkel eines getauften Juden, der
den Namen Anaklet II. annahm, auf den apostolischen Stuhl.
Beide Päpste suchten sich einen Anhang zu machen. Auf Seiten
des Letztern stand die übrige Geistlichkeit des römischen Sprengels
und der Adel der Stadt; außerdem wußte er die italienischen
Normänner, furchtbare Nachbarn der Stadt Rom, für seine
Partei zu gewinnen. Innocentius flüchtete aus der Stadt, wo
sein Gegner die Oberhand hatte, und vertraute seine Person
und seine Sache der Rechtgläubigkeit des Königs von Frankreich.
Der Ausspruch eines einzigen Mannes, des Abts Bernhard von
Clairvaur, der die Sache dieses Papstes für die gerechte erklärt
hatte, war genug, ihm die Huldigung dieses Reiches zu verschaffen. Seine Aufnahme in Ludwigs Staaten war glänzend,
und reiche Schätze öffneten sich ihm in der frommen Milbthätig-
keit der Franzosen. Das Gewicht von Bernhards Empfehlung,
welches die französische Nation zu seinen Füßen geführt hatte,
unterwarf ihm auch England, und der deutsche Kaiser Lothar
ward ohne Mühe überzeugt, daß der heilige Geist bei der Wahl
des Innocentius den Vorsitz geführt habe. Eine persönliche Zusammenkunft mit diesem Kaiser zu Lüttich hatte die Folge, daß ihn
Lothar an der Spitze einer kleinen Armee nach Rom zurückführte.

In dieser Stadt war Anaklet, der Gegenpapst, mächtig,
Volk und Adel gefaßt, sich aufs hartnäckigste zu vertheidigen.
Jeder Palast, jede Kirche war Festung, jede Straße ein Schlachtfeld, alles Waffe, was das Ohngefähr der blinden Erbitterung
darbot. Mit dem Schwert in der Faust mußte jeder Ausweg
geöffnet werden, und Lothars schwaches Heer reichte nicht hin,
eine Stadt zu stürmen, worin es sich wie in einem unermeß-
lichen Ocean verlor, wo die Häuser selbst gegen das Leben der
verhaßten Fremdlinge bewaffnet waren. Es war gebräuchlich,

die Kaiserkrönung in der Peterskirche zu vollziehen, und in Rom
war Alles heilig, was gebräuchlich war; aber die Peterskirche,
wie die Engelsburg, hatte der Feind im Besitz, woraus keine so
geringe Macht, als Lothar beisammen hatte, ihn verjagen konnte.
Endlich nach langer Verzögerung willigte man ein, der Noth=
wendigkeit zu weichen und im Lateran die Krönung zu verrichten.

Man erinnert sich, daß es die Sache des Papstes war,
welche den Kaiser nach Italien führte: als der Beschützer, nicht
als ein Flehender, forderte er eine Ceremonie, welche dieser
Papst ohne einen starken Arm nimmermehr hätte ausüben
können. Nichtsdestoweniger behauptete Innocentius den ganzen
Papstsinn eines Hildebrands, und mitten in dem rebellischen
Rom, gleichsam hinter dem Schilde des Kaisers, der ihn gegen
die mörderische Wuth seiner Gegner vertheidigte, gab er diesem
Kaiser Gesetze. Der Vorgänger des Lothar hatte die ansehnliche
Erbschaft, welche Mathilde, Markgräfin von Tuscien, dem
römischen Stuhl vermacht hatte, als ein Reichslehen eingezogen,
und Papst Calixtus II., um nicht aufs neue die Aussöhnung
mit diesem Kaiser zu erschweren, hatte in dem Vergleich, der
den Investiturstreit endigte, ganz von dieser geheimen Wunde
geschwiegen. Diese Ansprüche des römischen Stuhls auf die
Mathildische Erbschaft brachte Innocentius jetzt in Bewegung,
und bemühte sich wenigstens, da er den Kaiser unerbittlich fand,
diese anmaßlichen Rechte der Kirche für die Zukunft in Sicher=
heit zu setzen. Er bestätigte ihm den Genuß der Mathildischen
Güter auf dem Wege der Belehnung, ließ ihn dem römischen Stuhl
einen förmlichen Lehenseid darüber schwören, und sorgte dafür, daß
diese Vasallenhandlung durch ein Gemälde verewigt wurde, welches
dem kaiserlichen Namen in Italien nicht sehr rühmlich war.

Es war nicht der römische Boden, nicht der Anblick jener
feierlichen Denkmäler, welche ihm die Herrschergröße Roms ins

Gedächtniß bringen, wo etwa die Geister seiner Vorfahren zu seiner Erinnerung sprechen konnten, nicht die Zwang auflegende Gegenwart einer römischen Prälatenversammlung, welche Zeuge und Richter seines Betragens war, was dem Papst diesen stand=
haften Muth einflößte; auch als ein Flüchtling, auch auf deut=
scher Erde, hatte er diesen römischen Geist nicht verläugnet. Schon zu Lüttich, wo er in der Gestalt eines Flehenden vor dem Kaiser stand, wo er sich diesem Kaiser für eine noch frische Wohlthat verpflichtet fühlte, und eine zweite noch größere von ihm erwartete, hatte er ihn genöthigt, eine bescheidene Bitte um Wiederherstellung des Investiturrechts zurückzunehmen, zu welcher der hülflose Zustand des Papstes dem Kaiser Muth gemacht hatte. Er hatte einem Erzbischof von Trier, ehe dieser noch von dem Kaiser mit dem zeitlichen Theil seines Amtes bekleidet war, die Einweihung ertheilt, dem ausdrücklichen Sinn des Vertrags ent=
gegen, der den Frieden des deutschen Reichs mit der Kirche be=
gründete. Mitten in Deutschland, wo er ohne Lothars Begünsti=
gung keinen Schatten von Hoheit besaß, unterstand er sich, eines der wichtigsten Vorrechte dieses Kaisers zu kränken.

Aus solchen Zügen erkennt man den Geist, der den römi=
schen Hof beseelte, und die unerschütterliche Festigkeit der Grund=
sätze, die jeder Papst, mit Hintansetzung aller persönlichen Ver=
hältnisse, befolgen zu müssen sich gedrungen sah. Man sah Kaiser und Könige, erleuchtete Staatsmänner und unbeugsame Krieger im Drang der Umstände Rechte aufopfern, ihren Grund=
sätzen ungetreu werden und der Nothwendigkeit weichen; so etwas begegnete selten oder nie einem Papste. Auch wenn er im Elend umher irrte, in Italien keinen Fuß breit Landes, keine ihm holde Seele besaß, und von der Barmherzigkeit der Fremdlinge lebte, hielt er standhaft über den Vorrechten seines Stuhls und der Kirche. Wenn jede andere politische Gemeinheit durch die

persönlichen Eigenschaften derer, welchen ihre Verwaltung übertragen ist, zu gewissen Zeiten etwas gelitten hat und leidet, so war dieses kaum jemals der Fall bei der Kirche und ihrem Oberhaupt. So ungleich sich auch die Päpste in Temperament, Denkart und Fähigkeit seyn mochten, so standhaft, so gleichförmig, so unveränderlich war ihre Politik. Ihre Fähigkeit, ihr Temperament, ihre Denkart schien in ihr Amt gar nicht einzufließen; ihre Persönlichkeit, möchte man sagen, zerfloß in ihrer Würde, und die Leidenschaft erlosch unter der dreifachen Krone. Obgleich mit jedem hinscheidenden Papste die Kette der Thronfolge abriß, und mit jedem neuen Papste wieder frisch geknüpft wurde — obgleich kein Thron in der Welt so oft seinen Herrn veränderte, so stürmisch besetzt und so stürmisch verlassen wurde, so war dieses doch der einzige Thron in der christlichen Welt, der seinen Besitzer nie zu verändern schien, weil nur die Päpste starben, aber der Geist, der sie belebte, unsterblich war.

Kaum hatte Lothar Italien den Rücken gewendet, als Innocentius aufs neue seinen Gegnern das Feld räumen mußte. Er floh in Begleitung des heiligen Bernhards nach Pisa, wo er den Gegenpapst und dessen Anhang auf einer Kirchenversammlung feierlich verfluchte. Dieses Anathem galt besonders dem König Roger von Sicilien, der Anaklets Sache mächtig unterstützte und durch seine reißenden Fortschritte im untern Italien den Muth dieser Partei nicht wenig erhöhte.

Da sich die Geschichte Siciliens und Neapels und der Normänner, seiner neuen Besitzer, mit der Geschichte dieses Jahrhunderts aufs genaueste verbindet, da uns Anna Komnena und Otto von Freysingen auf die normännischen Eroberungen aufmerksam gemacht haben, so ist es dem Zweck dieser Abhandlung gemäß, auf den Ursprung dieser neuen Macht in Italien zu gehen und die Fortschritte derselben kürzlich zu verfolgen.

Die mittäglichen und westlichen Länder Europens hatten kaum angefangen, von den gewaltsamen Erschütterungen auszuruhen, wodurch sie ihre neue Gestalt empfingen, als der europäische Norden im neunten Jahrhundert aufs neue den Süden ängstigte. Aus den Inseln und Küstenländern, welche heutzutage dem dänischen Scepter huldigen, ergossen sich diese neuen Barbarenschwärme; Männer des Nordens, Normänner nannte man sie; ihre überraschende schreckliche Ankunft beschleunigte und verbarg der westliche Ocean. So lange zwar der Herrschergeist Karls des Großen das fränkische Reich bewachte, ahndete man den Feind nicht, der die Sicherheit seiner Gränzen bedrohte. Zahlreiche Flotten hüteten jeden Hafen und die Mündung jedes Stroms; mit gleichem Nachdruck leistete sein starker Arm den arabischen Corsaren im Süden, und im Westen den Normännern Widerstand. Aber dieses beschützende Band, welches rings alle Küsten des fränkischen Reichs umschloß, löste sich unter seinen kraftlosen Söhnen, und gleich einem verheerenden Strome drang nun der wartende Feind in das bloßgegebene Land. Alle Anwohner der Aquitanischen Küste erfuhren die Raubsucht dieser barbarischen Fremdlinge; schnell, wie aus der Erde gespieen, standen sie da, und eben so schnell entzog sie das unerreichbare Meer der Verfolgung. Kühnere Banden, denen die ausgeraubte Küste keine Beute mehr darbot, trieben in die Mündung der Ströme und erschreckten die ahndungslosen innern Provinzen mit ihrer furchtbaren Landung. Weggeführt ward Alles, was Waare werden konnte; der pflugziehende Stier mit dem Pflüger, zahlreiche Menschenheerden in eine hoffnungslose Knechtschaft geschleppt. Der Reichthum im inneren Lande machte sie immer lüsterner, der schwache Widerstand immer kühner, und die kurzen Stillstände, welche sie den Einwohnern gönnten, brachten sie nur desto zahlreicher und desto gieriger zurück.

Gegen diesen immer sich erneuernden Feind war keine Hülfe von dem Throne zu hoffen, der selbst wankte, den eine Reihe ohnmächtiger Schattenkönige, die unwürdige Nachkommenschaft Karls des Großen, entehrte. Anstatt des Eisens zeigte man den Barbaren Gold, und setzte die ganze künftige Ruhe des Königreichs aufs Spiel, um eine kurze Erholung zu gewinnen. Die Anarchie des Lehenwesens hatte das Band aufgelöst, welches die Nation gegen einen gemeinschaftlichen Feind vereinigen konnte, und die Tapferkeit des Adels zeigte sich nur zum Verderben des Staats, den sie vertheidigen sollte.

Einer der unternehmendsten Anführer der Barbaren, Rollo, hatte sich der Stadt Rouen bemächtigt, und entschlossen, seine Eroberungen zu behaupten, seinen Waffenplatz darin errichtet. Ohnmacht und dringende Noth führten endlich Karln den Einfältigen, unter welchem Frankreich sich damals regierte, auf den glücklichen Ausweg, durch Bande der Dankbarkeit, der Verwandtschaft und der Religion sich diesen barbarischen Anführer zu verpflichten. Er ließ ihm seine Tochter zur Gemahlin und zum Brautschatz das ganze Küstenland anbieten, welches den normännischen Verheerungen am meisten bloßgestellt war. Ein Bischof führte das Geschäft, und Alles, was man von dem Normann dafür verlangte, war, daß er ein Christ werden sollte. Rollo rief seine Corsaren zusammen, und überließ den Gewissensfall ihrer Beurtheilung. Das Anerbieten war zu verführerisch, um nicht seinen nordischen Aberglauben daran zu wagen. Jede Religion war gleich gut, bei welcher man nur die Tapferkeit nicht verlernte. Die Größe des Gewinns brachte jede Bedenklichkeit zum Schweigen. Rollo empfing die Taufe, und einer seiner Gefährten wurde abgeschickt, der Ceremonie der Huldigung gemäß, bei dem König von Frankreich den Fußkuß zu verrichten.

Rollo verdiente es, der Stifter eines Staats zu seyn; seine

Gesetze bewirkten bei diesem Räubervolk eine bewundernswürdige Verwandlung. Die Corsaren warfen das Ruder weg, um den Pflug zu ergreifen, und die neue Heimath ward ihnen theuer, sobald sie angefangen hatten darauf zu ernten. In dem gleichförmigen sanften Tacte des Landlebens verlor sich allmählig der Geist der Unruhe und des Raubes, mit ihm die natürliche Wildheit dieses Volks. Die Normandie blühte unter Rollo's Gesetzen, und ein barbarischer Eroberer mußte es seyn, der die Nachkommen Karls des Großen ihren Vasallen widerstehen, und ihre Völker beglücken lehrte. Seitdem Normänner Frankreichs westliche Küste bewachten, hatte es von keiner normännischen Landung mehr zu leiden, und die schimpfliche Auskunft der Schwäche ward eine Wohlthat für das Reich.

Der kriegerische Geist der Normänner artete in ihrem neuen Vaterlande nicht aus. Diese Provinz Frankreichs ward die Pflanzschule einer tapfern Jugend, und aus ihr gingen zu verschiedenen Zeiten zwei Heldenschwärme aus, die sich an entgegengesetzten Enden von Europa einen unsterblichen Namen machten und glänzende Reiche stifteten. Normännische Glücksritter zogen südostwärts, unterwarfen das untere Italien und die Insel Sicilien ihrer Herrschaft, und gründeten hier eine Monarchie, welche Rom an der Tiber und Rom an dem Bosporus zittern machte. Ein normännischer Herzog war's, der Britannien eroberte.

Unter allen Provinzen Italiens waren Apulien, Calabrien, und die Insel Sicilien viele Jahrhunderte lang die beklagenswürdigsten gewesen. Hier unter dem glücklichen Himmel Groß-Griechenlands, wo schon in den frühesten Zeiten griechische Cultur aufblühte, wo eine ergiebige Natur die hellenischen Pflanzungen mit freiwilliger Milde pflegte, dort auf der gesegneten Insel, wo die jugendlichen Staaten: Agrigent, Gela, Leontium, Syrakus, Selinus, Himera, in muthwilliger Freiheit sich brüsteten, hatten gegen Ende des ersten Jahrtausends Anarchie und Verwüstung ihren schrecklichen Thron aufgeschlagen. Nirgends, lehrt eine traurige Erfahrung, sieht man die Leidenschaften und Laster der Menschen ausgelassener toben, nirgends mehr Elend wohnen, als in den glücklichen Gegenden, welche die Natur zu Paradiesen bestimmte. Schon in frühen Zeiten stellten Raubsucht und Eroberungsbegierde dieser gesegneten Insel nach; und so wie die schöpferische Wärme dieses Himmels die unglückliche Wirkung hatte, die abscheulichsten Geburten der Tyrannei an das Licht zu brüten, hatte selbst auch das wohlthätige Meer, welches diese Insel zum Mittelpunkt des Handels bestimmte, nur dazu dienen müssen, die feindseligen Flotten der Mamertiner, der Carthager, der Araber an ihre Küste zu tragen. Eine Reihe barbarischer Nationen hatte diesen einladenden Boden betreten. Die Griechen, aus Ober- und Mittel-Italien durch Langobarden und Franken vertrieben, hatten in diesen Gegenden einen Schatten von Herrschaft gerettet. Bis nach Apulien hinab hatten sich die Langobarden verbreitet, und arabische Corsaren mit dem Schwerte in der Hand sich Wohnsitze darin errungen. Ein barbarisches Gemisch von Sprachen und Sitten, von Trachten und Gebräuchen, von Gesetzen und Religionen zeugte noch jetzt von ihrer verderblichen Gegenwart. Hier sah sich der Unterthan nach dem langobardischen Gesetz, sein nächster Nachbar nach dem Justinianischen, ein dritter nach dem Koran gerichtet. Derselbe Pilger, der des Morgens gesättigt aus den Ringmauern eines Klosters ging, mußte des Abends die Mildthätigkeit eines Moslems in Anspruch nehmen. Die Nachfolger des heiligen Petrus hatten nicht gesäumt, ihren frommen Arm nach diesem gelobten Land auszustrecken, auch einige deutsche Kaiser die Hoheit des Kaisernamens in diesem Theile Italiens geltend gemacht, und einen großen District desselben als Sieger durchzogen. Gegen Otto den Zweiten schlossen die

Griechen mit den verabscheuten Arabern einen Bund, der diesem Eroberer sehr verderblich wurde. Calabrien und Apulien traten nunmehr aufs neue unter griechische Hoheit zurück; aber aus den festen Schlössern, welche die Saracenen in diesem Landstrich noch inne hatten, stürzten zu Zeiten bewaffnete Schaaren hervor, andere arabische Schwärme setzten aus dem angränzenden Sicilien hinüber, welche Griechen und Lateiner ohne Unterschied beraubten. Von der fortwährenden Anarchie begünstigt, riß Jeder an sich, was er konnte, und verband sich, je nachdem es sein Vortheil war, mit Muhamedanern, mit Griechen, mit Lateinern. Einzelne Städte, wie Gaeta und Neapel, regierten sich nach republicanischen Gesetzen. Mehrere longobardische Geschlechter genossen unter dem Schirm einer scheinbaren Abhängigkeit von dem römischen oder griechischen Reich einer wahren Souveränetät in Benevent, Capua, Salerno und andern Districten. Die Menge und Verschiedenheit der Oberherren, der schnelle Wechsel der Gränze, die Entfernung und Ohnmacht des griechischen Kaiserhofs hielten dem straflosen Ungehorsam eine sichere Zuflucht bereit; Nationalunterschied, Religionshaß, Raubsucht, Vergrößerungsbegierde, durch kein Gesetz gezügelt, verewigten die Anarchie auf diesem Boden, und nährten die Fackel eines immerwährenden Kriegs. Das Volk wußte heute nicht, wem es morgen gehorchen würde, und der Säemann war ungewiß, wem die Ernte gehörte.

Dies war der klägliche Zustand des untern Italiens im neunten, zehnten und eilften Jahrhundert, während daß Sicilien unter arabischem Scepter einer ruhigeren Knechtschaft genoß. Der Geist der Wallfahrt, welcher beim Ablauf des zehnten Jahrhunderts, der gedrohten Annäherung des Weltgerichts, in den Abendländern lebendig wurde, führte im Jahre 983 auch einige normännische Pilger, fünfzig oder sechzig an der Zahl, nach Jerusalem. Auf ihrer Heimkehr stiegen sie bei Neapel ans Land und erschienen zu Salerno, eben als ein arabisches Heer diese Stadt belagerte, und die Einwohner damit beschäftigt waren, sich durch eine Geldsumme ihres Feindes zu entledigen.

Ungern genug hatten diese streitbaren Wallfahrer den Harnisch mit der Pilgertasche vertauscht; der alte Kriegsgeist ward bei dem kriegerischen Anblick lebendig. Tapfere Hiebe, auf die Häupter der Ungläubigen geführt, dünkten ihnen keine schlechtere Vorbereitung auf das Weltgericht zu seyn, als ein Pilgerzug nach dem heiligen Grabe. Sie boten den belagerten Christen ihre müßige Tapferkeit an, und man erräth leicht, daß die unverhoffte Hülfe nicht verschmäht ward. Von einer kleinen Anzahl Salernitaner begleitet, stürzt sich die kühne Schaar bei Nachtzeit in das arabische Lager, wo man, auf keinen Feind gefaßt, in stolzer Sicherheit schwelgt. Alles weicht ihrer unwiderstehlichen Tapferkeit. Eilfertig werfen sich die Saracenen in ihre Schiffe und geben ihr ganzes Lager Preis. Salerno hatte seine Schätze gerettet, und bereicherte sich noch mit dem ganzen Raub der Ungläubigen; das Werk der Tapferkeit von sechzig normännischen Pilgern. Ein so wichtiger Dienst war der ausgezeichnetsten Dankbarkeit werth, und, befriedigt von der Freigebigkeit des Fürsten zu Salerno, schiffte die Heldenschaar nach Hause.

Das Abenteuer in Italien ward in der Heimath nicht verschwiegen. Neapels schöner Himmel und gesegnete Erde ward gerühmt, der nie geendigte Krieg auf diesem Boden, der dem Soldaten Beschäftigung und Ansehen, der Reichthum der Schwachen, der ihm Beute und Belohnung versprach. Mit begierigem Ohr horchte eine kriegerische Jugend. Das untere Italien sah in kurzer Zeit neue Haufen von Normännern landen, deren Tapferkeit ihre kleine Anzahl verbarg. Das milde Klima, das fette Land, die köstliche Beute, waren unwiderstehliche Reizungen für ein Volk, das in seinen neuen Wohnsitzen und bei seiner neuen Lebensart das corsarische Gewerbe so schnell nicht verlernen konnte. Ihr Arm war Jedem feil, der ihn dingen wollte; Fechtens wegen waren sie gekommen, gleichviel für wessen Sache sie fochten. Der griechische Unterthan erwehrte sich mit dem Arme der Normänner einer tyrannischen Satrapenregierung; mit Hülfe der Normänner trotzten die langobardischen Fürsten den Ansprüchen des griechischen Hofs; Normänner stellten die Griechen selbst den Saracenen entgegen. Lateiner und Griechen hatten ohne Unterschied Ursache, den Arm dieser Fremdlinge wechselsweise zu fürchten und zu preisen.

In Neapel hatte sich ein Herzog aufgeworfen, dem die Tapferkeit der Normänner gegen einen Fürsten von Capua große Dienste leistete. Diese nützlichen Ankömmlinge immer fester an sich zu knüpfen, ihren hülfreichen Arm stets in der Nähe zu wissen, schenkte er ihnen Landeigenthum zwischen Capua und Neapel, auf welchem Boden sie im Jahre 1029 die Stadt Aversa erbauten — ihre erste feste Besitzung auf italienischer Erde, errungen durch Tapferkeit, aber nicht durch Gewalt, vielleicht die einzige gerechte, deren sie sich zu rühmen hatten.

Die normännischen Ankömmlinge mehren sich, sobald eine landsmännische Stadt ihnen die gastfreien Thore öffnet. Drei Brüder, Wilhelm, der eiserne Arm, Humfred und Drogon, beurlauben sich von neun andern Brüdern und ihrem Vater Tancred von Hauteville, um in der neuen Colonie das Glück der Waffen zu versuchen. Nicht lange rastet ihre kriegerische Ungeduld. Der griechische Statthalter von Apulien beschließt eine Landung auf Sicilien, und die Tapferkeit der Gäste wird aufgefordert, die Gefahren dieses Feldzugs zu theilen. Ein saracenisches Heer wird geschlagen, und sein Anführer fällt unter dem eisernen Arm. Der kräftige Beistand der Normänner verspricht den

Griechen die Wiedereroberung der ganzen Insel; ihr Undank gegen diese ihre Beschützer macht sie auch noch das Wenige verlieren, was auf dem festen Lande Italiens noch ihre Herrschaft erkennt. Von dem treulosen Statthalter zur Rache gereizt, kehren die Normänner gegen ihn selbst die Waffen, welche kurz zuvor siegreich für ihn geführt worden waren. Die griechischen Besitzungen werden angegriffen, ganz Apulien von nicht mehr als vierhundert Normännern erobert. Mit barbarischer Redlichkeit theilt man sich in den unverhofften Raub. Ohne bei einem apostolischen Stuhl, ohne bei einem Kaiser in Deutschland oder Byzanz anzufragen, ruft die siegreiche Schaar den eisernen Arm zum Grafen von Apulien aus; jedem normännischen Streiter wird in dem eroberten Land irgend eine Stadt oder ein Dorf zur Belohnung.

Das unerwartete Glück der ausgewanderten Söhne Tancreds erweckte bald die Eifersucht der daheim gebliebenen. Der jüngste von diesen, Robert Guiscard (der Verschlagene), war herangewachsen, und die künftige Größe verkündigte sich seinem ahndenden Geist. Mit zwei andern Brüdern machte er sich auf in das goldene Land, wo man mit dem Degen Fürstenthümer angelt. Gern erlaubten die deutschen Kaiser, Heinrich II. und III., diesem Heldengeschlechte zu Vertreibung ihres verhaßtesten Feindes und zu Italiens Befreiung ihr Blut zu verspritzen. Gewonnen dünkte ihnen für das abendländische Reich, was für das morgenländische verloren war, und mit günstigem Auge sahen sie die tapfern Fremdlinge von dem Raube der Griechen wachsen. Aber die Eroberungspläne der Normänner erweitern sich mit ihrer wachsenden Anzahl und ihrem Glück; der Griechen Meister, bezeigen sie Lust, ihre Waffen gegen die Lateiner zu kehren. So unternehmende Nachbarn beunruhigen den römischen Hof. Das Herzogthum Benevent, dem Papst Leo IX. erst kürzlich von

Kaiser Heinrich III. zum Geschenke gegeben, wird von den Normännern bedroht. Der Papst ruft gegen sie den mächtigen Kaiser zu Hülfe, der zufrieden ist, diese kriegerischen Männer, die er nicht zu bezwingen hofft, in Vasallen des Reichs zu verwandeln, dem ihre Tapferkeit zur Vormauer gegen Griechen und Ungläubige dienen sollte. Leo IX. bedient sich gegen sie der nimmer fehlenden apostolischen Waffen. Der Fluch wird über sie ausgesprochen, ein heiliger Krieg wird gegen sie gepredigt, und der Papst hält die Gefahr für drohend genug, um mit seinen Bischöfen in eigener Person an der Spitze seines heiligen Heers gegen sie zu streiten. Die Normänner achten gleich wenig auf die Stärke dieses Heers und auf die Heiligkeit seiner Anführer. Gewohnt, in noch kleinerer Anzahl zu siegen, greifen sie unerschrocken an, die Deutschen werden niedergehauen, die Italiener zerstreut, die heilige Person des Papstes selbst fällt in ihre ruchlosen Hände. Mit tiefster Ehrfurcht wird dem Statthalter Petri von ihnen begegnet, und nicht anders als knieend nahen sie sich ihm, aber der Respect seiner Ueberwinder kann seine Gefangenschaft nicht verkürzen.

Der Einnahme Apuliens folgte bald die Unterwerfung Calabriens und des Gebietes von Capua. Die Politik des römischen Hofes, welche nach mehreren mißlungenen Versuchen dem Unternehmen entsagte, die Normänner aus ihren Besitzungen zu verjagen, verfiel endlich auf den weiseren Ausweg, von diesem Uebel selbst für die römische Größe Nutzen zu ziehen. In einem Vergleich, der zu Amalfi mit Robert Guiscard zu Stande kam, bestätigte Papst Nikolaus II. diesem Eroberer den Besitz von Calabrien und Apulien als päpstlicher Lehen, befreite sein Haupt von dem Kirchenbann, und reichte ihm als oberster Lehensherr die Fahne. Wenn irgend eine Macht die Tapferkeit der Normänner mit dem Geschenk dieser Fürstenthümer belohnen konnte, so kam es doch keineswegs dem römischen Bischof zu, diese Großmuth zu beweisen. Robert hatte kein Land weggenommen, das dem ersten Finder gehörte; von dem griechischen, oder, wenn man will, von dem deutschen Reich waren die Provinzen abgerissen, welche er sich mit dem Schwert zugeeignet hatte. Aber von jeher haben die Nachfolger Petri in der Verwirrung geerntet. Die Lehensverbindung der Normänner mit dem römischen Hofe war für sie selbst und für diesen das vortheilhafteste Ereigniß. Die Ungerechtigkeit ihrer Eroberungen bedeckte jetzt der Mantel der Kirche; die schwache, kaum fühlbare Abhängigkeit von dem apostolischen Stuhl entzog sie dem ungleich drückendern Joche der deutschen Kaiser, und der Papst hatte seine furchtbarsten Feinde in treue Stützen seines Stuhls verwandelt.

In Sicilien theilten sich noch immer Saracenen und Griechen, aber bald fing diese reiche Insel an, die Vergrößerungsbegierde der normännischen Eroberer zu reizen. Auch mit dieser beschenkte der Papst seine neuen Clienten, dem es bekanntlich nichts kostete, die Erdkugel mit neuen Meridianen zu durchschneiden und noch unentdeckte Welten auszutheilen. Mit der Fahne, welche der heilige Vater geweiht hatte, setzten die Söhne Tancreds, Guiscard und Roger, in Sicilien über, und unterwarfen sich in kurzer Zeit die ganze Insel. Mit Vorbehalt ihrer Religion und Gesetze huldigten Griechen und Araber der normännischen Herrschaft, und die neue Eroberung wurde Rogern und seinen Nachkommen überlassen. Auf die Unterwerfung Siciliens folgte bald die Wegnahme von Benevent und Salerno, und die Vertreibung des in der letzten Stadt regierenden Fürstenhauses, welches aber den kurzen Frieden mit der römischen Kirche unterbricht und zwischen Robert Guiscard und dem Papst einen heftigen Streit entzündet. Gregor VII., der gewaltthätigste aller Päpste, kann einige normännische Edelleute, Vasallen und

Nachbarn seines Stuhls, weder in Furcht setzen, noch bezwingen. Sie trotzen seinem Bannfluch, dessen fürchterliche Wirkungen einen heldenmüthigen und mächtigen Kaiser zu Boden schlagen, und eben der herausfordernde Trotz, wodurch dieser Papst die Zahl seiner Feinde vergrößert und ihre Erbitterung unversöhnlich macht, macht ihm einen Freund in der Nähe desto wichtiger. Um Kaisern und Königen zu trotzen, muß er einem glücklichen Abenteurer in Apulien schmeicheln. Bald bedarf er in Rom selbst seines rettenden Arms. In der Engelsburg von Römern und Deutschen belagert, ruft er den Herzog von Apulien zu seinem Beistand herbei, der auch wirklich an der Spitze normännischer, griechischer und arabischer Vasallen das Haupt der lateinischen Christenheit frei macht. Gedrückt von dem Hasse seines ganzen Jahrhunderts, dessen Frieden seine Herrschsucht zerstörte, folgt eben dieser Papst seinen Errettern nach Neapel und stirbt zu Salerno unter dem Schutz von Hauteville's Söhnen.

Derselbe normännische Fürst, Robert Guiscard, der sich in Italien und Sicilien so gefürchtet machte, war das Schrecken der Griechen, die er in Dalmatien und Macedonien angriff, und selbst in der Nähe ihrer Kaiserstadt ängstigte. Die griechische Ohnmacht rief gegen ihn die Waffen und Flotten der Republik Venedig zu Hülfe, die durch die reißendsten Fortschritte dieser neuen italienischen Macht in ihren Träumen von Oberherrschaft des adriatischen Meers fürchterlich aufgeschreckt worden. Auf der Insel Cephalenia setzte endlich, früher als sein Ehrgeiz, der Tod seinen Eroberungsplanen eine Gränze. Seine ansehnlichen Besitzungen in Griechenland, lauter Erwerbungen seines Degens, erbte sein Sohn Bohemund, Fürst von Tarent, der ihm an Tapferkeit nicht nachstand, und ihn an Ehrsucht noch übertraf. Er war es, der den Thron der Komnener in Griechenland erschütterte, den Fanatismus der Kreuzfahrer den Entwürfen einer kalten Vergrößerungsbegierde listig dienen ließ, in Antiochien sich ein ansehnliches Fürstenthum errang, und allein von dem frommen Wahnsinne frei war, der die Fürsten des Kreuzheers erhitzte. Die griechische Prinzessin Anna Komnena schildert uns Vater und Sohn als gewissenlose Banditen, deren ganze Tugend ihr Degen war, aber Robert und Bohemund waren die fürchterlichsten Feinde ihres Hauses; ihr Zeugniß reichte also nicht hin, diese Männer zu verdammen. Eben diese Prinzessin kann es dem Robert nicht vergeben, daß er, ein bloßer Edelmann und Glücksritter, Vermessenheit genug besessen, seine Wünsche bis zu einer Verwandtschaftsverbindung mit dem regierenden Kaiserhause in Konstantinopel zu erheben. Immer bleibt es eine merkwürdige Erscheinung in der Geschichte, wie die Söhne eines unbegüterten Edelmanns in einer Provinz Frankreichs auf gut Glück aus ihrer Heimat auswandern, und, durch nichts als ihren Degen unterstützt, ein Königreich zusammenrauben, Kaisern und Päpsten zugleich mit ihrem Arme und ihrem Verstande widerstehen, und noch Kraft genug übrig haben, auswärtige Throne zu erschüttern.

Ein anderer Sohn Roberts, mit Namen Roger, war ihm in seinen calabrischen und apulischen Besitzungen gefolgt; aber schon vierzig Jahre nach Roberts Tode erlosch sein Geschlecht. Die normännischen Staaten auf dem festen Lande wurden nunmehr von der Nachkommenschaft seines Bruders in Besitz genommen, welche in Sicilien blühte. Roger, Graf von Sicilien, nicht weniger tapfer als Guiscard, aber eben so gutthätig und mild, als dieser grausam und eigennützig war, hatte den Ruhm, seinen Nachkommen ein glorreiches Recht zu erfechten. Zu einer Zeit, wo die Anmaßungen der Päpste alle weltliche Gewalt zu verschlingen drohten, wo sie den Kaisern in Deutschland das Recht der Investituren entrissen und die Kirche von dem Staat gewaltsam abgetrennt hatten, behauptete ein normännischer Edelmann in Sicilien ein Regal, welches Kaiser hatten aufgeben müssen. Graf Roger brang dem römischen Stuhle für sich und seine Nachfolger in Sicilien die Bewilligung ab, auf seiner Insel die höchste Gewalt in geistlichen Dingen auszuüben. Der Papst war im Gedränge; um den deutschen Kaisern zu widerstehen, konnte er die Freundschaft der Normänner nicht entbehren. Er erwählte also den staatsklugen Ausweg, sich durch Nachgiebigkeit einen Nachbar zu verpflichten, welchen zu reizen allzu gefährlich war. Um aber zu verhindern, daß dieses zugestandene Recht ja nicht mit den übrigen Regalien vermengt würde, um den Genuß desselben im Lichte einer päpstlichen Vergünstigung zu zeigen, erklärte der Papst den sicilianischen Fürsten zu seinem Legaten oder geistlichen Gewalthaber auf der Insel Sicilien. Rogers Nachfolger fuhren fort, dieses wichtige Recht unter dem Namen geborner Legaten des römischen Stuhls auszuüben, welches unter dem Namen der sicilianischen Monarchie von allen nachherigen Regenten dieser Insel behauptet ward.

Roger der Zweite, der Sohn des vorhergehenden, war es, der die ansehnlichen Staaten, Apulien und Calabrien, seiner Grafschaft Sicilien einverleibte, und sich dadurch im Besitz einer Macht erblickte, die ihm Kühnheit genug einflößte, sich in Palermo die königliche Krone aufzusetzen; dazu war weiter nichts nöthig, als sein eigener Entschluß und eine hinlängliche Macht, ihn gegen jeden Widerspruch zu behaupten. Aber derselbe staatskluge Aberglaube, der seinen Vater und Oheim geneigt gemacht hatte, die Anmaßung fremder Länder durch den Namen einer päpstlichen Schenkung zu heiligen, bewog auch den Neffen und Sohn, seiner angemaßten Würde durch eben diese heiligende Hand die letzte Sanction zu verschaffen. Die Trennung, welche damals in der Kirche ausgebrochen war, begünstigte Rogers

Abſichten. Er verpflichtete ſich dem Papſt Anaklet, indem er die Rechtmäßigkeit ſeiner Wahl anerkannte und mit ſeinem Degen zu behaupten bereit war. Für dieſe Gefälligkeit beſtätigte ihm der dankbare Prälat die königliche Würde, und ertheilte ihm die Belehnung über Capua und Neapel, die letzten griechiſchen Lehen auf italieniſchem Boden, welche Roger Anſtalten machte zu ſeinem Reich zu ſchlagen. Aber er konnte ſich den einen Papſt nicht verpflichten, ohne ſich in dem andern einen unverſöhnlichen Feind zu erwecken. Auf ſeinem Haupte verſammelt ſich alſo jetzt der Segen des einen Papſtes und der Fluch des andern; welcher von beiden Früchte tragen ſollte — beruhte wahrſcheinlich auf der Güte ſeines Degens.

Der neue König von Sicilien hatte auch ſeine ganze Klugheit und Thätigkeit nöthig, um dem Sturm zu begegnen, der ſich in den Abend= und Morgenländern wider ihn zuſammenzog. Nicht weniger als vier feindliche Mächte, unter denen einzeln genommen keine zu verachten war, hatten ſich zu ſeinem Untergang vereinigt. Die Republik Venedig, welche ſchon ehemals wider Robert Guiscard Flotten in See geſchickt, und geholfen hatte die griechiſchen Staaten gegen dieſen Eroberer zu vertheidigen, waffnete ſich aufs neue gegen ſeinen Neffen, deſſen furchtbare Seemacht ihr die Oberherrſchaft auf dem adriatiſchen Buſen ſtreitig zu machen drohte. Roger hatte dieſe kaufmänniſche Macht an ihrer empfindlichſten Seite angegriffen, da er ihr eine große Geldſumme an Waaren wegnehmen ließ. Der griechiſche Kaiſer Kalojoannes hatte den Verluſt ſo vieler Staaten in Griechenland und Italien und noch die neuerliche Wegnahme von Neapel und Capua an ihm zu rächen. Beide Höfe von Konſtantinopel und Venedig ſchickten nach Merſeburg Abgeordnete an Kaiſer Lothar, dem verhaßten Räuber ihrer Staaten einen neuen Feind in dem Oberhaupt des deutſchen Reichs zu erwecken. Papſt Innocentius, an kriegerischer Macht zwar der schwächste unter allen Gegnern Rogers, war einer der furchtbarsten durch die Geschäftigkeit seines Hasses und durch die Waffen der Kirche, die ihm zu Gebote standen. Man überredete den Kaiser Lothar, daß das normännische Reich im untern Italien und die Anmaßung der sicilianischen Königswürde durch Roger mit der obersten Gerichtsbarkeit der Kaiser über diese Länder unverträglich seyen, und daß es dem Nachfolger der Ottonen gebühre, der Verminderung des Reichs sich entgegen zu setzen.

So wurde Lothar veranlaßt, einen zweiten Marsch über die Alpen zu thun, und gegen König Roger von Sililien einen Feldzug zu unternehmen.

Seine Armee war jetzt zahlreicher, die Blüthe des deutschen Adels war mit ihm, und die Tapferkeit der Hohenstaufen kämpfte für seine Sache. Die lombardischen Städte, von jeher gewohnt, ihre Unterwürfigkeit nach der Stärke der Kriegsheere abzuwägen, mit welchem sich die Kaiser in Italien zeigten, huldigten seiner unwiderstehlichen Macht, und ohne Widerstand öffnete ihm die Stadt Mailand ihre Thore. Er hielt einen Reichstag in den roncalischen Feldern, und zeigte den Italienern ihren Oberherrn. Darauf theilte er sein Heer, dessen eine Hälfte unter der Anführung Herzog Heinrichs von Bayern in das Toscanische drang, die andere unter dem persönlichen Commando des Kaisers, längs der adriatischen Seeküste, geraden Weges gegen Apulien anrückte. Der griechische Hof und die Republik Venedig hatten Truppen und Geld zu dieser Kriegsrüstung hergeschossen. Zugleich ließ die Stadt Pisa, damals schon eine bedeutende Seemacht, eine kleine Flotte dieser Landarmee folgen, die feindlichen Seeplätze anzugreifen.

Jetzt schien es um die normännische Macht in Italien gethan, und nicht ohne Theilnehmung sieht man das Gebäude, an

welchem die Tapferkeit so vieler Helden gearbeitet, welches das
Glück selbst so sichtbar in Schutz genommen hatte, sich zu seinem
Untergang neigen. Glorreiche Erfolge krönen den ersten Anfang
Lothars. Capua und Benevent müssen sich ergeben. Die apu=
lischen Städte Trani und Bari werden erobert; die Pisaner
bringen Amalfi, Lothar selbst die Stadt Salerno zur Uebergabe.
Eine Säule der normännischen Macht stürzt nach der andern,
und von dem festen Lande Italiens vertrieben, bleibt dem neuen
Könige nichts übrig, als in seinem Erbreich Sicilien eine letzte
Zuflucht zu suchen.

Aber es war das Schicksal von Tancreds Geschlecht, daß
die Kirche mit und ohne ihren Willen für sie arbeiten sollte.
Kaum war Salerno erobert, so nimmt Innocentius diese Stadt
als ein päpstliches Lehen in Anspruch, und ein lebhafter Zank
entspinnt sich darüber zwischen diesem Papst und dem Kaiser.
Ein ähnlicher Streit wird über Apulien rege, über welche Pro=
vinz man überein gekommen war, einen Herzog zu setzen, dessen
Belehnung, als das Zeichen der obersten Hoheit, Innocentius
gleichfalls dem Kaiser Lothar streitig macht. Um einen dreißig=
tägigen verderblichen Streit zu beendigen, vereinigt man sich
endlich in der sonderbaren Auskunft, daß beide, Kaiser und Papst,
bei dem Belehnungsact dieses Herzogs berechtigt seyn sollten, zu
gleicher Zeit die Hand an die Fahne zu legen, die dem Vasallen
bei der Huldigungsfeierlichkeit von dem Lehnsherrn übergeben ward.

Während dieses Zwiespalts ruhte der Krieg gegen Roger,
oder ward wenigstens sehr lässig geführt, und dieser wachsame
thätige Fürst gewann Zeit, sich zu erholen. Die Pisaner, un=
zufrieden mit dem Papste und den Deutschen, führten ihre Flotte
zurück; die Dienstzeit der Deutschen war zu Ende, ihr Geld
verschwendet, und der feindselige Einfluß des neapolitanischen
Himmels fing an, die gewohnte Verheerung in ihrem Lager

anzurichten. Ihre immer lauter werdende Ungeduld rief den
Kaiser aus den Armen des Siegs. Schneller noch, als sie ge=
wonnen worden, gingen die meisten der gemachten Eroberungen
nach seiner Entfernung verloren. Noch in Bononien mußte
Lothar die niederschlagende Nachricht hören, daß Salerno sich an
den Feind ergeben, daß Capua erobert und der Herzog von
Neapel selbst zu den Normännern übergetreten sey. Nur Apu=
lien wurde durch seinen neuen Herzog mit Hülfe eines zurück=
gebliebenen deutschen Corps standhaft behauptet, und der Ver=
lust dieser Provinz war der Preis, um welchen Roger seine
übrigen Länder gerettet sah.

Nachdem der normännische Papst, Anaklet, gestorben, und
Innocentius alleiniger Fürst der Kirche geworden war, hielt
er im Lateran eine Kirchenversammlung, welche alle Decrete des
Gegenpapstes für nichtig erklärte, und seinen Beschützer Roger
abermals mit dem Bannfluche belegte. Innocentius zog auch,
nach dem Beispiel des Leo, in Person gegen den sicilianischen
Fürsten zu Felde, aber auch er mußte, wie sein Vorgänger,
diese Verwegenheit mit einer gänzlichen Niederlage und dem
Verlust seiner Freiheit bezahlen. Roger aber suchte als Sieger
den Frieden mit der Kirche, der ihm um so nöthiger war, da
ihn Venedig und Konstantinopel mit einem neuen Angriff be=
drohten. Er erhielt von dem gefangenen Papste die Belehnung
über sein Königreich Sicilien; seine beiden Söhne wurden als
Herzoge von Capua und Apulien anerkannt. Er selbst sowohl
als diese mußten dem Papst den Vasallen=Eid leisten, und sich
zu einem jährlichen Tribut an die römische Kirche verstehen.
Ueber die Ansprüche des deutschen Reichs an diese Provinzen,
um derentwillen doch Innocentius selbst den Kaiser wider
Rogern bewaffnet hatte, wurde bei diesem Vergleich ein tiefes
Stillschweigen beobachtet. So wenig konnten die römischen

Kaiser auf die päpstliche Redlichkeit zählen, wenn man ihres Arms nicht benöthigt war. Roger küßte den Pantoffel seines Gefangenen, führte ihn nach Rom zurück, und Friede war zwischen den Normännern und dem apostolischen Stuhl. Kaiser Lothar selbst hatte auf der Rückkehr nach Deutschland im Jahr 1137 in einer schlechten Bauernhütte zwischen dem Lech und dem Inn sein mühe- und ruhmvolles Leben geendigt.

Unfehlbar war der Plan dieses Kaisers gewesen, daß ihm sein Tochtermann, Herzog Heinrich von Bayern und Sachsen, auf dem Kaiserthron folgen sollte, wozu er wahrscheinlich noch bei seinen Lebzeiten Anstalten zu machen gesonnen gewesen war. Aber ehe er einen Schritt deßwegen thun konnte, überraschte ihn der Tod.

Heinrich von Bayern hatte die Fürsten Deutschlands mit vielem Stolz behandelt, und war ihnen auf dem italienischen Feldzug sehr gebieterisch begegnet. Auch jetzt, nach Lothars Tode, bemühte er sich nicht sehr um ihre Freundschaft, und machte sie dadurch nicht geneigt, ihre Wahl auf ihn zu richten. Ganz anders betrug sich Konrad von Hohenstaufen, der den Zug nach Italien mitgemacht und auf demselben die Fürsten, besonders den Erzbischof von Trier, für sich einzunehmen gewußt hatte. Außerdem schwebte die kürzlich festgesetzte Wahlfreiheit des deutschen Reichs den Fürsten noch zu lebhaft vor Augen, und Alles kam jetzt darauf an, den geringsten Schein einer Rücksicht auf das Erbrecht bei der Kaiserwahl zu vermeiden. Heinrichs Verwandtschaft mit Lothar war also ein Beweggrund mehr, ihn bei der Wahl zu übergehen. Zu diesem Allem kam noch die Furcht vor seiner überwiegenden Macht, welche, mit der Kaiserwürde vereinigt, die Freiheit des deutschen Reichs zu Grunde richten konnte.

Jetzt also sah man auf einmal das Staatssystem der deutschen Fürsten umgeändert. Die Welfische Familie, welcher

Heinrich von Bayern angehörte, unter der vorigen Regierung erhoben, mußte jetzt wieder herabgesetzt werden, und das Hohenstaufische Haus, unter der vorigen Regierung zurückgesetzt, sollte wieder die Oberhand gewinnen. Der Erzbischof von Mainz war eben gestorben, und die Wahl eines neuen Erzbischofs sollte der Wahl des Kaisers billig vorangehen, da der Erzbischof bei der Kaiserwahl eine Hauptrolle spielte. Weil aber zu fürchten war, daß das große Gefolge von sächsischen und bayerischen Bischöfen und weltlichen Vasallen, mit welchen Heinrich auf den Wahltag würde angezogen kommen, die Ueberlegenheit der Stimmen auf seine Seite neigen möchte, so eilte man — wenn es auch eine Unregelmäßigkeit kosten sollte — vor seiner Ankunft die Kaiserwahl zu beendigen. Unter der Leitung des Erzbischofs von Trier, der dem Hohenstaufischen Hause vorzüglich hold war, kam diese in Koblenz zu Stande (1137). Herzog Konrad ward erwählt und empfing auch sogleich zu Aachen die Krone. So schnell hatte das Schicksal gewechselt, daß Konrad, den der Papst unter der vorigen Regierung mit dem Banne belegte, sich jetzt dem Tochtermann eben des Lothar vorgezogen sah, der für den römischen Stuhl doch so viel gethan hatte. Zwar beschwerten sich Heinrich und alle Fürsten, welche bei der Wahl Konrads nicht zu Rath gezogen worden, laut über diese Unregelmäßigkeit; aber die allgemeine Furcht vor der Uebermacht des Welfischen Hauses, und der Umstand, daß sich der Papst für Konrad erklärt hatte, brachte die Mißvergnügten zum Schweigen. Heinrich von Bayern, der die Reichsinsignien in Händen hatte, lieferte sie nach einem kurzen Widerstand aus.

Konrad sah ein, daß er dabei noch nicht stille stehen könne. Die Macht des Welfischen Hauses war so hoch gestiegen, daß es eben so gefährliche Folgen für die Ruhe des Reichs haben mußte, dieses mächtige Haus zum Feinde zu haben, als die Erhebung desselben zur Kaiserwürde für die ständische Freiheit gehabt haben würde. Neben einem Vasallen von dieser Macht konnte kein Kaiser ruhig regieren, und das Reich war in Gefahr, von einem bürgerlichen Kriege zerrissen zu werden. Man mußte also die Macht desselben wieder heruntersetzen, und dieser Plan wurde von Konrad III. mit Standhaftigkeit befolgt. Er lud den Herzog Heinrich nach Augsburg vor, um sich über die Klagen zu rechtfertigen, die das Reich gegen ihn habe. Heinrich fand es bedenklich zu erscheinen, und nach fruchtlosen Unterhandlungen erklärte ihn der Kaiser auf einem Hoftag zu Würzburg in die Reichsacht; auf einem andern zu Goslar wurden ihm seine beiden Herzogthümer, Sachsen und Bayern, abgesprochen.

Diese raschen Urtheile wurden von eben so frischer That begleitet. Bayern verlieh man dem Nachbar desselben, dem Markgrafen von Oesterreich; Sachsen wurde dem Markgrafen von Brandenburg, Albrecht der Bär genannt, übergeben. Bayern gab Herzog Heinrich auch ohne Widerstand auf, aber Sachsen hoffte er zu retten. Ein kriegerischer ihm ergebener Adel stand hier bereit, für seine Sache zu fechten, und weder Albrecht von Brandenburg, noch der Kaiser selbst, der gegen ihn die Waffen ergriff, konnten ihm dieses Herzogthum entreißen. Schon war er im Begriff auch Bayern wieder zu erobern, als ihn der Tod von seinen Unternehmungen abrief und die Fackel des Bürgerkriegs in Deutschland verlöschte. Bayern erhielt nun der Bruder und Nachfolger des Markgrafen Leopold von Oesterreich, Heinrich, der sich im Besitz dieses Herzogthums durch eine Heirathsverbindung mit der Wittwe des verstorbenen Herzogs, einer Tochter Lothars, zu befestigen glaubte. Dem Sohn des Verstorbenen, der nachher unter dem Namen Heinrichs des Löwen berühmt ward, wurde das Herzogthum Sachsen zurückgegeben, wogegen er auf Bayern Verzicht that. So beruhigte Konrad auf eine

Zeitlang die Stürme, welche Deutschlands Ruhe gestört hatten und noch gefährlicher zu stören drohten — um in einem thörichten Zug nach Jerusalem der herrschenden Schwachheit seines Jahrhunderts einen verderblichen Tribut zu bezahlen.

Anmerkung des Herausgebers. Eine Fortsetzung dieser Abhandlung hat im vierten Bande der historischen Memoires (erste Abtheilung) Herr Geheimer Legationsrath von Woltmann geliefert, welcher im Jahre 1795, als damaliger Professor in Jena, sich mit Schillern zur Herausgabe der ersten Abtheilung dieser Memoires verband.

Geschichte der Unruhen in Frankreich
welche der Regierung Heinrichs IV. vorangingen, bis zum Tode Karls IX.

(Aus der Sammlung historischer Memoires II. Abtheilung 1. 2. 3. 4. 5. und 8. Band.)

Die Regierungen Karls VIII., Ludwigs XII. und Franz I. hatten für Frankreich eine glänzende Epoche vorbereitet. Die Feldzüge dieser Fürsten nach Italien hatten den Heldengeist des französischen Adels wieder entzündet, den der Despotismus Ludwigs XI. beinahe erstickt hatte. Ein schwärmerischer Rittergeist flammte wieder auf, den eine bessere Taktik unterstützte.

Im Kampf mit ihren ungeübten Nachbarn lernte die Nation ihre Ueberlegenheit kennen. Die Monarchie hatte sich gebildet, die Verfassung des Königreichs eine mehr regelmäßige Gestalt angenommen. Der sonst so furchtbare Troß übermächtiger Großen fügte sich jetzt wieder in die Schranken eines gemeinschaftlichen Gehorsams. Ordentliche Steuern und stehende Heere befestigten und schirmten den Thron, und der König war etwas mehr als ein begüterter Edelmann in seinem Reiche.

In Italien war es, wo sich die Kraft dieses Königreichs zum ersten Mal offenbarte. Unnütz zwar floß dort das Blut seiner Heldensöhne, aber Europa konnte seine Bewunderung einem Volke nicht versagen, das sich zu gleicher Zeit gegen fünf vereinigte Feinde glorreich behauptete. Das Licht schöner Künste war nicht lange vorher in Italien aufgegangen, und etwas mildere Sitten verriethen bereits seinen veredelten Einfluß. Bald zeigte es seine Kraft an den trotzigen Siegern, und Italiens Künste unterjochten das Genie der Franzosen, wie ehmals Griechenlands Kunst seine römischen Beherrscher sich unterwürfig machte. Bald fanden sie den Weg über die savoyischen Alpen, den der Krieg geöffnet hatte. Von einem verständigen Regenten in Schutz genommen, von der Buchdruckerkunst unterstützt, verbreiteten sie sich bald auf diesem dankbaren Boden. Die Morgenröthe der Cultur erschien; schon eilte Frankreich mit schnellen Schritten seiner Civilisirung entgegen. Die neuen Meinungen erscheinen, und gebieten diesem schönen Anfang einen traurigen Stillstand. Der Geist der Intoleranz und des Aufruhrs löscht den noch schwachen Schimmer der Verfeinerung wieder aus, und die schreckliche Fackel des Fanatismus leuchtet. Tiefer als je stürzt dieser unglückliche Staat in seine barbarische Wildheit zurück, das Opfer eines langwierigen, verderblichen Bürgerkriegs, den der Ehrgeiz entflammt, und ein wüthender Religionseifer zu einem allgemeinen Brande vergrößert.

So feurig auch das Interesse war, mit welchem die eine Hälfte Europens die neuen Meinungen aufnahm und die andere dagegen kämpfte, so eine mächtige Triebfeder der Religionsfanatismus auch für sich selbst ist, so waren es doch großentheils sehr weltliche Leidenschaften, welche bei dieser großen Begebenheit geschäftig waren, und größtentheils politische Umstände, welche den unter einander im Kampfe begriffenen Religionen zu Hülfe kamen. In Deutschland, weiß man, begünstigte Luthern und seine Meinungen das Mißtrauen der Stände gegen die wachsende Macht Oesterreichs; der Haß gegen Spanien und die Furcht vor dem Inquisitionsgerichte vermehrte in den Niederlanden den

Anhang der Protestanten. Gustav Wasa vertilgte in Schweden zugleich mit der alten Religion eine furchtbare Cabale, und auf dem Ruin eben dieser Kirche befestigte die britannische Elisabeth ihren noch wankenden Thron. Eine Reihe schwachköpfiger, zum Theil minderjähriger Könige, eine schwankende Staatskunst, die Eifersucht und der Wettkampf der Großen um das Ruder halfen die Fortschritte der neuen Religion in Frankreich bestimmen.

Wenn sie in diesem Königreich jetzt darnieder liegt, und in einer Hälfte Deutschlands, in England, im Norden, in den Niederlanden thronet, so lag es sicherlich nicht an der Muthlosigkeit oder Kälte ihrer Verfechter, nicht an unterlassenen Versuchen, nicht an der Gleichgültigkeit der Nation. Eine heftige langwierige Gährung erhielt das Schicksal dieses Königreichs in Zweifel; fremder Einfluß und der zufällige Umstand einer neuen indirecten Thronfolge, die gerade damals eintrat, mußte den Untergang der calvinischen Kirche in diesem Staat entscheiden.

Gleich im ersten Viertel des sechzehnten Jahrhunderts fanden die Neuerungen, welche Luther in Deutschland predigte, den Weg in die französischen Provinzen. Weder die Censuren der Sorbonne im Jahr 1521, noch die Beschlüsse des Pariser Parlaments, noch selbst die Anathemen der Bischöfe vermochten das schnelle Glück aufzuhalten, das sie in wenig Jahren bei dem Volk, bei dem Adel, bei einigen von der Geistlichkeit machten. Die Lebhaftigkeit, mit welcher das sanguinische, geistreiche Volk der Franzosen jede Neuigkeit zu behandeln pflegt, verläugnete sich weder bei den Anhängern der Reformation, noch bei ihren Verfolgern. Franz des Ersten kriegerische Regierung und die Verständnisse dieses Monarchen mit den deutschen Protestanten trugen nicht wenig dazu bei, die Religionsneuerungen bei seinen französischen Unterthanen in schnellen Umlauf zu bringen. Umsonst, daß man in Paris endlich zu dem fürchterlichen Mittel des Feuers und des

Schwertes griff — es that keine beſſere Wirkung, als es in den
Niederlanden, in Deutſchland, in England gethan hatte, und
die Scheiterhaufen, welche der fanatiſche Verfolgungsgeiſt anſteckte,
dienten zu nichts, als den Heldenglauben und den Ruhm ſeiner
Opfer zu beleuchten.

Die Religionsverbeſſerer führten, bei ihrer Vertheidigung
und bei ihrem Angriff auf die herrſchende Kirche, Waffen, welche
weit zuverläſſiger wirkten, als alle, die der blinde Eifer der
ſtärkern Zahl ihnen entgegen ſetzen konnte. Geſchmack und Auf=
klärung kämpften auf ihrer Seite; Unwiſſenheit, Pedanterei
waren der Antheil ihrer Verfolger. Die Sittenloſigkeit, die tiefe
Ignoranz des katholiſchen Clerus gaben dem Witz ihrer öffent=
lichen Redner und Schriftſteller die gefährlichſten Blößen, und
unmöglich konnte man die Schilderungen leſen, welche der Geiſt
der Satyre dieſe letztern von dem allgemeinen Verderbniß ent=
werfen ließ, ohne ſich von der Nothwendigkeit einer Verbeſſerung
überzeugt zu fühlen. Die leſende Welt wurde täglich mit Schrif=
ten dieſer Art überſchwemmt, in welchen, mehr oder minder
glücklich, die herrſchenden Laſter des Hofes und der katholiſchen
Geiſtlichkeit dem Unwillen, dem Abſcheu, dem Gelächter bloß=
geſtellt, und die Dogmen der neuen Kirche, in jede Anmuth des
Styls gekleidet, mit allen Reizen des Schönen, mit aller hin=
reißenden Kraft des Erhabenen, mit dem unwiderſtehlichen Zauber
einer edlen Simplicität ausgeſtattet waren. Wenn man dieſe
Meiſterſtücke der Beredſamkeit und des Witzes mit Ungeduld ver=
ſchlang, ſo waren die abgeſchmackten oder feierlichen Gegen=
ſchriften des andern Theils nicht dazu gemacht, etwas anders
als Langeweile zu erregen. Bald hatte die verbeſſerte Religion
den geiſtreichen Theil des Publicums gewonnen — eine unſtreitig
glänzendere Majorität als der bloße blinde Vortheil der größern
Menge, der ihre Gegner begünſtigte.

Die anhaltende Wuth der Verfolgung nöthigte endlich den unterbrückten Theil, an der Königin Margarethe von Navarra, der Schwester Franz I., sich eine Beschützerin zu suchen. Geschmack und Wissenschaft waren eine hinreichende Empfehlung bei dieser geistreichen Fürstin, welche, selbst große Kennerin des Schönen und Wahren, für die Religion ihrer Lieblinge, deren Kenntnisse und Geist sie verehrte, nicht schwer zu gewinnen war. Ein glänzender Kreis von Gelehrten umgab diese Fürstin, und die Freiheit des Geistes, welche in diesem geschmackvollen Cirkel herrschte, konnte nicht anders als eine Lehre begünstigen, welche mit der Befreiung vom Joche der Hierarchie und des Aberglaubens angefangen hatte. An dem Hofe dieser Königin fand die gedrückte Religion eine Zuflucht; manches Opfer wurde durch sie dem blutdürstigen Verfolgungsgeist entzogen, und die noch kraftlose Partei hielt sich an diesem schwachen Ast gegen das erste Ungewitter fest, das sie sonst in ihrem noch zarten Anfang so leicht hätte hinraffen können. Die Verbindungen, in welche Franz I. mit den deutschen Protestanten getreten war, hatten auf die Maßregeln keinen Einfluß, deren er sich gegen seine eigenen protestantischen Unterthanen bediente. Das Schwert der Inquisition war in jeder Provinz gegen sie gezückt, und zu eben der Zeit, wo dieser zweideutige Monarch die Fürsten des Schmalkaldischen Bundes gegen Karl V., seinen Nebenbuhler, aufforderte, erlaubt er dem Blutdurst seiner Inquisitoren, gegen das schuldlose Volk der Waldenser, ihre Glaubensgenossen, mit Schwert und Feuer zu wüthen. Barbarisch und schrecklich, sagt der Geschichtschreiber de Thou, war der Spruch, der gegen sie gefällt ward, barbarischer noch und schrecklicher seine Vollstreckung. Zwei und zwanzig Dörfer legte man in die Asche, mit einer Unmenschlichkeit, wovon sich bei den rohesten Völkern kein Beispiel findet. Die unglückseligen Bewohner, bei Nachtzeit überfallen und bei dem Schein ihrer brennenden Habe von Gebirge zu Gebirge gescheucht, entrannen hier einem Hinterhalte nur, um dort in einen andern zu fallen. Das jämmerliche Geschrei der Alten, der Frauenspersonen und der Kinder, weit entfernt das Tigerherz der Soldaten zu erweichen, diente zu nichts, als diese letztern auf die Spur der Flüchtigen zu führen, und ihrer Mordbegier das Opfer zu verrathen. Ueber siebenhundert dieser Unglücklichen wurden in der einzigen Stadt Cabrières mit kalter Grausamkeit erschlagen, alle Frauenspersonen dieses Orts im Dampf einer brennenden Scheune erstickt, und die, welche sich von oben herab flüchten wollten, mit Piken aufgefangen. Selbst an dem Erdreich, welches der Fleiß dieses sanften Volks aus einer Wüste zum blühenden Garten gemacht hatte, ward der vermeintliche Irrglaube seiner Pflüger bestraft. Nicht bloß die Wohnungen riß man nieder, auch die Bäume wurden umgehauen, die Saaten zerstört, die Felder verwüstet, und das lachende Land in eine traurige Wildniß verwandelt.

Der Unwille, den diese eben so unnütze als beispiellose Grausamkeit erweckte, führte dem Protestantismus mehr Bekenner zu, als der inquisitorische Eifer der Geistlichkeit würgen konnte. Mit jedem Tag wuchs der Anhang der Neuerer, besonders seitdem in Genf Calvin mit einem neuen Religionssystem aufgetreten war, und durch seine Schrift vom christlichen Unterricht die schwankenden Lehrmeinungen fixirt, dem ganzen Gottesdienst eine mehr regelmäßige Gestalt gegeben und die unter sich selbst nicht recht einigen Glieder seiner Kirche unter einer bestimmten Glaubensformel vereinigt hatte. In kurzem gelang es der strengern und einfachern Religion des französischen Apostels, bei seinen Landsleuten Luthern selbst zu verdrängen, und seine Lehre fand eine desto günstigere Aufnahme, je mehr sie von Mysterien und lästigen Gebräuchen gereinigt war, und je mehr sie es der lutherischen an Entfernung vom Papstthum zuvorthat.

Das Blutbad unter den Waldensern zog die Calvinisten, deren Erbitterung jetzt keine Furcht mehr kannte, an das Licht hervor. Nicht zufrieden, wie bisher, sich im Dunkel der Nacht zu versammeln, wagten sie es jetzt, durch öffentliche Zusammenkünfte den Nachforschungen der Obrigkeit Hohn zu sprechen, und selbst in den Vorstädten von Paris die Psalmen des Marot in großen Versammlungen abzusingen. Der Reiz des Neuen führte bald ganz Paris herbei, und mit dem Wohlklang und der Anmuth dieser Lieder wußte sich ihre Religion selbst in manche Gemüther zu schmeicheln. Der gewagte Schritt hatte ihnen zugleich ihre furchtbare Anzahl gezeigt, und bald folgten die Protestanten in dem übrigen Königreich dem Beispiel, das ihre Brüder in der Hauptstadt gegeben.

Heinrich II., ein noch strengerer Verfolger ihrer Partei als sein Vater, nahm jetzt vergebens alle Schrecken der königlichen Strafgewalt gegen sie zu Hülfe. Vergebens wurden die Edicte geschärft, welche ihren Glauben verdammten. Umsonst erniedrigte sich dieser Fürst so weit, durch seine königliche Gegenwart den Eindruck ihrer Hinrichtungen zu erhöhen und ihre Henker zu ermuntern. In allen großen Städten Frankreichs rauchten Scheiterhaufen, und nicht einmal aus seiner eigenen Gegenwart konnte Heinrich den Calvinismus verbannen. Diese Lehre hatte unter der Armee, auf den Gerichtsstühlen, hatte selbst an seinem Hof zu St. Germain Anhänger gefunden, und Franz von Coligny, Herr von Anbelot, Obrister des französischen Fußvolks, erklärte dem König mit dreister Stirn ins Gesicht, daß er lieber sterben wolle, als eine Messe besuchen.

Endlich aufgeschreckt von der immer mehr um sich greifenden Gefahr, welche die Religion seiner Völker, und, wie man

ihn fürchten ließ, selbst seinen Thron bedrohte, überließ sich dieser
Fürst allen gewaltthätigen Maßregeln, welche die Habsucht der
Höflinge und der unreine Eifer des Clerus ihm dictirte. Um
durch einen entscheidenden Schritt den Muth der Partei auf
einmal zu Boden zu schlagen, erschien er eines Tages selbst im
Parlamente, ließ dort fünf Glieder dieses Gerichtshofes, die sich
den neuen Meinungen günstig zeigten, gefangen nehmen, und
gab Befehl, ihnen schleunig den Proceß zu machen. Von jetzt
an erfuhr die neue Secte keine Schonung mehr. Das verworfene
Gezücht der Angeber wurde durch versprochene Belohnungen
ermuntert, alle Gefängnisse des Reichs in kurzem mit Schlacht=
opfern der Unduldsamkeit angefüllt; Niemand wagte es, für sie
die Stimme zu erheben. Die reformirte Partei in Frankreich
stand jetzt, 1559, am Rand ihres Untergangs; ein mächtiger
unwiderstehlicher Fürst, mit ganz Europa im Frieden, und un=
umschränkter Herr von allen Kräften des Königreichs, zu diesem
großen Werke von dem Papst und von Spanien selbst begünstigt,
hatte ihr das Verderben geschworen. Ein unerwarteter Glücks=
fall mußte sich ins Mittel schlagen, dieses abzuwenden, welches
auch geschah. Ihr unversöhnlicher Feind starb mitten unter diesen
Zurüstungen, von einem Lanzensplitter verwundet, der ihm bei
einem festlichen Turnier in das Auge flog.

Dieser unverhoffte Hintritt Heinrichs II. war der Eingang
zu den gefährlichen Zerrüttungen, welche ein halbes Jahrhundert
lang das Königreich zerrissen, und die Monarchie ihrem gänz=
lichen Untergang nahe brachten. Heinrich hinterließ seine Ge=
mahlin Katharina, aus dem herzoglichen Hause von Medicis in
Florenz, nebst vier unreifen Söhnen, unter denen der älteste,
Franz, kaum das sechzehnte Jahr erreicht hatte. Der König war
bereits mit der jungen Königin von Schottland, Maria Stuart,
vermählt, und so mußte sich das Scepter zweier Reiche in zwei

Händen vereinigen, die noch lange nicht geschickt waren, sich selbst
zu regieren. Ein Heer von Ehrgeizigen streckte schon gierig die
Hände darnach aus, es ihnen zu erleichtern, und Frankreich war
das unglückliche Opfer des Kampfs, der sich darüber entzündete.

Besonders waren es zwei mächtige Factionen, welche sich
ihren Einfluß bei dem jungen Regentenpaar und die Verwaltung
des Königreichs streitig machten. An der Spitze der einen stand
der Connetable von Frankreich, Anna von Montmorency, Mi=
nister und Günstling des verstorbenen Königs, um den er sich
durch seinen Degen und einen strengen, über alle Verführung
erhabenen Patriotismus verdient gemacht hatte. Ein gleich=
müthiger, unbeweglicher Charakter, den keine Widerwärtigkeit
erschüttern, kein Glücksfall schwindlicht machen konnte. Diesen
gesetzten Geist hatte er bereits unter den vorigen Regierungen
bewiesen, wo er mit gleicher Gelassenheit und mit gleich stand=
haftem Muth den Wankelmuth seines Monarchen und den Wech=
sel des Kriegsglücks ertrug. Der Soldat wie der Höfling, der
Financier wie der Richter zitterten vor seinem durchbringenden
Blick, den keine Täuschung blendete, vor diesem Geiste der Ord=
nung, der keinen Fehltritt vergab, vor dieser festen Tugend,
über die keine Versuchung Macht hatte. Aber in der rauhen
Schule des Kriegs erwachsen, und an der Spitze der Armeen
gewöhnt, unbedingten Gehorsam zu erzwingen, fehlte ihm die
Geschmeidigkeit des Staatsmanns und Höflings, welche durch
Nachgeben siegt, und durch Unterwerfung gebietet. Groß auf
der Waffenbühne, verscherzte er seinen Ruhm auf der andern,
welche der Zwang der Zeit ihm jetzt anwies, welche ihm Ehr=
geiz und Patriotismus zu betreten befahlen. Solch ein Mann
war nirgends an seinem Platze, als wo er herrschte, und nur
gemacht, sich auf der ersten Stelle zu behaupten, aber nicht wohl
fähig, mit hofmännischer Kunst darnach zu ringen.

Lange Erfahrung, Verdienste um den Staat, die selbst der Neid nicht zu verringern wagte, eine Redlichkeit, der auch seine Feinde huldigten, die Gunst des verstorbenen Monarchen, der Glanz seines Geschlechts schienen den Connetable zu dem ersten Posten im Staat zu berechtigen und jeden fremden Anspruch im voraus zu entfernen. Aber ein Mann gehörte auch dazu, das Verdienst eines solchen Dieners zu würdigen, und eine ernstliche Liebe zum allgemeinen Wohl, um seinem gründlichen innern Werth die rauhe Außenseite zu vergeben. Franz II. war ein Jüngling, den der Thron nur zum Genusse, nicht zur Arbeit rief, dem ein so strenger Aufseher seiner Handlungen nicht willkommen seyn konnte. Montmorency's äußere Tugend, die ihn bei dem Vater und Großvater in Gunst gesetzt hatte, gereichte ihm bei dem leichtsinnigen und schwachen Sohn zum Verbrechen, und machte es der entgegengesetzten Cabale leicht, über diesen Gegner zu triumphiren.

Die Guisen, ein nach Frankreich verpflanzter Zweig des Lothringischen Fürstenhauses, waren die Seele dieser furchtbaren Faction. Franz von Lothringen, Herzog von Guise, Oheim der regierenden Königin, vereinigte in seiner Person alle Eigenschaften, welche die Aufmerksamkeit der Menschen fesseln, und eine Herrschaft über sie erwerben. Frankreich verehrte in ihm seinen Retter, den Wiederhersteller seiner Ehre vor der ganzen europäischen Welt. An seiner Geschicklichkeit und seinem Muth war das Glück Karls V. gescheitert; seine Entschlossenheit hatte die Schande der Vorfahren ausgelöscht, und den Engländern Calais, ihre letzte Besitzung auf französischem Boden, nach einem zweihundertjährigen Besitze entrissen. Sein Name war in Aller Munde, seine Bewunderung lebte in Aller Herzen. Mit dem weitsehenden Herrscherblicke des Staatsmanns und Feldherrn verband er die Kühnheit des Helden und die Gewandtheit des

Höflings. Wie das Glück, so hatte schon die Natur ihn zum Herrscher der Menschen gestempelt. Edel gebildet, von erhabener Statur, königlichem Anstand und offener gefälliger Miene, hatte er schon die Sinne bestochen, ehe er die Gemüther sich unterjochte. Den Glanz seines Ranges und seiner Macht erhob eine natürliche angestammte Würde, die, um zu herrschen, keines äußern Schmucks zu bedürfen schien. Herablassend, ohne sich zu erniedrigen, mit dem Geringsten gesprächig, frei und vertraulich, ohne die Geheimnisse seiner Politik preiszugeben, verschwenderisch gegen seine Freunde und großmüthig gegen den entwaffneten Feind, schien er bemüht zu seyn, den Neid mit seiner Größe, den Stolz einer eifersüchtigen Nation mit seiner Macht auszusöhnen. Alle diese Vorzüge aber waren nur Werkzeuge einer unersättlichen stürmischen Ehrbegierde, die, von keinem Hinderniß geschreckt, von keiner Betrachtung aufgehalten, ihrem hochgesteckten Ziel furchtlos entgegenging, und gleichgültig gegen das Schicksal von Tausenden, von der allgemeinen Verwirrung nur begünstigt, durch alle Krümmungen der Cabale und mit allen Schrecknissen der Gewalt ihre verwegenen Entwürfe verfolgte. Dieselbe Ehrsucht, von nicht geringern Gaben unterstützt, beherrschte den Cardinal von Lothringen, Bruder des Herzogs, der, eben so mächtig durch Wissenschaft und Beredsamkeit, als jener durch seinen Degen, furchtbarer im Scharlach als der Herzog im Panzerhemd, seine Privatleidenschaften mit dem Schwert der Religion bewaffnete, und die schwarzen Entwürfe seiner Ehrsucht mit diesem heiligen Schleier bedeckte. Ueber den gemeinschaftlichen Zweck einverstanden, theilte sich dieses unwiderstehliche Brüderpaar in die Nation, die, ehe sie es wußte, in seinen Fesseln sich krümmte.

Leicht war es beiden Brüdern, sich der Neigung des jungen Königs zu bemächtigen, den seine Gemahlin, ihre Nichte, unumschränkt leitete; schwerer, die Königin Mutter Katharine für ihre Absichten zu gewinnen. Der Name einer Mutter des Königs machte sie an einem getheilten Hofe mächtig, mächtiger noch die natürliche Ueberlegenheit ihres Verstandes über das Gemüth ihres schwachen Sohnes; ein verborgener in Ränken erfinderischer Geist, mit einer gränzenlosen Begierde zum Herrschen vereinigt, konnte sie zu einer furchtbaren Gegnerin machen. Ihre Gunst zu erschleichen, wurde deßwegen kein Opfer gespart, keine Erniedrigung gescheut. Keine Pflicht war so heilig, die man nicht verletzte, ihren Neigungen zu schmeicheln; keine Freundschaft zu fest geknüpft, die nicht zerrissen wurde, ihrer Rachsucht ein Opfer preiszugeben; keine Feindschaft so tief gewurzelt, die man nicht gegen ihre Günstlinge ablegte. Zugleich unterließ man nichts, was den Connetable bei der Königin stürzen konnte, und so gelang es wirklich der Cabale, die gefährliche Verbindung zwischen Katharinen und diesem Feldherrn zu verhindern.

Unterdessen hatte der Connetable Alles in Bewegung gesetzt, sich einen furchtbaren Anhang zu verschaffen, der die lothringische Partei überwägen könnte. Kaum war Heinrich tobt, so wurden alle Prinzen von Geblüt, und unter diesen besonders Anton von Bourbon, König von Navarra, von ihm herbeigerufen, bei dem Monarchen den Posten einzunehmen, zu dem ihr Rang und ihre Geburt sie berechtigten. Aber ehe sie noch Zeit hatten, zu erscheinen, waren ihnen die Guisen schon bei dem Könige zuvorgekommen. Dieser erklärte den Abgesandten des Parlaments, die ihn zu seinem Regierungsantritt begrüßten, daß man sich künftig in jeder Angelegenheit des Staats an die lothringischen Prinzen zu wenden habe. Auch nahm der Herzog sogleich Besitz von dem Commando der Truppen; der Cardinal von Lothringen erwählte sich den wichtigen Artikel der Finanzen zu seinem Antheil. Montmorency erhielt eine frostige Weisung, sich auf seinen

Gütern zur Ruhe zu begeben. Die mißvergnügten Prinzen vom Geblüte hielten darauf eine Zusammenkunft zu Vendome, welche der Connetable abwesend leitete, um sich über die Maßregeln gegen den gemeinschaftlichen Feind zu bereden. Den Beschlüssen derselben zufolge wurde der König von Navarra an den Hof abgeschickt, bei der Königin Mutter noch einen letzten Versuch der Unterhandlung zu wagen, ehe man sich gewaltsame Mittel erlaubte. Dieser Auftrag war einer allzu ungeschickten Hand anvertraut, um seinen Zweck nicht zu verfehlen. Anton von Navarra, von der Allgewalt der Guisen in Furcht gesetzt, die sich ihm in der ganzen Fülle ihrer Herrlichkeit zeigten, verließ Paris und den Hof unverrichteter Dinge, und die lothringischen Brüder blieben Meister vom Schauplatz.

Dieser leichte Sieg machte sie keck, und jetzt fingen sie an, keine Schranken mehr zu scheuen. Im Besitz der öffentlichen Einkünfte, hatten sie bereits unsägliche Summen verschwendet, um ihre Creaturen zu belohnen. Ehrenstellen, Pfründen, Pensionen, wurden mit freigebiger Hand zerstreut, aber mit dieser Verschwendung wuchs nur die Gierigkeit der Empfänger und die Zahl der Candidaten, und was sie bei dem kleinen Theil dadurch gewannen, verdarben sie bei einem weit größern, welcher leer ausging. Die Habsucht, mit der sie sich selbst den besten Theil an dem Raube des Staats zueigneten, der beleidigende Trotz, mit dem sie sich auf Unkosten der vornehmsten Häuser in die wichtigsten Bedienungen eindrängten, machte allgemein die Gemüther schwierig, nichts aber war für die Franzosen empörender, als was sich der hochfahrende Stolz des Cardinals von Lothringen zu Fontainebleau erlaubte. An diesen Lustort, wo der Hof sich damals aufhielt, hatte die Gegenwart des Monarchen eine große Menge von Personen gezogen, die entweder um rückständigen Sold und Gnadengelder zu flehen, oder für ihre geleisteten

Dienste die verdienten Belohnungen einzufordern gekommen waren. Das Ungestüm dieser Leute, unter denen sich zum Theil die verdientesten Officiers der Armee befanden, belästigte den Cardinal. Um sich ihrer auf einmal zu entledigen, ließ er nahe am königlichen Schlosse einen Galgen aufrichten, und zugleich durch den öffentlichen Ausrufer verkündigen, daß Jeder, weß Standes er auch sey, den ein Anliegen nach Fontainebleau geführt, bei Strafe dieses Galgens, innerhalb vierundzwanzig Stunden Fontainebleau zu räumen habe. Behandlungen dieser Art erträgt der Franzose nicht, und darf sie unter allen Völkern von seinem Könige am wenigsten ertragen. Zwar ward es an einem einzigen Tage dadurch leer in Fontainebleau, aber zugleich wurde auch der Keim des Unmuths in mehr als tausend Herzen nach allen Provinzen des Königreichs mit hinweg getragen.

Bei den Fortschritten, welche der Calvinismus gegen das Ende von Heinrichs Regierung in dem Königreich gethan hatte, war es von der größten Wichtigkeit, welche Maßregeln die neuen Minister dagegen ergreifen würden. Aus Ueberzeugung sowohl als Interesse eifrige Anhänger des Papstes, vielleicht damals schon geneigt, sich beim Drang der Umstände auf spanische Hülfe zu stützen, zugleich von der Nothwendigkeit überzeugt, die zahlreichste und mächtigste Hälfte der Nation durch einen wahren oder verstellten Glaubenseifer zu gewinnen, konnten sie sich keinen Augenblick über die Partei bedenken, welche unter diesen Umständen zu ergreifen war. Heinrich II. hatte noch kurz vor seinem Ende den Untergang der Calvinisten beschlossen, und man brauchte bloß der schon angefangenen Verfolgung den Lauf zu lassen, um dieses Ziel zu erreichen. Sehr kurz also war die Frist, welche der Tod dieses Königs den Protestanten vergönnte. In seiner ganzen Wuth erwachte der Verfolgungsgeist wieder, und die lothringischen Prinzen bedachten sich um so weniger, gegen eine Religionspartei zu wüthen, die ein großer Theil ihrer Feinde längst im Stillen begünstigte.

Der Proceß des berühmten Parlamentsraths Anna du Bourg verkündigte die blutigen Maßregeln der neuen Regierung. Er büßte seine fromme Standhaftigkeit am Galgen; die vier übrigen Räthe, welche zugleich mit ihm gefangen gesetzt worden, erfuhren eine gelindere Behandlung. Dieser unzweideutige öffentliche Schritt der lothringischen Prinzen gegen den Calvinismus verschaffte den mißvergnügten Großen eine erwünschte Gelegenheit, die ganze reformirte Partei gegen das Ministerium in Harnisch zu bringen, und die Sache ihrer gekränkten Ehrsucht zu einer Sache der Religion, zu einer Angelegenheit der ganzen protestantischen Kirche zu machen. Jetzt also geschah die unglücksvolle Verwechslung politischer Beschwerden mit Glaubens=Interesse, und wider die politische Unterdrückung wurde der Religionsfanatismus zu Hülfe gerufen. Mit etwas mehr Mäßigung gegen die mißtrauischen Calvinisten war es den Guisen leicht, den durch ihre Zurücksetzung erbitterten Großen eine furchtbare Stütze zu entziehen, und so einen schrecklichen Bürgerkrieg in der Geburt zu ersticken. Dadurch, daß sie beide Parteien, die Mißvergnügten und die durch ihre Zahl bereits furchtbaren Calvinisten aufs Aeußerste brachten, zwangen sie beide, einander zu suchen, ihre Rachgier und ihre Furcht sich wechselseitig mitzutheilen, ihre verschiedenen Beschwerden zu vermengen, und ihre getheilten Kräfte in einer einzigen drohenden Faction zu vereinigen. Von jetzt an sah der Calvinist in den Lothringern nur die Unterdrücker seines Glaubens, und in Jedem, den ihr Haß verfolgte, nur ein Opfer ihrer Intoleranz, welches Rache forderte. Von jetzt an erblickte der Katholike in eben diesen Lothringern nur die Beschützer seiner Kirche, und in Jedem, der gegen sie aufstand, nur den Hugenotten, der die rechtgläubige Kirche zu stürzen suche. Jede

Partei erhielt jetzt einen Anführer, jeder ehrgeizige Große eine mehr oder minder furchtbare Partei. Das Signal zu einer allgemeinen Trennung ward gegeben, und die ganze hintergangene Nation in den Privatstreit einiger gefährlichen Bürger gezogen.

An die Spitze der Calvinisten stellten sich die Prinzen von Bourbon, Anton von Navarra und Ludwig Prinz von Condé, nebst der berühmten Familie der Chatillons, durch den großen Namen des Admirals von Coligny in der Geschichte verherrlicht. Ungern genug riß sich der wollüstige Prinz von Condé aus dem Schooß des Vergnügens, um das Haupt einer Partei gegen die Guisen zu werden; aber das Uebermaß ihres Stolzes und eine Reihe erlittener Beleidigungen hatten seinen schlummernden Ehrgeiz endlich aus einer trägen Sinnlichkeit erweckt; die dringenden Aufforderungen der Chatillons zwangen ihn, das Lager der Wollust mit dem politischen und kriegerischen Schauplatz zu vertauschen. Das Haus Chatillon stellte in diesem Zeitraum drei unvergleichliche Brüder auf, von denen der älteste, Admiral Coligny, der öffentlichen Sache durch seinen Feldherrngeist, seine Weisheit, seinen ausdauernden Muth; der zweite, Franz von Andelot, durch seinen Degen; der dritte, Cardinal von Chatillon, Bischof von Beauvais, durch seine Geschicklichkeit in Unterhandlungen und seine Verschlagenheit diente. Eine seltene Harmonie der Gesinnungen vereinigte diese sich sonst so ungleichen Charaktere zu einem furchtbaren Dreiblatt, und die Würden, welche sie bekleideten, die Verbindungen, in denen sie standen, die Achtung, welche ihr Name zu erwecken gewohnt war, gaben der Unternehmung ein Gewicht, an deren Spitze sie traten.

Auf einem von den Schlössern des Prinzen von Condé, an der Gränze von Picardie, hielten die Mißvergnügten eine geheime Versammlung, auf welcher ausgemacht wurde, den König aus der Mitte seiner Minister zu entführen, und sich zugleich dieser letztern todt oder lebendig zu bemächtigen. So weit war es gekommen, daß man die Person des Monarchen bloß als eine Sache betrachtete, die an sich selbst nichts bedeutete, aber in den Händen derer, welche sich ihres Besitzes rühmten, ein furchtbares Instrument der Macht werden konnte. Da dieser verwegene Entwurf nur mit den Waffen in der Hand konnte durchgesetzt werden, so ward auf eben dieser Versammlung beschlossen, eine militärische Macht aufzubringen, welche sich alsdann in einzelnen kleinen Haufen, um keinen Verdacht zu erregen, aus allen Districten des Königreichs in Blois zusammenziehen sollte, wo der Hof das Frühjahr zubringen würde. Da sich die ganze Unternehmung als eine Religionssache abschildern ließ, so hielt man sich der kräftigsten Mitwirkung der Calvinisten versichert, deren Anzahl im Königreich damals schon auf zwei Millionen geschätzt wurde. Aber auch viele der aufrichtigsten Katholiken zog man durch die Vorstellung, daß es nur gegen die Guisen abgesehen sey, in die Verschwörung. Um den Prinzen von Condé, als den eigentlichen Chef der ganzen Unternehmung, der aber für rathsam hielt, vorjetzt noch unsichtbar zu bleiben, desto besser zu verbergen, gab man ihr einen untergeordneten, sichtbaren Anführer in der Person eines gewissen Renaudie, eines Edelmanns aus Perigord, den sein verwegener, in schlimmen Händeln und Gefahren bewährter Muth, seine unermüdete Thätigkeit, seine Verbindungen im Staat und der Zusammenhang mit den ausgewanderten Calvinisten zu diesem Posten besonders geschickt machten. Verbrechen halber hatte derselbe längst schon die Rolle eines Flüchtlings spielen müssen, und die Kunst der Verborgenheit, welche sein jetziger Auftrag von ihm forderte, zu seiner eigenen Erhaltung in Ausübung bringen lernen. Die ganze Partei kannte ihn als ein entschlossenes, jedem kühnen Streiche gewachsenes Subject, und die enthusiastische Zuversicht, die ihn selbst über jedes Hinderniß erhob, konnte sich von ihm aus allen Mitgliedern der Verschwörung mittheilen.

Die Vorkehrungen wurden aufs beste getroffen, und alle möglichen Zufälle im voraus in Berechnung gebracht, um dem Ohngefähr so wenig als möglich anzuvertrauen. Renaudie erhielt eine ausführliche Instruction, worin nichts vergessen war, was der Unternehmung einen glücklichen Ausschlag zusichern konnte. Der eigentliche verborgene Führer derselben, hieß es, würde sich nennen und öffentlich hervortreten, sobald es zur Ausführung käme. Zu Nantes in Bretagne, wo eben damals das Parlament seine Sitzungen hielt, und eine Reihe von Lustbarkeiten, zu denen die Vermählungsfeier einiger Großen dieser Provinz die zufällige Veranlassung gab, die herbeiströmende Menge schicklich entschuldigen konnte, versammelte Renaudie im Jahr 1560 seine Edelleute. Aehnliche Umstände nutzten wenige Jahre nachher die Geusen in Brüssel, um ihr Complot gegen den spanischen Minister Granvella zu Stande zu bringen. In einer Rede voll Beredsamkeit und Feuer, welche uns der Geschichtschreiber de Thou aufbehalten hat, entdeckte Renaudie denen, die es noch nicht wußten, die Absicht ihrer Zusammenberufung, und suchte die übrigen zu einer thätigen Theilnahme anzufeuern. Nichts wurde darin gespart, die Guisen in das gehässigste Licht zu setzen, und mit arglistiger Kunst alle Uebel, von welchen die Nation seit ihrem Eintritt in Frankreich heimgesucht worden, auf ihre Rechnung geschrieben. Ihr schwarzer Entwurf sollte seyn, durch Entfernung der Prinzen vom Geblüte, der Verdientesten und Edelsten von des Königs Person und der Staatsverwaltung, den jungen Monarchen, dessen schwächliche Person, wie man sich merken ließ, in solchen Händen nicht am sichersten aufgehoben wäre, zu einem blinden Werkzeug ihres Willens zu machen, und, wenn es auch durch Ausrottung der ganzen königlichen Familie geschehen sollte, ihrem eigenen

Geschlecht den Weg zu dem französischen Throne zu bahnen. Dies einmal vorausgesetzt, war keine Entschließung so kühn, kein Schritt gegen sie so strafbar, den nicht die Ehre selbst und die reinste Liebe zum Staat rechtfertigen konnte, ja gebot. „Was mich betrifft," schloß der Redner mit dem heftigsten Uebergang, „so schwöre ich, so betheure ich und nehme den Himmel zum Zeugen, daß ich weit entfernt bin, etwas gegen den Monarchen, gegen die Königin, seine Mutter, gegen die Prinzen seines Bluts weder zu denken, noch zu reden, noch zu thun; aber ich betheure und schwöre, daß ich bis zu meinem letzten Hauch gegen die Eingriffe dieser Ausländer vertheidigen werde die Majestät des Throns und die Freiheit des Vaterlandes."

Eine Erklärung dieser Art konnte ihren Eindruck auf Männer nicht verfehlen, die, durch so viele Privatbeschwerden aufgebracht, von dem Schwindel der Zeit und einem blinden Religionseifer hingerissen, der heftigsten Entschließungen fähig waren. Alle wiederholten einstimmig diesen Eidschwur, den sie schriftlich aufsetzten und durch Handschlag und Umarmung besiegelten. Merkwürdig ist die Aehnlichkeit, welche sich zwischen dem Betragen dieser Verschworenen zu Nantes und dem Verfahren der Conföderirten in Brüssel entdecken läßt. Dort, wie hier, ist es der rechtmäßige Oberherr, den man gegen die Anmaßungen seines Ministers zu vertheidigen scheinen will, während daß man kein Bedenken trägt, eins seiner heiligsten Rechte, seine Freiheit in der Wahl seiner Diener, zu kränken; dort, wie hier, ist es der Staat, den man gegen Unterbrückung sicher zu stellen sich das Ansehen geben will, indem man ihn doch offenbar allen Schrecknissen eines Bürgerkriegs überliefert. Nachdem man über die zu nehmenden Maßregeln einig war, und den 15. Mai 1560 zum Termin, die Stadt Blois zu dem Ort der Vollstreckung bestimmt hatte, schied man auseinander, jeder Edelmann nach seiner Provinz, um die nöthige

Mannschaft in Bewegung zu setzen. Dies geschah mit dem besten Erfolge, und das Geheimniß des Entwurfs litt nichts durch die Menge derer, die zur Vollstreckung nöthig waren. Der Soldat verdingte sich dem Capitän, ohne den Feind zu wissen, gegen den er zu fechten bestimmt war. Aus den entlegenern Provinzen fingen schon kleine Haufen an, zu marschiren, welche immer mehr anschwellten, je näher sie ihrem Standorte kamen. Truppen häuften sich schon im Mittelpunkte des Reichs, während die Guisen zu Blois, wohin sie den König gebracht hatten, noch in sorgloser Sicherheit schlummerten. Ein dunkler Wink, der sie vor einem ihnen drohenden Anschlage warnte, zog sie endlich aus dieser Ruhe, und vermochte sie, den Hof von Blois nach Amboise zu verlegen, welche Stadt, ihrer Citadelle wegen, gegen einen unvermutheten Ueberfall länger, wie man hoffte, zu behaupten war.

Dieser Querstreich konnte bloß eine kleine Abänderung in den Maßregeln der Verschworenen bewirken, aber im Wesentlichen ihres Entwurfs nichts verändern. Alles ging ungehindert seinen Gang, und nicht ihrer Wachsamkeit, nicht der Verrätherei eines Mitverschworenen, dem bloßen Zufall dankten die Guisen ihre Errettung. Renaudie selbst beging die Unvorsichtigkeit, einem Advocaten zu Paris, mit Namen Avenelles, seinem Freund, bei dem er wohnte, den ganzen Anschlag zu offenbaren, und das furchtsame Gewissen dieses Mannes verstattete ihm nicht, ein so gefährliches Geheimniß bei sich zu behalten. Er entdeckte es einem Geheimschreiber des Herzogs von Guise, der ihn in größter Eile nach Amboise schaffen ließ, um dort seine Aussage vor dem Herzog zu wiederholen. So groß die Sorglosigkeit der Minister gewesen, so groß war jetzt ihr Schrecken, ihr Mißtrauen, ihre Verwirrung. Was sie umgab, ward ihnen verdächtig. Bis in die Löcher der Gefängnisse suchte man, um dem Complot auf den Grund zu kommen. Weil man nicht mit Unrecht voraussetzte, daß die

Chatillons um den Anschlag wüßten, so berief man sie unter einem
schicklichen Vorwand nach Amboise, in der Hoffnung, sie hier
besser beobachten zu können. Als man ihnen in Absicht der gegen=
wärtigen Umstände ihr Gutachten abforderte, bedachte Coligny
sich nicht, aufs heftigste gegen die Minister zu reden, und die
Sache der Reformirten aufs lebhafteste zu verfechten. Seine Vor=
stellungen, mit der gegenwärtigen Furcht verbunden, wirkten auch
so viel auf die Mehrheit des Staatsraths, daß ein Edict abge=
faßt wurde, welches die Reformirten, mit Ausnahme ihrer Pre=
diger und Aller, die sich in gewaltthätige Anschläge eingelassen,
vor der Verfolgung in Sicherheit setzte. Aber dieses Nothmittel
kam jetzt zu spät, und die Nachbarschaft von Amboise fing an,
sich mit Verschworenen anzufüllen. Condé selbst erschien in starker
Begleitung an diesem Ort, um die Aufrührer im entscheidenden
Augenblick unterstützen zu können. Eine Anzahl derselben, hatte
man ausgemacht, sollte sich ganz unbewaffnet, und unter dem
Vorgeben eine Bittschrift überreichen zu wollen, an den Thoren
von Amboise melden, und, wofern sie keinen Widerstand fänden,
mit Hülfe ihrer überlegenen Menge von den Straßen und Wällen
Besitz nehmen. Zur Sicherheit sollten sie von einigen Schwa=
dronen unterstützt werden, die auf das erste Zeichen des Wider=
standes herbeieilen und in Verbindung mit dem um die Stadt
herum verbreiteten Fußvolk sich der Thore bemächtigen würden.
Indem dies von außen her vorginge, würden die in der Stadt
selbst verborgenen, meistens im Gefolge des Prinzen versteckten
Theilhaber der Verschwörung zu den Waffen greifen, und sich
unverzüglich der lothringischen Prinzen, lebendig oder todt, ver=
sichern. Der Prinz von Condé zeigte sich dann öffentlich als das
Haupt der Partei, und ergriff ohne Schwierigkeit das Steuer der
Regierung.

Dieser ganze Operationsplan wurde dem Herzog von Guise

verrätherischer Weise mitgetheilt, der sich dadurch in den Stand
gesetzt sah, bestimmtere Maßregeln dagegen zu ergreifen. Er ließ
schleunig Soldaten werben, und schickte allen Statthaltern der
Provinzen Befehl zu, jeden Haufen von Gewaffneten, der auf
dem Wege nach Amboise begriffen sey, aufzuheben. Der ganze
Adel der Nachbarschaft wurde aufgeboten, sich zum Schutz des
Monarchen zu bewaffnen. Mittelst scheinbarer Aufträge wurden
die Verdächtigsten entfernt, die Chatillons und der Prinz von
Condé in Amboise selbst beschäftigt und von Kundschaftern um=
ringt, die königliche Leibwache abgewechselt, die zum Angriff be=
zeichneten Thore vermauert. Außerhalb der Stadt streiften zahl=
reiche fliegende Corps, die verdächtigen Ankömmlinge zu zerstreuen
oder niederzuwerfen, und der Galgen erwartete Jeden, den das
Unglück traf, lebendig in ihre Hände zu gerathen.

Unter diesen nachtheiligen Umständen langte Renaudie vor
Amboise an. Ein Haufe von Verschworenen folgte auf den an=
dern, das Unglück ihrer vorangegangenen Brüder schreckte die
Kommenden nicht ab. Der Anführer unterließ nichts, durch seine
Gegenwart die Fechtenden zu ermuntern, die Zerstreuten zu sam=
meln, die Fliehenden zum Stehen zu bewegen. Allein, und nur
von einem einzigen Mann begleitet, streifte er durch das Feld
umher, und wurde in diesem Zustand von einem Trupp könig=
licher Reiter nach dem tapfersten Widerstand erschossen. Seinen
Leichnam schaffte man nach Amboise, wo er mit der Aufschrift:
„Haupt der Rebellen,“ am Galgen aufgeknüpft wurde.

Ein Edict folgte unmittelbar auf diesen Vorfall, welches
jedem seiner Mitschuldigen, der die Waffen sogleich niederlegen
würde, Amnestie zusicherte. Im Vertrauen auf dasselbe machten
sich Viele schon auf den Rückweg, fanden aber bald Ursache, es
zu bereuen. Ein letzter Versuch, den die Zurückgebliebenen ge=
macht hatten, sich der Stadt Amboise zu bemächtigen, der aber

wie die vorigen vereitelt wurde, erschöpfte die Mäßigung der Guisen, und brachte sie so weit, das königliche Wort zu widerrufen. Alle Provinzstatthalter erhielten jetzt Befehl, sich auf die Rückkehrenden zu werfen, und in Amboise selbst ergingen die fürchterlichsten Proceduren gegen Jeden, der den Lothringern verdächtig war. Hier, wie im ganzen Königreich, floß das Blut der Unglücklichen, die oft kaum das Verbrechen wußten, um dessentwillen sie den Tod erlitten. Ohne alle Gerichtsform warf man sie, Arme und Füße gebunden, in die Loire, weil die Hände der Nachrichter nicht mehr zureichen wollten. Nur Wenige von hervorstechenderm Range behielt man der Justiz vor, um durch ihre solenne Verurtheilung das vorhergegangene Blutbad zu beschönigen.

Indem die Verschwörung ein so unglückliches Ende nahm und so viele unwissende Werkzeuge derselben der Rache der Guisen aufgeopfert wurden, spielte der Prinz von Condé, der Schuldigste von Allen und der unsichtbare Lenker des Ganzen, seine Rolle mit beispielloser Verstellungskunst, und wagte es, dem Verdachte Trotz zu bieten, der ihn allgemein anklagte. Auf die Undurchdringlichkeit seines Geheimnisses sich stützend, und überzeugt, daß die Tortur selbst seinen Anhängern nicht entreißen könnte, was sie nicht wußten, verlangte er Gehör bei dem Könige, und drang darauf, sich förmlich und öffentlich rechtfertigen zu dürfen. Er that dieses in Gegenwart des ganzen Hofes und der auswärtigen Gesandten, welche ausdrücklich dazu geladen waren, mit dem edlen Unwillen eines unschuldig Angeklagten, mit der ganzen Festigkeit und Würde, welche sonst nur das Bewußtseyn einer gerechten Sache einzuflößen pflegt.

„Sollte," schloß er, „sollte Jemand verwegen genug seyn, „mich als den Urheber der Verschwörung anzuklagen, zu behaup„ten, daß ich damit umgegangen, die Franzosen gegen die ge„heiligte Person ihres Königs aufzuwiegeln, so entsage ich hiemit

„dem Vorrechte meines Ranges, und bin bereit, ihm mit diesem
„Degen zu beweisen, daß er lügt." „Und ich," nahm Franz von
Guise das Wort, „ich werde es nimmermehr zugeben, daß ein
„so schwarzer Verdacht einen so großen Prinzen entehre. Er=
„lauben Sie mir also, Ihnen in diesem Zweikampfe zu secon=
„diren." Und mit diesem Possenspiele ward eine der blutigsten
Verschwörungen geendigt, welche die Geschichte kennt, eben so
merkwürdig durch ihren Zweck und durch das große Schicksal,
welches dabei auf dem Spiele stand, als durch ihre Verborgenheit
und List, mit der sie geleitet wurde.

Noch lange nachher blieben die Meinungen über die wahren
Triebfedern und den eigentlichen Zweck dieser Verschwörung ge=
theilt; der Privatvortheil beider Parteien verleitete sie, den rich=
tigen Gesichtspunkt zu verfälschen. Wenn die Reformirten in
ihren öffentlichen Schriften ausbreiteten, daß einzig und allein
der Verdruß über die unerträgliche Tyrannei der Guisen sie be=
waffnet habe, und der Gedanke fern von ihnen gewesen sey,
durch gewaltsame Mittel die Religionsfreiheit durchzusetzen, so
wurde im Gegentheil die Verschwörung in den königlichen Brie=
fen als gegen die Person des Monarchen selbst und gegen das
ganze königliche Haus gerichtet vorgestellt, welche nichts Ge=
ringeres erzielt haben solle, als die Monarchie zugleich mit der
katholischen Religion umzustürzen, und Frankreich in einen der
Schweiz ähnlichen Republikenbund zu verwandeln. Es scheint,
daß der bessere Theil der Nation anders davon geurtheilt, und
nur die Verlegenheit der Guisen sich hinter diesen Vorwand ge=
flüchtet habe, um dem allgemein gegen sie erwachenden Unwillen
eine andere Richtung zu geben. Das Mitleid mit den Unglück=
lichen, die ihre Rachsucht so grausam dahin geopfert hatte,
machte auch sogar einige Katholiken geneigt, die Schuld derselben
zu verringern, und die Protestanten kühn genug, ihren Antheil

an dem Complot laut zu bekennen. Diese ungünstige Stimmung der Gemüther erinnerte die Minister nachdrücklicher, als offenbare Gewalt es nimmermehr gekonnt hätte, daß es Zeit sey, sich zu mäßigen; und so verschaffte selbst der Fehlschlag des Complots von Amboise den Calvinisten im Königreich, auf eine Zeit lang wenigstens, eine gelindere Behandlung.

Um, wie man vorgab, den Samen der Unruhen zu ersticken, und auf einem friedlichen Weg das Königreich zu beruhigen, verfiel man darauf, mit den Vornehmsten des Reichs eine Berathschlagung anzustellen. Zu diesem Ende beriefen die Minister die Prinzen des Geblüts, den hohen Adel, die Ordensritter und die vornehmsten Magistratspersonen, nach Fontainebleau, wo jene wichtigen Materien verhandelt werden sollten. Diese Versammlung erfüllte aber weder die Erwartung der Nation, noch die Wünsche der Guisen, weil das Mißtrauen der Bourbons ihnen nicht erlaubte, darauf zu erscheinen, und die übrigen Anführer der mißvergnügten Partei, die den Ruf nicht wohl ausschlagen konnten, den Krieg auf die Versammlung mitbrachten, und durch ein zahlreiches, gewaffnetes Gefolge die Gegenpartei in Verlegenheit setzten. Aus den nachherigen Schritten der Minister möchte man den Argwohn der Prinzen für nicht so ganz ungegründet halten, welche diese ganze Versammlung nur als einen Staatsstreich der Guisen betrachteten, um die Häupter der Mißvergnügten ohne Blutvergießen in Einer Schlinge zu fangen. Da die gute Verfassung ihrer Gegner diesen Anschlag vereitelte, so ging die Versammlung selbst in unnützen Formalitäten und leeren Gezänken vorüber, und zuletzt wurden die streitigen Punkte bis zu einem allgemeinen Reichstag zurückgelegt, welcher mit nächstem in der Stadt Orleans eröffnet werden sollte.

Jeder Theil, voll Mißtrauen gegen den andern, benutzte die

Zwischenzeit, sich in Vertheidigungsstand zu setzen, und an dem Untergang seiner Gegner zu arbeiten. Der Fehlschlag des Complots von Amboise hatte den Intriguen des Prinzen von Condé kein Ziel setzen können. In Dauphiné, Provence und andern Gegenden brachte er durch seine geheimen Unterhändler die Calvinisten in Bewegung, und ließ seine Anhänger zu den Waffen greifen. Seinerseits ließ der Herzog von Guise die ihm verdächtigen Plätze mit Truppen besetzen, veränderte die Befehlshaber der Festungen, und sparte weder Geld noch Mühe, von jedem Schritt der Bourbons Wissenschaft zu erhalten. Mehrere ihrer Unterhändler wurden wirklich entdeckt und in Fesseln geworfen; verschiedene wichtige Papiere, welche über die Machinationen des Prinzen Licht gaben, geriethen in seine Hände. Dadurch gelang es ihm, den verderblichen Anschlägen auf die Spur zu kommen, welche Condé gegen ihn schmiedete, und auf dem Reichstag zu Orleans Willens war, zur Ausführung zu bringen. Eben dieser Reichstag beunruhigte die Bourbons nicht wenig, welche gleichviel dabei zu wagen schienen, sie mochten sich davon ausschließen, oder auf demselben erscheinen. Weigerten sie sich, den wiederholten Mahnungen des Königs zu gehorchen, so hatten sie Alles für ihre Besitzungen, überlieferten sie sich ihren Feinden, so hatten sie nicht minder für ihre persönliche Sicherheit zu fürchten. Nach langen Berathschlagungen blieb es endlich bei dem Letzten, und beide Bourbons entschlossen sich zu diesem unglücklichen Gang.

Unter traurigen Vorbedeutungen näherte sich dieser Reichstag, und statt des wechselseitigen Vertrauens, welches so nöthig war, Haupt und Glieder zu Einem Zweck zu vereinigen, und durch gegenseitige Nachgiebigkeit den Grund zu einer dauerhaften Versöhnung zu legen, erfüllten Argwohn und Erbitterung die Gemüther. Anstatt der erwarteten Gesinnungen des Friedens

brachte jeder Theil ein unverſöhnliches Herz und ſchwarze An=
ſchläge auf die Verſammlung mit, und das Heiligthum der öffent=
lichen Sicherheit und Ruhe war zu einem blutigen Schauplatz
des Verraths und der Rache erkoren. Furcht vor Nachſtellungen,
welche die Guiſen unaufhörlich ihm vorſpiegelten, vergiftete die
Ruhe des Königs, der in der Blüthe ſeiner Jahre ſichtbar da=
hinwelkte, von ſeinen nächſten Verwandten den Dolch gegen ſich
gezogen und, unter allen Verzeichen des öffentlichen Elends,
unter ſeinen Füßen das Grab ſich ſchon öffnen ſah. Melancho=
liſch und Unglück weiſſagend war ſein Einzug in die Stadt
Orleans, und das dumpfe Getöſe von Gewaffneten erſtickte jeden
Ausbruch der Freude. Die ganze Stadt wurde ſogleich mit Sol=
daten angefüllt, welche jedes Thor, jede Straße beſetzten. So
ungewöhnliche Anſtalten verbreiteten überall Unruhe und Angſt,
und ließen einen finſtern Anſchlag im Hinterhalt befürchten.

Das Gerücht davon drang bis zu den Bourbons, noch ehe
ſie Orleans erreicht hatten, und machte ſie eine Zeit lang un=
ſchlüſſig, ob ſie die Reiſe dahin fortſetzen ſollten.

Aber hätten ſie auch ihren Vorſatz geändert, ſo kam die
Reue jetzt zu ſpät; denn ein Obſervationscorps des Königs,
welches von allen Seiten ſie umringte, hatte ihnen bereits jeden
Rückweg abgeſchnitten. So erſchienen ſie am 30. October 1560
zu Orleans, begleitet von dem Cardinal von Bourbon, ihrem
Bruder, den ihnen der König mit den heiligſten Verſicherungen
ſeiner aufrichtigen Abſichten entgegen geſandt hatte.

Der Empfang, den ſie erhielten, widerſprach dieſen Verſiche=
rungen ſehr. Schon von weitem verkündigte ihnen die froſtige
Miene der Miniſter und die Verlegenheit der Hofleute ihren Fall.
Finſterer Ernſt malte ſich auf dem Geſichte des Monarchen, als
ſie vor ihn traten, ihn zu begrüßen, welcher bald gegen den
Prinzen in die heftigſten Anklagen ausbrach. Alle Verbrechen,

deren man Letztern bezichtigte, wurden ihm der Reihe nach vorgeworfen, und der Befehl zu seiner Verhaftung ist ausgesprochen, ehe er Zeit hat, auf diese überraschenden Beschuldigungen zu antworten.

Ein so rascher Schritt durfte nicht bloß zur Hälfte gethan werden. Papiere, die wider den Gefangenen zeugten, waren schon in Bereitschaft, und alle Aussagen gesammelt, welche ihn zum Verbrecher machten; nichts fehlte als die Form des Gerichts. Zu diesem Ende setzte man eine außerordentliche Commission nieder, welche aus dem Pariser Parlament gezogen war, und den Kanzler von Hopital an ihrer Spitze hatte. Vergebens berief sich der Angeklagte auf das Vorrecht seiner Geburt, nach welcher er nur von dem Könige selbst, den Pairs und dem Parlamente bei voller Sitzung gerichtet werden konnte. Man zwang ihn zu antworten, und gebrauchte dabei noch die Arglist, über einen Privataufsatz, der nur für seinen Advocaten bestimmt, aber unglücklicherweise von des Prinzen Hand unterzeichnet war, als über eine förmliche gerichtliche Vertheidigung zu erkennen. Fruchtlos blieben die Verwendungen seiner Freunde, seiner Familie; vergeblich der Fußfall seiner Gemahlin vor dem König, der in dem Prinzen nur den Räuber seiner Krone, seinen Mörder erblickte. Vergeblich erniedrigte sich der König von Navarra vor den Guisen selbst, die ihn mit Verachtung und Härte zurückwiesen. Indem er für das Leben eines Bruders flehte, hing der Dolch der Verräther an einem dünnen Haare über seinem eigenen Haupte. In den eignen Zimmern des Monarchen erwartete ihn eine Rotte von Meuchelmördern, welche, der genommenen Abrede gemäß, über ihn herfallen sollten, sobald der König durch einen heftigen Zank mit demselben ihnen das Zeichen dazu gäbe. Das Zeichen kam nicht, und Anton von Navarra ging unbeschädigt aus dem Cabinet des Monarchen, der zwar unebel genug, einen Meuchelmord zu beschließen, doch zu verzagt war, denselben in seinem Beiseyn vollstrecken zu lassen.

Entschlossener gingen die Guisen gegen Condé zu Werke, um so mehr, da die hinsinkende Gesundheit des Monarchen sie eilen hieß. Das Todesurtheil war gegen ihn gesprochen, die Sentenz von einem Theile der Richter schon unterzeichnet, als man den König auf einmal rettungslos darnieder liegen sah. Dieser entscheidende Umstand machte die Gegner des Prinzen stutzig, und erweckte den Muth seiner Freunde; bald erfuhr der Verurtheilte selbst die Wirkungen davon in seinem Gefängniß. Mit bewundernswürdigem Gleichmuth und unbewölkter Heiterkeit des Geistes erwartete er hier, von der ganzen Welt abgesondert und von laurenden, feindseligen Wächtern umringt, den Ausschlag seines Schicksals, als ihm unerwartet Vorschläge zu einem Vergleich mit den Guisen gethan wurden. „Kein Vergleich," erwiederte er, „als mit der Degenspitze." Der zur rechten Zeit einfallende Tod des Monarchen ersparte es ihm, dieses unglückliche Wort mit seinem Kopf zu bezahlen.

Franz II. hatte den Thron in so zarter Jugend bestiegen, unter so wenig günstigen Umständen und bei so wankender Gesundheit besessen und so schnell wieder geräumt, daß man Anstand nehmen muß, ihn wegen der Unruhen anzuklagen, die seine kurze Regierung so stürmisch machten, und sich auf seinen Nachfolger vererbten. Ein willenloses Organ der Königin, seiner Mutter, und der Guisen, seiner Oheime, zeigte er sich auf der politischen Bühne nur, um mechanisch die Rolle herzusagen, welche man ihn einlernen ließ, und zu viel war es wohl von seinen mittelmäßigen Gaben gefordert, das lügnerische Gewebe zu durchreißen, worin die Arglist der Guisen ihm die Wahrheit verhüllte. Nur ein einzigmal schien es, als ob sein natürlicher Verstand und seine Gutmüthigkeit die betrügerischen Künste seiner

Minister zu nichte machen wollte. Die allgemeine und heftige Erbitterung, welche bei dem Complot von Amboise sichtbar wurde, konnte, wie sehr auch die Guisen ihn hüteten, dem jungen Monarchen kein Geheimniß bleiben. Sein Herz sagte ihm, daß dieser Ausbruch des Unwillens nimmermehr ihm selbst gelten konnte, der noch zu wenig gehandelt hatte, um Jemandes Zorn zu verdienen. „Was hab' ich denn gegen mein Volk verbrochen," fragte er seine Oheime voll Erstaunen, „daß es so sehr gegen mich wüthet? Ich will seine Beschwerden vernehmen, und ihm Recht verschaffen. — Mir däucht," fuhr er fort, „es liegt am Tage, daß ihr dabei gemeint seyd. Es wäre mir wirklich lieb, ihr entferntet euch eine Zeitlang aus meiner Gegenwart, damit es sich aufkläre, wem von uns Beiden es eigentlich gilt." Aber zu einer solchen Probe bezeugten die Guisen keine Lust, und es blieb bei dieser flüchtigen Regung.

Franz II. war ohne Nachkommenschaft gestorben, und das Scepter kam an den zweiten von Heinrichs Söhnen, einen Prinzen von nicht mehr als zehn Jahren, jenen unglücklichen Jüngling, dessen Namen das Blutbad der Bartholomäusnacht einer schrecklichen Unsterblichkeit weiht. Unter unglücksvollen Zeichen begann diese finstere Regierung. Ein naher Verwandter des Monarchen an der Schwelle des Blutgerüstes, ein anderer aus den Händen der Meuchelmörder nur eben durch einen Zufall entronnen; beide Hälften der Nation gegen einander im Aufruhr begriffen, und ein Theil derselben schon die Hand am Schwert; die Fackel des Fanatismus geschwungen; von ferne schon das hohle Donnern eines bürgerlichen Kriegs; der ganze Staat auf dem Wege zu seiner Zertrümmerung; Verrätherei im Innern des Hofes, im Innern der königlichen Familie Zwiespalt und Argwohn. Im Charakter der Nation eine widersprechende schreckliche Mischung von blindem Aberglauben, von lächerlicher Mystik und von Freigeisterei; von Rohigkeit der Gefühle und verfeinerter Sinnlichkeit; hier die Köpfe durch eine fanatische Mönchsreligion verfinstert, dort durch einen noch schlimmern Unglauben der Charakter verwildert; beide Extreme des Wahnsinns in fürchterlichem Bunde gepaart. Unter den Großen selbst mordgewohnte Hände, truggewohnte Lippen, naturwidrige empörende Laster, die bald genug alle Classen des Volks mit ihrem Gifte durchdringen werden. Auf dem Throne ein Unmündiger, in macchiavellischen Künsten aufgesäugt, heranwachsend unter bürgerlichen Stürmen, durch Fanatiker und Schmeichler erzogen, unterrichtet im Betruge, unbekannt mit dem Gehorsam eines glücklichen Volks, ungeübt im Verzeihen, nur durch das schreckliche Recht des Strafens seines Herrscheramtes sich bewußt, durch Krieg und Henker vertraut gemacht mit dem Blut seiner Unterthanen! Von den Drangsalen eines offenbaren Krieges stürzt der unglücksvolle Staat in die schreckliche Schlinge einer verborgen laurenden Verschwörung; von der Anarchie einer vormundschaftlichen Regierung befreit ihn nur eine kurze fürchterliche Ruhe, während welcher der Meuchelmord seine Dolche schleift. Frankreichs traurigster Zeitraum beginnt mit der Thronbesteigung Karls IX., um über ein Menschenalter lang zu dauern, und nicht eher als in der glorreichen Regierung Heinrichs von Navarra zu endigen.

Der Tod ihres Erstgebornen und Karls IX. zartes Alter führte die Königin Mutter, Katharina von Medicis, auf den politischen Schauplatz, eine neue Staatskunst und neue Scenen des Elends mit ihr. Diese Fürstin, geizig nach Herrschaft, zur Intrigue geboren, ausgelernt im Betrug, Meisterin in allen Künsten der Verstellung, hatte mit Ungeduld die Fesseln ertragen, welche der Alles verdrängende Despotismus der Guisen ihrer herrschenden Leidenschaft anlegte. Unterwürfig und

einschmeichelnd gegen sie, so lange sie des Beistands der Königin
wider Montmorency und die Prinzen von Bourbon bedurften,
vernachlässigten sie dieselbe, sobald sie sich nur in ihrer usur=
pirten Würde befestigt sahen. Durch Fremdlinge sich aus dem
Vertrauen ihres Sohnes verdrängt und die wichtigsten Staats=
geschäfte ohne sie verhandelt zu sehen, war eine zu empfindliche
Kränkung ihrer Herrschbegierde, um mit Gelassenheit ertragen
zu werden. Wichtig zu seyn, war ihre herrschende Neigung;
ihre Glückseligkeit, jeder Partei nothwendig sich zu wissen.
Nichts gab es, was sie nicht dieser Neigung aufopferte, aber
alle ihre Thätigkeit war auf das Feld der Intrigue eingeschränkt,
wo sie ihre Talente glänzend entwickeln konnte. Die Intrigue
allein war ihr wichtig, gleichgültig die Menschen. Als Regentin
des Reichs und Mutter von drei Königen mit der mißlichen
Pflicht beladen, die angefochtene Autorität ihres Hauses gegen
wüthende Parteien zu behaupten, hatte sie dem Trotz der Großen
nur Verschlagenheit, der Gewalt nur List entgegen zu setzen.
In der Mitte zwischen den streitenden Factionen der Guisen und
der Prinzen von Bourbon beobachtete sie lange Zeit eine unsichere
Staatskunst, unfähig nach einem festen und unwiderruflichen
Plane zu handeln. Heute, wenn der Verdruß über die Guisen
ihr Gemüth beherrschte, der reformirten Partei hingegeben, er=
röthete sie morgen nicht, wenn ihr Vortheil es heischte, sich
eben diese Guisen, die ihrer Neigung zu schmeicheln gewußt
hatten, zu einem Werkzeug dazu zu borgen. Dann stand sie
keinen Augenblick an, alle Geheimnisse preiszugeben, die ein
unvorsichtiges Vertrauen bei ihr niedergelegt hatte. Nur ein
einziges Laster beherrschte sie, aber welches die Mutter ist von
allen: zwischen Bös und Gut keinen Unterschied zu kennen. Die
Zeitumstände spielten mit ihrer Moralität, und der Augenblick
fand sie gleich geneigt zur Unmenschlichkeit und zur Milde, zur

Demuth und zum Stolz, zur Wahrheit und zur Lüge. Unter
der Herrschaft ihres Eigennutzes stand jede andere Leidenschaft,
und selbst die Rachsucht, wenn das Interesse es forderte, mußte
schweigen. Ein fürchterlicher Charakter, nicht weniger empörend,
als jene verrufenen Scheusale der Geschichte, welche ein plumper
Pinsel ins Ungeheure malt.

Aber indem ihr alle sittlichen Tugenden fehlten, vereinigte
sie alle Talente ihres Standes, alle Tugenden der Verhältnisse,
alle Vorzüge des Geistes, welche sich mit einem solchen Charakter
vertragen; aber sie entweihte alle, indem sie sie zu Werkzeugen
dieses Charakters erniedrigte. Majestät und königlicher Anstand
sprach aus ihr; glänzend und geschmackvoll war Alles, was sie
anordnete; hingerissen jeder Blick, der nur nicht in ihre Seele
fiel; Alles, was sich ihr nahte, von der Anmuth ihres Umgangs,
von dem geistreichen Inhalt ihres Gesprächs, von ihrer zuvor=
kommenden Güte bezaubert. Nie war der französische Hof so
glanzvoll gewesen, als seitdem Katharina Königin dieses Hofes
war. Alle verfeinerten Sitten Italiens verpflanzte sie auf fran=
zösischen Boden, und ein fröhlicher Leichtsinn herrschte an ihrem
Hofe, selbst unter den Schrecknissen des Fanatismus und mitten
im Jammer des bürgerlichen Kriegs. Jede Kunst fand Auf=
munterung bei ihr, jedes andere Verdienst, als um die gute
Sache, Bewunderung. Aber im Gefolge der Wohlthaten, die
sie ihrem neuen Vaterland brachte, verbargen sich gefährliche
Gifte, welche die Sitten der Nation ansteckten und in den Köpfen
einen unglücklichen Schwindel erregten. Die Jugend des Hofes,
durch sie von dem Zwange der alten Sitte befreit und zur Un=
gebundenheit eingeweiht, überließ sich bald ohne Rückhalt ihrem
Hange zum Vergnügen; mit dem Putze der Ahnen lernte man
nur zu bald ihre Schamhaftigkeit und Tugend ablegen. Betrug
und Falschheit verdrängten aus dem gesellschaftlichen Umgang

die edle Wahrheit der Ritterzeiten, und das kostbarste Palladium des Staats, Treu und Glaube, verlor sich, wie aus dem Innern der Familien, so aus dem öffentlichen Leben. Durch den Geschmack an astrologischen Träumereien, welchen sie mit sich aus ihrem Vaterlande brachte, führte sie dem Aberglauben eine mächtige Verstärkung zu; diese Thorheit des Hofs stieg schnell zu den untersten Classen herab, um zuletzt ein verderbliches Instrument in der Hand des Fanatismus zu werden. Aber das traurigste Geschenk, was sie Frankreich machte, waren drei Könige, ihre Söhne, die sie in i h r e m Geiste erzog, und mit i h r e n Grundsätzen auf den Thron setzte.

Die Gesetze der Natur und des Staats riefen die Königin Katharina, während der Minderjährigkeit ihres Sohnes, zur Regentschaft, aber die Umstände, unter welchen sie davon Besitz nehmen sollte, schlugen ihren Muth sehr darnieder. Die Stände waren in Orleans versammelt, der Geist der Unabhängigkeit erwacht, und zwei mächtige Parteien gegen einander zum Kampfe gerüstet. Nach Herrschaft strebten die Häupter beider Factionen; keine königliche Gewalt war da, um dazwischen zu treten und ihren Ehrgeiz zu beschränken; und die Anordnung der vormundschaftlichen Regierung, die jenen Mangel ersetzen sollte, konnte nun das Werk ihrer beiderseitigen Uebereinstimmung werden. Der König war noch nicht todt, als sich Katharina von beiden Theilen heftig angegangen, und zu den entgegengesetztesten Maßregeln aufgefordert sah. Die Guisen und ihr Anhang, pochend auf die Hülfe der Stände, deren größter Theil von ihnen gewonnen war, gestützt auf den Beistand der ganzen katholischen Partei, lagen ihr bringend an, die Sentenz gegen den Prinzen von Condé vollstrecken zu lassen, und mit diesem einzigen Streiche das Bourbonische Haus zu zerschmettern, dessen furchtbares Aufstreben ihr eignes bedrohte. Auf der andern Seite bestürmte sie Anton von Navarra, die ihr zufallende Macht zur Rettung seines Bruders anzuwenden, und sich dadurch der Unterwürfigkeit seiner ganzen Partei zu versichern. Keinem von beiden Theilen fiel es ein, die Ansprüche der Königin auf die Regentschaft anzufechten. Das nachtheilige Verhältniß, in welchem der Tod des Königs die Prinzen von Bourbon überraschte, mochte sie abschrecken, für sich selbst, wie sie sonst wohl gethan hätten, nach diesem Ziele zu streben; deßwegen verhielten sie sich lieber stumm, um nicht durch die Zweifel, die sie gegen die Rechte Katharinens erregt haben würden, dem Ehrgeiz der Guisen eine Ermunterung zu geben. Auch die Guisen wollten durch ihren Widerspruch nicht gern Gefahr laufen, der Nation die nähern Rechte der Bourbons in Erinnerung zu bringen. Durch schweigende Anerkennung der Rechte Katharinens schlossen beide Parteien einander gegenseitig von der Competenz aus, und jede hoffte, unter dem Namen der Königin ihre ehrgeizigen Absichten leichter erreichen zu können.

Katharina, durch die weisen Rathschläge des Kanzlers von Hopital geleitet, erwählte den staatsklugen Ausweg, sich keiner von den beiden Parteien zum Werkzeug gegen die andere herzugeben, und durch ein wohlgewähltes Mittel zwischen beiden den Meister über sie zu spielen. Indem sie den Prinzen von Condé der ungestümen Rachsucht seiner Gegner entriß, machte sie diesen wichtigen Dienst bei dem König von Navarra geltend, und versicherte die lothringischen Prinzen ihres mächtigsten Beistands, wenn sich die Bourbons unter der neuen Regierung an die Mißhandlungen, welche sie unter der vorigen erlitten, thätlich erinnern sollten. Mit Hülfe dieser Staatskunst sah sie sich, unmittelbar nach dem Absterben des Monarchen, ohne Jemands Widerspruch und selbst ohne Zuthun der in Orleans versammelten Stände, die unthätig dieser wichtigen Begebenheit zusahen, im Besitz der Regentschaft, und der erste Gebrauch, den sie davon machte, war, durch Emporhebung der Bourbone das Gleichgewicht zwischen beiden Parteien wieder herzustellen. Condé verließ unter ehrenvollen Bedingungen sein Gefängniß, um auf den Gütern seines Bruders die Zeit seiner Rechtfertigung abzuwarten; dem König von Navarra wurde mit dem Posten eines Generallieutenants des Königreichs ein wichtiger Zweig der höchsten Gewalt übergeben. Die Guisen retteten wenigstens ihre künftigen Hoffnungen, indem sie sich bei Hofe behaupteten, und konnten der Königin wider den Ehrgeiz der Bourbons zu einer mächtigen Stütze dienen.

Ein Schein von Ruhe kehrte jetzt zwar zurück, aber viel fehlte noch, ein aufrichtiges Vertrauen zwischen so schwer verwundeten Gemüthern zu begründen. Um dies zu bewerkstelligen, warf man die Augen auf den Connetable von Montmorency, den der Despotismus der Guisen unter der vorigen Regierung entfernt gehalten hatte, und die Thronveränderung jetzt auf seinen alten Schauplatz zurückführte. Voll redlichen Eifers für das Beste des Vaterlands, seinem König treu wie seinem Glauben, war Montmorency just der Mann, der zwischen der Regentin und ihren Minister in die Mitte treten, ihre Aussöhnung verbürgen, und die Privatzwecke Beider dem Besten des Staats unterwerfen konnte. Die Stadt Orleans, von Soldaten angefüllt, wodurch die Guisen ihre Gegner geschreckt und den Reichstag beherrscht hatten, zeigte überall noch Spuren des Kriegs, als der Connetable davor anlangte, und sogleich die Wache an den Thoren verabschiedete. „Mein Herr und König," sagte er, „wird fortan in voller Sicherheit und ohne Leibwache in seinem ganzen Königreich hin= und herwandeln." — „Fürchten Sie nichts, Sire!" redete er den jungen Monarchen an, ein Knie vor ihm beugend und seine Hand küssend, auf die er Thränen fallen ließ. „Laſſen Sie ſich von den gegenwärtigen Unruhen nicht in Schrecken ſetzen. Mein Leben geb' ich hin und alle Ihre guten Unterthanen mit mir, Ihnen die Krone zu erhalten." — Auch hielt er inſofern unverzüglich Wort, daß er die künftige Reichsverwaltung auf einen geſetzmäßigen Fuß ſetzte, und die Gränzen der Gewalt zwiſchen der Königin Mutter und dem König von Navarra beſtimmen half. Der Reichstag von Orleans, in keiner andern Abſicht zuſammen berufen, als um die Prinzen von Bourbon in die Falle zu locken, und müßig, ſobald jene Abſicht vereitelt war, wurde jetzt nach dem theatraliſchen Gepräng einiger unnützen Berathſchlagungen aufgehoben, um ſich im Mai deſſelben Jahrs aufs neue zu verſammeln. Gerechtfertigt und im vollen Glanze ſeines vorigen Anſehens erſchien der Prinz von Condé wieder am Hof, um über ſeine Feinde zu triumphiren. Seine Partei erhielt an dem Connetable eine mächtige Verſtärkung. Jede Gelegenheit wurde nunmehr hervorgeſucht, um die alten Miniſter zu kränken, und Alles ſchien ſich zu ihrem Untergang vereinigen zu wollen. Ja, wenig fehlte, daß die nun herrſchende Partei die Regentin nicht in die Nothwendigkeit geſetzt hätte, zwiſchen Vertreibung der Lothringer und dem Verluſt ihrer Regentſchaft zu wählen.

Die Staatsklugheit der Königin hielt in dieſem Sturme zwar die Guiſen noch aufrecht, weil für ſie ſelbſt, für die Monarchie, vielleicht auch für die Religion Alles zu fürchten war, ſobald ſie jene durch die Bourboniſche Faction unterdrücken ließ. Aber eine ſo ſchwache und wandelbare Stütze konnte die Guiſen nicht beruhigen, und noch weniger konnte die untergeordnete Rolle, mit welcher ſie jetzt vorlieb nehmen mußten, ihre Ehrſucht befriedigen. Auch hatten ſie es nicht an Thätigkeit fehlen laſſen, die Protection der Königin ſich künftig entbehrlich zu machen, und der voreilige Triumph ihrer Gegner mußte ihnen

selbst dazu helfen, ihre Partei zu verstärken. Der Haß ihrer
Feinde, nicht zufrieden, sie vom Ruder der Regierung verdrängt
zu haben, streckte nun auch die Hand nach ihren Reichthümern
aus, und forderte Rechenschaft von den Geschenken und Gnaden-
geldern, welche die lothringischen Prinzen und ihre Anhänger
unter den vorhergehenden Regierungen zu erpressen gewußt
hatten. Durch diese Forderung war außer den Guisen noch die
Herzogin von Valentinois, der Marschall von St. André, ein
Günstling Heinrichs II., und zum Unglück der Connetable selbst
angegriffen, welcher sich die Freigebigkeit Heinrichs aufs beste
zu Nutze gemacht hatte, und noch außerdem durch seinen Sohn
mit dem Hause der Herzogin in Verwandtschaft stand. Religionseifer war die einzige Schwäche, und Habsucht das einzige Laster,
welches die Tugenden des Montmorency befleckte, und wodurch
er den hinterlistigen Intriguen der Guisen eine Blöße gab.
Die Guisen, mit dem Marschall und der Herzogin durch ge-
meinschaftliches Interesse verknüpft, benützten diesen Umstand,
um den Connetable zu ihrer Partei zu ziehen, und es gelang
ihnen nach Wunsch, indem sie die doppelte Triebfeder des Geizes
und des Religionseifers bei ihm in Bewegung setzten. Mit
arglistiger Kunst schilderten sie ihm den Angriff der Calvinisten
auf ihre Besitzungen als einen Schritt ab, der zum Untergang
des katholischen Glaubens abziele, und der bethörte Greis ging
um so leichter in diese Schlinge, je mehr ihm die Begünstigungen schon mißfallen hatten, welche die Regentin seit einiger
Zeit den Calvinisten öffentlich angedeihen ließ. Zu diesem Betragen der Königin, welches so wenig mit ihrer übrigen Denkungsart übereinstimmte, hatten die Guisen selbst durch ihr ver-
dächtiges Einverständniß mit Philipp II., König von Spanien,
die Veranlassung gegeben. Dieser furchtbare Nachbar Frankreichs, dessen unersättliche Herrschsucht und Vergrößerungsbegierde

fremde Staaten mit lüsternem Auge verschlang, indem er seine
eigenen Besitzungen nicht zu behaupten wußte, hatte auf die
innern Angelegenheiten dieses Reichs schon längst seine Blicke
geheftet, mit Wohlgefallen den Stürmen zugesehen, die es er=
schütterten, und durch die erkauften Werkzeuge seiner Absichten
den Haß der Factionen voll Arglist unterhalten. Unter dem
Titel eines Beschützers despotisirte er Frankreich. Ein spanischer
Ambassadeur schrieb in den Mauern von Paris den Katholiken
das Betragen vor, welches sie in Absicht ihrer Gegner zu beob=
achten hätten, verwarf oder billigte ihre Maßregeln, je nachdem
sie mit dem Vortheile seines Herrn übereinstimmten, und spielte
öffentlich und ohne Scheu den Minister. Die Prinzen von
Lothringen hielten sich aufs engste an denselben angeschlossen,
und keine wichtige Entschließung wurde von ihnen gefaßt, an
welcher der spanische Hof nicht Theil genommen hätte. Sobald
die Verbindung der Guisen und des Marschalls von St. André
mit Montmorency, welche unter dem Namen des Triumvirats
bekannt ist, zu Stande gekommen war, so erkannten sie, wie
man ihnen Schuld gibt, den König von Spanien als ihr Ober=
haupt, der sie im Nothfall mit einer Armee unterstützen sollte
So erhub sich aus dem Zusammenflusse zweier sonst streitenden
Factionen eine neue furchtbare Macht in dem Königreich, die
von dem ganzen katholischen Theil der Nation unterstützt, das
Gleichgewicht in Gefahr setzte, welches zwischen beiden Religions=
parteien hervor zu bringen Katharina so bemüht gewesen war.
Sie nahm daher auch jetzt zu ihrem gewöhnlichen Mittel, zu
Unterhandlungen, ihre Zuflucht, um die getrennten Gemüther
wenigstens in der Abhängigkeit von ihr selbst zu erhalten. Zu
allen Streitigkeiten der Parteien mußte die Religion gewöhnlich
den Namen geben, weil diese allein es war, was die Katholiken
des Königreichs an die Guisen, und die Reformirten an die

Bourbons fesselte. Die Ueberlegenheit, welche das Triumvirat zu erlangen schien, bedrohte den reformirten Theil mit einer neuen Unterdrückung, die Widersetzlichkeit des letztern das ganze Königreich mit einem innerlichen Krieg, und einzelne kleine Gefechte zwischen beiden Religionsparteien, einzelne Empörungen in der Hauptstadt, wie in mehrern Provinzen, waren schon Vorläufer desselben. Katharina that Alles, um die ausbrechende Flamme zu ersticken, und es gelang endlich ihren fortgesetzten Bemühungen, ein Edict zu Stande zu bringen, welches die Reformirten zwar von der Furcht befreite, ihre Ueberzeugungen mit dem Tode zu büßen, aber ihnen nichtsdestoweniger jede Ausübung ihres Gottesdienstes und besonders die Versammlungen untersagte, um welche sie so dringend gebeten hatten. Dadurch ward freilich für die reformirte Partei nur sehr wenig gewonnen, aber doch fürs erste der gefährliche Ausbruch ihrer Verzweiflung gehemmt, und zwischen den Häuptern der Parteien am Hofe eine scheinbare Versöhnung vorbereitet, welche freilich bewies, wie wenig das Schicksal ihrer Glaubensgenossen, welches sie doch beständig im Munde führten, den Anführern der Hugenotten wirklich zu Herzen ging. Die meiste Mühe kostete die Ausgleichung, welche zwischen dem Prinzen von Condé und dem Herzog von Guise unternommen ward, und der König selbst wurde angewiesen, sich ins Mittel zu schlagen. Nachdem man zuvor über Worte, Geberden und Handlungen übereingekommen war, wurde diese Komödie in Beiseyn des Königs eröffnet. „Erzählt uns," sagte dieser zum Herzog von Guise, „wie es in Orleans eigentlich zugegangen ist?" Und nun machte der Herzog von dem damaligen Verfahren gegen den Prinzen eine solche künstliche Schilderung, welche ihn selbst von jedem Antheil daran reinigte, und alle Schuld auf den verstorbenen König wälzte. — „Wer es auch sey, der mir diese Beschimpfung zufügte," antwortete Condé, gegen den Herzog gewendet, „so erkläre ich ihn für einen Frevler und einen Niederträchtigen." — „Ich auch," erwiederte der Herzog; „aber mich trifft das nicht."

Die Regentschaft der Königin Katharina war die Periode der Unterhandlungen. Was diese nicht ausrichteten, sollte der Reichstag zu Pontoise und das Colloquium zu Poissy zu Stande bringen, beide in der Absicht gehalten, um sowohl die politischen Beschwerden der Nation beizulegen, als eine wechselseitige Annäherung der Religionen zu versuchen. Der Reichstag zu Pontoise war nur die Fortsetzung dessen, der zu Orleans ohne Wirkung gewesen, und auf den Mai dieses Jahrs 1561 ausgesetzt worden war. Auch dieser Reichstag ist bloß durch einen heftigen Angriff der Stände auf die Geistlichkeit merkwürdig, welche sich zu einem freiwilligen Geschenke (Don gratuit) entschloß, um nicht zwei Drittheile ihrer Güter zu verlieren.

Das gütliche Religionsgespräch, welches zu Poissy, einem kleinen Städtchen, ohnweit St. Germain, zwischen den Lehrern der drei Kirchen gehalten wurde, erregte eben so vergebliche Erwartungen. In Frankreich sowohl als in Deutschland hatte man schon längst, um die Spaltungen in der Kirche beizulegen, ein allgemeines Concilium gefordert, welches sich mit Abstellung der Mißbräuche, mit der Sittenverbesserung des Clerus und mit Festsetzung der bestrittenen Dogmen beschäftigen sollte. Diese Kirchenversammlung war auch wirklich im Jahre 1542 nach Trient zusammenberufen und mehrere Jahre fortgesetzt, aber, ohne die Hoffnung, welche man von ihr geschöpft hatte, zu erfüllen, durch die Kriegsunruhen in Deutschland im Jahre 1552 auseinander gescheucht worden. Seit dieser Zeit war kein Papst mehr zu bewegen gewesen, sie, dem allgemeinen Wunsch gemäß, zu erneuern, bis endlich das Uebermaß des Elends, welches die fortdauernden Irrungen in der Religion auf die Völker Europens häuften,

Frankreich besonders vermochte, nachdrücklich darauf zu bringen, und Wiederherstellung desselben dem Papst Pius IV. durch Drohungen abzunöthigen. Die Zögerungen des Papstes hatten indessen dem französischen Ministerium den Gedanken eingegeben, durch eine gütliche Besprechung zwischen den Lehrern der drei Religionen über die bestrittenen Punkte die Gemüther einander näher zu bringen, und in Widerlegung der ketzerischen Behauptungen die Kraft der Wahrheit zu zeigen. Eine Hauptabsicht dabei war, die große Verschiedenheit bei dieser Gelegenheit an den Tag zu bringen, welche zwischen dem Lutherthum und Calvinismus obwaltete, und dadurch den Anhängern des letztern den Schutz der deutschen Lutheraner zu entreißen, durch den sie so furchtbar waren. Diesem Beweggrunde vorzüglich schreibt man es zu, daß sich der Cardinal von Lothringen mit dem größten Nachdruck des Colloquiums annahm, bei welchem er zugleich durch seine theologische Wissenschaft und seine Beredsamkeit schimmern wollte. Um den Triumph der wahren Kirche über die falsche desto glänzender zu machen, sollten die Sitzungen öffentlich vor sich gehen. Die Regentin erschien selbst mit ihrem Sohne, mit den Prinzen des Geblüts, den Staatsministern und allen großen Bedienten der Krone, um die Sitzung zu eröffnen. Fünf Cardinäle, vierzig Bischöfe, mehrere Doctoren, unter welchen Claude D. Espensa durch seine Gelehrsamkeit und Scharfsinn hervorragte, stellten sich für die römische Kirche; zwölf auserlesene Theologen führten das Wort für die protestantische. Der ausgezeichnetste unter diesen war Theodor Beza, Prediger aus Genf, ein eben so feiner als feuriger Kopf, ein mächtiger Redner, furchtbarer Dialektiker und der geschickteste Kämpfer in diesem Streite.

Aufgefordert, die Lehrsätze seiner Partei zuerst vorzutragen, erhub sich Beza in der Mitte des Saals, kniete hier nieder und sprach mit aufgehobenen Händen ein Gebet. Auf dieses ließ er fein Glaubensbekenntniß folgen, mit allen Gründen unterſtützt, welche die Kürze der Zeit ihm erlaubte, und endigte mit einem rührenden Blick auf die ſtrenge Begegnung, welche man ſeinen Glaubensbrüdern bis jetzt in dem Königreich widerfahren ließ. Schweigend hörte man ihm zu; nur als er auf die Gegenwart des Leibes Chriſti im Abendmahl zu reden kam, entſtand ein unwilliges Gemurmel in der Verſammlung. Nachdem Beza geendigt, fragte man bei einander erſt herum, ob man ihn einer Antwort würdigen ſollte, und es koſtete dem Cardinal von Lothringen nicht wenig Mühe, die Einwilligung der Biſchöfe dazu zu erlangen. Endlich trat er auf, und widerlegte in einer Rede voll Kunſt und Beredſamkeit die wichtigſten Lehrſätze ſeines Gegners, diejenigen beſonders, wodurch die Autorität der Kirche und die katholiſche Lehre vom Abendmahl angegriffen war. Man hatte es ſchon bereut, den jungen König zum Zeugen einer Unterredung gemacht zu haben, wobei die heiligſten Artikel der Kirche mit ſo viel Freiheit behandelt wurden. Sobald daher der Cardinal ſeinen Vortrag geendigt hatte, ſtanden alle Biſchöfe auf, umringten den König, und riefen: „Sire, das iſt der wahre Glaube! das iſt die reine Lehre der Kirche! Dieſe ſind wir bereit, mit unſerm Blute zu verſiegeln."

In den darauf folgenden Sitzungen, von denen man aber rathſamer gefunden den König wegzulaſſen, wurden die übrigen Streitpunkte der Reihe nach vorgenommen, und die Artikel vom Abendmahl beſonders in Bewegung gebracht, um dem Genfiſchen Prediger ſeine eigentliche und poſitive Meinung davon zu entreißen. Da das Dogma der Lutheraner über dieſen Punkt ſich von dem der Reformirten bekanntlich noch weiter als von der Lehrmeinung der katholiſchen Kirche entfernt, ſo hoffte man, jene beiden Kirchen dadurch mit einander in Streit zu bringen. Aber nun wurde aus einem ernſthaften Geſpräche, welches Ueberzeugung zum Zweck haben sollte, ein spitzfindiges Wortgefecht, wobei man sich mehr der Schlingen und Fechterkünste als der Waffen der Vernunft bediente. Ein engerer Ausschuß von fünf Doctoren auf jeder Seite, dem man zuletzt die Vollendung der ganzen Streitigkeit übergab, ließ sie eben so unentschieden, und jeder Theil erklärte sich, als man auseinander ging, für den Sieger.

So erfüllte also auch dieses Colloquium in Frankreich die Erwartung nicht besser, als ein ähnliches in Deutschland, und man kam wieder zu den alten politischen Intriguen zurück, welche sich bisher immer am wirksamsten bewiesen. Besonders zeigte sich der römische Hof durch seine Legaten sehr geschäftig, die Macht des Triumvirats zu erheben, als auf welchem das Heil der katholischen Kirche zu beruhen schien. Zu diesem Ende suchte man den König von Navarra für dasselbe zu gewinnen, und der reformirten Partei ungetreu zu machen; ein Entwurf, der auf den unstäten Charakter dieses Prinzen sehr gut berechnet war. Anton von Navarra, merkwürdiger durch seinen großen Sohn Heinrich IV. als durch eigene Thaten, verkündigte durch nichts als durch seine Galanterien und seine kriegerische Tapferkeit den Vater Heinrichs IV. Ungewiß, ohne Selbstständigkeit, wie sein kleiner Erbthron zwischen zwei furchtbaren Nachbarn erzitterte, schwankte seine verzagte Politik von einer Partei zur andern, sein Glaube von einer Kirche zur andern, sein Charakter zwischen Laster und Tugend umher. Sein ganzes Leben lang das Spiel fremder Leidenschaften, verfolgte er mit stets betrogener Hoffnung ein lügnerisches Phantom, welches ihm die Arglist seiner Nebenbuhler vorzuhalten wußte. Spanien, durch päpstliche Ränke unterstützt, hatte dem Hause Navarra einen beträchtlichen Theil dieses Königreichs entrissen, und Philipp II., nicht dazu gemacht, eine Ungerechtigkeit, die ihm Nutzen brachte, wieder gut zu machen, fuhr fort, diesen Raub seiner Ahnen dem rechtmäßigen Erben zurückzuhalten. Einem so mächtigen Feinde hatte Anton von Navarra nichts als die Waffen der Unmacht entgegen zu setzen. Bald schmeichelte er sich, der Billigkeit und Großmuth seines Gegners durch Geschmeidigkeit abzugewinnen, was er von der Furcht desselben zu ertrotzen aufgab; bald wenn diese Hoffnung ihn betrog, nahm er zu Frankreich seine Zuflucht, und hoffte, mit Hülfe dieser Macht in den Besitz seines Eigenthums wieder eingesetzt zu werden. Von beiden Erwartungen getäuscht, widmete er sich im Unmuth seines Herzens der protestantischen Sache, die er kein Bedenken trug zu verlassen, sobald nur ein Strahl von Hoffnung ihm leuchtete, daß derselbe Zweck durch ihre Gegner zu erreichen sey. Sklave seiner eigennützigen furchtsamen Staatskunst, in seinen Entschlüssen wie in seinen Hoffnungen wandelbar, gehörte er nie ganz der Partei, deren Namen er führte, und erkaufte sich, mit seinem Blute selbst, den Dank keiner einzigen, weil er es für beide verspritzte.

Auf diesen Fürsten richteten jetzt die Guisen ihr Augenmerk, um durch seinen Beitritt die Macht des Triumvirats zu verstärken; aber das Versprechen einer Zurückgabe von Navarra war bereits zu verbraucht, um bei dem oft getäuschten Fürsten noch einigen Eindruck machen zu können. Sie nahmen deßfalls ihre Zuflucht zu einer neuen Erfindung, welche, obgleich nicht weniger grundlos, als die vorigen, die Absicht ihrer Urheber aufs vollkommenste erfüllte. Nachdem es ihnen fehlgeschlagen war, den mißtrauischen Prinzen durch das Anerbieten einer Vermählung mit der verwittweten Königin Maria Stuart und der daran haftenden Aussicht auf die Königreiche Schottland und England zu blenden, mußte ihm Philipp II. von Spanien zum Ersatz für das entrissene Navarra die Insel Sardinien anbieten. Zugleich unterließ man nicht, um sein Verlangen darnach zu reizen, die prächtigsten Schilderungen von den Vorzügen dieses Königreichs

auszubreiten. Man zeigte ihm die nicht sehr entfernten Aus=
sichten auf den französischen Thron, wenn der regierende Stamm
in den schwächlichen Söhnen Heinrichs II. erlöschen sollte; eine Aus=
sicht, die er sich durch sein längeres Beharren auf protestantischer
Seite unausbleiblich verschließen würde. Endlich reizte man seine
Eitelkeit durch die Betrachtung, daß er durch Aufopferung so
großer Vortheile nicht einmal gewinne, die erste Rolle bei einer
Partei zu spielen, die der Geist des Prinzen von Condé unum=
schränkt leite. So nachdrücklichen Vorstellungen konnte das schwache
Gemüth des Königs von Navarra nicht lange widerstehen. Um
bei der reformirten Partei nicht der Zweite zu seyn, überließ er
sich unbedingt der katholischen, um dort noch viel weniger zu
bedeuten; und an dem Prinzen von Condé keinen Nebenbuhler
zu haben, gab er sich an dem Herzog von Guise einen Herrn
und Gebieter. Die Pomeranzenwälder von Sardinien, in deren
Schatten er sich schon im voraus ein paradiesisches Leben träumte,
umgaukelten seine Einbildungskraft, und blind warf er sich in
die ihm gelegte Schlinge. Die Königin Katharina selbst wurde
von ihm verlassen, um sich ganz dem Triumvirat hinzugeben,
und die reformirte Partei sah einen Freund, der ihr nicht viel
genutzt hatte, in einen offenbaren Feind verwandelt, der ihr noch
weniger schadete.

Zwischen den Anführern beider Religionsparteien hatten die
Bemühungen der Königin Katharina einen Schein des Friedens
bewirkt, aber nicht eben so bei den Parteien, welche fortfuhren,
einander mit dem grimmigsten Hasse zu verfolgen. Jede unter=
drückte oder neckte, wo sie die mächtigere war, die andere, und
die beiderseitigen Oberhäupter sahen, ohne sich selbst einzumischen,
diesem Schauspiele zu, zufrieden, wenn nur der Eifer nicht ver=
glimmte, und der Parteigeist dadurch in der Uebung blieb. Ob=
gleich das letztere Edict der Königin Katharina den Reformirten

alle öffentlichen Versammlungen untersagte, so kehrte man sich
dennoch nirgends daran, wo man sich stark genug fühlte, ihm zu
trotzen. In Paris sowohl als in den Provinzstädten wurden,
dieses Edicts ungeachtet, öffentliche Predigten gehalten, und die
Versuche, sie zu stören, liefen nicht immer glücklich ab. Die
Königin bemerkte diesen Zustand der Anarchie mit Furcht, indem
sie voraussah, daß durch diesen Krieg im Kleinen nur die Schwer=
ter zu einem größern geschliffen würden. Es war daher dem
staatsklugen und duldsamen Kanzler von Hopital, ihrem vornehm=
sten Rathgeber, nicht schwer, sie zu Aufhebung eines Edicts ge=
neigt zu machen, welches, da es nicht konnte behauptet werden,
nur das Ansehen der gesetzgebenden Macht entkräftete, die refor=
mirte Partei mit Ungehorsam und Widersetzlichkeit vertraut machte,
und durch die Bestrebungen der katholischen, es geltend zu machen,
einen unglücklichen Verfolgungsgeist zwischen beiden Theilen unter=
hielt. Auf Veranlassung dieses weisen Patrioten ließ die Regen=
tin einen Ausschuß von allen Parlamenten sich in St. Germain
versammeln, welcher berathschlagen sollte: „was in Absicht der
Reformirten und ihrer Versammlungen (den innern Werth oder
Unwerth ihrer Religion durchaus bei Seite gelegt) zum Besten
des Staats zu verfügen sey?" — Die Antwort war in der
Frage schon enthalten, und ein den Reformirten sehr günstiges
Edict die Folge dieser Berathschlagung. In demselben gestattete
man ihnen förmlich, sich, wiewohl außerhalb der Mauern und
unbewaffnet, zu gottesdienstlichen Handlungen zu versammeln,
und legte allen Obrigkeiten auf, diese Zusammenkünfte in ihren
Schutz zu nehmen. Dagegen sollten sie gehalten seyn, den Ka=
tholischen alle denselben entzogenen Kirchen und Kirchengeräthe
zurückzustellen, der katholischen Geistlichkeit, gleich den Katholiken
selbst, die Gebühren zu entrichten, übrigens die Fest= und Feier=
tage, und die Verwandtschaftsgrade bei ihren Heirathen nach den

Vorschriften der herrschenden Kirche zu beobachten. Nicht ohne großen Widerspruch des Pariser Parlaments wurde dieses Edict, vom Jänner 1562, wo es bekannt gemacht wurde, das Edict des Jänners genannt, registrirt, und von den strengen Katholiken und der spanischen Partei mit eben so viel Unwillen als von den Reformirten mit triumphirender Freude aufgenommen. Der schlimme Wille ihrer Feinde schien durch dasselbe entwaffnet, und für's erste zu einer gesetzmäßigen Existenz in dem Königreich ein wichtiger Schritt gethan. Auch die Regentin schmeichelte sich, durch dieses Edict zwischen beiden Kirchen eine unüberschreitbare Gränze gezogen, dem Ehrgeiz der Großen heilsame Fesseln angelegt, und den Zunder des Bürgerkriegs auf lange erstickt zu haben. Doch war es eben dieses Edict des Friedens, welches durch die Verletzung, die es erlitt, die Reformirten zu den gewaltsamsten Entschließungen brachte, und den Krieg herbeiführte, welchen zu verhüten es gegeben war.

Dieses Edict vom Jänner 1562 also, weit entfernt die Absichten seiner Urheberin zu erfüllen, und beide Religionsparteien in den Schranken der Ordnung zu halten, ermunterte die Feinde der letztern nur, desto verdecktere und schlimmere Plane zu entwerfen. Die Begünstigungen, welche dieses Edict den Reformirten ertheilt hatte, und der bedeutende Vorzug, den ihre Anführer, Condé und die Chatillons, bei der Königin genossen, verwundete tief den bigotten Geist und die Ehrsucht des alten Montmorency, der beiden Guisen und der mit ihnen verbundenen Spanier. Schweigend zwar, aber nicht müßig, beobachteten sich die Anführer wechselsweise unter einander, und schienen nur das Moment zu erwarten, das dem Ausbruch ihrer verhaltenen Leidenschaft günstig war. Jeder Theil, fest entschlossen Feindseligkeit mit Feindseligkeit zu erwiedern, vermied sorgfältig sie zu eröffnen, um in den Augen der Welt nicht als der Schuldige zu erscheinen.

Ein Zufall leistete endlich, was beide in gleichem Grade wünschten und fürchteten.

Der Herzog von Guise und der Cardinal von Lothringen hatten seit einiger Zeit den Hof der Regentin verlassen, und sich nach den deutschen Gränzen gezogen, wo sie den gefürchteten Eintritt der deutschen Protestanten in das Königreich desto leichter verhindern konnten. Bald aber fing die katholische Partei an, ihre Anführer zu vermissen, und der zunehmende Credit der Reformirten bei der Königin machte den Wunsch nach ihrer Wiederkunft dringend. Der Herzog trat also den Weg nach Paris an, begleitet von einem starken Gefolge, welches sich, so wie er fortschritt, vergrößerte. Der Weg führte ihn durch Vassy, an der Gränze von Champagne, wo zufälligerweise die reformirte Gemeine bei einer öffentlichen Predigt versammelt war. Das Gefolge des Herzogs, trotzig wie sein Gebieter, gerieth mit dieser schwärmerischen Menge in Streit, welcher sich bald in Gewaltthätigkeiten endigte; im unordentlichen Gewühl dieses Kampfes wurde der Herzog selbst, der herbei geeilt war Frieden zu stiften, mit einem Steinwurf im Gesichte verwundet. Der Anblick seiner blutigen Wange setzte seine Begleiter in Wuth, die jetzt gleich rasenden Thieren über die Wehrlosen herstürzen, ohne Ansehen des Geschlechts noch des Alters, was ihnen vorkommt, erwürgen, und an den gottesdienstlichen Geräthschaften, die sie finden, die größten Entweihungen begehen. Das ganze reformirte Frankreich gerieth über diese Gewaltthätigkeit in Bewegung, und an dem Thron der Regentin wurden durch den Mund des Prinzen von Condé und einer eigenen Deputation die heftigsten Klagen dagegen erhoben. Katharina that Alles, um den Frieden zu erhalten, und weil sie überzeugt war, daß es nur auf die Häupter ankäme, um die Parteien zu beruhigen, so rief sie den Herzog von Guise dringend an den Hof, der sich damals zu Monceaur

aufhielt, wo sie die Sache zwischen ihm und dem Prinzen von
Condé zu vermitteln hoffte.

Aber ihre Bemühungen waren vergebens. Der Herzog wagte
es, ihr ungehorsam zu seyn, und seine Reise nach Paris fort=
zusetzen, wo er, von einem zahlreichen Anhang begleitet und
von einer ihm ganz ergebenen Menge tumultuarisch empfangen,
einen triumphirenden Einzug hielt. Umsonst suchte Condé, der
sich kurz zuvor in Paris geworfen, das Volk auf seine Seite
zu neigen. Die fanatischen Pariser sahen in ihm nichts als den
Hugenotten, den sie verabscheuten, und in dem Herzog nur den
heldenmüthigen Verfechter ihrer Kirche. Der Prinz mußte sich
zurückziehen und den Schauplatz dem Ueberwinder einräumen.
Nunmehr galt es, welcher von beiden Theilen es dem andern
an Geschwindigkeit, an Macht, an Kühnheit zuvorthäte. Indeß
der Prinz in aller Eile zu Meaux, wohin er entwichen war,
Truppen zusammenzog und mit den Chatillons sich vereinigte,
um den Triumvirn die Spitze zu bieten, waren diese schon mit
einer starken Reiterei nach Fontainebleau aufgebrochen, um durch
Besitznehmung von des jungen Königs Person ihre Gegner in
die Nothwendigkeit zu setzen, als Rebellen gegen ihren Monarchen
zu erscheinen.

Schrecken und Verwirrung hatten sich gleich auf die erste
Nachricht von dem Einzug des Herzogs in Paris der Regentin
bemächtigt; in seiner steigenden Gewalt sah sie den Umsturz der
ihrigen voraus. Das Gleichgewicht der Factionen, wodurch allein
sie bisher geherrscht hatte, war zerstört, und nur ihr offenbarer
Beitritt konnte die reformirte Partei in den Stand setzen, es
wieder herzustellen. Die Furcht, unter die Tyrannei der Guisen
und ihres Anhangs zu gerathen, Furcht für das Leben des Kö=
nigs, für ihr eigenes Leben, siegte über jede Bedenklichkeit. Jetzt
unbesorgt vor dem sonst so gefürchteten Ehrgeiz der protestantischen

Häupter, suchte sie sich nur vor dem Ehrgeiz der Guisen in
Sicherheit zu setzen. Die Macht der Protestanten, welche allein
ihr diese Sicherheit verschaffen konnte, bot sich ihrer ersten
Bestürzung dar; vor der drohenden Gefahr mußte jetzt jede
andere Rücksicht schweigen. Bereitwillig nahm sie den Beistand
an, der ihr von dieser Partei angeboten wurde, und der Prinz
von Condé ward, welche Folgen auch dieser Schritt haben mochte,
aufs bringendste aufgefordert, Sohn und Mutter zu vertheidigen
Zugleich flüchtete sie sich, um von ihren Gegnern nicht überfallen
zu werden, mit dem Könige nach Melun und von da nach Fon=
tainebleau; welche Vorsicht aber die Schnelligkeit der Triumvirn
vereitelte.

Sogleich bemächtigten sich diese des Königs, und der Mutter
wird freigestellt, ihn zu begleiten, oder sich nach Belieben einen
andern Aufenthalt zu wählen. Ehe sie Zeit hat, einen Ent=
schluß zu fassen, setzt man sich in Marsch, und unwillkürlich
wird sie mit fortgerissen. Schreckniße zeigen sich ihr, wohin sie
blickt, überall gleiche Gefahr, auf welche Seite sie sich neige
Sie erwählt endlich die gewisse, um sich nicht in den größern
Bedrängnissen einer ungewissen zu verstricken, und ist entschlos=
sen, sich an das Glück der Guisen anzuschließen. Man führt
den König im Triumphe nach Paris, wo seine Gegenwart dem
fanatischen Eifer der Katholiken die Losung gibt, sich gegen die
Reformirten Alles zu erlauben. Alle ihre Versammlungsplätze
werden von dem wüthenden Pöbel gestürmt, die Thüren einge=
sprengt, Kanzeln und Kirchenstühle zerbrochen und in Asche ge=
legt; der Kronfeldherr von Frankreich, der ehrwürdige Greis
Montmorency, war es, der diese Heldenthat vollführte. Aber
diese lächerliche Schlacht war das Vorspiel eines desto ernsthafteren
Krieges.

Nur um wenige Stunden hatte der Prinz von Condé den

König in Fontainebleau verfehlt. Mit einem zahlreichen Gefolge war er, dem Wunsch der Regentin gemäß, sogleich aufgebrochen, sie und ihren Sohn unter seine Obhut zu nehmen; aber er langte nur an, um zu erfahren, daß die Gegenpartei ihm zuvorgekommen, und der große Augenblick verloren sey. Dieser erste Fehlstreich schlug jedoch seinen Muth nicht nieder. „Da wir einmal so weit sind," sagte er zu dem Admiral Coligny, „so müssen wir durchwaten, oder wir sinken unter." Er flog mit seinen Truppen nach Orleans, wo er eben noch recht kam, dem Obersten von Andelot, der hier mit großem Nachtheil gegen die Katholischen focht, den Sieg zu verschaffen. Aus dieser Stadt beschloß er seinen Waffenplatz zu machen, seine Partei in derselben zu versammeln, und seiner Familie, so wie ihm selbst nach einem Unglücksfall eine Zuflucht darin offen zu halten.

Von beiden Seiten fing nun der Krieg mit Manifesten und Gegenmanifesten an, worin alle Bitterkeit des Parteihasses ausgegossen war, und nichts als die Aufrichtigkeit vermißt wurde. Der Prinz von Condé forderte in den seinigen alle redlich denkenden Franzosen auf, ihren König und ihres Königs Mutter aus der Gefangenschaft befreien zu helfen, in welcher sie von den Guisen und deren Anhang gehalten würden. Durch eben diesen Besitz von des Königs Person suchten Letztere die Gerechtigkeit ihrer Sache zu erweisen, und alle getreuen Unterthanen zu bewegen, sich unter die Fahnen ihres Königs zu versammeln. Er selbst, der minderjährige Monarch, mußte in seinem Staatsrath erklären, daß er frei sey, so wie auch seine Mutter, und das Edict des Jänners bestätigen. Dieselbe Vorstellung wurde von beiden Seiten auch gegen auswärtige Mächte gebraucht. Um die deutschen Protestanten einzuschläfern, erklärten die Guisen, daß die Religion nicht im Spiele sey, und der Krieg bloß den Aufrührern gelte. Der nämliche Kunstgriff ward auch von dem

Prinzen von Condé angewendet, um die auswärtigen katholischen Mächte von dem Interesse seiner Feinde abzuziehen. In diesem Wettstreit des Betruges verläugnete Katharina ihren Charakter und ihre Staatskunst nicht, und von den Umständen gezwungen, eine doppelte Person zu spielen, verstand sie es meisterlich, die widersprechendsten Rollen in sich zu vereinigen. Sie läugnete öffentlich die Bewilligungen, welche sie dem Prinzen von Condé ertheilt hatte, und empfahl ihm ernstlich den Frieden, während daß sie im Stillen, wie man sagt, seine Werbungen begünstigte, und ihn zu lebhafter Führung des Kriegs ermunterte. Wenn die Ordres des Herzogs von Guise an die Befehlshaber der Provinzen Alles, was reformirt sey, zu erwürgen befahlen, so enthielten die Briefe der Regentin ganz entgegengesetzte Befehle zur Schonung.

Bei diesen Maßregeln der Politik verlor man die Hauptsache, den Krieg selbst, nicht aus den Augen, und diese scheinbaren Bemühungen zu Erhaltung des Friedens verschafften dem Prinzen von Condé nur desto mehr Zeit, sich in wehrhaften Stand zu setzen. Alle reformirten Kirchen wurden von ihm aufgefordert, zu einem Kriege, der sie so nahe betraf, die nöthigen Kosten herzuschießen, und der Religionseifer dieser Partei öffnete ihm ihre Schätze. Die Werbungen wurden aufs fleißigste betrieben, ein tapferer getreuer Adel bewaffnete sich für den Prinzen, und eine solenne ausführliche Acte ward aufgesetzt, die ganze zerstreute Partei in Eins zu verbinden, und den Zweck dieser Conföderation zu bestimmen. Man erklärte in derselben, daß man die Waffen ergriffen habe, um die Gesetze des Reichs, das Ansehen und selbst die Person des Königs gegen die gewaltthätigen Anschläge gewisser ehrsüchtiger Köpfe in Schutz zu nehmen, die den ganzen Staat in Verwirrung stürzten. Man verpflichtete sich durch ein heiliges Gelübde, allen Gotteslästerungen, allen Entweihungen der Religion, allen abergläubischen Meinungen und Gebräuchen, allen Ausschweifungen u. dgl. nach Vermögen sich zu widersetzen, welches eben so viel war, als der katholischen Kirche förmlich den Krieg ankündigen. Endlich und schließlich erkannte man den Prinzen von Condé als das Haupt der ganzen Verbindung, und versprach ihm Gut und Blut und den strengsten Gehorsam. Die Rebellion bekam von jetzt an eine mehr regelmäßige Gestalt, die einzelnen Unternehmungen mehr Beziehung aufs Ganze, mehr Zusammenhang; jetzt erst wurde die Partei zu einem organischen Körper, den ein denkender Geist beseelte. Zwar hatten sich Katholische und Reformirte schon lange vorher in einzelnen und kleinen Kämpfen gegen einander versucht; einzelne Edelleute hatten in verschiedenen Provinzen zu den Waffen gegriffen, Soldaten geworben, Städte durch Ueberfall gewonnen, das platte Land verheert, kleine Schlachten geliefert; aber diese einzelnen Operationen, so viel Drangsale sie auch auf die Gegenden häuften, die der Schauplatz derselben waren, blieben für das Ganze ohne Folgen, weil es sowohl an einem bedeutenden Platz als an einer Hauptarmee fehlte, die nach einer Niederlage den flüchtigen Truppen eine Zuflucht gewähren konnte.

Im ganzen Königreiche waffnete man sich jetzt, hier zum Angriffe und dort zur Gegenwehr; besonders erklärten sich die vornehmsten Städte der Normandie, und Rouen zuerst, zu Gunsten der Reformirten. Ein schrecklicher Geist der Zwietracht, der auch die heiligsten Bande der Natur und der politischen Gesellschaft auflöste, durchlief die Provinzen. Raub, Mord und mörderische Gefechte bezeichneten jeden Tag; der grausenvolle Anblick rauchender Städte verkündigte das allgemeine Elend. Brüder trennten sich von Brüdern, Väter von ihren Söhnen, Freunde von Freunden, um sich zu verschiedenen Führern zu schlagen und im blutigen Gemenge der Bürgerschaft sich schrecklich wieder zu finden. Unterdessen zog sich eine regelmäßige Armee unter den Augen des Prinzen von Condé in Orleans, eine andere in Paris unter Anführung des Connetable von Montmorency und der Guisen zusammen, beide gleich ungeduldig, das große Schicksal der Religion und des Vaterlands zu entscheiden.

Ehe es dazu kam, versuchte Katharina, gleich verlegen über jeden möglichen Ausschlag des Krieges, der ihr, welchen von beiden Theilen er auch begünstige, einen Herrn zu geben drohte, noch einmal den Weg der Vermittlung. Auf ihre Veranstaltung unterhandelten die Anführer zu Toury in Person, und als dadurch nichts ausgerichtet ward, wurde zu Talsy zwischen Chateaudun und Orleans eine neue Conferenz angefangen. Der Prinz von Condé drang auf Entfernung des Herzogs von Guise, des Marschalls von Saint André und des Connetable, und die Königin hatte auch wirklich so viel von diesen erhalten, daß sie sich während der Conferenz auf einige Meilen von dem königlichen Lager entfernten. Nachdem auf diese Art der hauptsächlichste Grund des Mißtrauens aus dem Wege geräumt war, wußte diese verschlagene Fürstin, der es eigentlich nur darum zu thun war, sich der Tyrannei sowohl des einen als des andern Theils zu entledigen, den Prinzen von Condé, durch den Bischof von Valence, ihren Unterhändler, mit arglistiger Kunst dahin zu vermögen, daß er sich erbot, mit seinem ganzen Anhange das Königreich zu verlassen, wenn nur seine Gegner das Nämliche thäten. Sie nahm ihn sogleich beim Wort, und war im Begriff, über seine Unbesonnenheit zu triumphiren, als die allgemeine Unzufriedenheit der protestantischen Armee und eine reifere Erwägung des übereilten Schrittes den Prinzen bestimmte, die Conferenz schleunig abzubrechen und der Königin Betrug mit Betrug zu bezahlen. So mißlang auch der letzte Versuch zu einer gütlichen Beilegung, und der Ausschlag beruhte nun auf den Waffen.

Die Geschichtschreiber sind unerschöpflich in Beschreibung der Grausamkeiten, welche diesen Krieg bezeichneten. Ein einziger Blick in das Menschenherz und in die Geschichte wird hinreichen, uns alle diese Unthaten begreiflich zu machen. Die Bemerkung ist nichts weniger als neu, daß keine Kriege zugleich so ehrlos und so unmenschlich geführt werden, als die, welche Religionsfanatismus und Parteihaß im Innern eines Staats entzünden. Antriebe, welche in Ertödtung alles dessen, was den Menschen sonst das Heiligste ist, bereits ihre Kraft bewiesen, welche das ehrwürdige Verhältniß zwischen dem Souverän und dem Unterthan und den noch stärkern Trieb der Natur übermeisterten, finden an den Pflichten der Menschlichkeit keinen Zügel mehr; und die Gewalt selbst, welche Menschen anwenden müssen, um jene starken Bande zu sprengen, reißt sie blindlings und unaufhaltsam zu jedem Aeußersten fort. Die Gefühle für Gerechtigkeit, Anständigkeit und Treue, welche sich auf anerkannte Gleichheit der Rechte gründen, verlieren in Bürgerkriegen ihre Kraft, wo jeder Theil in dem andern einen Verbrecher sieht, und sich selbst das Strafamt über ihn zueignet. Wenn ein Staat mit dem andern kriegt, und nur der Wille des Souveräns seine Völker bewaffnet, nur der Antrieb der Ehre sie zur Tapferkeit spornt, so bleibt sie ihnen auch heilig gegen den Feind und eine edelmüthige Tapferkeit weiß selbst ihre Opfer zu schonen. Hier ist der Gegenstand der Begierden des Kriegers etwas ganz Verschiedenes von dem Gegenstande seiner Tapferkeit, und es ist fremde Leidenschaft, die durch seinen Arm streitet. In Bürgerkriegen streitet die Leidenschaft des Volks, und der Feind ist der Gegenstand derselben. Jeder einzelne Mann ist hier Beleidiger, weil jeder Einzelne aus freier Wahl die Partei ergriff, für die er streitet.

Jeder einzelne Mann ist hier Beleidigter, weil man verachtet, was er schätzt, weil man anfeindet, was er liebt, weil man verdammt, was er erwählte. Hier, wo Leidenschaft und Noth, dem friedlichen Ackermann, dem Handwerker, dem Künstler das ungewohnte Schwert in die Hände zwingen, kann nur Erbitterung und Wuth den Mangel an Kriegskunst, nur Verzweiflung den Mangel wahrer Tapferkeit ersetzen. Hier, wo man Herd, Heimat, Familie, Eigenthum verließ, wirft man mit schadenfrohem Wohlgefallen den Feuerbrand in Frembes, und achtet nicht auf fremden Lippen die Stimme der Natur, die zu Hause vergeblich erschallte. Hier endlich, wo die Quellen selbst sich trüben, aus denen dem gemeinen Volk alle Sittlichkeit fließt, wo das Ehrwürdige geschändet, das Heilige entweiht, das Unwandelbare aus seinen Fugen gerückt ist, wo die Lebensorgane der allgemeinen Ordnung erkranken, steckt das verderbliche Beispiel des Ganzen jeden einzelnen Busen an, und in jedem Gehirne tobt der Sturm, der die Grundfesten des Staats erschüttert. Dreimal schrecklicheres Loos, wo sich religiöse Schwärmerei mit Parteihaß gattet, und die Fackel des Bürgerkrieges sich an der unreinen Flamme des priesterlichen Eifers entzündet!

Und dies war der Charakter dieses Krieges, der jetzt Frankreich verwüstete. Aus dem Schooße der reformirten Religion ging der finstere grausame Geist hervor, der ihm diese unglückliche Richtung gab, der alle diese Unthaten erzeugte. Im Lager dieser Partei erblickte man nichts Lachendes, nichts Erfreuliches; alle Spiele, alle geselligen Lieder hatte der finstere Eifer verbannt. Psalmen und Gebete ertönten an deren Stelle, und die Prediger waren ohne Aufhören beschäftigt, dem Soldaten die Pflichten gegen seine Religion einzuschärfen, und seinen fanatischen Eifer zu schüren. Eine Religion, welche der Sinnlichkeit solche Martern auflegte, konnte die Gemüther nicht zur Menschlichkeit einladen, der Charakter der ganzen Partei mußte mit diesem düstern und knechtischen Glauben verwildern. Jede Spur des Papstthums setzte den Schwärmergeist des Calvinisten in Wuth; Altäre und Menschen wurden ohne Unterschied seinem unduldsamen Stolz aufgeopfert. Wohin ihn der Fanatismus allein nicht gebracht hatte, dazu zwangen ihn Mangel und Noth. Der Prinz von Condé selbst gab das Beispiel einer Plünderung, welches bald durch das ganze Königreich nachgeahmt wurde. Von den Hülfsmitteln verlassen, womit er die Unkosten des Kriegs bisher bestritten hatte, legte er seine Hand an die katholischen Kirchengeräthe, deren er habhaft werden konnte, und ließ die heiligen Gefäße und Zierrathen einschmelzen. Der Reichthum der Kirchen war eine zu große Lockung für die Habsucht der Protestanten, und die Entweihung der Heiligthümer für ihre Nachbegierde ein viel zu süßer Genuß, um der Versuchung zu widerstehen. Alle Kirchen, deren sie sich bemeistern konnten, die Klöster besonders, mußten den doppelten Ausbruch ihres Geizes und ihres frommen Eifers erfahren. Mit dem Raub allein nicht zufrieden, entweihten sie die Heiligthümer ihrer Feinde durch den bittersten Spott, und beflissen sich mit absichtlicher Grausamkeit, die Gegenstände ihrer Anbetung durch einen barbarischen Muthwillen zu entehren. Sie rissen die Kirchen ein, schleiften die Altäre, verstümmelten die Bilder der Heiligen, traten die Reliquien mit Füßen, oder schändeten sie durch den niedrigsten Gebrauch, durchwühlten sogar die Gräber, und ließen die Gebeine der Todten den Glauben der Lebenden entgelten. Kein Wunder, daß so empfindliche Kränkungen zu der schrecklichsten Wiedervergeltung reizten, daß alle katholischen Kanzeln von Verwünschungen gegen die ruchlosen Schänder des Glaubens ertönten, daß der ergriffene Hugenotte bei dem Papisten keine Barmherzigkeit fand, daß Gräuelthaten gegen die vermeintliche

Gottheit durch Gräuelthaten gegen Natur und Menschheit geahndet wurden!

Von den Anführern selbst ging das Beispiel dieser barbarischen Thaten aus, aber die Ausschweifungen, zu welchen der Pöbel beider Parteien dadurch hingerissen ward, ließen sie bald ihre leidenschaftliche Uebereilung bereuen. Jede Partei wetteiferte, es der andern an erfinderischer Grausamkeit zuvorzuthun. Nicht zufrieden mit der blutig befriedigten Rache, suchte man noch durch neue Künste der Tortur diese schreckliche Lust zu verlängern. Menschenleben war zu einem Spiel geworden, und das Hohnlachen des Mörders schärfte noch die Stacheln eines schmerzhaften Todes. Keine Freistätte, kein beschworner Vertrag, kein Menschen= und Völkerrecht schützte gegen die blinde thierische Wuth; Treu und Glaube war dahin; und durch Eidschwüre lockte man nur die Opfer. Ein Schluß des Pariser Parlaments, welcher der reformirten Lehre förmlich und feierlich das Verdammungsurtheil sprach, und alle Anhänger derselben dem Tode weihte; ein anderer nachdrücklicherer Urtheilsspruch, der aus dem Conseil des Königs ausging, und alle Anhänger des Prinzen von Condé, ihn selbst ausgenommen, als Beleidiger der Majestät in die Acht erklärte, konnte nicht wohl dazu beitragen, die erbitterten Gemüther zu besänftigen, denn nun feuerte der Name ihres Königs und die gewisse Absicht der Beute den Verfolgungseifer der Papisten an, und den Muth der Hugenotten stärkte Verzweiflung.

Umsonst hatte Katharina von Medicis alle Künste ihrer Politik aufgeboten, die Wuth der Parteien zu besänftigen, umsonst hatte ein Schluß des Conseils alle Anhänger des Prinzen von Condé als Rebellen und Hochverräther erklärt, umsonst das Pariser Parlament die Partei gegen die Calvinisten ergriffen; der Bürgerkrieg war da, und ganz Frankreich stand in Flammen.

Wie groß aber auch das Zutrauen der Letztern zu ihren Kräften war, so entsprach der Erfolg doch keineswegs den Erwartungen, welche ihre Zurüstung erweckt hatte. Der reformirte Adel, welcher die Hauptstärke der Armee des Prinzen von Condé ausmachte, hatte in kurzer Zeit seinen kleinen Vorrath verzehrt, und, außer Stande, sich, da nichts Entscheidendes geschah und der Krieg in die Länge gespielt wurde, forthin selbst zu verköstigen, gab er den dringenden Aufforderungen der Selbstliebe nach, welche ihn heim rief, seinen eigenen Herd zu vertheidigen. Zerronnen war in kurzer Zeit diese so große Thaten versprechende Armee, und dem Prinzen, jetzt viel zu schwach, um einem überlegenen Feind im Felde zu begegnen, blieb nichts übrig, als sich mit dem Ueberrest seiner Truppen in der Stadt Orleans einzuschließen.

Hier erwartete er nun die Hülfe, zu welcher einige auswärtige protestantische Mächte ihm Hoffnung gemacht hatten. Deutschland und die Schweiz waren für beide kriegführende Parteien eine Vorrathskammer von Soldaten, und ihre feile Tapferkeit, gleichgültig gegen die Sache, wofür gefochten werden sollte, stand dem Meistbietenden zu Gebot. Deutsche sowohl als schweizerische Miethtruppen schlugen sich, je nachdem ihr eigener und ihrer Anführer Vortheil es erheischte, zu entgegengesetzten Fahnen, und das Interesse der Religion wurde wenig dabei in Betracht gezogen. Indem dort an den Ufern des Rheins ein deutsches Heer für den Prinzen geworben ward, kam zugleich ein sehr wichtiger Vertrag mit der Königin Elisabeth von England zu Stande. Die nämliche Politik, welche diese Fürstin in der Folge veranlaßte, sich zur Beschützerin der Niederlande gegen ihren Unterdrücker, Philipp von Spanien, aufzuwerfen, und diesen neu aufblühenden Staat in ihre Obhut zu nehmen, legte ihr gegen die französischen Protestanten gleiche Pflichten auf, und das große Interesse der Religion erlaubte ihr nicht, dem Untergange ihrer Glaubensgenossen in einem benachbarten Königreich gleichgültig zuzusehen. Diese Antriebe ihres Gewissens wurden nicht wenig durch politische Gründe verstärkt. Ein bürgerlicher Krieg in Frankreich sicherte ihren eigenen noch wankenden Thron vor einem Angriff von dieser Seite, und eröffnete ihr zugleich eine erwünschte Gelegenheit, auf Kosten dieses Staats ihre eigenen Besitzungen zu erweitern. Der Verlust von Calais war eine noch frische Wunde für England; mit diesem wichtigen Gränzplatz hatte es den freien Eintritt in Frankreich verloren. Diesen Schaden zu ersetzen, und von einer andern Seite in dem Königreich festen Fuß zu fassen, beschäftigte schon längst die Politik der Elisabeth, und der Bürgerkrieg, der sich nunmehr in Frankreich entzündet hatte, zeigte ihr die Mittel es zu bewerkstelligen. Sechstausend Mann englischer Hülfstruppen wurden dem Prinzen von Condé unter der Bedingung bewilligt, daß die eine Hälfte derselben die Stadt Havre de Grace, die andere die Städte Rouen und Dieppe in der Normandie, als eine Zuflucht der verfolgten Religionsverwandten, besetzt halten sollte. So löschte ein wüthender Parteigeist auf eine Zeitlang alle patriotischen Gefühle bei den französischen Protestanten aus, und der verjährte Nationalhaß gegen die Britten wich auf Augenblicke dem glühendern Sectenhaß und dem Verfolgungsgeist erbitterter Factionen.

Der gefürchtete nahe Eintritt der Engländer in die Normandie zog die königliche Armee nach dieser Provinz, und die Stadt Rouen wurde belagert. Das Parlament und die vornehmsten Bürger hatten sich schon vorher aus dieser Stadt geflüchtet, und die Vertheidigung derselben blieb einer fanatischen Menge überlassen, die, von schwärmerischen Prädicanten erhitzt, bloß ihrem blinden Religionseifer und dem Gesetz der Verzweiflung

Gehör gab. Aber alles Widerstandes von Seiten der Bürgerschaft ungeachtet, wurden die Wälle nach einer monatlangen Gegenwehr im Sturme erstiegen, und die Halsstarrigkeit ihrer Vertheidiger durch eine barbarische Behandlung geahndet, welche man zu Orleans auf protestantischer Seite nicht lange unvergolten ließ. Der Tod des Königs von Navarra, welcher auf eine vor dieser Stadt empfangene Wunde erfolgte, macht die Belagerung von Rouen im Jahr 1562 berühmt, aber nicht eben merkwürdig; denn der Hintritt dieses Prinzen blieb gleich unbedeutend für beide kämpfende Parteien.

Der Verlust von Rouen und die siegreichen Fortschritte der feindlichen Armee in der Normandie drohten dem Prinzen von Condé, der jetzt nur noch wenige große Städte unter seiner Botmäßigkeit sah, den nahen Untergang seiner Partei, als die Erscheinung der deutschen Hülfstruppen, mit denen sich sein Obrister Andelot, nach überstandenen unsäglichen Schwierigkeiten, glücklich vereinigt hatte, aufs neue seine Hoffnungen belebte. An der Spitze dieser Truppen, welche in Verbindung mit seinen eigenen ein bedeutendes Heer ausmachten, fühlte er sich stark genug, nach Paris aufzubrechen, und diese Hauptstadt durch seine unverhoffte gewaffnete Ankunft in Schrecken zu setzen. Ohne die politische Klugheit Katharinens wäre diesmal entweder Paris erobert, oder wenigstens ein vortheilhafter Friede von den Protestanten errungen worden. Mit Hülfe der Unterhandlungen, ihrem gewöhnlichen Rettungsmittel, wußte sie den Prinzen mitten im Lauf seiner Unternehmung zu fesseln, und durch Vorspiegelung günstiger Tractaten Zeit zur Rettung zu gewinnen. Sie versprach, das Edict des Jänners, welches den Protestanten die freie Religionsübung zusprach, zu bestätigen, bloß mit Ausnahme derjenigen Städte, in welchen die souveränen Gerichtshöfe ihre Sitzung hätten. Da der Prinz die Religionsduldung auch auf diese letztern ausgedehnt wissen wollte, so wurden die Unterhandlungen in die Länge gezogen, und Katharina erhielt die gewünschte Frist, ihre Maßregeln zu ergreifen. Der Waffenstillstand, den sie während dieser Tractaten geschickt von ihm zu erhalten wußte, ward für die Conföderirten verderblich, und indem die Königlichen innerhalb der Mauern von Paris neue Kräfte schöpften und sich durch spanische Hülfstruppen verstärkten, schmolz die Armee des Prinzen durch Desertion und strenge Kälte dahin, daß er in kurzem zu einem schimpflichen Aufbruch gezwungen wurde. Er richtete seinen Marsch nach der Normandie, wo er Geld und Truppen aus England erwartete, sah sich aber ohnweit der Stadt Dreur von der nacheilenden Armee der Königin eingeholt, und zu einem entscheidenden Treffen genöthigt. Bestürzt und unschlüssig, gleich als hätten die unterdrückten Gefühle der Natur auf einen Augenblick ihre Rechte zurückgefordert, staunten beide Heere einander an, ehe die Kanonen die Losung des Todes gaben; der Gedanke an das Bürger- und Bruderblut, das jetzt verspritzt werden sollte, schien jeden einzelnen Kämpfer mit flüchtigem Entsetzen zu durchschauern. Nicht lange aber dauerte dieser Gewissenskampf; der wilde Ruf der Zwietracht übertäubte bald der Menschlichkeit leise Stimme. Ein desto wüthenderer Sturm folgte auf diese bedeutungsvolle Stille. Sieben schreckliche Stunden fochten beide Theile mit gleich kühnem Muthe, mit gleich heftiger Erbitterung. Ungewiß schwankte der Sieg von einer Seite zur andern, bis die Entschlossenheit des Herzogs von Guise ihn endlich auf die Seite des Königs neigte. Unter den Verbundenen wurde der Prinz von Condé, unter den Königlichen der Connetable von Montmorency zu Gefangenen gemacht, und von den Letztern blieb noch der Marschall von St. André auf dem Platze. Das Schlachtfeld blieb dem Herzog von Guise, welchen dieser entscheidende Sieg zugleich von einem furchtbaren öffentlichen Feind und von zwei Nebenbuhlern seiner Macht befreite.

Hatte Katharina mit Widerwillen die Abhängigkeit ertragen, in welche sie durch die Triumvirn versetzt war, so mußte ihr nunmehr die Alleinherrschaft des Herzogs, dessen Ehrgeiz keine Gränzen, dessen gebieterischer Stolz keine Mäßigung kannte, doppelt empfindlich fallen. Der Sieg bei Dreur, weit entfernt ihre Wünsche zu befördern, hatte ihr einen Herrn in ihm gegeben, der nicht lange säumte, sich der erlangten Ueberlegenheit zu bedienen und die zuversichtlich stolze Sprache des Herrschers zu führen. Alles stand ihm zu Gebot, und die unumschränkte Macht, die er besaß, verschaffte ihm die Mittel, sich Freunde zu erkaufen, und den Hof sowohl als die Armee mit seinen Geschöpfen anzufüllen. Katharina, so sehr ihr die Staatsklugheit anrieth, die gesunkene Partei der Protestanten wieder aufzurichten, und durch Wiederherstellung des Prinzen von Condé die Anmaßungen des Herzogs zu beschränken, wurde durch den überlegenen Einfluß des Letztern zu entgegengesetzten Maßregeln fortgerissen. Der Herzog verfolgte seinen Sieg und rückte vor die Stadt Orleans, um durch Ueberwältigung dieses Platzes, welcher die Hauptmacht der Protestanten einschloß, ihrer Partei auf einmal ein Ende zu machen. Der Verlust einer Schlacht und die Gefangenschaft ihres Anführers hatte den Muth derselben zwar erschüttern, aber nicht ganz niederbeugen können. Admiral Coligny stand an ihrer Spitze, dessen erfinderischer, an Hülfsmitteln unerschöpflicher Geist sich in der Widerwärtigkeit immer am glänzendsten zu entfalten pflegte. Er hatte die Trümmer der geschlagenen Armee in kurzem wieder unter seinen Fahnen versammelt, und ihr, was noch mehr war, in seiner Person einen Feldherrn gegeben. Durch englische Truppen verstärkt und mit englischem Gelde befriedigt, führte er sie in die Normandie, um sich in dieser Provinz durch kleine Wagestücke zu einer größern Unternehmung zu stärken

Unterdessen fuhr Franz von Guise fort, die Stadt Orleans zu ängstigen, um durch Eroberung derselben seinen Triumphen die Krone aufzusetzen. Andelot hatte sich mit dem Kern der Armee und den versuchtesten Anführern in diese Stadt geworfen, wo noch überdies der gefangene Connetable in Verwahrung gehalten wurde. Die Einnahme eines so wichtigen Platzes hätte den Krieg auf einmal geendigt, und darum sparte der Herzog keine Mühe, sie in seine Gewalt zu bekommen. Aber anstatt der gehofften Lorbeern fand er an ihren Mauern das Ziel seiner Größe. Ein Meuchelmörder, Johann Poltrot de Mère, verwundete ihn mit vergifteten Kugeln, und machte mit dieser blutigen That den Anfang des Trauerspiels, welches der Fanatismus nachher in einer Reihe von ähnlichen Gräuelthaten so schrecklich entwickelte. Unstreitig wurde die calvinische Partei in ihm eines furchtbaren Gegners, Katharina eines gefährlichen Theilhabers ihrer Macht entledigt; aber Frankreich verlor mit ihm zugleich einen Helden und einen großen Mann. Wie hoch sich auch die Anmaßungen dieses Fürsten verstiegen, so war er doch gewiß auch der Mann für seine Plane; wie viel Stürme auch sein Ehrgeiz im Staate erregt hatte, so fehlte demselben doch, selbst nach dem Geständniß seiner Feinde, der Schwung der Gesinnungen nicht, welcher in großen Seelen jede Leidenschaft adelt. Wie heilig ihm auch mitten unter den verwilderten Sitten des Bürgerkriegs, wo die Gefühle der Menschlichkeit sonst so gern verstummen, die Pflicht der Ehre war, beweist die Behandlung, welche er dem Prinzen von Condé, seinem Gefangenen nach der Schlacht von Dreur, widerfahren ließ. Mit nicht geringem Erstaunen sah man diese zwei erbitterten Gegner, so viele Jahre lang geschäftig, sich zu vertilgen, durch so viele erlittene Beleidigungen zur Rache, so viele ausgeübte Feindseligkeiten zum Mißtrauen gereizt, an Einer Tafel vertraulich zusammen speisen, und, nach der Sitte jener Zeit, in demselbigen Bette schlafen.

Der Tod ihres Anführers hemmte schnell die Thätigkeit der katholischen Partei, und erleichterte Katharinens Bemühungen, die Ruhe wiederherzustellen. Frankreichs immer zunehmendes Elend erregte dringende Wünsche nach Frieden, wozu die Gefangenschaft der beiden Oberhäupter, Condé und Montmorency, gegründete Hoffnung machte. Beide, gleich ungeduldig nach Freiheit, von der Königin Mutter unabläſſig zur Versöhnung gemahnt, vereinigten ſich endlich in dem Vergleiche von Amboise 1563, worin das Edict des Jänners mit wenigen Ausnahmen beſtätigt, den Reformirten die öffentliche Religionsübung in denjenigen Städten, welche ſie zur Zeit in Beſitz hatten, zugeſtanden, auf dem Lande hingegen auf die Ländereien der hohen Gerichtsherren und zu einem Privatgottesdienſt in den Häuſern des Adels eingeſchränkt, übrigens das Vergangene einer allgemeinen ewigen Vergeſſenheit überliefert ward.

So erheblich die Vortheile ſchienen, welche der Vergleich von Amboiſe den Reformirten verſchaffte, ſo hatte Coligny dennoch vollkommen recht, ihn als ein Werk der Uebereilung von Seiten des Prinzen, und von Seiten der Königin als ein Werk des Betrugs zu verwünſchen. Dahin waren mit dieſem unzeitigen Frieden alle glänzenden Hoffnungen ſeiner Partei, die im ganzen Laufe dieſes Bürgerkriegs vielleicht noch nie ſo gegründet geweſen waren. Der Herzog von Guiſe, die Seele der katholiſchen Partei, der Marſchall von St. André, der König von Navarra im Grabe, der Connetable gefangen, die Armee ohne Anführer und ſchwierig wegen des ausbleibenden Soldes, die Finanzen erſchöpft; auf der andern Seite eine blühende Armee,

Englands mächtige Hülfe, Freunde in Deutschland, und in dem Religionseifer der französischen Protestanten Hülfsquellen genug, den Krieg fortzusetzen. Die wichtigen Waffenplätze Lyon und Orleans, mit so vielem Blute erworben und vertheidigt, gingen nunmehr durch einen Federzug verloren; die Armee mußte auseinander, die Deutschen nach Hause gehen. Und für alle diese Aufopferungen hatte man, weit entfernt, einen Schritt vorwärts zu der bürgerlichen Gleichheit der Religionen zu thun, nicht einmal die vorigen Rechte zurück erhalten.

Die Auswechselung der gefangenen Anführer und die Verjagung der Engländer aus Havre de Grace, welche Montmorency durch die Ueberreste des abgedankten protestantischen Heeres bewerkstelligte, waren die erste Frucht dieses Friedens, und der gleiche Wetteifer beider Parteien, diese Unternehmung zu beschleunigen, bewies nicht sowohl den wiederauflebenden Gemeingeist der Franzosen als die unvertilgbare Gewalt des Nationalhasses, den weder die Pflicht der Dankbarkeit noch das stärkste Interesse der Leidenschaft überwinden konnte. Nicht sobald war der gemeinschaftliche Feind von dem vaterländischen Boden vertrieben, als alle Leidenschaften, welche der Sectengeist entflammt, in ihrer vorigen Stärke zurückkehrten, und die traurigen Scenen der Zwietracht erneuerten. So gering der Gewinn auch war, den die Calvinisten aus dem neu errichteten Vergleiche schöpften, so wurde ihnen auch dieses Wenige mißgönnt, und unter dem Vorwand, die Vergleichspunkte zur Vollziehung zu bringen, maßte man sich an, ihnen durch eine willkürliche Auslegung die engsten Gränzen zu setzen. Montmorency's herrschbegieriger Geist war geschäftig, den Frieden zu untergraben, wozu er doch selbst das Werkzeug gewesen war; denn nur der Krieg konnte ihn der Königin unentbehrlich machen. Der unduldsame Glaubenseifer, welcher ihn selbst beseelte, theilte sich mehrern Befehlshabern in den Provinzen mit, und wehe den Protestanten in denjenigen Districten, wo sie die Mehrheit nicht auf ihrer Seite hatten! Umsonst reclamirten sie die Rechte, welche der ausdrückliche Buchstabe des Vertrags ihnen zugestand; der Prinz von Condé, ihr Beschützer, von dem Netze der Königin umstrickt und der undankbaren Rolle eines Parteiführers müde, entschädigte sich in der wollüstigen Ruhe des Hoflebens für die langen Entbehrungen, welche der Krieg seiner herrschenden Neigung auferlegt hatte. Er begnügte sich mit schriftlichen Gegenvorstellungen, welche, von keiner Armee unterstützt, natürlicher Weise ohne Folgen blieben, während daß ein Edict auf das andere erschien, die geringen Freiheiten seiner Partei noch mehr zu beschränken.

Mittlerweile führte Katharina den jungen König, der im Jahr 1563 für volljährig erklärt ward, in ganz Frankreich umher, um den Unterthanen ihren Monarchen zu zeigen, die Empörungssucht der Factionen durch die königliche Gegenwart niederzuschlagen und ihrem Sohne die Liebe der Nation zu erwerben. Der Anblick so vieler zerstörten Klöster und Kirchen, welche von der fanatischen Wuth des protestantischen Pöbels furchtbare Zeugen abgaben, konnte schwerlich dazu dienen, diesem jungen Fürsten einen günstigen Begriff von der neuen Religion einzuflößen, und es ist wahrscheinlich genug, daß sich bei dieser Gelegenheit ein glühender Haß gegen die Anhänger Calvins in seine Seele prägte.

Indem sich unter den mißvergnügten Parteien der Zunder zu einem neuen Kriegsfeuer sammelte, zeigte sich Katharina am Hofe geschäftig zwischen den nicht minder erbitterten Anführern ein Gaukelspiel verstellter Versöhnung aufzuführen. Ein schwerer Verdacht befleckte schon seit lange die Ehre des Admirals von Coligny. Franz von Guise war durch die Hände des Meuchelmords gefallen, und der Untergang eines solchen Feindes war für den Admiral eine zu glückliche Begebenheit, als daß die

Erbitterung seiner Gegner sich hätte enthalten können, ihn eines Antheils daran zu beschuldigen. Die Aussagen des Mörders, der sich, um seine eigene Schuld zu verringern, hinter den Schirm eines großen Namens flüchtete, gaben diesem Verdacht einen Schein von Gerechtigkeit. Nicht genug, daß die bekannte Ehrliebe des Admirals diese Verleumdung widerlegte — es gibt Zeitumstände, wo man an keine Tugend glaubt. Der verwilderte Geist des Jahrhunderts duldete keine Stärke des Gemüths, die sich über ihn hinweg schwingen wollte. Antoinette von Bourbon, die Wittwe des Ermordeten, klagte den Admiral laut und öffentlich als den Mörder an, und sein Sohn, Heinrich von Guise, in dessen jugendlicher Brust schon die künftige Größe pochte, hatte schon den furchtbaren Vorsatz der Rache gefaßt. Diesen gefährlichen Zunder neuer Feindseligkeiten erstickte Katharinens geschäftige Politik; denn so sehr die Zwietracht der Parteien ihren Trieb nach Herrschaft begünstigte, so sorgfältig unterdrückte sie jeden offenbaren Ausbruch derselben, der sie in die Nothwendigkeit setzte, zwischen den streitenden Factionen Partei zu ergreifen, und ihrer Unabhängigkeit verlustig zu werden. Ihrem unermüdeten Bestreben gelang es, von der Wittwe und dem Bruder des Entleibten eine Ehrenerklärung gegen den Admiral zu erhalten, welche diesen von der angeschuldigten Mordthat reinigte, und zwischen beiden Häusern eine verstellte Versöhnung bewirkte.

Aber unter dem Schleier dieser erkünstelten Eintracht entwickelten sich die Keime zu einem neuen und wüthenden Bürgerkrieg. Jeder noch so geringe, den Reformirten bewilligte Vortheil dünkte den eifrigern Katholiken ein nie zu verzeihender Eingriff in die Hoheit ihrer Religion, eine Entweihung des Heiligthums, ein Raub an der Kirche begangen, die auch das kleinste von ihren Rechten sich nicht vergeben dürfe. Kein noch so feierlicher Vertrag, der diese unverletzbaren Rechte kränkte, konnte nach ihrem Systeme Anspruch auf Gültigkeit haben; und Pflicht war es jedem Rechtgläubigen, dieser fremden fluchwürdigen Religionspartei diese Vorrechte, gleich einem gestohlenen Gut, wieder zu entreißen. Indem man von Rom aus geschäftig war, diese widrigen Gesinnungen zu nähren und noch mehr zu erhitzen, indem die Anführer der Katholischen diesen fanatischen Eifer durch das Ansehen ihres Beispiels bewaffneten, versäumte unglücklicher Weise die Gegenpartei nichts, den Haß der Papisten durch immer kühnere Forderungen noch mehr gegen sich zu reizen und ihre Ansprüche in eben dem Verhältniß, als sie jenen unerträglicher fielen, weiter auszudehnen. „Vor kurzem," erklärte sich Karl IX. gegen Coligny, „begnügtet ihr euch damit, von uns geduldet zu werden; jetzt wollt ihr gleiche Rechte mit uns haben; bald will ich erleben, daß ihr uns aus dem Königreich treibt, um das Feld allein zu behaupten."

Bei dieser widrigen Stimmung der Gemüther konnte ein Friede nicht bestehen, der beide Parteien gleich wenig befriedigt hatte. Katharina selbst, durch die Drohungen der Calvinisten aus ihrer Sicherheit aufgeschreckt, dachte ernstlich auf einen öffentlichen Bruch, und die Frage war bloß, wie die nöthige Kriegsmacht in Bewegung zu setzen sey, um einen argwöhnischen und wachsamen Feind nicht zu frühzeitig von seiner Gefahr zu belehren. Der Marsch einer spanischen Armee nach den Niederlanden, unter der Anführung des Herzogs von Alba, welche bei ihrem Vorüberzug die französische Gränze berührte, gab den erwünschten Vorwand zu der Kriegsrüstung her, welche man gegen die innern Feinde des Königreichs machte. Es schien der Klugheit gemäß, eine so gefährliche Macht, als der spanische Generalissimus commandirte, nicht unbeobachtet und unbewacht an den Pforten des Reichs vorüber ziehen zu lassen, und selbst der argwöhnische Geist der protestantischen Anführer begriff die Nothwendigkeit, eine

Observationsarmee aufzustellen, welche diese gefährlichen Gäste im Zaum halten und die bedrohten Provinzen gegen einen Ueberfall decken könnte. Um auch ihrerseits von diesem Umstande Vortheil zu ziehen, erboten sie sich voll Arglist, ihre eigene Partei zum Beistand des Königreichs zu bewaffnen; ein Stratagem, wodurch sie, wenn es gelungen wäre, das Nämliche gegen den Hof zu erreichen hofften, was dieser gegen sie selbst beabsichtet hatte. In aller Eile ließ nun Katharina Soldaten werben und ein Heer von sechstausend Schweizern bewaffnen, über welche sie, mit Uebergehung der Calvinisten, lauter katholische Befehlshaber setzte. Diese Kriegsmacht blieb, so lange sein Zug dauerte, dem Herzog von Alba zur Seite, dem es nie in den Sinn gekommen war, etwas Feindliches gegen Frankreich zu unternehmen. Anstatt aber nun nach Entfernung der Gefahr auseinander zu gehen, richteten die Schweizer ihren Marsch nach dem Herzen des Königreichs, wo man die vornehmsten Anführer der Hugenotten unvorbereitet zu überfallen hoffte. Dieser verrätherische Anschlag wurde noch zu rechter Zeit laut, und mit Schrecken erkannten die Letztern die Nähe des Abgrunds, in welchen man sie stürzen wollte. Ihr Entschluß mußte schnell seyn. Man hielt Rath bei Coligny, in wenig Tagen sah man die ganze Partei in Bewegung. Der Plan war, dem Hofe den Vorsprung abzugewinnen, und den König auf seinem Landsitz zu Monceaur aufzuheben, wo er sich bei geringer Bedeckung in tiefer Sicherheit glaubte. Das Gerücht von diesen Bewegungen verscheuchte ihn zwar nach Meaur, wohin man die Schweizer aufs eilfertigste beordert. Diese fanden sich zwar noch frühzeitig genug ein; aber die Reiterei des Prinzen von Condé rückte immer näher und näher, immer zahlreicher ward das Heer der Verbundenen, und drohte den König in seinem Zufluchtsort zu belagern. Die Entschlossenheit der Schweizer riß den König aus dieser dringenden Gefahr. Sie erboten sich,

ihn mitten durch den Feind nach Paris zu führen, und Katharina
bedachte sich nicht, die Person des Königs ihrer Tapferkeit anzu=
vertrauen. Der Aufbruch geschah gegen Mitternacht; den Mo=
narchen nebst seiner Mutter in ihrer Mitte, den sie in einem
gedrängten Viereck umschloß, wandelte diese bewegliche Festung
fort, und bildete mit vorgestreckten Piken eine stachlichte Mauer,
welche die feindliche Reiterei nicht durchbrechen konnte. Der her=
ausfordernde Muth, mit dem die Schweizer einherschritten, an=
gefeuert durch das heilige Palladium der Majestät, das ihre Mitte
beherbergte, schlug die Herzhaftigkeit des Feindes darnieder, und
die Ehrfurcht vor der Person des Königs, welche die Brust der
Franzosen so spät verläßt, erlaubte dem Prinzen von Condé
nicht, etwas mehr, als einige unbedeutende Scharmützel zu wagen.
Und so erreichte der König noch an demselben Abend Paris, und
glaubte, dem Degen der Schweizer nichts Geringeres als Leben
und Freiheit zu verdanken.

Der Krieg war nun erklärt, und zwar unter der gewöhn=
lichen Förmlichkeit, daß man nicht gegen den König, sondern
gegen seine und des Staats Feinde die Waffen ergriffen habe.
Unter diesen war der Cardinal von Lothringen der Verhaßteste,
und überzeugt, daß er der protestantischen Sache die schlimmsten
Dienste zu leisten pflege, hatte man auf den Untergang dieses
Mannes ein vorzügliches Absehen gerichtet. Glücklicher Weise
entfloh er noch zu rechter Zeit dem Streich, welcher gegen ihn
geführt werden sollte, indem er seinen Hausrath der Wuth des
Feindes überließ.

Die Cavallerie des Prinzen stand zwar im Felde, aber durch
die Zurüstungen des Königs übereilt, hatte sie nicht Zeit gehabt,
sich mit dem erwarteten deutschen Fußvolk zu vereinigen und
eine ordentliche Armee zu formiren. So muthig der französische
Adel war, der die Reiterei des Prinzen größtentheils ausmachte,

so wenig taugte er zu Belagerungen, auf welche es doch bei
diesem Kriege vorzüglich ankam. Nichtsdestoweniger unternahm
dieser kleine Haufe, Paris zu berennen, drang eilfertig gegen
diese Hauptstadt vor, und machte Anstalten, sie durch Hunger
zu überwältigen. Die Verheerung, welche die Feinde in der
ganzen Nachbarschaft von Paris anrichteten, erschöpfte die Ge=
duld der Bürger, welche den Ruin ihres Eigenthums nicht länger
müßig ansehen konnten. Einstimmig drangen sie darauf, gegen
den Feind geführt zu werden, der sich mit jedem Tag an ihren
Thoren verstärkte. Man mußte eilen, etwas Entscheidendes zu
thun, ehe es ihm gelang, die deutschen Truppen an sich zu
ziehen, und durch diesen Zuwachs das Uebergewicht zu erlangen.
So kam es am 10. November des Jahrs 1567 zu dem Treffen
bei St. Denis, in welchem die Calvinisten nach einem hartnäcki=
gen Widerstand zwar den Kürzern zogen, aber durch den Tod
des Connetable, der in dieser Schlacht seine merkwürdige Lauf=
bahn beschloß, reichlich entschädigt wurden. Die Tapferkeit der
Seinigen entriß diesen sterbenden General den Händen des Fein=
des, und verschaffte ihm noch den Trost, in Paris unter den
Augen seines Herrn den Geist aufzugeben. Er war es, der sei=
nen Beichtvater mit diesen lakonischen Worten von seinem Sterbe=
bette wegschickte: „Laßt es gut seyn, Herr Pater! es wäre Schande,
wenn ich in achtzig Jahren nicht gelernt hätte, eine Viertelstunde
lang zu sterben!"

Die Calvinisten zogen sich nach ihrer Niederlage bei St. Denis
eilfertig gegen die lothringischen Gränzen des Königreichs, um
die deutschen Hülfsvölker an sich zu ziehen, und die königliche
Armee setzte ihnen unter dem jungen Herzog von Anjou nach.
Sie litten Mangel an dem Nothwendigsten, indem es den Kö=
niglichen an keiner Bequemlichkeit fehlte, und die feindselige
Jahreszeit erschwerte ihnen ihre Flucht und ihren Unterhalt noch

mehr. Nachdem sie endlich unter einem unausgesetzten Kampf mit Hunger und rauher Witterung das jenseitige Ufer der Maas erreicht hatten, zeigte sich keine Spur eines deutschen Heeres, und man war nach einem so langwierigen beschwerdevollen Marsche nicht weiter, als man im Angesicht von Paris gewesen war. Die Geduld war erschöpft, der gemeine Mann wie der Adel murrte; kaum vermochte der Ernst des Admirals und die Jovialität des Prinzen von Condé eine gefährliche Trennung zu verhindern. Der Prinz bestand darauf, daß kein Heil sey, als in der Vereinigung mit den deutschen Völkern, und daß man sie schlechterdings bis zum bezeichneten Ort der Zusammenkunft aufsuchen müsse. „Aber," fragte man ihn nachher, „wenn sie nun auch dort nicht wären zu finden gewesen, was würden die Hugenotten alsdann vorgenommen haben?" — „In die Hände gehaucht und die Finger gerieben, vermuthe ich," erwiederte der Prinz, denn es war eine schneidende Kälte.

Endlich näherte sich der Pfalzgraf Casimir mit der sehnlich erwarteten deutschen Reiterei; aber nun befand man sich in einer neuen und größern Verlegenheit. Die Deutschen standen in dem Ruf, daß sie nicht eher zu fechten pflegten, als bis sie Geld sähen; und anstatt der hunderttausend Thaler, worauf sie sich Rechnung machten, hatte man ihnen kaum einige Tausend anzubieten. Man lief Gefahr, im Augenblick der Vereinigung aufs schimpflichste von ihnen verlassen zu werden, und alle auf diesen Succurs gegründeten Hoffnungen auf einmal scheitern zu sehen. Hier in diesem kritischen Moment nahm der Anführer der Franzosen seine Zuflucht zu der Eitelkeit seiner Landsleute und ihrer zarten Empfindlichkeit für die Nationalehre; und seine Hoffnung täuschte ihn nicht. Er gestand den Officieren sein Unvermögen, die Forderungen der Deutschen zu befriedigen, und sprach sie um Unterstützung an. Diese beriefen die Gemeinen zusammen,

entdeckten denselben die Noth des Generals, und strengten alle ihre
Beredsamkeit an, sie zu einer Beisteuer zu ermuntern. Sie wur=
den dabei aufs nachdrücklichste von den Predigern unterstützt, die
mit dreister Stirn zu beweisen suchten, daß es die Sache Gottes
sey, die sie durch ihre Mildthätigkeit beförderten. Der Versuch
glückte, der geschmeichelte Soldat beraubte sich freiwillig seines
Putzes, seiner Ringe und aller seiner Kostbarkeiten; ein allge=
meiner Wetteifer stellte sich ein, und es brachte Schande, von
seinen Cameraden an Großmuth übertroffen zu werden. Man
verwandelte Alles in Geld, und brachte eine Summe von fast
hunderttausend Livres zusammen, mit der sich die Deutschen einst=
weilen abfinden ließen. Gewiß das einzige Beispiel seiner Art
in der Geschichte, daß eine Armee die andere besoldete! Aber der
Hauptzweck war doch nun erreicht, und beide vereinigte Heere
erschienen nunmehr am Anfang des Jahrs 1568 wieder auf
französischem Boden.

Ihre Macht war jetzt beträchtlich, und wuchs noch mehr
durch die Verstärkung an, welche sie aus allen Enden des Königs
reichs an sich zogen. Sie belagerten Chartres, und ängstigten
die Hauptstadt selbst durch ihre angedrohte Erscheinung. Aber
Condé zeigte bloß die Stärke seiner Partei, um dem Hof einen
desto günstigern Vergleich abzulocken. Mit Widerwillen hatte er
sich den Lasten des Kriegs unterzogen, und wünschte sehnlich den
Frieden, der seinem Hang zum Vergnügen weit mehr Befriedi=
gung versprach. Er ließ sich deßwegen auch zu den Unterhand=
lungen bereitwillig finden, welche Katharina von Medicis, um
Zeit zu gewinnen, eingeleitet hatte. Wie viel Ursache auch die
Reformirten hatten, ein Mißtrauen in die Anerbietungen dieser
Fürstin zu setzen, und wie wenig sie durch die bisherigen Ver=
träge gebessert waren, so begaben sie sich doch zum zweiten Mal
ihres Vortheils, und ließen unter fruchtlosen Negociationen die

kostbare Zeit zu kriegerischen Unternehmungen verstreichen. Das zu rechter Zeit ausgestreute Geld der Königin verminderte mit jedem Tage die Armee; und die Unzufriedenheit der Truppen, welche Katharina geschickt zu nähren wußte, nöthigte die Anführer am 10. März 1568 zu einem unreifen Frieden. Der König versprach eine allgemeine Amnestie, und bestätigte das Edict des Jänners 1562, das die Reformirten begünstigte. Zugleich machte er sich anheischig, die deutschen Völker zu befriedigen, die noch beträchtliche Rückstände zu fordern hatten; aber bald entdeckte sich, daß er mehr versprochen hatte, als er halten konnte. Man glaubte sich dieser fremden Gäste nicht schnell genug entledigen zu können, und doch wollten sie ohne Geld nicht von dannen ziehen. Ja, sie drohten, Alles mit Feuer und Schwert zu verheeren, wenn man ihnen den schuldigen Sold nicht entrichtete. Endlich, nachdem man ihnen einen Theil der verlangten Summe auf Abschlag bezahlt und den Ueberrest noch während ihres Marsches nachzuliefern versprochen hatte, traten sie ihren Rückzug an, und der Hof schöpfte Muth, je mehr sie sich von dem Centrum des Reichs entfernten. Kaum aber fanden sie, daß die versprochenen Zahlungen unterblieben, so erwachte ihre Wuth aufs neue, und alle Landstriche, durch welche sie kamen, mußten die Wortbrüchigkeit des Hofs entgelten. Die Gewaltthätigkeiten, die sie sich bei diesem Durchzug erlaubten, zwangen die Königin, sich mit ihnen abzufinden, und, mit schwerer Beute beladen, räumten sie endlich das Reich. Auch die Anführer der Reformirten zerstreuten sich nach abgeschlossenem Frieden jeder in seine Provinz auf seine Schlösser, und gerade diese Trennung, welche man als gefährlich und unklug beurtheilte, rettete sie vom Verderben. Bei allen noch so schlimmen Anschlägen, die man gegen sie gefaßt hatte, durfte man sich an keinem Einzigen unter ihnen vergreifen, wenn man nicht Alle zugleich zu Grunde richten konnte. Um aber Alle zugleich aufzuheben, hätte man, wie Laboureur sagt, das Netz über ganz Frankreich ausbreiten müssen.

Die Waffen ruhten jetzt auf eine Zeitlang, aber nicht so die Leidenschaften; es war bloß die bedenkliche Stille vor dem heranziehenden Sturme. Die Königin, von dem Joch eines mürrischen Montmorency und eines gebieterischen Herzogs von Guise befreit, regierte mit dem überlegenen Ansehen der Mutter und Staatsverständigen beinahe unumschränkt unter ihrem zwar mündigen, aber der Führung noch so bedürftigen Sohn, und sie selbst wurde von den verderblichen Rathschlägen des Cardinals von Lothringen geleitet. Der überwiegende Einfluß dieses unduldsamen Priesters unterdrückte bei ihr allen Geist der Mäßigung, nach dem sie bisher gehandelt hatte. Zugleich mit den Umständen hatte sich auch ihre ganze Staatskunst verändert. Voll Schonung gegen die Reformirten, so lange sie noch ihrer Hülfe bedurfte, um dem Ehrgeize eines Guise und Montmorency ein Gegengewicht zu geben, überließ sie sich nunmehr ganz ihrem natürlichen Abscheu gegen diese aufstrebende Secte, sobald ihre Herrschaft befestigt war. Sie gab sich keine Mühe, diese Gesinnungen zu verbergen, und die Instructionen, die sie den Gouverneurs der Provinzen ertheilte, athmeten diesen Geist. Sie selbst verfolgte jetzt diejenige Partei unter den Katholischen, die für Duldung und Frieden gestimmt, und deren Grundsätze sie in den vorhergehenden Jahren selbst zu den ihrigen gemacht hatte. Der Kanzler wurde von dem Antheil an der Regierung entfernt, und endlich gar auf seine Güter verwiesen. Man bezeichnete seine Anhänger mit dem zweideutigen Namen der Politiker, der auf ihre Gleichgültigkeit gegen das Interesse der Kirche anspielte, und den Vorwurf enthielt, als ob sie die Sache Gottes bloß weltlichen Rücksichten aufopferten. Dem Fanatismus der Geistlichkeit wurde vollkommene Freiheit gegeben, von Kanzeln, Beichtstühlen und Altären auf die Sectirer loszustürmen; und jedem tollkühnen Schwärmer aus der katholischen Klerisei war erlaubt, in öffentlichen Reden den Frieden anzugreifen, und die verabscheuungswürdige Maxime zu predigen, daß man Ketzern keine Treue noch Glauben schuldig sey. Es konnte nicht fehlen, daß bei solchen Aufforderungen der blutbürstige Geist des Fanatismus bei dem so leicht entzündbaren Volk der Franzosen nur allzuschnell Feuer fing, und in die wildesten Bewegungen ausbrach. Mißtrauen und Argwohn zerrissen die heiligsten Bande; der Meuchelmord schliff seinen Dolch im Innern der Häuser, und auf dem Lande, wie in den Städten, in den Provinzen, wie in Paris, wurde die Fackel der Empörung geschwungen.

Die Calvinisten ließen es ihrerseits nicht an den bittersten Repressalien fehlen; doch, an Anzahl zu schwach, hatten sie dem Dolch der Katholischen bloß ihre Federn entgegen zu setzen. Vor Allem sahen sie sich nach festen Zufluchtsörtern um, wenn der Kriegssturm aufs neue ausbrechen sollte. Zu diesem Zweck war ihnen die Stadt Rochelle am westlichen Ocean sehr gelegen; eine mächtige Seestadt, welche sich seit ihrer freiwilligen Unterwerfung unter französische Herrschaft der wichtigsten Privilegien erfreute, und, beseelt mit republikanischem Geiste, durch einen ausgebreiteten Handel bereichert, durch eine gute Flotte vertheidigt, durch das Meer mit England und Holland verbunden, ganz vorzüglich dazu gemacht war, der Sitz eines Freistaats zu seyn, und der verfolgten Partei der Hugenotten zum Mittelpunkt zu dienen. Hierher verpflanzten sie die Hauptstärke ihrer Macht, und es gelang ihnen viele Jahre lang, hinter den Wällen dieser Festung der ganzen Macht Frankreichs zu trotzen.

Nicht lange stand es an, so mußte der Prinz von Condé selbst seine Zuflucht in Rochelle's Mauern suchen. Katharina, um demselben alle Mittel zum Krieg zu rauben, forderte von ihm die Wiedererstattung der beträchtlichen Geldsummen, die sie in seinem Namen den deutschen Hülfsvölkern vorgestreckt hatte, und für die er mit den übrigen Anführern Bürge geworden war. Der Prinz konnte nicht Wort halten, ohne zum Bettler zu werden, und Katharina, die ihn aufs Aeußerste bringen wollte, bestand auf der Zahlung. Das Unvermögen des Prinzen, diese Schuld zu entrichten, berechtigte sie zu einem Bruch der Tractaten, und der Marschall von Tavannes erhielt Befehl, den Prinzen auf seinem Schloß Noyers in Burgund aufzuheben. Schon war die ganze Provinz von den Soldaten der Königin erfüllt, alle Zugänge zu dem Landsitz des Prinzen versperrt, alle Wege zur Flucht abgeschnitten, als Tavannes selbst, der zu dem Untergang des Prinzen nicht gern die Hand bieten wollte, Mittel fand, ihn von der nahen Gefahr zu belehren und seine Flucht zu befördern. Condé entwischte durch die offen gelassenen Pässe glücklich mit dem Admiral Coligny und seiner ganzen Familie, und erreichte Rochelle am 18. September 1568. Auch die verwittwete Königin von Navarra, Mutter Heinrichs IV., welche Montluc hatte aufheben sollen, rettete sich mit ihrem Sohn, ihren Truppen und ihren Schätzen in diese Stadt, welche sich in kurzer Zeit mit einer kriegerischen und zahlreichen Mannschaft anfüllte. Der Cardinal von Chatillon entfloh in Matrosenkleidern nach England, wo er seiner Partei durch Unterhandlungen nützlich wurde, und die übrigen Häupter derselben säumten nicht, ihre Anhänger zu bewaffnen, und die Deutschen aufs eilfertigste zurück zu berufen. Beide Theile greifen zum Gewehre, und der Krieg kehrt in seiner ganzen Furchtbarkeit zurück. Das Edict des Jänners wird förmlich widerrufen, die Verfolgung mit größerer Wuth gegen die Reformirten erneuert, jede Ausübung der neuen Religion bei Todesstrafe untersagt. Alle Schonung, alle Mäßigung hört auf, und Katharina, ihrer wahren Stärke vergessend, wagt an die ungewissen Entscheidungen der blinden Gewalt die gewissen Vortheile, welche ihr die Intrigue verschaffte.

Ein kriegerischer Eifer beseelt die ganze reformirte Partei, und die Wortbrüchigkeit des Hofs, die unerwartete Aufhebung aller ihnen günstigen Verordnungen ruft mehr Soldaten ins Feld, als alle Ermahnungen ihrer Anführer und alle Predigten ihrer Geistlichkeit nicht vermocht haben würden. Alles wird Bewegung und Leben, sobald die Trommel ertönt. Fahnen wehen auf allen Straßen; aus allen Enden des Königreichs sieht man bewaffnete Schaaren gegen den Mittelpunkt zusammen strömen. Mit der Menge der erlittenen und erwiesenen Kränkungen ist die Wuth der Streiter gestiegen; so viele zerrissene Verträge, so viele getäuschte Erwartungen hatten die Gemüther unversöhnlich gemacht, und längst schon war der Charakter der Nation in der langen Anarchie des bürgerlichen Krieges verwildert. Daher keine Mäßigung, keine Menschlichkeit, keine Achtung gegen das Völkerrecht, wenn man einen Vortheil über den Feind erlangte; noch Stand noch Alter wird geschont, und der Marsch der Truppen überall durch verwüstete Felder und eingeäscherte Dörfer bezeichnet. Schrecklich empfindet die katholische Geistlichkeit die Rache des Hugenottenpöbels, und nur das Blut dieser unglücklichen Schlachtopfer kann die finstere Grausamkeit dieser rohen Schaaren ersättigen. An Klöstern und Kirchen rächen sie die Unterdrückungen, welche sie von der herrschenden Kirche erlitten hatten. Das Ehrwürdige ist ihrer blinden Wuth nicht ehrwürdig, das Heilige nicht heilig; mit barbarischer Schadenfreude entkleiden sie die Altäre ihres Schmuckes, zerbrechen und entweihen sie die heiligen Gefäße, zerschmettern sie die Bildsäulen der Apostel und Heiligen, und stürzen die herrlichsten Tempel in Trümmer. Ihre Mordgier öffnet sich die

Zellen der Mönche und Nonnen, und ihre Schwerter werden mit dem Blut dieser Unschuldigen befleckt. Mit erfinderischer Wuth schärften sie durch den bittersten Hohn noch die Qualen des Todes, und oft konnte der Tod selbst ihre thierische Lust nicht stillen. Sie verstümmelten selbst noch die Leichname, und einer unter ihnen hatte den rasenden Geschmack, sich aus den Ohren der Mönche, die er niedergemacht hatte, ein Halsband zu verfertigen, und es öffentlich als ein Ehrenzeichen zu tragen. Ein anderer ließ eine Hydra auf seine Fahne malen, deren Köpfe mit Cardinalshüten, Bischofsmützen und Mönchscaputzen auf das seltsamste ausstaffirt waren. Er selbst war daneben als ein Hercules abgebildet, der alle diese Köpfe mit starken Fäusten herunterschlug. Kein Wunder, wenn so handgreifliche Symbole die Leidenschaften eines fanatischen rohen Haufens noch heftiger entflammten, und dem Geist der Grausamkeit eine immerwährende Nahrung gaben. Die Ausschweifungen der Hugenotten wurden von den Papisten durch schreckliche Repressalien erwiedert, und wehe dem Unglücklichen, der lebendig in ihre Hände fiel. Sein Urtheil war einmal für immer gesprochen, und eine freiwillige Unterwerfung konnte sein Verderben höchstens nur wenige Stunden verzögern.

Mitten im Winter brachen beide Armeen, die königliche unter dem jungen Herzog von Anjou, dem der kriegserfahrene Tavennas an die Seite gegeben war, und die protestantische unter Condé und Coligny auf, und stieß bei Loudun so nahe an einander, daß weder Fluß noch Graben ihre Schlachtordnungen trennte. Vier Tage blieben sie in dieser Stellung einander gegenüber stehen, ohne etwas Entscheidendes zu wagen, weil die Kälte zu streng war. Der zunehmende Frost zwang endlich die Königlichen zuerst zum Aufbruch; die Hugenotten folgten ihrem Beispiel, und der ganze Feldzug endigte sich ohne Entscheidung.

Unterdessen versäumten die Letztern nicht, in der Ruhe der Winterquartiere neue Kräfte zu dem folgenden Feldzug zu sammeln. Sie hatten die eroberten Provinzen glücklich behauptet, und viele andere Städte des Königreichs erwarteten bloß einen günstigen Augenblick, um sich laut für sie zu erklären. Ansehnliche Summen wurden aus dem Verkauf der Kirchengüter und den Confiscationen gezogen und von den Provinzen beträchtliche Steuern erhoben. Mit Hülfe derselben sah sich der Prinz von Condé in den Stand gesetzt, seine Armee zu verstärken und in eine blühende Verfassung zu setzen. Fähige Generale commandirten unter ihm, und ein tapferer Adel hatte sich unter seinen Fahnen versammelt. Zugleich waren seine Agenten, in England sowohl als in Deutschland, geschäftig, seine dortigen Bundsgenossen zu bewaffnen und seine Gegner neutral zu erhalten. Es gelang ihm, Truppen, Geld und Geschütz aus England zu ziehen, und aus Deutschland führten ihm der Markgraf von Baden und der Herzog von Zweibrücken beträchtliche Hülfsvölker zu, so daß er sich mit dem Antritt des Jahres 1569 an der Spitze einer furchtbaren Macht erblickte, die einen merkwürdigen Feldzug versprach.

Er hatte sich eben aus den Winterquartieren hervorgemacht, um den deutschen Truppen den Eintritt in das Königreich zu öffnen, als ihn die königliche Armee am 13. März d. J. unweit Jarnac an der Gränze von Limousin unter sehr nachtheiligen Umständen zum Treffen nöthigte. Abgeschnitten von dem Ueberrest seiner Armee, wurde er von der ganzen königlichen Macht angegriffen, und sein kleiner Haufe, des tapfersten Widerstands ungeachtet, von der überlegenen Zahl überwältigt. Er selbst, ob ihm gleich der Schlag eines Pferdes einige Augenblicke vor der Schlacht das Bein zerschmetterte, kämpfte mit der heldenmüthigsten Tapferkeit, und von seinem Pferde herabgerissen, setzte

er noch eine Zeitlang auf der Erde knieend das Gefecht fort, bis
ihn endlich der Verlust seiner Kräfte zwang, sich zu ergeben.
Aber in diesem Augenblick nähert sich ihm Montesquiou, ein
Capitän von der Garde des Herzogs von Anjou, von hinten,
und tödtet ihn meuchelmörderisch mit einer Pistole.

Und so hatte auch Condé mit allen damaligen Häuptern der
Parteien das Schicksal gemein, daß ein gewaltsamer Tod ihn
dahinraffte. Franz von Guise war durch Meuchelmördershände
vor Orleans gefallen, Anton von Navarra bei der Belagerung
von Rouen, der Marschall von St. André in der Schlacht bei
Dreux und der Connetable bei St. Denis geblieben. Den Ad=
miral erwartete ein schrecklicheres Loos in der Bartholomäusnacht,
und Heinrich von Guise sank wie sein Vater unter dem Dolch
der Verrätherei.

Der Tod ihres Anführers war ein empfindlicher Schlag für
die protestantische Partei, aber bald zeigte sich's, daß die katho=
lische zu früh triumphirt hatte. Condé hatte seiner Partei
große Dienste geleistet, aber sein Verlust war nicht unersetzlich.
Noch lebte das heldenreiche Geschlecht der Chatillons, und der
standhafte, unternehmende, an Hülfsquellen unerschöpfliche Geist
des Admirals von Coligny riß sie bald wieder aus ihrer Ernie=
brigung empor. Es war mehr ein Name, als ein Oberhaupt,
was die Hugenotten durch den Tod des Prinzen Ludwig von
Condé verloren; aber auch schon ein Name war ihnen wichtig
und unentbehrlich, um den Muth der Partei zu beleben und sich
ein Ansehen in dem Königreich zu erwerben. Der nach Unab=
hängigkeit strebende Geist des Adels ertrug mit Widerwillen das
Joch eines Führers, der nur Seinesgleichen war, und schwer, ja
unmöglich ward es einem Privatmann, diese stolze Soldateske im
Zaum zu erhalten. Dazu gehörte ein Fürst, den seine Geburt
schon über jede Concurrenz hinwegrückte, und der eine erbliche

und unbestrittene Gewalt über die Gemüther ausübte. Und auch dieser fand sich nun in der Person des jungen Heinrichs von Bourbon, des Helden dieses Werks, den wir jetzt zum ersten Mal auf die politische Schaubühne führen.

Heinrich der Vierte, der Sohn Antons von Navarra und Johannens von Albret, war im Jahre 1553 zu Pau in der Provinz Bearn geboren. Schon von den frühesten Jahren einer harten Lebensart unterworfen, stählte sich sein Körper zu seinen künftigen Kriegsthaten. Eine einfache Erziehung und ein zweckmäßiger Unterricht entwickelten schnell die Keime seines lebhaften Geistes. Sein junges Herz sog schon mit der Muttermilch den Haß gegen das Papstthum und gegen den spanischen Despotismus ein; der Zwang der Umstände machte ihn schon in den Jahren der Unschuld zum Anführer von Rebellen. Ein früher Gebrauch der Waffen bildete ihn zum künftigen Held, und frühes Unglück zum vortrefflichen König. Das Haus Valois, welches Jahrhunderte lang über Frankreich geherrscht hatte, neigte sich unter den schwächlichen Söhnen Heinrichs II. zum Untergang, und wenn diese drei Brüder dem Reich keinen Erben gaben, so rief die Verwandtschaft mit dem regierenden Hause, ob sie gleich nur im 21sten Grade statt hatte, das Haus von Navarra auf den Thron. Die Aussicht auf den glänzendsten Thron Europens umschimmerte schon Heinrichs IV. Wiege, aber sie war es auch, die ihn schon in der frühesten Jugend den Nachstellungen mächtiger Feinde bloßstellte. Philipp II., König von Spanien, der unversöhnlichste aller Feinde des protestantischen Glaubens, konnte nicht mit Gelassenheit zusehen, daß die verhaßte Secte der Neuerer von dem herrlichsten aller christlichen Throne Besitz nahm, und durch denselben ein entscheidendes Uebergewicht der Macht in Europa erlangte. Und er war um so weniger geneigt, die französische Krone dem ketzerischen Geschlecht von Navarra zu gönnen, da ihn selbst nach dieser kostbaren Erwerbung gelüstete. Der junge Heinrich stand seinen ehrgeizigen Hoffnungen im Wege, und seine Beichtväter überzeugten ihn, daß es verdienstlich sey, einen Ketzer zu berauben, um ein so großes Königreich im Gehorsam gegen den apostolischen Stuhl zu erhalten. Ein schwarzes Complot ward nun mit Zuziehung des berüchtigten Herzogs von Alba und des Cardinals von Lothringen geschmiedet, den jungen Heinrich mit seiner Mutter aus ihren Staaten zu entführen, und in spanische Hände zu liefern. Ein schreckliches Schicksal erwartete diese Unglücklichen in den Händen dieses blutgierigen Feindes, und schon jauchzte die spanische Inquisition diesem wichtigen Schlachtopfer entgegen. Aber Johanna ward noch zu rechter Zeit, und zwar, wie man behauptet, durch Philipps eigene Gemahlin, Elisabeth, gewarnt, und der Anschlag noch in der Entstehung vereitelt. Eine so schwere Gefahr umschwebte das Haupt des Knaben, und weihte ihn schon frühe zu den harten Kämpfen und Leiden ein, die er in der Folge bestehen sollte.

Jetzt, als die Nachricht von dem Tode des Prinzen von Condé die Anführer der Protestanten in Bestürzung und Verlegenheit setzte, die ganze Partei sich ohne Oberhaupt, die Armee ohne Führer sah, erschien die heldenmüthige Johanna mit dem sechzehnjährigen Heinrich und dem ältesten Sohn des ermordeten Condé, der um einige Jahre jünger war, zu Cognac in Angoumois, wo die Armee und die Anführer versammelt waren. Beide Knaben an den Händen führend, trat sie vor die Truppen, und machte schnell ihrer Unentschlossenheit ein Ende: „Die gute Sache," hub sie an, „hat an dem Prinzen von Condé einen vortrefflichen Beschützer verloren, aber sie ist nicht mit ihm untergegangen. Gott wacht über seine Verehrer. Er gab dem Prinzen von Condé tapfre Streitgefährten an die Seite da er

noch lebend unter uns wandelte; er gibt ihm heldenmüthige
Officiere zu Nachfolgern, die seinen Verlust uns vergessen machen
werden. Hier ist der junge Bearner, mein Sohn. Ich biete
ihn euch an zum Fürsten; hier ist der Sohn des Mannes, dessen
Verlust ihr betrauert. Euch übergeb' ich Beide. Möchten sie
ihrer Ahnherren werth seyn durch ihre künftigen Thaten! Möchte
der Anblick dieser heiligen Pfänder euch Einigkeit lehren, und
begeistern zum Kampf für die Religion!"

Ein lautes Geschrei des Beifalls antwortete der königlichen
Rednerin, worauf der junge Heinrich mit edlem Anstand das
Wort nahm: „Freunde!" rief er aus, „ich gelobe euch an, für
die Religion und die gemeine Sache zu streiten, bis uns Sieg
oder Tod die Freiheit verschafft haben, um die es uns Allen zu
thun ist." Sogleich wurde er zum Oberhaupt der Partei und
zum Führer der Armee ausgerufen, und empfing als solcher die
Huldigung. Die Eifersucht der übrigen Anführer verstummte,
und bereitwillig unterwarf man sich jetzt der Führung des
Admirals von Coligny, der dem jungen Helden seine Erfah=
rung lieh, und unter dem Namen seines Pupillen das Ganze
beherrschte.

Die deutschen Protestanten, immer die vornehmste Stütze
und die letzte Zuflucht ihrer Glaubensbrüder in Frankreich,
waren es auch jetzt, die nach dem unglücklichen Tage bei Jarnac
das Gleichgewicht der Waffen zwischen den Hugenotten und
Katholischen wieder herstellen halfen. Der Herzog Wolfgang
von Zweibrücken brach mit einem dreizehntausend Mann starken
Heere in das Königreich ein, durchzog mitten unter Feinden,
nicht ohne große Hindernisse, fast den ganzen Strich zwischen
dem Rhein und dem Weltmeer, und hatte die Armee der Refor=
mirten beinahe erreicht, als der Tod ihn dahinraffte. Wenige
Tage nachher vereinigte sich der Graf von Mansfeld, sein

Nachfolger im Commando (im Junius 1569), in der Provinz
Guienne mit dem Admiral von Coligny, der sich nach einer so
beträchtlichen Verstärkung wieder im Stande sah, den Königlichen
die Spitze zu bieten. Aber mißtrauisch gegen das Glück, dessen
Unbeständigkeit er so oft erfahren hatte, und seines Unvermögens
sich bewußt, bei so geringen Hülfsmitteln einen erschöpfenden
Krieg auszuhalten, versuchte er noch vorher auf einem frieblichen
Weg zu erhalten, was er allzu mißlich fand, mit den Waffen
in der Hand zu erzwingen. Der Admiral liebte aufrichtig den
Frieden, ganz gegen die Sinnesart der Anführer von Parteien,
die die Ruhe als das Grab ihrer Macht betrachten, und in der
allgemeinen Verwirrung ihre Vortheile finden. Mit Widerwillen
übte er die Bedrückungen aus, die sein Posten, die Noth und
die Pflicht der Selbstvertheidigung erheischten, und gern hätte
er sich überhoben gesehen, mit dem Degen in der Faust eine
Sache zu verfechten, die ihm gerecht genug schien, um durch
Vernunftgründe vertheidigt zu werden. Er machte jetzt dem
Hofe die dringendsten Vorstellungen, sich des allgemeinen Elends
zu erbarmen, und den Reformirten, die nichts als die Bestä=
tigung der ehemaligen, ihnen günstigen Edicte verlangten, ein
so billiges Gesuch zu gewähren. Diesen Vorschlägen glaubte er
um so eher eine günstige Aufnahme versprechen zu können, da
sie nicht Werk der Verlegenheit waren, sondern durch eine an=
sehnliche Macht unterstützt wurden. Aber das Selbstvertrauen
der Katholiken war mit ihrem Glücke gestiegen. Man forderte
eine unbedingte Unterwerfung und so blieb es denn bei der Ent=
scheidung des Schwerts.

Um die Stadt Rochelle und die Besitzungen der Protestanten
längs der dortigen Seeküste vor einem Angriffe sicher zu stellen,
rückte der Admiral mit seiner ganzen Macht vor Poitiers, welche
Stadt er ihres großen Umfanges wegen keines langen Wider=

ſtandes fähig glaubte. Aber auf die erſte Nachricht der ſie bedrohenden Gefahr hatten ſich die Herzoge von Guiſe und von Mayenne, würdige Söhne des verſtorbenen Franz von Guiſe, nebſt einem zahlreichen Adel in dieſe Stadt geworfen, entſchloſſen, ſie bis aufs Aeußerſte zu vertheidigen. Fanatismus und Erbitterung machten dieſe Belagerung zu einer der blutigſten Handlungen im ganzen Laufe des Krieges, und die Hartnäckigkeit des Angriffs konnte gegen den beharrlichen Widerſtand der Beſatzung nichts ausrichten.

Trotz der Ueberſchwemmungen, die die Außenwerke unter Waſſer ſetzten, trotz des feindlichen Feuers und des ſiedenden Oels, das von den Wällen herab auf ſie regnete, trotz des unüberwindlichen Widerſtandes, den der ſchroffe Abhang der Werke und die heroiſche Tapferkeit der Beſatzung ihnen entgegenſetzte, wiederholten die Belagerer ihre Stürme, ohne jedoch mit allen dieſen Anſtrengungen einen einzigen Vortheil erkaufen, oder die Standhaftigkeit der Belagerten ermüden zu können. Vielmehr zeigten dieſe durch die wiederholten Ausfälle, wie wenig ihr Muth zu erſchöpfen ſey. Ein reicher Vorrath von Kriegs- und Mundbedürfniſſen, den man Zeit gehabt hatte, in der Stadt aufzuhäufen, ſetzte ſie in Stand, auch der langwierigſten Belagerung zu trotzen, da im Gegentheil Mangel, üble Witterung und Seuchen im Lager der Reformirten bald große Verwüſtungen anrichteten. Die Ruhr raffte einen großen Theil der deutſchen Kriegsvölker dahin, und warf endlich ſelbſt den Admiral von Coligny darnieder, nachdem die meiſten unter ihm ſtehenden Befehlshaber zum Dienſt unbrauchbar gemacht waren. Da bald darauf auch der Herzog von Anjou im Feld erſchien, und Chatellerault, einen feſten Ort in der Nachbarſchaft, wohin man die Kranken geflüchtet hatte, mit einer Belagerung bedrohte, ſo ergriff der Admiral dieſen Vorwand, ſeiner unglücklichen Unternehmung noch mit einigem Schein von Ehre zu entsagen. Es gelang ihm auch, den Versuch des Herzogs auf Chatellerault zu vereiteln; aber die immer mehr anwachsende Macht des Feindes nöthigte ihn bald, auf seinen Rückzug zu denken.

Alles vereinigte sich, die Standhaftigkeit dieses großen Mannes zu erschüttern. Er hatte wenige Wochen nach dem Unglück bei Jarnac seinen Bruder d'Andelot durch den Tod verloren, den treuesten Theilnehmer seiner Unternehmungen und seinen rechten Arm im Felde. Jetzt erfuhr er, daß das Pariser Parlament — dieser Gerichtshof, der zuweilen ein wohlthätiger Damm gegen die Unterdrückung, oft aber auch ein verächtliches Werkzeug derselben war — ihm als einem Aufrührer und Beleidiger der Majestät das Todesurtheil gesprochen, und einen Preis von fünfzigtausend Goldstücken auf seinen Kopf gesetzt habe. Abschriften dieses Urtheils wurden nicht nur in ganz Frankreich, sondern auch durch Uebersetzungen in ganz Europa zerstreut, um durch den Schimmer der versprochenen Belohnung Mörder aus andern Ländern anzulocken, wenn sich etwa in dem Königreich selbst zu Vollziehung dieses Bubenstücks keine entschlossene Faust finden sollte. Aber sie fand sich selbst im Gefolge des Admirals, und sein eigener Kammerdiener war es, der einen Anschlag gegen sein Leben schmiedete. Diese nahe Gefahr wurde zwar durch eine zeitige Entdeckung noch von ihm abgewandt, aber der unsichtbare Dolch der Verrätherei verscheuchte von jetzt an seine Ruhe auf immer.

Diese Widerwärtigkeiten, die ihn selbst betrafen, wurden durch die Last seines Heerfürreramtes und durch die öffentlichen Unfälle seiner Partei noch drückender gemacht. Durch Desertion, Krankheiten und das Schwert des Feindes war seine Armee sehr geschmolzen, während daß die königliche immer mehr anwuchs und immer hitziger ihn verfolgte. Die Ueberlegenheit der Feinde war viel zu groß, als daß er es auf den bedenklichen Ausschlag eines Treffens durfte ankommen lassen, und doch verlangten dieses die Soldaten, besonders die Deutschen, mit Ungestüm. Sie ließen ihm die Wahl, entweder zu schlagen, oder ihnen den rückständigen Sold zu bezahlen; und da ihm das Letztere unmöglich war, so mußte er ihnen nothgedrungen in dem Erstern willfahren.

Die Armee des Herzogs von Anjou überraschte ihn (am 3. October des Jahrs 1569) bei Moncontour in einer sehr ungünstigen Stellung, und besiegte ihn in einer entscheidenden Schlacht. Alle Entschlossenheit des protestantischen Adels, alle Tapferkeit der Deutschen, alle Geistesgegenwart des Generals konnte die völlige Niederlage seines Heers nicht verhindern. Beinahe die ganze deutsche Infanterie ward niedergehauen, der Admiral selbst verwundet, der Rest der Armee zerstreut, der größte Theil des Gepäckes verloren. Keinen unglücklichern Tag hatten die Hugenotten während dieses ganzen Krieges erlebt. Die Prinzen von Bourbon rettete man noch während der Schlacht nach St. Jean d'Angely, wo sich auch der geschlagene Coligny mit dem kleinen Ueberrest der Truppen einfand. Von einem fünfundzwanzigtausend Mann starken Heere konnte er kaum sechstausend Mann wieder sammeln; dennoch hatte der Feind wenig Gefangene gemacht. Die Wuth des Bürgerkrieges machte alle Gefühle der Menschlichkeit schweigen, und die Rachbegier der Katholischen konnte nur durch das Blut ihrer Gegner gesättigt werden. Mit kalter Grausamkeit stieß man den, der die Waffen streckte und um Quartier bat, nieder; die Erinnerung an eine ähnliche Barbarei, welche die Hugenotten gegen die Papisten bewiesen hatten, machte die Letztern unversöhnlich.

Die Muthlosigkeit war jetzt allgemein, und man hielt Alles für verloren. Viele sprachen schon von einer gänzlichen Flucht aus dem Königreich, und wollten sich in Holland, in England, in den nordischen Reichen ein neues Vaterland suchen. Ein großer Theil des Adels verließ den Admiral, dem es an Geld, an Mannschaft, an Ansehen, an Allem, nur nicht an Heldenmuth fehlte. Sein schönes Schloß und die anliegende Stadt Chatillon waren ungefähr um eben diese Zeit von den Königlichen überfallen, und mit Allem, was darin niedergelegt war, ein Raub des Feuers geworden. Dennoch war er der Einzige von Allen, der in dieser drangvollen Lage die Hoffnung nicht sinken ließ. Seinem durchdringenden Blicke entgingen die Rettungsmittel nicht, die der reformirten Partei noch immer geöffnet waren, und er wußte sie mit großem Erfolg bei seinen Anhängern geltend zu machen. Ein Hugenottischer Anführer, Montgommery, hatte in der Provinz Bearn glücklich gefochten, und war bereit, ihm sein siegreiches Heer zuzuführen. Deutschland war noch immer ein reiches Magazin von Soldaten, und auch von England durfte man Beistand erwarten. Dazu kam, daß die Königlichen, anstatt ihren Sieg mit rascher Thätigkeit zu benutzen, und den geschlagenen Feind bis zu seinen letzten Schlupfwinkeln zu verfolgen, mit unnützen Belagerungen eine kostbare Zeit verloren, und dem Admiral die gewünschte Frist zur Erholung vergönnten.

Das schlechte Einverständniß unter den Katholiken selbst trug nicht wenig zu seiner Rettung bei. Nicht alle Provinzstatthalter thaten ihre Schuldigkeit; vorzüglich wurde Damville, Gouverneur von Languedoc, ein Sohn des berühmten Connetable von Montmorency, beschuldigt, die Flucht des Admirals durch sein Gouvernement begünstigt zu haben. Dieser stolze Vasall der Krone, sonst ein erbitterter Feind der Hugenotten, glaubte sich von dem Hofe vernachlässigt, und sein Ehrgeiz war empfindlich gereizt, daß Andere in diesem Krieg sich Lorbeern sammelten und Andere den Commandostab führten, den er doch als ein Erbstück seines Hauses betrachtete. Selbst in der Brust des jungen Königs und der ihn zunächst umgebenden Großen hatten die glänzenden Succeſſe des Herzogs von Anjou, die doch gar nicht auf Rechnung des Prinzen geſetzt werden konnten, Neid und Eiferſucht angefacht. Der ruhmbegierige Monarch erinnerte ſich mit Verdruß, daß er ſelbſt noch nichts für ſeinen Ruhm gethan habe; die Vorliebe der Königin Mutter für den Herzog von Anjou, und das Lob dieſes begünſtigten Lieblings auf den Lippen der Hofleute beleidigte ſeinen Stolz. Da er den Herzog von Anjou mit guter Art von der Armee nicht entfernen konnte, ſo ſtellte er ſich ſelbſt an die Spitze derſelben, um ſich gemeinſchaftlich mit demſelben den Ruhm der Siege zuzueignen, an welchen Beide gleich wenig Anſprüche hatten. Die ſchlechten Maßregeln, welche dieſer Geiſt der Eiferſucht und Intrigue die katholiſchen Anführer ergreifen ließ, vereitelten alle Früchte der erfochtenen Siege. Vergebens beſtand der Marſchall von Tavannes, deſſen Kriegserfahrung man das bisherige Glück allein zu verdanken hatte, auf Verfolgung des Feindes. Sein Rath war, dem flüchtigen Admiral mit dem größern Theil der Armee ſo lange nachzuſetzen, bis man ihn entweder aus Frankreich herausgejagt oder genöthigt hätte, irgend in einen feſten Ort ſich zu werfen, der alsdann unvermeidlich das Grab der ganzen Partei werden müßte. Da dieſe Vorſtellungen keinen Eingang fanden, ſo legte Tavannes ſein Commando nieder, und zog ſich in ſein Gouvernement Burgund zurück.

Jetzt ſäumte man nicht, die Städte anzugreifen, die den Hugenotten ergeben waren. Der erſte Anfang war glücklich, und ſchon ſchmeichelte man ſich, alle Vormauern von Rochelle mit gleich wenig Mühe zu zertrümmern, und alsdann dieſen Mittelpunkt der ganzen Bourboniſchen Macht deſto leichter zu

überwältigen. Aber der tapfere Widerstand, den St. Jean
d'Angely leistete, stimmte diese stolzen Erwartungen sehr herunter.
Zwei Monate lang hielt sich diese Stadt, von ihrem unerschrocke-
nen Commandanten de Piles vertheidigt; und als endlich die
höchste Noth sie zwang, sich zu ergeben, war der Winter herbei-
gerückt und der Feldzug geendigt. Der Besitz einiger Städte
war also die ganze Frucht eines Sieges, dessen weise Benutzung
den Bürgerkrieg vielleicht auf immer hätte endigen können.

Unterdessen hatte Coligny nichts versäumt, die schlechte Politik des Feindes zu seinem Vortheil zu kehren. Sein Fußvolk
war im Treffen bei Montcontour beinahe gänzlich aufgerieben
worden, und dreitausend Pferde machten seine ganze Kriegsmacht
aus, die es kaum mit dem nachsetzenden Landvolk aufnehmen
konnte. Aber dieser kleine Haufe verstärkte sich in Languedoc und
Dauphiné mit neugeworbenen Völkern und mit dem siegreichen
Heer des Montgommery, das er an sich zog. Die vielen Anhänger, welche die Reformation in diesem Theil Frankreichs
zählte, begünstigten sowohl die Recrutirung als den Unterhalt
der Truppen, und die Leutseligkeit der Bourbonischen Prinzen,
die alle Beschwerden dieses Feldzugs theilten und frühzeitige
Proben des Heldenmuths ablegten, lockte manchen Freiwilligen
unter ihre Fahnen. Wie sparsam auch die Geldbeiträge ein-
flossen, so wurde dieser Mangel einigermaßen durch die Stadt
Rochelle ersetzt. Aus dem Hafen derselben liefen zahlreiche Ca-
perschiffe aus, die viele glückliche Prisen machten, und dem Admiral den Zehnten von jeder Beute entrichten mußten. Mit
Hülfe aller dieser Vorkehrungen erholten sich die Hugenotten
während des Winters so vollkommen von ihrer Niederlage, daß
sie im Frühjahr des 1570sten Jahres gleich einem reißenden
Strom aus Languedoc hervorbrachen, und furchtbarer als jemals
im Felde erscheinen konnten.

Sie hatten keine Schonung erfahren, und übten auch keine aus. Gereizt durch so viele erlittene Mißhandlungen, und durch eine lange Reihe von Unglücksfällen verwildert, ließen sie das Blut ihrer Feinde in Strömen fließen, drückten mit schweren Brandschatzungen alle Districte, durch die sie zogen, oder verwüsteten sie mit Feuer und Schwert. Ihr Marsch war gegen die Hauptstadt des Reichs gerichtet, wo sie mit dem Schwert in der Hand einen billigen Frieden zu ertrotzen hofften. Eine königliche Armee, die sich ihnen in dem Herzogthum Burgund unter dem Marschall von Cossé, dreizehntausend Mann stark, entgegenstellte, konnte ihren Lauf nicht aufhalten. Es kam zu einem Gefecht, worin die Protestanten über einen weit überlegenern Feind verschiedene Vortheile davon trugen. Längs der Loire verbreitet, bedrohten sie Orleanois und Isle de France mit ihrer nahen Erscheinung, und die Schnelligkeit ihres Zugs ängstigte schon Paris.

Diese Entschlossenheit that Wirkung, und der Hof fing endlich an, vom Frieden zu sprechen. Man scheute den Kampf mit einer, wenn gleich nicht zahlreichen, doch von Verzweiflung beseelten Schaar, die nichts mehr zu verlieren hatte, und bereit war, ihr Leben um einen theuren Preis zu verkaufen. Der königliche Schatz war erschöpft, die Armee durch den Abzug der italienischen, deutschen und spanischen Hülfsvölker sehr vermindert, und in den Provinzen hatte sich das Glück fast überall zum Vortheil der Rebellen erklärt. Wie hart es auch die Katholischen ankam, dem Trotz der Sectirer nachgeben zu müssen, wie ungern sich sogar viele der Letztern dazu verstanden, die Waffen aus den Händen zu legen, und ihren Hoffnungen auf Beute, ihrer gesetzlosen Freiheit zu entsagen: so machte doch die überhandnehmende Noth jeden Widerspruch schweigen, und die Neigung der Anführer entschied so ernstlich für den Frieden, daß er endlich im August dieses Jahrs unter folgenden Bedingungen wirklich erfolgte.

Den Reformirten wurde von Seiten des Hofes eine allgemeine Vergessenheit des Vergangenen, eine freie Ausübung ihrer Religion in jedem Theile des Reichs, nur den Hof ausgenommen, die Zurückgabe aller der Religion wegen eingezogenen Güter, und ein gleiches Recht zu allen öffentlichen Bedienungen zugestanden. Außerdem überließ man ihnen noch auf zwei Jahre lang vier Sicherheitsplätze, die sie mit ihren eigenen Truppen zu besetzen und Befehlshabern ihres Glaubens zu untergeben berechtigt seyn sollten. Die Prinzen von Bourbon nebst zwanzig aus dem vornehmsten Adel mußten sich durch einen Eid verbindlich machen, diese vier Plätze (man hatte Rochelle, Montauban, Cognac und la Charité gewählt) nach Ablauf der gesetzten Zeit wieder zu räumen. So war es abermals der Hof, welcher nachgab, und weit entfernt, durch Bewilligungen, die ihm nicht von Herzen gehen konnten, bei den Religionsverbesserern Dank zu verdienen, bloß ein erniedrigendes Geständniß seiner Ohnmacht ablegte.

Alles trat jetzt wieder in seine Ordnung zurück, und die Reformirten überließen sich mit der vorigen Sorglosigkeit dem Genuß ihrer schwer errungenen Glaubensfreiheit. Je mehr sie überzeugt seyn mußten, daß sie die eben erhaltenen Vortheile nicht dem guten Willen, sondern der Schwäche ihrer Feinde und ihrer eigenen Furchtbarkeit verdankten, desto nothwendiger war es, sich in diesem Verhältniß der Macht zu erhalten, und die Schritte des Hofs zu bewachen. Die Nachgiebigkeit des letztern war auch wirklich viel zu groß, als daß man Vertrauen dazu fassen konnte, und ohne gerade aus dem Erfolg zu argumentiren, kann man mit ziemlicher Wahrscheinlichkeit behaupten, daß der erste Entwurf zu der Gräuelthat, welche zwei Jahre darauf in Ausübung gebracht wurde, in diese Zeit zu setzen ist.

So viele Fehlschläge, so viele überraschende Wendungen des Kriegsglücks, so viele unerwartete Hülfsquellen der Hugenotten, hatten endlich den Hof überzeugen müssen, daß es ein vergebliches Unternehmen sey, diese immer frisch auflebende und immer mehr sich verstärkende Partei durch offenbare Gewalt zu besiegen, und auf dem bisher betretenen Wege einen entscheidenden Vortheil über sie zu erlangen. Durch ganz Frankreich ausgebreitet, war sie sicher, nie eine totale Niederlage zu erleiden, und die Erfahrung hatte gelehrt, daß alle Wunden, die man ihr theilweise schlug, ihrem Leben selbst nie gefährlich werden konnten. An einer Gränze des Königreichs unterdrückt, erhob sie sich nur desto furchtbarer an der andern, und jeder neue erlittene Verlust schien bloß ihren Muth anzufeuern und ihren Anhang zu vermehren. Was ihr an innern Kräften gebrach, das ersetzte die Standhaftigkeit, Klugheit und Tapferkeit ihrer Anführer, die durch keine Unfälle zu ermüden, durch keine List einzuwiegen, durch keine Gefahr zu erschüttern waren. Schon der einzige Coligny galt für eine ganze Armee. „Wenn der Admiral heute sterben sollte," erklärten die Abgeordneten des Hofs, als sie des Friedens wegen mit den Hugenotten in Unterhandlung traten, „so werden wir euch morgen nicht ein Glas Wasser anbieten. Glaubet sicher, daß sein einziger Name euch mehr Ansehen gibt, als eure ganze Armee doppelt genommen." — So lange die Sache der Reformirten in solchen Händen war, mußten alle Versuche zu ihrer Unterdrückung fehlschlagen. Er allein hielt die zerstreute Partei in ein Ganzes zusammen, lehrte sie ihre innern Kräfte kennen und benutzen, verschaffte ihr Ansehen und Unterstützung von außen, richtete sie von jedem Falle wieder auf und hielt sie mit festem Arm am Rand des Verderbens.

Ueberzeugt, daß auf dem Untergang dieses Mannes das Schicksal der ganzen Partei beruhe, hatte man schon im vorhergehenden

Jahre das Pariser Parlament jene schimpfliche Achtserklärung gegen ihn aussprechen laßen, die den Dolch der Meuchelmörder gegen sein Leben bewaffnen sollte. Da aber dieser Zweck nicht erreicht wurde, vielmehr der jetzt geschloßene Friede jenen Parlamentsspruch wieder vernichtete, so mußte man daßelbe Ziel auf einem andern Wege verfolgen. Ermüdet von den Hinderniſſen, die der Freiheitsſinn der Hugenotten der Befestigung des königlichen Ansehens schon so lange entgegengesetzt hatte, zugleich aufgefordert von dem römischen Hof, der keine Rettung für die Kirche sah, als in dem gänzlichen Untergang dieser Secte, von einem finstern und grausamen Fanatismus erhitzt, der alle Gefühle der Menschlichkeit schweigen machte, beschloß man endlich, sich dieser gefährlichen Partei durch einen einzigen entscheidenden Schlag zu entledigen. Gelang es nämlich, ſie auf einmal aller ihrer Anführer zu berauben, und durch ein allgemeines Blutbad ihre Anzahl schnell und beträchtlich zu vermindern, so hatte man ſie — wie man ſich schmeichelte — auf immer in ihr Nichts zurückgestürzt, von einem gesunden Körper ein brandiges Glied abgesondert, die Flamme des Kriegs auf ewige Zeiten erstickt, und Staat und Kirche durch ein einziges hartes Opfer gerettet. Durch solche betrügliche Gründe fanden ſich Religionshaß, Herrschsucht und Rachbegierde mit der Stimme des Gewißens und der Menschlichkeit ab, und ließen die Religion eine That verantworten, für welche selbst die rohe Natur keine Entschuldigung hat.

Aber um diesen entscheidenden Streich zu führen, mußte man ſich der Opfer, die er treffen sollte, vorher versichert haben, und hier zeigte ſich eine kaum zu überwindende Schwierigkeit. Eine lange Kette von Treuloſigkeiten hatte das wechselseitige Vertrauen erstickt, und von katholischer Seite hatte man zu viele und zu unzweideutige Proben der Maxime gegeben, daß „gegen Ketzer kein Eid bindend, keine Zusage heilig ſey." Die Anführer der

Hugenotten erwarteten keine andere Sicherheit, als welche ihnen ihre Entfernung und die Festigkeit ihrer Schlösser verschaffte. Selbst nach geschlossenem Frieden vermehrten sie die Besatzungen in ihren Städten, und zeigten durch schleunige Ausbesserung ihrer Festungswerke, wie wenig sie dem königlichen Worte vertrauten. Welche Möglichkeit, sie aus diesen Verschanzungen hervorzulocken und dem Schlachtmesser entgegenzuführen? Welche Wahrscheinlichkeit, sich Aller zugleich zu bemächtigen, gesetzt, daß auch Einzelne sich überlisten ließen? Längst schon gebrauchten sie die Vorsicht, sich zu trennen, und wenn auch Einer unter ihnen sich der Redlichkeit des Hofs anvertraute, so blieb der Andere desto gewisser zurück, um seinem Freund einen Rächer zu erhalten. Und doch hatte man gar nichts gethan, wenn man nicht Alles thun konnte; der Streich mußte schlechterdings tödtlich, allgemein und entscheidend seyn, oder ganz und gar unterlassen werden.

Es kam also darauf an, den Eindruck der vorigen Treulosigkeiten gänzlich auszulöschen, und das verlorene Vertrauen der Reformirten, welchen Preis es auch kosten möchte, wieder zu gewinnen. Dieses ins Werk zu richten, änderte der Hof sein ganzes bisheriges System. Anstatt der Parteilichkeit in den Gerichten, über welche die Reformirten auch mitten im Frieden so viele Ursache gehabt hatten, sich zu beklagen, wurde von jetzt an die gleichförmigste Gerechtigkeit beobachtet, alle Beeinträchtigungen, die man sich von katholischer Seite bisher ungestraft gegen sie erlaubte, eingestellt, alle Friedensstörungen auf das strengste geahndet, alle billigen Forderungen derselben ohne Anstand erfüllt. In kurzem schien aller Unterschied des Glaubens vergessen, und die ganze Monarchie glich einer ruhigen Familie, deren sämmtliche Glieder Karl der Neunte als gemeinschaftlicher Vater mit gleicher Gerechtigkeit regierte, und mit gleicher Liebe umfaßte. Mitten unter den Stürmen, welche die benachbarten Reiche erschütterten, welche Deutschland beunruhigten, die spanische Macht in den Niederlanden umzustürzen drohten, Schottland verheerten und in England den Thron der Königin Elisabeth wankend machten, genoß Frankreich einer ungewohnten tiefen Ruhe, die von einer gänzlichen Revolution in den Gesinnungen und einer allgemeinen Umänderung der Maximen zu zeugen schien, da keine Entscheidung der Waffen vorhergegangen war, auf die sie gegründet werden konnte.

Margaretha von Valois, die jüngste Tochter Heinrichs II., war noch unverheirathet, und der Ehrgeiz des jungen Herzogs von Guise vermaß sich, seine Hoffnungen zu dieser Schwester seines Monarchen zu erheben. Um die Hand dieser Prinzessin hatte schon der König von Portugal geworben, aber ohne Erfolg, da der noch immer mächtige Cardinal von Lothringen sie keinem Andern als seinem Neffen gönnte. „Der älteste Prinz meines Hauses," erklärte sich der stolze Prälat gegen den Gesandten Sebastians, „hat die ältere Schwester davon getragen; dem jüngern gebührt die jüngere." Da aber Karl IX., dieser auf seine Hoheit eifersüchtige Monarch, die dreiste Anmaßung seines Vasallen mit Unwillen aufnahm, so eilte der Herzog von Guise, durch eine geschwinde Heirath mit der Prinzessin von Cleves seinen Zorn zu besänftigen. Aber einen Feind und Nebenbuhler im Besitz derjenigen zu sehen, zu der ihm nicht erlaubt worden war, die Augen zu erheben, mußte den Stolz des Herzogs desto empfindlicher kränken, da er sich schmeicheln konnte, das Herz der Prinzessin zu besitzen.

Der junge Heinrich, Prinz von Bearn, war es, auf den die Wahl des Königs fiel; sey es, daß Letzterer wirklich die Absicht hatte, durch diese Heirath eine enge Verbindung zwischen dem Hause Valois und Bourbon zu stiften, und dadurch den Samen der Zwietracht auf ewige Zeiten zu ersticken, oder daß er dem Argwohn der Hugenotten nur dieses Blendwerk vormachte, um sie desto gewisser in die Schlinge zu locken. Genug, man erwähnte dieser Heirath schon bei den Friedenstractaten, und so groß auch das Mißtrauen der Königin von Navarra seyn mochte, so war der Antrag doch viel zu schmeichelhaft, als daß sie ihn ohne Beleidigung hätte zurückweisen können. Da aber dieser ehrenvolle Antrag nicht mit der Lebhaftigkeit erwiedert ward, die man wünschte und die seiner Wichtigkeit angemessen schien, so zögerte man nicht lange, ihn zu erneuern, und die furchtsamen Bedenklichkeiten der Königin Johanna durch wiederholte Beweise der aufrichtigsten Versöhnung zu zerstreuen.

Um dieselbe Zeit hatte sich Graf Ludwig von Nassau, Bruder des Prinzen Wilhelm von Oranien, in Frankreich eingefunden, um die Hugenotten zum Beistand ihrer niederländischen Brüder gegen Philipp von Spanien in Bewegung zu setzen. Er fand den Admiral von Coligny in der günstigsten Stimmung, diese Aufforderung anzunehmen. Neigung sowohl als Staatsgründe vermochten diesen ehrwürdigen Helden, die Religion und Freiheit, die er in seinem Vaterland mit so viel Heldenmuth verfochten, auch im Ausland nicht sinken zu lassen. Leidenschaftlich hing er an seinen Grundsätzen und an seinem Glauben, und sein großes Herz hatte der Unterdrückung, wo und gegen wen sie auch statt finden möchte, einen ewigen Krieg geschworen. Dieser Gesinnung gemäß betrachtete er jede Angelegenheit, sobald sie Sache des Glaubens und der Freiheit war, als die seinige, und jedes Schlachtopfer des geistlichen oder weltlichen Despotismus konnte auf seinen Weltbürgersinn und seinen thätigen Eifer zählen. Es ist ein charakteristischer Zug der vernünftigen Freiheitsliebe, daß sie Geist und Herz weiter macht, und im Denken wie im Handeln ihre Sphäre ausbreitet. Gegründet auf ein lebhaftes Gefühl der menschlichen Würde, kann sie Rechte, die sie an sich selbst respectirt, an Andern nicht gleichgültig zu Boden treten sehen.

Aber dieses leidenschaftliche Interesse des Admirals für die Freiheit der Niederländer, und der Entschluß, sich an der Spitze der Hugenotten zum Beistand dieser Republicaner zu bewaffnen, wurde zugleich durch die wichtigsten Staatsgründe gerechtfertigt. Er kannte und fürchtete den leicht zu entzündenden und gesetzlosen Geist seiner Partei, der, wund durch so viele erlittene Beleidigungen, schnell aufgeschreckt von jedem vermeintlichen Angriff und mit tumultuarischen Scenen vertraut, der Ordnung schon zu lange entwohnt war, um ohne Rückfälle darin verharren zu können. Dem nach Unabhängigkeit strebenden und kriegerischen Abel konnte die Unthätigkeit auf seinen Schlössern und der Zwang nicht willkommen seyn, den der Friede ihm auflegte. Auch war nicht zu erwarten, daß der Feuereifer der calvinistischen Prediger sich in den engen Schranken der Mäßigung halten würde, welche die Zeitumstände erforderten. Um also den Uebeln zuvorzukommen, die ein mißverstandener Religionseifer, und das immer noch unter der Asche glimmende Mißtrauen der Parteien früher oder später herbeizuführen drohte, mußte man darauf denken, diese müßige Tapferkeit zu beschäftigen, und einen Muth, welchen ganz zu unterdrücken man weder hoffen noch wünschen durfte, so lange in ein anderes Reich abzuleiten, bis man in dem Vaterland seiner bedürfen würde. Dazu nun kam der niederländische Krieg wie gerufen; und selbst das Interesse und die Ehre der französischen Krone schien einen nähern Antheil an demselben nothwendig zu machen. Frankreich hatte den verderblichen Einfluß der spanischen Intriguen bereits auf das empfindlichste gefühlt, und es hatte noch weit mehr in der Zukunft davon zu befürchten, wenn man diesen gefährlichen Nachbar nicht innerhalb seiner eigenen Gränzen beschäftigte. Die Aufmunterung und Unterstützung, die er den mißvergnügten Unterthanen des Königs von Frankreich hatte angedeihen lassen schien zu Repressalien zu berechtigen, wozu sich jetzt die günstigste Veranlassung darbot. Die Niederländer erwarteten Hülfe von Frankreich, die man ihnen nicht verweigern konnte, ohne sie in eine Abhängigkeit von England zu setzen, die für das Interesse des französischen Reichs nicht anders als nachtheilig ausschlagen konnte. Warum sollte man einem gefährlichen Nebenbuhler einen Einfluß gönnen, den man sich selbst verschaffen konnte, und der noch dazu gar nichts kostete? denn es waren die Hugenotten, die ihren Arm dazu anboten, und bereit waren, ihre der Ruhe der Monarchie so gefährlichen Kräfte in einem ausländischen Krieg zu verzehren.

Karl IX. schien das Gewicht dieser Gründe zu empfinden, und bezeigte großes Verlangen, sich mit dem Admiral ausführlich und mündlich darüber zu berathschlagen. Diesem Beweise des königlichen Vertrauens konnte Coligny um so weniger widerstehen, da es eine Sache zum Gegenstand hatte, die ihm nächst seinem Vaterlande am meisten am Herzen lag. Man hatte die einzige Schwachheit ausgekundschaftet, an der er zu fassen war; der Wunsch, seine Lieblingsangelegenheit bald befördert zu sehen, half ihm jede Bedenklichkeit überwinden. Seine eigene, über jeden Verdacht erhabene Denkart, ja seine Klugheit selbst lockte ihn in die Schlinge. Wenn Andere seiner Partei das veränderte Betragen des Hofs einem verdeckten Anschlage zuschrieben, so fand er in den Vorschriften einer weisern Politik, die sich nach so vielen unglücklichen Erfahrungen endlich der Regierung aufbringen mußten, einen viel natürlichern Schlüssel zur Erklärung desselben. Es gibt Unthaten, die der Rechtschaffene kaum eher für möglich halten darf, als bis er die Erfahrung davon gemacht hat; und einem Mann von Coligny's Charakter war es zu verzeihen, wenn er seinem Monarchen lieber eine Mäßigung zutraute, von der dieser Prinz bisher noch keine Beweise gegeben hatte, als ihn einer Niederträchtigkeit fähig glaubte, welche die

Menschheit überhaupt und noch weit mehr die Würde des Fürsten
schändet. So viele zuvorkommende Schritte von Seiten des Hofes
forderten überdies auch von dem protestantischen Theil eine Probe
des Zutrauens; und wie leicht konnte man einen empfindlichen
Feind durch längeres Mißtrauen reizen, die schlechte Meinung wirklich zu verdienen, welche zu widerlegen man ihm unmöglich machte.

Der Admiral beschloß demnach am Hofe zu erscheinen, der
damals nach Touraine vorgerückt war, um die Zusammenkunft
mit der Königin von Navarra zu erleichtern. Mit widerstreben-
dem Herzen that Johanna diesen Schritt, dem sie nicht länger
ausweichen konnte, und überlieferte dem König ihren Sohn
Heinrich und den Prinzen von Condé. Coligny wollte sich dem
Monarchen zu Füßen werfen, aber dieser empfing ihn in seinen
Armen. „Endlich habe ich Sie," rief der König. „Ich habe
Sie, und es soll Ihnen nicht so leicht werden, wieder von mir
zu gehen. Ja, meine Freunde," setzte er mit triumphirendem
Blick hinzu: „das ist der glücklichste Tag in meinem Leben."
Dieselbe gütige Aufnahme widerfuhr dem Admiral von der
Königin, von den Prinzen, von allen anwesenden Großen; der
Ausdruck der höchsten Freude und Bewunderung war auf allen
Gesichtern zu lesen. Man feierte diese glückliche Begebenheit
mehrere Tage lang mit den glänzendsten Festen; und keine Spur
des vorigen Mißtrauens durfte die allgemeine Fröhlichkeit trüben.
Man besprach sich über die Vermählung des Prinzen von Bearn
mit Margarethen von Valois; alle Schwierigkeiten, die der Glau-
bensunterschied und das Ceremoniell der Vollziehung derselben
in den Weg legten, mußten der Ungeduld des Königs weichen.
Die Angelegenheiten Flanderns veranlaßten mehrere lange Con-
ferenzen zwischen dem Letzten und Coligny, und mit jeder schien
die gute Meinung des Königs von seinem ausgesöhnten Diener
zu steigen. Einige Zeit darauf erlaubte er ihm sogar, eine kleine

Reise auf sein Schloß Chatillon zu machen; und als sich der Admiral auf den ersten Rappell sogleich wieder stellte, ließ er ihn diese Reise noch in demselben Jahre wiederholen. So stellte sich das wechselseitige Vertrauen unvermerkt wieder her, und Coligny fing an, in eine tiefe Sicherheit zu versinken.

Der Eifer, mit welchem Karl die Vermählung des Prinzen von Navarra betrieb, und die außerordentlichen Gunstbezeugungen, die er an den Admiral und seine Anhänger verschwendete, erregten nicht weniger Unzufriedenheit bei den Katholischen, als Mißtrauen und Argwohn bei den Protestanten. Man mag entweder mit einigen protestantischen und italienischen Schriftstellern annehmen, daß jenes Betragen des Königs bloße Maske gewesen, oder mit de Thou und den Verfassern der Memoires glauben, daß er für seine Person es damals aufrichtig meinte, so blieb seine Stellung zwischen den Reformirten und Katholischen in jedem Fall gleich bedenklich, weil er, um das Geheimniß zu bewahren, diese so gut wie jene betrügen mußte. Und wer bürgte selbst denjenigen, die um das Geheimniß wußten, dafür, daß die persönlichen Vorzüge des Admirals nicht zuletzt Eindruck auf einen Fürsten machten, dem es gar nicht an Fähigkeit gebrach, das Verdienst zu beurtheilen? Daß ihm dieser bewährte Staatsmann nicht zuletzt unentbehrlich wurde, daß nicht endlich seine Rathschläge, seine Grundsätze, seine Warnungen bei ihm Eingang fanden? Kein Wunder, wenn die katholischen Eiferer daran Aergerniß nahmen, wenn sich der Papst in dieses neue Betragen des Königs gar nicht zu finden wußte, wenn selbst die Königin Katharina unruhig wurde, und die Guisen anfingen, für ihren Einfluß zu zittern. Ein desto engeres Bündniß zwischen diesen letztern und der Königin war die Folge dieser Befürchtungen, und man beschloß, diese gefährlichen Verbindungen zu zerreißen, wie viel es auch kosten möchte.

Der Widerspruch der Geschichtschreiber, und das Geheimnißvolle dieser ganzen Begebenheit verschafft uns über die damaligen Gesinnungen des Königs und über die eigentliche Beschaffenheit des Complots, welches nachher so fürchterlich ausbrach, kein befriedigendes Licht. Könnte man dem Capi=Lupi,[1] einem römischen Scribenten und Lobredner der Bartholomäusnacht, Glauben zustellen, so würde Karln dem Neunten durch den schwärzesten Verdacht nicht zu viel geschehen; aber obgleich die historische Kritik das Böse glauben darf, was ein Freund berichtet, so kann dieses doch alsdann nicht der Fall seyn, wenn der Freund (wie hier wirklich geschehen ist) seinen Helden dadurch zu verherrlichen glaubt und als Schmeichler verleumdet. „Ein päpstlicher Legat," berichtet uns dieser Schriftsteller in der Vorrede zu seinem Werk, „kam nach Frankreich, mit dem Auftrag, den Allerchristlichsten König von seinen Verbindungen mit den Sectirern abzumahnen. Nachdem er dem Monarchen die nachdrücklichsten Vorstellungen gethan und ihn aufs Aeußerste gebracht hatte, rief dieser mit bedeutender Miene: „„Daß ich doch Eurer Eminenz Alles sagen dürfte! Bald würden Sie und auch der heilige Vater mir bekennen müssen, daß diese Verheirathung meiner Schwester das ausgesuchteste Mittel sey, die wahre Religion in Frankreich aufrecht zu erhalten und ihre Widersacher zu vertilgen. Aber (fuhr er in großer Bewegung fort, indem er dem Cardinal die Hand drückte und zugleich einen Demant an seinen Finger befestigte) vertrauen Sie auf mein königliches Wort. Noch eine kleine Geduld, und der heilige Vater selbst soll meine Anschläge und meinen Glaubenseifer rühmen."" Der Cardinal verschmähte den Demant und versicherte, daß er sich

---

[1] Le Stratagême ou la Ruse de Charles IX., Roi de France, contre les Huguenots, rebelles à Dieu et à lui; écrit par le Seigneur Camille Capi-Lupi etc. 1574.

mit der Zusage des Königs begnüge." — Aber, gesetzt auch, daß kein blinder Schwärmereifer diesem Geschichtschreiber die Feder geführt hätte, so kann er seine Nachricht aus sehr unreinen Quellen geschöpft haben. Die Vermuthung ist nicht ohne Wahrscheinlichkeit, daß der Cardinal von Lothringen, der sich eben damals zu Rom aufhielt, dergleichen Erfindungen, wo nicht selbst ausgestreut, doch begünstigt haben könnte, um den Fluch des Pariser Blutbads, den er nicht von sich abwälzen konnte, mit dem Könige wenigstens zu theilen.

Das wirkliche Betragen Karls des Neunten, bei dem Ausbruch des Blutbades selbst, zeugt unstreitig stärker gegen ihn als diese unerwiesenen Gerüchte; aber wenn er sich auch von der Heftigkeit seines Temperaments hinreißen ließ, dem völlig reifen Complot seinen Beifall zu geben und die Ausführung desselben zu begünstigen, so kann dieses für seine frühere Mitschuldigkeit nichts beweisen. Das Ungeheure und Gräßliche des Verbrechens vermindert seine Wahrscheinlichkeit, und die Achtung für die menschliche Natur muß ihm zur Vertheidigung dienen. Eine so zusammengesetzte und lange Kette von Betrug, eine so undurchdringliche, so gehaltene Verstellung, ein so tiefes Stillschweigen aller Menschengefühle, ein so freches Spiel mit den heiligsten Pfändern des Vertrauens scheint einen vollendeten Bösewicht zu erfordern, der durch eine lange Uebung verhärtet, und seiner Leidenschaften vollkommen Herr geworden ist. Karl der Neunte war ein Jüngling, den sein brausendes Temperament übermeisterte, und dessen Leidenschaften ein früher Besitz der höchsten Gewalt von jedem Zügel der Mäßigung befreite. Ein solcher Charakter verträgt sich mit keiner so künstlichen Rolle, und ein so hoher Grad der Verderbniß mit keiner Jünglingsseele —

[1] Esprit de la Ligue. Tom. II. p. 13.

selbst dann nicht, wenn der Jüngling ein König und Katharinens Sohn ist.

Wie aufrichtig oder nicht aber das Betragen des Königs auch gemeint seyn mochte, so konnten die Häupter der katholischen Partei keine gleichgültigen Zuschauer davon bleiben. Sie verließen wirklich mit Geräusch den Hof, sobald die Hugenotten festen Fuß an demselben zu fassen schienen, und Karl der Neunte ließ sie unbekümmert ziehen. Die Letztern häuften sich nun mit jedem Tage mehr in der Hauptstadt an, je näher die Vermählungsfeier des Prinzen von Bearn heranrückte. Diese erlitt indessen einen unerwarteten Aufschub durch den Tod der Königin Johanna, die wenige Wochen nach ihrem Eintritt in Paris schnell dahinstarb. Das ganze vorige Mißtrauen der Calvinisten erwachte aufs neue bei diesem Todesfall, und es fehlte nicht an Vermuthungen, daß sie vergiftet worden sey. Aber da auch die sorgfältigsten Nachforschungen diesen Verdacht nicht bestätigten, und der König sich in seinem Betragen völlig gleich blieb, so legte sich der Sturm in kurzer Zeit wieder.

Coligny befand sich eben damals auf seinem Schloß zu Chatillon, ganz mit seinen Lieblingsentwürfen wegen des niederländischen Kriegs beschäftigt. Man sparte keine Winke, ihn von der nahen Gefahr zu unterrichten, und kein Tag verging, wo er sich nicht von einer Menge warnender Briefe verfolgt sah, die ihn abhalten sollten, am Hofe zu erscheinen. Aber dieser gut gemeinte Eifer seiner Freunde ermüdete nur seine Geduld, ohne seine Ueberzeugungen wankend zu machen. Umsonst sprach man ihm von den Truppen, die der Hof in Poitou versammelte, und die, wie man behauptete, gegen Rochelle bestimmt seyn sollten; er wußte besser, wozu sie bestimmt waren, und versicherte seinen Freunden, daß diese Rüstung auf seinen eigenen Rath vorgenommen werde. Umsonst suchte man ihn auf die Geldanleihen des Königs aufmerksam zu machen, die auf eine große Unternehmung zu deuten schienen; er versicherte, daß diese Unternehmung keine andere sey, als der Krieg in den Niederlanden, dessen Ausbruch herannahe, und worüber er bereits alle Maßregeln mit dem König getroffen habe. Es war wirklich an dem daß Karl IX. den Vorstellungen des Admirals nachgegeben, und — war es entweder Wahrheit oder Maske — sich mit England und den protestantischen Fürsten Deutschlands in eine förmliche Verbindung gegen Spanien eingelassen hatte. Alle dergleichen Warnungen verfehlten daher ihren Zweck, und so fest vertraute der Admiral auf die Redlichkeit des Königs, daß er seine Anhänger ernstlich bat, ihn fortan mit solchen Hinterbringungen zu verschonen.

Er reiste also zurück an den Hof, wo bald darauf im August 1572 das Beilager Heinrichs — jetzt Königs von Navarra — mit Margarethen von Valois, unter einem großen Zufluß von Hugenotten und mit königlichem Pompe gefeiert ward. Sein Eidam Teligny, Rohan, Rochefoucauld, alle Häupter der Calvinisten waren dabei zugegen, alle in gleicher Sicherheit mit Coligny, und ohne alle Ahndung der nahe schwebenden Gefahr. Wenige nur erriethen den kommenden Sturm, und suchten in einer zeitigen Flucht ihre Rettung. Ein Edelmann, Namens Langoiran, kam zum Admiral, um Urlaub bei ihm zu nehmen. „Warum denn aber jetzt?" fragte ihn Coligny voll Verwunderung. „Weil man Ihnen zu schön thut," versetzte Langoiran, „und weil ich mich lieber retten will mit den Thoren, als mit den Verständigen umkommen."

Wenn gleich der Ausgang diese Vorhersagungen auf das schrecklichste gerechtfertigt hat, so bleibt es dennoch unentschieden, in wie weit sie damals gegründet waren. Nach dem Berichte glaubwürdiger Zeugen war die Gefahr damals größer für die

Guisen und für die Königin, als für die Reformirten. Coligny, erzählen uns jene, hatte unvermerkt eine solche Macht über den jungen König erlangt, daß er es wagen durfte, ihm Mißtrauen gegen seine Mutter einzuflößen, und ihn ihrer noch immer fortdauernden Vormundschaft zu entreißen. Er hatte ihn überredet, dem flandrischen Krieg in Person beizuwohnen und selbst die Victorien zu erkämpfen, welche Katharina nur allzugern ihrem Liebling, dem Herzog von Anjou, gönnte. Bei dem eifersüchtigen und ehrgeizigen Monarchen war dieser Wink nicht verloren, und Katharina überzeugte sich bald, daß ihre Herrschaft über den König zu wanken beginne.

Die Gefahr war dringend, und nur die schnellste Entschlossenheit konnte den drohenden Streich abwenden. Ein Eilbote mußte die Guisen und ihren Anhang schleunig an den Hof zurückrufen, um im Nothfall von ihnen Hülfe zu haben. Sie selbst ergriff den nächsten Augenblick, wo ihr Sohn auf der Jagd mit ihr allein war, und lockte ihn in ein Schloß, wo sie sich in ein Cabinet mit ihm einschloß, mit aller Gewalt mütterlicher Beredsamkeit über ihn herfiel, und ihm über seinen Abfall von ihr, seinen Undank, seine Unbesonnenheit, die bittersten Vorwürfe machte. Ihr Schmerz, ihre Klagen erschütterten ihn; einige drohende Winke, die sie fallen ließ, thaten Wirkung. Sie spielte ihre Rolle mit aller Schauspielerkunst, worin sie Meisterin war, und es gelang ihr, ihn zu einem Geständniß seiner Uebereilung zu bringen. Damit noch nicht zufrieden, riß sie sich von ihm los, spielte die Unversöhnliche, nahm eine abgesonderte Wohnung und ließ einen völligen Bruch befürchten. Der junge König war noch nicht so ganz Herr seiner selbst geworden, um sie beim Wort zu nehmen, und sich der jetzt erlangten Freiheit zu erfreuen. Er kannte den großen Anhang der Königin, und seine Furcht malte ihm denselben noch größer ab, als er

wirklich seyn mochte. Er fürchtete — vielleicht nicht ganz mit Unrecht — ihre Vorliebe für den Herzog von Anjou und zitterte
für Leben und Thron. Von Rathgebern verlassen, und für sich
selbst zu schwach, einen kühnen Entschluß zu fassen, eilte er seiner Mutter nach, brach in ihre Zimmer, und fand sie von seinem Bruder, von ihren Höflingen, von den abgesagtesten Feinden der Reformirten umgeben. Er will wissen, was denn das
neue Verbrechen sey, dessen man die Hugenotten beschuldige, er
will alle Verbindungen mit ihnen zerreißen, sobald man ihn
nur überführt haben werde, daß ihren Gesinnungen zu mißtrauen sey. Man entwirft ihm das schwärzeste Gemälde von
ihren Anmaßungen, ihren Gewaltthätigkeiten, ihren Anschlägen,
ihren Drohungen. Er wird überrascht, hingerissen, zum Stillschweigen gebracht, und verläßt seine Mutter mit der Versiche-
rung, insfünftige behutsamer zu verfahren.

Aber mit dieser schwankenden Erklärung konnte sich Katharina noch nicht beruhigen. Dieselbe Schwäche, welche ihr jetzt
ein so leichtes Spiel bei dem Könige machte, konnte eben so
schnell und noch glücklicher von den Hugenotten benutzt werden,
ihn ganz von ihren Fesseln zu befreien. Sie sah ein, daß sie
diese gefährlichen Verbindungen auf eine gewaltsame und un-
heilbare Weise zertrennen müsse, und dazu brauchte es weiter
nichts, als den Empörungsgeist der Hugenotten durch irgend
eine schwere Beleidigung aufzuwecken. Vier Tage nach der Vermählungsfeier Heinrichs von Navarra geschah aus einem Fenster
ein Schuß auf Coligny, als er eben vom Louvre nach seinem
Haus zurückkehrte. Eine Kugel zerschmetterte ihm den Zeige-
finger der rechten Hand, und eine andere verwundete ihn am
linken Arm. Er wies auf das Haus hin, woraus der Schuß
geschehen war; man sprengte die Pforten auf, aber der Mörder
war schon entsprungen.

Coligny's Schutzgeist, möchte man sagen, hatte nun das Letzte gethan, um diesen großen Mann, durch jenen meuchelmörderischen Angriff gewarnt, seinem Schicksal zu entreißen. Allein, wer entflieht diesem? Oder vielmehr: unterliegt nicht der bessere Mann, wenn man sich gegen ihn Alles, selbst Treulosigkeiten, erlaubt, welche sich zu denken er unfähig ist, mit größerm Ruhm, als wenn er solchen Schlingen entgangen wäre?

Coligny fühlte — und seine ganze Partie, wie durch einen elektrischen Schlag, empfand es mit ihm — daß mitten in der tiefsten Friedensstille, da erst seit vier Tagen durch die Vermählung Heinrichs von Navarra mit der Schwester Karls IX. die Partien der Häuser Valois und Bourbon, den Guisen zum Trotz, vor dem Brautaltar sich die Hände gereicht zu haben schienen, eine gifthauchende Schlange auf ihn und die Seinigen laure. Es war ihr diesmal nicht, wie sie wollte, gelungen, aus ihrem Hinterhalt in ihm das Haupt der Reformirten zu treffen, und mit einem Schlag alle Glieder dieses Körpers zu lähmen.

Aber wo mochte sie nun selbst ihren lernäischen Kopf versteckt halten? aus welchem Winkel zu neuen Anfällen hervorschießen? Dies bei Zeiten aufzuspüren, hatte Coligny in der That von ihrer Art zu wenig in sich. Ueberall leiteten die Schlangengänge hin, aber bloß, um jeden Nachforschenden desto weiter von dem Geheimniß der Bosheit selbst abzulenken.

Klug, bedachtsam, umschauend nach allen Seiten war Coligny. Aber was die Furchtsamkeit hierzu beiträgt, fehlte ihm ganz. Das schwache Insekt streckt seine regen Fühlhörner immer nach allen Ecken, und die Furcht rettet es vor tausend Gefahren. So wird Klugheit durch Furchtsamkeit zur Schlauheit, die selten berückt worden zu seyn sich rühmen kann, aber auch nie mit Größe gehandelt zu haben bekennen muß, weil sie Alles für eine Schlinge anzusehen pflegte. Coligny hatte keinen Bund mit dem

Glück. Als Feldherr verlor er meistens durch Schwäche seiner Truppen und andere Fehler seiner Lage. Der Zufall that wenig für ihn. Es schien, er sollte der Mann seiner Partie seyn, welcher sich selbst Alles schuldig wäre. Nach einem Mißgeschick, wenn Muthlosigkeit bei Allen die Besonnenheit betäubte, wenn sein zusammengerafftes Heer, halbnackt, ohne Sold, ohne Brod, so schnell zu zerstieben drohte, als es herbeigelaufen war, wenn Verrätherei und Hofgunst unter seinen nächsten Anhängern wie unwiderstehliche Gespenste spukten — immer war sein Muth ungetrübt. Seine heitere Stirne machte die Seinigen das Unbegreifliche glauben, daß er unter den Mitteln zur Hülfe gleichsam noch zu wählen habe. Und sprach er dann, so theilte sich die Ruhe seines Geistes mit jedem Worte den Uebrigen mit. Er sprach rein, edel, stark, oft originell. Und für die Ausführung hatte er im großen Umfang seiner Geschäfte eine rastlose Arbeitsamkeit. Festigkeit gegen Unterdrückung war die Seele seiner Plane in der Nähe und Ferne. Mag ihn der höfische Villeroy darüber tadeln, daß er den Protestanten in Frankreich rechtmäßige Freiheit zu sichern strebte, wie sein Rath zur Befreiung der Niederlande vom Drucke Spaniens Vieles beigetragen hatte. Umsturz einer parteiloseren, gerechten Staatsverfassung wäre nie Coligny's Plan gewesen. Untadelhafte Sitten, auch in seiner Ehe und gegen seine Kinder, überhaupt die strengste Religiosität, vollendeten seinen Beruf zum Oberhaupt einer religiös-politischen Partie, deren ganze Existenz auf der freiwilligen Unterordnung so vieler tapfern, reichen, ehrsüchtigen Vornehmen unter dem Adel und dem Bürgerstand beruhte, denen nur Ueberlegenheit des Charakters in ihrem Anführer die unentbehrlichste Folgsamkeit und Einheit abnöthigen konnte.

Alles dies mußte der Gegenpartie in ihm den Einzigen zeigen, an dessen Untergang seine ganze Partie gekettet seyn würde;

um so mehr, da man von ihm als Feind nicht Nachgeben und Versöhnung, nur jene unerbittliche Strenge seines Charakters zu erwarten hatte. Die Cabale fand seine schwache Seite aus. Der Schein so vieler Achtung und eines so festen Zutrauens gegen seine Einsichten und seine Biederkeit, als er zu verdienen sich bewußt war, auch die Aussichten, seinem Vaterland und seiner Partie zugleich durch Vereinigung gegen Spanien, den gemeinschaftlichen Feind seiner Religion und des französischen Staats, zu dienen, zogen ihn nach Hof. Er war gefangen, wenn man ihn mit Schlingen umgab, welchen zu entgehen er minder furchtlos, bieder und großmüthig hätte seyn müssen. Vor und nach dem meuchelmörderischen Attentat drangen viele Gutgesinnte in ihn, von Paris zu entweichen. „Wenn ich dies thue," antwortete er ihnen, „so zeige ich entweder Furcht oder Mißtrauen. Jenes würde meine Ehre, dies den König beleidigen. Ich würde den Bürgerkrieg wieder beginnen müssen. Und lieber will ich sterben, als das unübersehbare Elend wieder erblicken, das in seinem Gefolge auftritt." — Mord und Entehrung waren der Lohn dieses Bürgersinns!

Noch am nämlichen Tage der Verwundung kam der König selbst mit einem ganzen Zug von Hofleuten, um Coligny zu besuchen. Karl betheuerte dem Admiral sein Beileid und sein volles Zutrauen gegen ihn als Kriegsanführer und getreuen Unterthanen. „Ihr seyd verwundet, mein Vater," rief er ihm zu, „aber die Schmerzen fühle ich. — Bei Gott schwöre ich Euch: ich werde eine Rache nehmen, die man nie vergessen soll, sobald nur die Schuldigen entdeckt sind." Ueber sich selbst zu schnell beruhigt, klagte der Admiral nur wenig, und suchte bald das unruhige Gemüth des Königs von dem glücklich überstandenen Unfall auf die öffentliche Sache, auf den Feldzug nach den Niederlanden hinzulenken. Dieses neue Unternehmen sollte die Laune des ungestümen jungen Fürsten desto fester an den dazu unentbehrlichen Feldherrn und an dessen Partie binden helfen. Aber die Königin Mutter überließ unter dem Vorwand, jetzt den Kranken zu schonen, ihren Sohn dem geheimen Gespräche nicht lange. Mochte dieser immer wieder zu seinem Ballspiel zurückgehen. Denn in dieser seiner leidenschaftlichen Spielsucht durch die Nachricht von dem Mordanschlag gestört worden zu seyn, dies war doch die größte Ursache seines wüthenden ersten Unwillens gewesen.

Jeden Augenblick aber stund nun für Katharina nicht weniger als Alles auf dem Spiel. Zwar fiel Coligny's Verdacht von selbst auf die Guisen. Der Schuß war aus einem Guise'schen Hause geschehen. Die Guisesche Partie schien während der öffentlichen Erhebung der protestantischen so weit zurückgesetzt worden zu seyn, daß man von ihr gerade den niederträchtigsten Ausbruch der Rache, heimlichen Mord, argwohnen müsse. Und auf eben diese Spur hinzuleiten, fand auch Katharina in der ersten Verwicklung der Umstände fürs beste. Selbst ihrem Sohn gab sie auf diese Seite hin den Wink, daß wohl der Herzog von Guise noch immer in dem Admiral den Mörder seines Vaters zu sehen glaube. Nicht der unmögliche Einfall, beide Partien zugleich aufzureiben — wäre dies ihr auch noch so erwünscht gewesen — konnte ihr, wie Manche glauben, diese Verstellung rathen. Sie folgte dem Bedürfniß, einen Augenblick Zeit zu gewinnen, um aus den nächsten Wirkungen des mißlungenen Streichs auf die Wirkungen eines glücklicher vollführten grausamern zu schließen. Sie hatte nöthig, bei sich selbst für die Vollendung dessen, wofür neben der heißesten Rachsucht die Menschheit in ihr schaudern mußte, neue Entschlossenheit zu sammeln.

Der König ließ indeß den Herzog von Guise wirklich aufsuchen, und zur Verantwortung an den Hof fordern, und selbst seine Schwester, die Königin von Navarra, hält in ihren Memoires dies noch für einen ernstlichen Schritt der Erbitterung Karls. Er war auch sonst den Anmaßungen des Herzogs von Guise, da er eben diese Prinzessin als Gemahlin suchte, gram gewesen. Aber wie sonderbar! er schaffte hier seiner Mutter gerade den Mann, dessen Arm ihr für das Bevorstehende unentbehrlich war, auf die unverdächtigste Weise selbst zur Seite. Das Zusammentreffen aller Umstände schien den Moment zu bezeichnen, welcher durch die schwärzesten Thaten gebrandmarkt werden sollte.

Hiezu bedurfte man nur noch das Jawort des Herrschers; und wem konnte dies entgehen, der die unselige Kunst verstund, das unstete Gemüth desselben von einem Extrem auf das andere zu schleudern. Ein gewandter Höfling, sein Vertrauter, war das Werkzeug der Königin Mutter, um ihren Sohn mit Einemmal zum Mitschuldigen zu machen. Unter behutsamen Vorbereitungen verwischt dieser die neuesten vortheilhaften Eindrücke, welche der Besuch beim kranken Admiral im Gemüthe Karls zurückgelassen hatte. Er streut Samen des Argwohns ein, weckt den alten schlafenden Groll, und drückt zuletzt dem Könige den Stachel der Furcht für sein eigenes Leben ins Herz. Der König von Navarra und der Prinz von Condé hatten mit ungewöhnlichem Eifer Genugthuung gefordert. Die wahre Macht der Coligny'schen Partie war jetzt in Paris wie auf einem Haufen zusammengedrängt. Von ihr sey Alles zu fürchten, aber auch gegen sie Alles zu wagen. Hatte nicht einer von ihnen, de Piles, dem Könige mit der unverschämtesten Dreistigkeit ins Gesicht zu sagen gewagt: daß man sich selbst Recht zu schaffen wissen werde, wenn es dem Könige an Kraft oder an Willen dazu mangeln sollte. „Und mit Einem Wort," rief endlich der listige Unterhändler, seines Ziels gewisser: „wer es treu mit dem König meint, darf es nicht länger anstehen lassen, ihm über die dringendste Gefahr seiner Person und des ganzen Staats die Augen zu öffnen." Katharina selbst trat in diesem Augenblick, auf ihren Lieblingssohn, Heinrich von Anjou, gelehnt, mit ihren Vertrautesten ins Zimmer. Ueberrascht von gefahrvollen Entdeckungen, betroffen und beschämt über seine bisherige Sorglosigkeit bei einem so nahe drohenden Umsturz, von allen Seiten durch die schreckenvollsten Vorstellungen bestürmt, warf sich Karl seiner Mutter in die Arme. „Schon," sagte man ihm, „rufen die Hugenotten abermals die verhaßten Ausländer, Deutsche und Schweizer, auf französischen Boden. Die Mißvergnügten im Lande werden haufenweise dem neuen Vereinigungspunkt zueilen. Die Wuth der Bürgerkriege droht schon das Reich aufs neue zu zerfleischen. Der König selbst, von Geld und eigenthümlichem Ansehen entblößt, von Hugenotten umringt, bei der Guise'schen Partie als Freund der Ketzer verdächtig, wird die Ehre haben, zuzusehen, wie die Katholiken einen Generalcapitän wählen, und sich gegen ihre Gegner selbst zu helfen wissen werden; während er vom Uebermuth des alten Admirals zurückgestoßen und vor der Nation verächtlich gemacht, mitten zwischen beiden Partien unmächtig sich hin und wieder werfen lassen muß."

Wüthend fuhr Karl unter diesen Schreckensbildern auf. Der Tod des Admirals, der Tod der ganzen Partie in allen Gränzen von Frankreich war sein Schwur. Nur daß nicht Einer übrig bleibe, der es ihm je vorwerfen könnte! Und daß Alles eilend schnell vorbeigehe, damit ihm seine Sicherheit schleunigst wieder geschafft würde!

Die erwünschteste Stimmung für die Gegner der Protestanten. Mord war jetzt die Losung, aber die tiefste Verstellung der Schleier, unter welchem auch der König der Erziehung seiner Mutter von diesem Augenblick an völlig entsprach.

Zur Hauptrolle war der Herzog von Guise bereit. Seit der

tapfern Vertheidigung von Poitiers, das ist seit seinem neunzehnten Jahr, hatte dieser seinen Ruhm vor ganz Frankreich gerade dem Admiral gegenüber zu gründen angefangen. Auf Margaretha, die in diesen Tagen des Hugenotten Heinrichs von Navarra Vermählte ward, war auch sein Blick gerichtet gewesen. Sie hätte ihm, den Thron selbst zu besteigen, einst die Hand bieten können. Verfolgung der Hugenotten schien also nicht bloß seine ererbte Bestimmung zu seyn. Er wählte sie selbst und übte sie bei jeder Gelegenheit. Rief ihn der Geist seines Vaters zur Blutrache wider sie auf, so rief ihm noch lauter seine eigene Ehrsucht zu, daß jetzt der Augenblick gekommen sey, seine Partie durch Austilgung der protestantischen zur einzigen herrschenden zu machen, und sich dadurch dreist der Königin Mutter an die Seite zu stellen.

Das mißlungene Verbrechen ward die Hülle des neubeschlossenen. Aus Furcht vor Coligny's Rache, dessen Verletzung man ihm aufbürde, sey er selbst — erklärte der Herzog von Guise — mit seinen Verwandten genöthigt, aus der Königsstadt zu flüchten. „Geht," sagte ihm der König mit zürnender Miene, „seyd Ihr schuldig, so werde ich Euch wieder finden!" Und nun waren Zurüstungen zur Flucht vor den Hugenotten die schnellen verdachtlosesten Vorbereitungen ihres Untergangs.

Der Admiral mußte vollends selbst seinen Feinden die Schlingen über sich und die Seinigen zusammenziehen helfen. Man warnte ihn von vielen Seiten, daß die Guisen noch vor ihrem Abzug etwas versuchen möchten. Einige riethen ihn selbst aus der Stadt zu flüchten. Der biedere Mann vertraute, mit den Besten seiner Angehörigen, auf das Wort seines Königs, übergab sich in den Schutz desselben und erhielt eine starke Wache von der in die Stadt kurz zuvor eingezogenen Garde. Auf Befehl vom Hof mußten die Katholiken in der Nähe seines Quartiers allen protestantischen Abeligen Wohnungen einräumen, wenn sie zur Sicherheit ihres Hauptes ihm nahe zu seyn wünschten; und hiezu wurden diese selbst aufgefordert. Die Polizei ermunterte sie zur Beschützung Coligny's und führte über die Versammelten ein Register — die sichere Todtenliste für ihre Mörder! Der König von Navarra wurde gebeten, seine Vertrauten zur Hülfe für den König gegen die Guisen ins Louvre zusammenzuziehen, und zugleich seine Schweizergarde dem Admiral zur Bedeckung zuzuschicken. Um Waffen im Louvre zusammenzubringen, wurde ein Turnier vorgegeben, und Coligny selbst vom Könige davon benachrichtigt. Einzelne Funken von Argwohn verloren bei dieser ängstlichen Anhänglichkeit des Hofes an die Hugenotten alle Kraft, und schienen kaum noch die Furchtsamsten beunruhigen zu können. Indeß ersah die Cabale mit gierigem Auge ihre volle Beute. Diese war wie in eine Heerde zusammengetrieben. In der Mitternachtsstunde des 24. Augusts ihre Rache zu sättigen, ward in den Tuilerien von dem Blutrath festgesetzt, in welchem zwei Brüdern des Königs, dem Herzog von Anjou und dem Grafen von Angouleme, ferner dem Herzog von Nevers, dem Siegelbewahrer Birague, den Marschällen von Tavannes und von Retz — Katharina von Medicis präsidirt hatte, und wo kaum ihr neuer Tochtermann nebst Wenigen der königlichen Blutsverwandten von dem allgemeinen Mordurtheil über die calvinistische Partie in die Ausnahme gesetzt worden war.

Wäre wirklich bei diesen Stiftern des Blutbads, wie von Tavannes dies zu erweisen ist, der Glaube, Gott einen Dienst zu thun, die wahre Begeisterung zur Unmenschlichkeit gewesen, man würde die Schwachheit des menschlichen Verstandes betrauern, den Aberglauben des Zeitalters anklagen, aber man würde die Thäter nicht verabscheuen. Wir würden, wenn sie aus Pflicht die Menschlichkeit in sich unterdrückt hätten, Achtung ihrer Absicht schuldig seyn, indem Entsetzen vor der Handlung uns durchschauerte. Aber von den meisten der Handelnden macht es ihr sonstiger Charakter gewiß, daß sie in den Hugenotten nur eine Partie von Gegnern sahen, wider welche man sich Alles erlauben zu dürfen freute, weil sie glücklicherweise zugleich Ketzer seyen. Auch Katharina selbst mag Afterglauben genug gehabt haben, um in Coligny den Reformirten von ganzem Herzen zu hassen, und diesen Haß sogar für verdienstlich zu halten. Aber eben so gewiß würde es ihr sehr leid gewesen seyn, wenn der Mann, welcher ihrer Herrschsucht Beschränkung drohte, im Augenblick durch einen Gang in die Messe sich weniger hassenswerth gemacht hätte.

Schon hatte Tavannes ausgesuchte Bürgerwachen, deren Anführer in des Königs Gegenwart hiezu befehligt worden waren, in der tiefsten Stille der unglücksschwangern Bartholomäusnacht vor dem Stadthaus versammelt. Schon wartete der Grimm des Herzogs von Guise mit dreihundert Mordlustigen auf das verabredete Zeichen, Karl selbst erstickte in diesem Augenblick auch die Stimme der Freundschaft, in deren Gesellschaft das Mitleid ihm zum letzten Male sich zu nähern versucht hatte. Er ließ nach der Abendtafel und nach einigem Widerstreben seinen sonst geliebten Gesellschafter, den Grafen Franz von la Rochefoucauld, aus dem Schlosse unwissend dem lauernden Tode entgegen gehen, welchem er nun sogleich selbst das Signal zum Würgen geben lassen wollte. Noch gefühlloser drängte Katharina die neuvermählte Königin von Navarra, ihre Tochter, diesen Abend recht bald in die Zimmer ihres Gemahls sich zu entfernen, wo doch so leicht Rache der Calvinisten oder die im Dunkel der Nacht umherirrende Mordgier sie selbst überfallen konnte. Alles mochte aufgeopfert werden, wenn nur ihr eigener Plan seine bestimmten Opfer erhielte.

Und dennoch, da nun der König, nach gegebenem Mord=
signale, über der Pforte des Louvre in den Balcon gegen die
Stadt hervortritt, da die wenigen Mitwissenden, die Königin
Mutter an der Spitze, durch die einsamen Gänge ihn unter
drängenden Beredungen begleitet hatten, da die Furien, jetzt von
ihren Fesseln losgelassen zu werden, knirschten, erstarrt diesen
Häuptern des Frevels das Herz. Die Menschheit in ihnen fühlt
die letzten Zuckungen. Blaß und außer sich zittern sie vor sich
selbst, starren einander an und sind im Augenblicke eins, durch
einen Eilenden den Mordbefehl zurückzunehmen und den Aus=
bruch der Gräuel zu hemmen, welche gewünscht, beschlossen, ge=
boten zu haben, sie sich nun selbst nicht mehr zutrauen. Man
hört einen Pistolenschuß. „Ob er jemand beschädigte, weiß ich
nicht," — erzählte Katharinens Lieblingssohn, der Herzog von
Anjou — „aber daß er uns allen Dreien ins Herz ging, daß
er uns Gefühl und Besinnung nahm, dies weiß ich. Wir waren
außer uns vor Schrecken und Bestürzung über die jetzt begonnenen
Verwirrungen."

Sie kam zu spät — diese feige Reue. Mehr eine schwache
Tochter der Unentschlossenheit als der Ueberlegung, verdient sie
nur vor dem Menschenkenner als Zeugin aufzutreten, wie über=
spannt die Wuth der Leidenschaft in den Urhebern der jetzt schon
ausgebrochenen Jammerscenen gewesen seyn muß, daß sie nun
im Augenblick der Vollendung in die gewaltsamste Abspannung
aller ihrer Nerven und Kräfte plötzlich sich auflöste.

Schon hätte Coligny's Schatten seine Genugthuung in die=
sem Anblick des sich selbst peinigenden Lasters mit sich hinüber=
nehmen können. Der Herzog von Guise war, nach dem ersten
Schall des Signals von der Frühmettenglocke, mit seiner Rotte
gegen des Admirals Wohnung losgebrochen. Auf den Zuruf:
„Im Namen des Königs!" wurde die Pforte geöffnet, ihre

Wächter fielen, die Schweizer verkrochen sich vor der hereinstürzenden wüthenden Menge, der alte verwundete Coligny raffte sich aus dem ersten Schlafe auf. Schon schallten seine Vorsäle von wilden Stimmen der Mordenden und dem Röcheln der Erwürgten vermischt. Drei französische Obersten brachen in sein Zimmer und schrieen seinen Tod ihm entgegen. Betend hatte sich der fromme Held an die Wand gelehnt. Ein Italiener (Petrucci) und ein Deutscher von Adel (Besme) drängten sich vor. „Bist du Coligny?" rief dieser. „Ich bin's," antwortete mit fester Stimme der Greis — „und hier, junger Mensch, achte du meinen grauen Kopf!" Besme durchstach ihn in diesem Augenblick gefühlloser, als Marius' Mörder. Rauchend zog er sein Schwert zurück, gab ihm einige Kreuzhiebe über das Gesicht. Die Tollheit der Nachfolgenden zersetzte den Körper mit tausend Wunden. „Dies wäre vollbracht!" grinste Besme auf den Hof hinab, und da der Graf von Angouleme, Karls Bastardbruder, damit noch nicht zufrieden seyn wollte, warf man ihm zum Fenster hinaus den Ermordeten vor die Füße. Gierig untersuchte er das bluttriefende Gesicht, und da er der That gewiß war, stieß er — den todten Löwen — mit einem Fußtritt von sich.

Ueberall leuchteten indeß dem sich fortwälzenden Mord Pechkerzen vor den Häusern; die Straßen waren durch Ketten geschlossen; Wachen stunden im Hinterhalt gegen die Fliehenden; Andere drangen in die Straßen selbst ein, wo, vom Schlummer aufgeschreckt, die schimpflich getäuschten Protestanten, wie sie aus ihren Thüren hervorkamen, ihren Feinden in die Hände fielen. Für sie fand sich in dieser unerwartetsten Noth weder Rath, noch Führer, noch Sammelplatz. Die Katholiken erkannten sich unter einander an einem weißen Tuch um den linken Arm und an einem Kreuz von eben dieser Farbe. Das Zeichen des großen Dulders und die Farbe der Unschuld entweihten sie zum Meuchelmord ihrer Brüder. Hätten sich die Verfolgten von ihrer Bestürzung sammeln können, hätten sich mehrere vereint und so tapfer vertheidigt, wie wenige Einzelne diesen Ruhm behaupteten, vielleicht hätte der Frevel mitten in seinem Triumph seine Strafe gefunden.

Sobald es an Schlachtopfern auf den Straßen zu fehlen anfing, brach man in die Wohnungen selbst ein. Kein Alter, kein persönlicher Werth schützte hier. Des Admirals Schwiegersohn, Teligny, war so liebenswürdig, daß die ersten, welche ihn zu morden aufsuchten, sich betroffen zurückzogen. Aber bald fanden ihn Gefühllosere. Die Pariser Bürgerwachen, welche bei Ertheilung des Mordbefehls zurückgebebt waren, übertrafen nun, in Wuth gesetzt, alle Erwartung der unmenschlichsten Anführer. Die verstümmelten Leichname wurden aus den Fenstern herabgestürzt, und nicht nur nackt in die Seine, sondern oft noch zum Possenspiele des Grimms oder der Wollust sonst umhergeschleppt. Wer lebend oder verwundet entrann und sich für gerettet hielt, fiel doch meist noch durch die herumstreifenden Bürger oder durch die Guise'schen Horden, unter welchen Tavannes die Wuth durch Hohngelächter entflammte. „Nur immer zu mit dieser Aderläffe," spottete er. „Sie ist im August so gesund als im Mai." — Bei diesem Tavannes war jene wilde Lustigkeit so sehr Folge der soldatischen Ueberzeugung, Gott und dem König den größten Dienst gethan zu haben, daß er selbst noch in seiner letzten Beichte die Bartholomäusnacht für die Unternehmung seines Lebens erklärte, wegen welcher er seiner Sünden Vergebung hoffe. Aber auch jeder Privathaß fand nun zugleich seine Beute, da unter dem heiligsten Vorwand Religionsfanatismus sie ihm in die Hände lieferte. Andere, selbst Edelleute, raubten unter dem Schutz dieses blinden Dämons. Selbst der König und seine Mutter sollen von den geplünderten Kostbarkeiten Geschenke angenommen haben. Die Dinge hatten ihre Namen geändert. Niederträchtigkeit war Herablaffung. Einem sterbenden Hugenotten entriffene Brillanten schienen jetzt der Schmuck, welcher den Streitern Gottes als früher irdischer Lohn gebühre. Sie wurden das Erinnerungszeichen an Tage, wo selbst unter den Augen des Königs, selbst in dem Palaste, in welchem der Verlassenste, um seinen Schutz von der Gerechtigkeit zu fordern, sicher seyn sollte, kaum Laune und Willkür einigen Wenigen ihr Leben als kümmerliches Gnadengeschenk erhalten hatten. Wer sonst im Louvre Rettung suchte, fand durch die Wachen seines Königs schon an den Pforten seinen Tod. Die Geschichte nennt Zeugen, daß der König selbst aus dem Louvre auf fliehende Hugenotten schoß. Und eine Stunde nach dem Ausbruch des allgemeinen Mordfestes war auch in den verborgensten Zimmern des Palastes kein Winkel mehr ohne Blut und Leichen. Den achtzigjährigen Hofmeister des Prinzen von Conti rettete nicht das Flehen seines Zöglings von den Dolchen, welche dieser mit schwachen Händen aufhalten wollte. Blutend und verzweiflungsvoll warf sich Gasto von Leyran in das Schlafzimmer der Königin von Navarra und machte sie selbst zu seinem Schild gegen vier Söldner, die ihm nachsetzten. Die Königin floh zur Herzogin von Lothringen, ihrer Schwester; an der Thür stieß man einen Edelmann neben ihr nieder; sie sank ohnmächtig ins Zimmer hin, und erwachte mit neuem Schrecken über das Schicksal, in welches diese „Bluthochzeit" ihren eigenen Gemahl gestürzt haben werde.

Dieser war mit dem Brudersohn seines Vaters, dem Prinzen von Condé, während der Tag über den bisherigen Mordscenen anbrach, zum Könige gefordert worden, der es ihnen beiden als Uebermaß seiner Gnade anrechnete, daß sie, von der ganzen hugenottischen Partie die Einzigen, von ihm zum voraus das Leben zum Geschenk erhalten hätten. Aber mit wilder

Miene forderte er ihnen nun die schleunigste Abschwörung der reformirten Religion als einen Beweis ab, daß sie bisher bloß die Verführten gewesen seyen. Sie waren mitten durch die zum Mord bereiten Garden herzugeführt worden. Im Zimmer des Königs konnten sie in einiger Entfernung noch das Winseln der Ihrigen hören, welche, aus dem Palast unter die in doppelte Reihen gestellten Schloßwachen zusammengetrieben, von diesen niedergestoßen wurden. Da die Prinzen dem König zweifelhaft antworteten, rief er ihnen mit einem seiner Flüche zu: daß sie innerhalb drei Tagen zwischen der Messe und der Bastille zu wählen hätten! Dies war auch wirklich für ihn von den jetzigen Grausamkeiten allen fast der einzige Gewinn, daß sich Heinrich von Navarra mit seiner Schwester in dieser Zeit einen geheuchelten Uebergang zur katholischen Kirche abnöthigen ließen, und der Prinz von Condé nach etwas längerem Widerstand ihrem Beispiel nachfolgte.

Berauscht von dem glücklichen Erfolg der mörderischen Nacht, in welcher man zwischen Furcht und Wuth geschwebt hatte, kannte Karls unbändiger Charakter ganz keine Rücksichten mehr. Noch drei Tage dauerte das Morden, wo man nur irgend in der Gegend ein verstecktes Opfer der Rache aufjagen konnte. Und unter diesen Gräueln durchzog der König mit seinen Höflingen die Stadt, und lustwandelte unter Blut, Leichen und Trümmern. Man hatte Coligny's Leichnam, auf alle Weise mißhandelt und umhergeworfen, endlich bei Montfaucon an den Galgen aufgehenkt. Selbst dahin kam der König, um an den verstümmelten Resten vom Körper eines Greisen seine Lust zu sehen, dessen Anblick ihm vor wenigen Tagen noch unwiderstehlich Achtung geboten hatte. Eines Feindes Leiche, spottete er dem Vitellius nach, riecht immer gut! — Aber noch mehr verächtliche Unbesonnenheit begleitete seine jetzigen Staatshandlungen.

184

Während der offenbarsten Theilnahme an den Verbrechen dieser Tage setzte sich Karl so sehr über allen Schein von Achtung gegen sich und andere weg, daß er am ersten Tage in Schreiben an Statthalter der Provinzen und an auswärtige Höfe jeden Antheil an dem Geschehenen von sich ablehnte, und Alles viel mehr dem Trotz der Guisen und der Chatillons aufbürden zu können wähnte, am dritten Tage aber eine feierliche Sitzung im Parlament hielt, um den ermordeten Admiral der schändlichsten Verrätherei gegen Thron und Staat zu beschuldigen, sein Andenken durch die schimpflichsten Strafen eines Majestätsverbrechers schänden zu lassen, und den Untergang der Partie als ihre verdiente, von ihm selbst befohlene Strafe zu rechtfertigen. So sehr war er jetzt, unmächtiger als vorher, das Spiel der Intriguen seiner Mutter. Beim ersten Schritt, mit welchem sie ihn in den Mordanschlag hereinzuziehen gewußt hatte, ward er beredet, daß der allgemeine Haß auf die Guisen fallen, der Gewinn aber, Befreiung von Furcht und Gefahren, sein eigen seyn würde. Sobald aber nun nach vollbrachter That eine neue Faction der Montmorency's, welche für Coligny und die Seinigen Rache forderten, wider die Guisen zu entstehen drohte, ward er genöthigt, in die ganze Schuld einzustehen, um nicht als der schwache nichtsbedeutende Inhaber des Throns zu erscheinen, unter dessen Augen Jeder ohne seinen Willen Alles sich zu erlauben wage. Um den Schein zu haben von dem, was er nicht war und nicht werden konnte, wurde er wirklich das, was er von sich zu bekennen erröthete, und was für sich selbst zu unternehmen ihm Muth und List gefehlt hätten. Um nicht schwach zu scheinen, war er schwach genug, von allen Uebrigen sich zur Verschleierung ihrer Thaten mißbrauchen zu lassen und in ihrem Namen der Gegenstand jener Verachtung zu werden, zu welcher sein Reich das Ausland und die Nachwelt den Regenten, unter dem eine Bartholomäusnacht so schändlich entheiligt werden konnte, unerbittlich verdammen mußten. Und für all diese Unsterblichkeit der Schande hatte er nicht einmal auf einen Augenblick den Zweck erreicht, welchen die Stifter des Unglücks ihm als seine Entschädigung vorgespiegelt hatten.

Es ist eine wahre Genugthuung in der historischen Bemerkung, daß gerade die entschiedensten Wagstücke des Lasters, wenn gleich alle Verschlagenheit an ihnen sich müde gesonnen, die gereizteste Wildheit sie vollbracht und das furchtbarste Bollwerk gegen Verantwortlichkeit, der Thron selbst, sie geschützt hatte, dennoch ihres Zieles verfehlt, oft die entgegengesetztesten Folgen herbeigezogen, und den Thätern nichts als eine verdoppelte Verzweiflung des leeren Bestrebens und der nagenden Vorwürfe ihres innern Richters bereitet haben.

Zwar sparten die Häupter der siegenden Partie nichts von List und Gewalt, um die Früchte der Thaten sich zu sichern, über welche bloß ein glücklicher Ausgang, jener falsche Probirstein des Schlechten und des Guten, ihnen die Reue ersparen zu können schien.

Man verhängte noch über einige von der mißhandelten Partie förmliche Gerichte, und es wurden Justizmorde daraus; man brandmarkte das Andenken des Admirals durch ein gerichtliches Urtheil über ihn als Verräther und Königsmörder, und ließ es unter den schimpflichsten Gebräuchen in den Hauptstädten des Reichs exequiren. Sein Wappen wurde durch den Henker zerschlagen, seine Kinder ihres Vermögens und aller Hoffnung zu Bedienungen verlustig erklärt; sein Schloß zum öden Denkmal seiner Schande der Zerstörung übergeben. Man eilte, in ganz Frankreich durch Mordbefehle die Hugenotten, als Mitschuldige jener Verbrechen, zu verfolgen. Aber nichts hinderte die entgegengesetzten, aus dem Begangenen sich entwickelnden Wirkungen.

Was das Parlament zu Paris, in welchem der Präsident de
Thou den König als Ankläger der Ermordeten mit halb er=
sticktem Seufzen anhörte, in der Nähe des Thrones nicht wagte,
das thaten einige brave Statthalter der Provinzen. Einer —
der Graf von Orthe, Befehlshaber zu Bayonne — schrieb dem
König auf seine Mordbefehle zu: „daß er die Seinigen als gute
Bürger und als brave Soldaten, aber keinen einzigen Henker
unter ihnen gefunden habe." Andere — die Geschichte nennt
unter ihnen auch einen Bischof — ließen die Befehle nicht zur
Vollziehung kommen. Der schnelle Tod von einigen dieser Ver=
theidiger der Unschuld ließ auf Vergiftung argwohnen. Dennoch
blieben, besonders in Dauphiné, Provence, Bourgogne und Auvergne,
die Protestanten geschont. Manche der vornehmsten waren nicht
in Paris gewesen, andere doch dem Blutbad entflohen. Viele
suchten im Ausland Hülfe, wo, vorzüglich unter den biedern
Deutschen, Katholiken sowohl als Protestanten, der Abscheu
gegen ihre Verfolger den Muth, sie zur Rache zu unterstützen,
anfachte, bei andern wenigstens das Mitleiden, ihrer zu schonen,
nährte. Denen in Frankreich Zurückgebliebenen gaben bald einige
über die Katholiken erhaltene Vortheile neue Hoffnung. Die
aufs höchste gestiegene Gefahr vervielfältigt die Kräfte, sobald
nur die erste Bestürzung vorüber ist.

Zu früh feierten zu Rom die Diener des heiligen Stuhls
seinen Sieg über die französischen Ketzer durch alles weltliche
und geistliche Freudengetümmel, durch Messen und Kanonen=
donner. Zu leichtsinnig glaubte man am Hofe zu Paris das
Andenken an die vertilgten Hugenotten doch noch durch ein jähr=
liches Fest über ihren Untergang verewigen zu müssen. Mit
blutiger Rache, brachten sie sich bald selbst wieder in Erinnerung.
Siebenzigtausend Calvinisten waren, nach Sully, in acht Mord=
tagen, in Frankreich gefallen. Aber wen eine solche Verkettung

des Verderbens nicht zu Grunde gerichtet hat, der hält sich bald für unüberwindlicher, als er ist! Halb Furcht, halb neue List dictirte dem König schon am 28. October einen Befehl, der ihnen überall Schutz und die Rückgabe ihrer Güter zusagte.

Arglist und Klugheit, welch ein ungleiches Schwesternpaar! Indem diese dem erlaubten Zweck auf Pfaden sich nähert, die von der Rechtschaffenheit gesichert werden, krümmt sich jene auf täuschenden Irrwegen zu Zielen fort, welche sie nie, oder nur zu eigener Schande erreicht. Das Schwanken des Hofs von Grausamkeit zur Nachsicht, was konnte dies anders, als gegen fortdauernde Hofcabalen den Blick des Argwohns schärfen, und die Schwäche der königlichen Partie noch sichtbarer bloßstellen? Denn Partie hatte nun der König genommen. Das ganze mächtige Uebergewicht, welches die Erhabenheit des Throns gibt, ist verloren, wenn der Fürst, vom Ungestüm des Partiegeistes verführt, selbst in eine Faction wider die andere sich herabziehen läßt. So lang er auf dem Throne steht, gebietet sein Ansehen Ehrfurcht auf beiden Seiten. Ist er selbst auf eine Seite getreten, so sieht die gedrückte Partie den Sitz der gemeinschaftlichen Gerechtigkeit leer. Alles, was gegen sie geschieht, ist nun Verfolgung und wird nicht mehr von jenem geheimen Eindruck begleitet, welcher sonst bewirkt, daß Strafen des Staats, vom Vollstrecker der Gesetze auferlegt, nicht reizen, sondern bändigen.

Indem sich die Protestanten unter den Begünstigungen der Inconsequenz, welche den Despotismus in keinem Zeitalter verläßt, in ihre festern Schutzplätze wieder sammelten, sahen sie ihre Partie unerwartet von einer neuen unterstützt, welche dem Hof weit furchtbarer seyn mußte. Sie war mitten in des Feindes Gebiet, am Hofe selbst. Mitgefühl des Unrechts schafft dem Unterdrückten unverhoffte Freunde. Nicht wenige von den vornehmsten Katholiken wurden gegen die Hugenotten geneigter, je unwiderstehlicher die hinterlistige Behandlung das Gefühl der Biederkeit in ihnen beleidigte. Selbst bei Karls drittem Bruder, dem Herzog von Alençon, war das Gefühl der Geistesüberlegenheit des mißhandelten Admirals unauslöschlich.

Noch Mehrere, die, gegen allen Religionsunterschied höchst gleichgültig zu seyn, durch Stand und Geburt gleichsam berechtigt waren, lernten, was die Intrigue Katharina's, mit Karls Ungestüm gepaart, unfehlbar gegen Jeden, der ihr im Wege stehe, sich erlauben könne. Wer hätte auch die mächtigen Montmorency bereden können, daß ihnen das Schicksal ihrer Verwandten, der Coligny, weniger drohe, weil sie wenigstens mit dem Hofe einerlei Glaubensbekenntniß hätten? Sie sahen zu deutlich, daß sie die Eifersucht der Königin Mutter auf jede ihr sich nähernde Gegenmacht gemeinschaftlich mit den Ermordeten gegen sich hatten.

Alles überdies, was aus irgend einer Ursache mit der herrschenden Hofpartie mißvergnügt war, vor ihr sich zu fürchten, oder von ihr etwas zu ertrotzen hatte, war wenigstens, so lange es Jedem zweckmäßig schien, nicht geneigt, in den Hugenotten die Feinde des Hofs völlig unterdrücken zu lassen.

Kein Wunder, daß die ganze innere Schwäche der königlichen Partie, sobald es zu einer Kriegsunternehmung kam, gegen die unerwartete innere Stärke des kleinen Haufens der Protestanten in einem beschämenden Contrast erschien. Die feste Seestadt Rochelle hielt man für die letzte Schutzwehr der Protestanten. Das beste war, daß diese von dem Ort eben so dachten. Sie vertheidigten ihn, wie man um ein Palladium kämpft, da Katharina ihren Lieblingssohn mit einem furchtbaren Heere unter Birons Anführung abschickte, um hier am Ocean, auf den Ruinen des französischen Protestantismus, ihrem, in der Bartholomäusnacht begonnenen tragischen Werke die Krone aufzusetzen. Die Stadt wurde nur von 1500 Soldaten und 200 bewaffneten Bürgern vertheidigt. Aber Alle, selbst Kinder und Weiber, wurden Krieger. Höchst unbedeutend war eine Hülfe, die Montgommery aus England den Belagerten zuführte; aber sie fanden genug in sich selbst. Fünf Monate fochten sie, und nicht bloß für sich; denn ihnen allein schmeichelte man, Gewissensfreiheit und bürgerliche Sicherheit gerne zu accordiren. Sie hörten aber von nichts, so lange ihre Glaubensgenossen nicht mit in den Genuß der Früchte ihrer Tapferkeit eingeschlossen seyn würden.

Unter den vielen Seltenheiten einer solchen Kriegsunternehmung war die sonderbarste der Anführer der Rocheller. Er war ihnen vom König selbst gegeben. De la Noue, ein Calvinist, welcher kurz vor der Ermordung des Admirals den Krieg nach den Niederlanden zu spielen, den ersten, aber unglücklichen Versuch gemacht hatte, ward vom Könige genöthigt, zu den Rochellern überzugehen, um ihr Vertrauen ganz zu gewinnen und sie zur Uebergabe zu überreden. Sie wußten dies, und dennoch nahmen sie ihn mit der Bedingung auf, ihr Anführer zu werden. Er erfüllte diese kriegerischen Pflichten gegen seine Partie so genau, als die patriotische gegen das Vaterland, angelegentlichst Frieden zu rathen, so oft er die Rocheller von einem glücklichen Ausfall zurückführte. Nur als Friedensstifter gehorchten sie ihm nicht. Aber eine seltene Ehre bleibt es für die Protestanten, einen Mann besessen zu haben, welcher zwischen einem schmeichelnden Hof und einer unruhigen Religionspartie so fest in der Mitte stund, daß beide ihn achten mußten, weil kein Theil von der Befolgung seiner Ueberzeugung ihn abzubringen vermochte.

Der größte Vortheil für die Belagerten war, daß man die Macht, welche man gegen sie aufbot, nach der Zahl und nicht nach der Tauglichkeit gewählt hatte. Während man Alles zum

Heere zusammentrieb, was der Hof auch von falschen Freunden und von Schwächlingen irgend in Bewegung setzen konnte, hatte man nur so langsam herbeirücken können, daß sie indeß den möglichsten Vorrath aller Art in ihre Mauern brachten. Dagegen war die Menge der Unnützen im Lager gegen die Belagerer selbst der größte Feind, und ihr scheinbares Oberhaupt, der gehaßte Herzog von Anjou, die Ursache zur Fortdauer ihres vergeblichen Kampfs. Wie in seinem ganzen Leben, so quälte ihn auch hier die blinde Ehrsucht, nichts, was er angefangen hätte, aufgeben zu wollen. Dennoch befeuerte ihn eben diese Leidenschaft nicht, für seinen Zweck auch mit möglichster Thätigkeit alle Mittel zu vereinigen. Das Heer wurde ihm ganz ähnlich. Viele Wagstücke ohne Plan und Anordnung hatten seine Reihen schon sehr dünne gemacht. Krankheiten wirkten in einem so langwierigen Standlager noch mehr. Und, damit kein Uebel vorbeiginge, ohne den Samen eines neuen in sich zu erzeugen, gerade die Vereinigung aller Mißvergnügten in diesem Heerzug gab jedem Unruhigen volle Gelegenheit, unter Seinesgleichen Partie zu machen oder zu nehmen. Noch war es vielleicht bloß die unregelmäßige jugendliche Ungeduld, vor der Zeit sich bedeutend zu machen, was den jüngeren Bruder des Herzogs von Anjou, den Herzog von Alençon selbst, zu raschen, aber folgelosen Planen gegen den Hof verleitete. Aber schlimm genug, wenn jene Sucht, den Mißvergnügten zu spielen, so frühe geweckt ist. Ein zwecklos entzündeter Ehrgeiz hört nie auf, Alles in Unruhe zu setzen, wäre es auch nur, um sich und Andern zu verbergen, daß er nichts zu erreichen habe.

Kaum hatte dem Herzog von Anjou seine Wahl zum König von Polen den scheinbaren Vorwand gegeben, von den Rochellern durch einen Vertrag (vom 6. Julius 1573) sich loszuwickeln; kaum hatte ihn Katharina mit einem bedeutungsvollen Blick auf

den schon hinwelkenden König Karl aus ihren Armen in jenes
Königreich abreisen lassen, welches seit Jahrhunderten durch sich
selbst zum Spiel der Ausländer gemacht wird; kaum schien,
durch die schauervolle Eroberung der kleinen protestantischen Veste
Sancerre, welche mit Rochelle durch Tapferkeit, aber nicht durch
äußere Begünstigung des Glücks wetteifern konnte, der letzte
Kampfplatz der streitenden Partien zernichtet zu seyn, so trat
das Ungeheuer innerlicher Unruhen in verdoppelter Gestalt nicht
bloß in den Provinzen, sondern auch am Hofe und sogar in der
Familie des Königs selbst auf.

 Mit Karln sollte es furchtbar enden. Seit er sich unter den
Mordscenen der Bartholomäusnacht außer sich selbst verloren
hatte, war er nie wieder, was er seyn konnte. Wie er nicht
die Standhaftigkeit gehabt hatte, sich von jener Herabwürdigung
des Menschen und des Fürsten in ihm zurückzuhalten, so war er
jetzt nach vollbrachter That weder leichtsinnig noch gewissenlos
genug, der innern Rüge derselben unter irgend einem schlüpfri-
gen Vorwand zu entfliehen, oder mit der eisernen Stirn der
Schamlosigkeit zu trotzen. Der Aberglaube seiner Zeit, welchem
er so viele Opfer gebracht hatte, war selbst seine Strafe. Wo
er einsam war, glaubte er sich von den Manen der Erschlagenen
verfolgt. Blutende Gestalten machten seine Nächte schlaflos, seine
Ruhe ihm zur Hölle. Er warf sich mit seinem gewöhnlichen
Ungestüm in wilde Zerstreuungen, aber die Ermattung überlieferte ihn wieder den Peinigungen seiner zerrütteten Seele.
Er versuchte es, durch neue Grausamkeiten sich selbst abzu-
stumpfen; aber er war zu jung und wirklich von der Natur zu
gutartig gebildet, als daß er jenen abscheulichen Trost abgehär-
teter Frevler zu ereilen vermocht hätte. Katharina wußte sich
dagegen zu bereden, daß sie nur etwa vier bis sechs von den
Ermordungen der Bartholomäusnacht auf dem Gewissen habe.

So viele hatte sie selbst namentlich gefordert. Und von diesen hatte sie leicht sich zu absolviren, wenn etwa ihr Beichtvater, wie Naubé,[1] für den ganzen Frevel den feinen höfischen Namen eines „Staatsstreichs" erfinden oder ahnen konnte.

In Karln hingegen konnten nur, wenn er einen Blick um sich her warf, seine innern Qualen verstummen; sie wurden dann zurückgeschreckt durch Besorgnisse der gegenwärtigsten Gefahren, welche ihn zunächst umschlossen. Er kannte seinen nächsten Bruder. Die Geschichte kennt ihn als Heinrich III., und genug mag es hier zur Schilderung von ihm seyn, wenn man sich erinnert, daß die Stifterin der Bluthochzeit ihn ihren übrigen Söhnen auffallend vorzog. Eben diese seine Mutter kannte Karl auch. Sie hatte ihn an den Abgrund geführt, an welchem seine Schwermuth jetzt schauerte. Von ihr mußte er sich weiter, wohin es ihr gefiel, treiben lassen. Oder wußte er nicht, wie oft schon wenigstens der Verdacht, auch im Giftmischen eine Italienerin zu seyn, selbst bei dem Tode von Personen aus der königlichen Familie auf sie gefallen war? Er selbst war so oft das Werkzeug ihrer über Mittel nie verlegenen Herrschsucht gewesen, daß er vor seiner eigenen Mutter zittern mußte, wenn er einmal ihren Winken sich zu widersetzen die Laune gehabt hatte, und den Herzog von Anjou in ihren Armen sah.

Das Schicksal schien sich seiner zu erbarmen, da der Herzog (1573) als König nach Polen abging. Höchst wahrscheinlich bürdet man selbst der Königin Mutter diesmal zu viel auf, wenn Manche glauben, daß sie ihren zweiten Sohn nicht von sich gelassen habe, ehe sie sich von dem baldigen Tode des ersten gewiß gemacht hatte. Es ist wahr, Karl kränkelte schon sichtbar.

---

[1] Gab. Naubé in seinen Considérations politiques sur les Coups d'État, Ch. III. bedauert nur, daß dieser Staatsstreich bloß halb ausgeführt worden sey. Sehr consequent!

Aber der unbändige Jüngling auf dem Throne hatte gegen sich selbst so viel gethan, um durch die geheimen Gifte der Natur sich zu zerstören, daß es kaum noch nöthig ist, den verzehrenden Kummer seiner letzten Jahre zur Erklärung seines Hinwelkens vor dem 25sten Lebensjahre hinzuzudenken. Sein Anblick konnte der Mutter Bürge dafür seyn, daß sie ihren Heinrich nach Polen sicher mit den bedeutsamen Worten entlassen: „Gehe, mein Sohn; lange wirst du nicht weg seyn."

Nur Karls Zustand war auch durch diese Erleichterung um nichts gebessert. Je trüber jeden Tag seine Kränklichkeit ihm ohnehin die Aussicht in die Zukunft malte, je verschlossener er selbst gegen alle Theilnahme ward, desto mehr häuften sich in der Wirklichkeit die Ursachen zum schnellen Wechsel zwischen Ungestüm und Niedergeschlagenheit.

Für die Abwesenheit ihres zweiten Sohns schien sich Katharina um so ausschließender durch Erfüllung ihrer Herrschsucht entschädigen zu wollen. War Karl oft auch gegen sie ungeberdig und wild, so häufte sie dafür alle Beängstigungen für ihn aus der wahren oder erdichteten Lage der Dinge, durch die sorgfältigste Entwicklung der schlimmsten Möglichkeiten, damit er ihr, als Retterin, nach seinem Scepter zu greifen, desto geduldiger gestattete. Er hatte nur noch Kraft genug, sich überall mit ihren Ränken umgeben zu sehen und den Haß zu fühlen, welchen sie auch jetzt noch immer durch angelegte Meuchelmorde, durch gebrochene Zusage, durch Verwirrung Aller mit Allen, seinem Namen zuzog, der ihre Handlungen auf alle Fälle decken mußte.

In seinem dritten Bruder gährte die vor Rochelle schon gezeigte Sucht, sich auf irgend eine Weise geltend zu machen, immer aufs neue. Er vertrieb sich eine gute Zeit über bloß die Langeweile mit Abwechselung im Anlegen und im Verrathen seiner Plane zu einer Flucht vom Hofe. Er schien entlaufen zu wollen, damit Andere seine Wichtigkeit nach dem Bestreben schätzen lernen möchten, ihn wieder aufzufinden und zurückzubringen. Aber hinter diese leidenschaftliche Unbesonnenheit der Jugend versteckten andere erfahrenere Unruhestifter ihre Entwürfe. Unter dem schützenden Namen der Prinzen bildete sich wieder am Hofe selbst eine Partie der Mißvergnügten, die sich zum Unterschied von der religiösen Partie der Protestanten die Politiker nannten. In einem wesentlichern Sinne verdienten sie diese Benennung nie. Ihre Politik nützte Niemand als ihren Gegnern. So lange die Protestanten sich an sie anschlossen, hatte Katharina gegen beide weit leichteres Spiel, wie sonst. Wäre nicht das Interesse des Herzogs von Alençon so gewiß den Absichten seines zweiten Bruders auf den Thron von Frankreich und also auch der Königin Mutter entgegen gewesen, so würde die Vermuthung Wahrscheinlichkeit gewinnen, daß der Herzog mehr der Spion seiner Mutter unter den Unzufriedenen als selbst ihr Gegner gewesen sey; so unbegreiflich leichtsinnig überlieferte er Alle, welche mit ihm complotirt hatten, durch die willkürlichsten Entdeckungen, der Rache dieser Frau, welche jetzt aufs neue die Regentschaft über Karln und über Frankreich in Händen hatte. Wollte sie diesen ihren eben so unfolgsamen als unglücklichen Mündel zittern machen, so wußte sie ihm die Verschwörungen des Herzogs so furchtbar vorzustellen, daß der ganze Hof in Nachtkleidern nach Paris entrinnen, und der kranke Karl um Mitternacht vor seinem dritten Bruder flüchten zu müssen glaubte. „Hätten sie doch wenigstens warten können, bis ich todt bin!" seufzte der von innen und außen umgetriebene lebenssatte Jüngling.

Noch aber erlebte er, daß sein Heer gegen seinen geliebtern Bruder zu fechten auszog, nachdem dieser endlich doch mit dem in der Hofsklaverei lange mißhandelten König von Navarra und dem Prinzen von Condé wirklich entflohen war.

Er erlebte die Unmöglichkeit, sein Scepter andern Händen als seiner Mutter — und also gerade seinem mit so viel Kunst und Lust ins ferne Polen beförderten Bruder — hinzugeben. Er erlebte ein neues Auftreten der Protestanten im offenen Felde, und sah in ihrer Vereinigung mit allen andern Mißvergnügten des Reichs den Beweis, daß die Zwietracht künftig durch religiöse und bürgerliche Unzufriedenheit, wie aus doppeltem Rachen, Flammen über Frankreich ausspeien werde, und daß Alles, womit ihn sein Gewissen seit der Bartholomäusnacht folterte, eben so fruchtlos als abscheulich gewesen war. Kurz, er erlebte so viel, daß es ihm noch Trost war, nicht Vater eines Sohns zu seyn, welcher die Last der Krone von ihm zu erben hätte.[1]

[1] Anmerkung des Herausgebers. Eine Fortsetzung dieser Geschichte, die Schiller selbst wegen seiner damaligen Krankheit nicht beendigte, hat Hr. Professor Paulus im 9ten Band der 2ten Abtheilung der historischen Memoires geliefert, nachdem er die fernere Herausgabe dieser Sammlung zum Theil übernommen hatte.

Herzog von Alba bei einem Frühstück auf dem Schlosse zu Rudolstadt, im Jahre 1547.[1]

Indem ich eine alte Chronik vom sechzehnten Jahrhundert durchblättere (Res in Ecclesia et Politica Christiana gestae ab anno 1500 ad an. 1600. Aut. J. Soeffing, Th. D. Rudolst. 1676), finde ich nachstehende Anekdote, die aus mehr als Einer Ursache es verdient, der Vergessenheit entrissen zu werden. In einer Schrift, die den Titel führt: Mausolea manibus Metzelii posita a. Fr. Melch. Dedekindo 1738, finde ich sie bestätigt; auch kann man sie in Spangenbergs Adelspiegel Th. I. B. 13, S. 445 nachschlagen.

Eine deutsche Dame aus einem Hause, das schon ehedem durch Heldenmuth geglänzt und dem deutschen Reich einen Kaiser gegeben hat, war es, die den fürchterlichen Herzog von Alba durch ihr entschlossenes Betragen beinahe zum Zittern gebracht hätte. Als Kaiser Karl V. im Jahr 1547 nach der Schlacht bei Mühlberg auf seinem Zuge nach Franken und Schwaben auch durch Thüringen kam, wirkte die verwittwete Gräfin Katharina von Schwarzburg, eine geborene Fürstin von Henneberg, einen Sauve-

[1] *Anmerkung des Herausgebers.* Im deutschen Mercur vom Jahr 1788 findet sich dieser Aufsatz.

Garde-Brief bei ihm aus, daß ihre Unterthanen von der durchziehenden spanischen Armee nichts zu leiden haben sollten. Dagegen verband sie sich, Brod, Bier und andere Lebensmittel gegen billige Bezahlung aus Rudolstadt an die Saalbrücke schaffen zu lassen, um die spanischen Truppen, die dort übersetzen würden, zu versorgen. Doch gebrauchte sie dabei die Vorsicht, die Brücke, welche dicht bei der Stadt war, in der Geschwindigkeit abbrechen, und in einer größern Entfernung über das Wasser schlagen zu lassen, damit die allzugroße Nähe der Stadt ihre raublustigen Gäste nicht in Versuchung führte. Zugleich wurde den Einwohnern aller Ortschaften, durch welche der Zug ging, vergönnt, ihre besten Habseligkeiten auf das Rudolstädter Schloß zu flüchten.

Mittlerweile näherte sich der spanische General, von Herzog Heinrich von Braunschweig und dessen Söhnen begleitet, der Stadt, und bat sich durch einen Boten, den er voranschickte, bei der Gräfin von Schwarzburg auf ein Morgenbrod zu Gaste. Eine so bescheidene Bitte, an der Spitze eines Kriegsheers gethan, konnte nicht wohl abgeschlagen werden. Man würde geben, was das Haus vermöchte, war die Antwort; seine Excellenz möchten kommen und vorlieb nehmen. Zugleich unterließ man nicht, der Sauve-Garde noch einmal zu gedenken und dem spanischen General die gewissenhafte Beobachtung derselben ans Herz zu legen.

Ein freundlicher Empfang und eine gut besetzte Tafel erwarten den Herzog auf dem Schlosse. Er muß gestehen, daß die thüringischen Damen eine sehr gute Küche führen und auf die Ehre des Gastrechts halten. Noch hat man sich kaum niedergesetzt, als ein Eilbote die Gräfin aus dem Saal ruft. Es wird ihr gemeldet, daß in einigen Dörfern unterwegs die spanischen Soldaten Gewalt gebraucht, und den Bauern das Vieh weggetrieben hätten. Katharina war eine Mutter ihres Volks;

was dem Aermsten ihrer Unterthanen widerfuhr, war ihr selbst zugestoßen. Aufs Aeußerste über diese Wortbrüchigkeit entrüstet, doch von ihrer Geistesgegenwart nicht verlassen, befiehlt sie ihrer ganzen Dienerschaft, sich in aller Geschwindigkeit und Stille zu bewaffnen und die Schloßpforten wohl zu verriegeln; sie selbst begibt sich wieder nach dem Saale, wo die Fürsten noch bei Tische sitzen. Hier klagt sie ihnen in den beweglichsten Ausdrücken, was ihr eben hinterbracht worden, und wie schlecht man das gegebene Kaiserwort gehalten. Man erwiedert ihr mit Lachen, daß dies nun einmal Kriegsgebrauch sey, und daß bei einem Durchmarsch von Soldaten dergleichen kleine Unfälle nicht zu verhüten stünden. „Das wollen wir doch sehen," antwortete sie aufgebracht. „Meinen armen Unterthanen muß das Ihrige wieder werden, oder, bei Gott! — indem sie drohend ihre Stimme anstrengte, „Fürstenblut für Ochsenblut!" Mit dieser bündigen Erklärung verließ sie das Zimmer, das in wenigen Augenblicken von Bewaffneten erfüllt war, die sich, das Schwert in der Hand, doch mit vieler Ehrerbietigkeit, hinter die Stühle der Fürsten pflanzten und das Frühstück bedienten. Beim Eintritt dieser kampflustigen Schaar veränderte Herzog Alba die Farbe; stumm und betreten sah man einander an. Abgeschnitten von der Armee, von einer überlegenen handfesten Menge umgeben, was blieb ihm übrig, als sich in Geduld zu fassen, und auf welche Bedingung es auch sey, die beleidigte Dame zu versöhnen. Heinrich von Braunschweig faßte sich zuerst und brach in ein lautes Gelächter aus. Er ergriff den vernünftigen Ausweg, den ganzen Vorgang ins Lustige zu kehren, und hielt der Gräfin eine große Lobrede über ihre landesmütterliche Sorgfalt und den entschlossenen Muth, den sie bewiesen. Er bat sie, sich ruhig zu verhalten, und nahm es auf sich, den Herzog von Alba zu Allem, was billig sey, zu vermögen. Auch brachte er es bei dem Letztern wirklich dahin, daß er auf der Stelle einen Befehl an die Armee ausfertigte, das geraubte Vieh den Eigenthümern ohne Verzug wieder auszuliefern. Sobald die Gräfin von Schwarzburg der Zurückgabe gewiß war, bedankte sie sich aufs schönste bei ihren Gästen, die sehr höflich von ihr Abschied nahmen.

Ohne Zweifel war es diese Begebenheit, die der Gräfin Katharina von Schwarzburg den Beinamen der Heldenmüthigen erworben. Man rühmt noch ihre standhafte Thätigkeit, die Reformation in ihrem Lande zu befördern, die schon durch ihren Gemahl, Graf Heinrich XXXVII., darin eingeführt worden, das Mönchswesen abzuschaffen und den Schulunterricht zu verbessern. Vielen protestantischen Predigern, die um der Religion willen Verfolgungen auszustehen hatten, ließ sie Schutz und Unterstützung angedeihen. Unter diesen war ein gewisser Caspar Aquila, Pfarrer zu Saalfeld, der in jüngern Jahren der Armee des Kaisers als Feldprediger nach den Niederlanden gefolgt war, und, weil er sich dort geweigert hatte eine Kanonenkugel zu taufen, von den ausgelassenen Soldaten in einen Feuermörser geladen wurde, um in die Luft geschossen zu werden; ein Schicksal, dem er noch glücklich entkam, weil das Pulver nicht zünden wollte. Jetzt war er zum zweiten Mal in Lebensgefahr, und ein Preis von 5000 Gulden stand auf seinem Kopfe, weil der Kaiser auf ihn zürnte, dessen Interim er auf der Kanzel schmählich angegriffen hatte. Katharina ließ ihn, auf die Bitte der Saalfelder, heimlich zu sich auf ihr Schloß bringen, wo sie ihn viele Monate verborgen hielt und mit der edelsten Menschenliebe seiner pflegte, bis er sich ohne Gefahr wieder sehen lassen durfte. Sie starb allgemein verehrt und betrauert im achtundfünfzigsten Jahre ihres Lebens und im neun und zwanzigsten ihrer Regierung. Die Kirche zu Rudolstadt verwahrt ihre Gebeine.

Denkwürdigkeiten aus dem Leben des Marschalls von Vieilleville.

In den Geschichtbüchern, welche die merkwürdigen Zeiten Franz I., Heinrich II. und seiner drei Söhne beschreiben, liest man nur selten den Namen des Marschalls von Vieilleville. Dennoch hatte er einen sehr nahen Antheil an den größten Verhandlungen, und ihm gebührt ein ehrenvoller Platz neben den großen Staatsmännern und Kriegsbefehlshabern jener Zeiten. Unter allen gleichzeitigen Geschichtschreibern läßt ihm der einzige Brantome Gerechtigkeit widerfahren, und sein Zeugniß hat um so mehr Gewicht, da Beide nach dem nämlichen Ziele liefen und sich zu verschiedenen Parteien bekannten.

Vieilleville gehörte nicht zu den mächtigen Naturen, die durch die Gewalt ihres Genie's oder ihrer Leidenschaft große Hindernisse brechen, und durch einzelne hervorragende Unternehmungen, die in das Ganze greifen, die Geschichte zwingen, von ihnen zu reden. Verdienste, wie die seinigen, bestehen eben darin, daß sie das Aufsehen vermeiden, das jene suchen, und sich mehr um den Frieden mit Allen bewerben, als die Bewunderung und den Neid zu erwecken suchen. Vieilleville war ein Hofmann in der höchsten und würdigen Bedeutung dieses Worts, wo es eine der schwersten und rühmlichsten Rollen auf dieser Welt bezeichnet. Er war dem Throne, ob er gleich die Personen dreimal auf demselbigen wechseln sah, ohne Wanken mit gleicher Beharrlichkeit ergeben, und wußte denselben so innig mit der Person des Fürsten zu vermengen, daß seine pflichtmäßige Ergebenheit gegen den jedesmaligen Thronbesitzer alle Wärme einer persönlichen Neigung zeigte. Das schöne Bild des alten französischen Adels und Ritterthums lebt wieder in ihm auf, und er stellt uns den Stand, zu dem er gehört, so würdig dar, daß er uns augenblicklich mit den Mißbräuchen desselben aussöhnen könnte. Er war edelmüthig, prächtig, uneigennützig bis zum Vergessen seiner selbst, verbindlich gegen alle Menschen, voll Ehrliebe, seinem Worte treu, in seinen Neigungen beständig, für seine Freunde thätig, edel gegen seine Feinde, heldenmäßig tapfer, bis zur Strenge ein Freund der Ordnung, und bei aller Liberalität der Gesinnung furchtbar und unerbittlich gegen die Feinde des Gesetzes. Er verstand in hohem Grade die Kunst, sich mit den entgegengesetzten Charakteren zu vertragen, ohne dabei seinen eigenen Charakter aufzuopfern, dem Ehrsüchtigen zu gefallen, ohne ihm blind zu huldigen, dem Eiteln angenehm zu seyn, ohne ihm zu schmeicheln. Nie brauchte er, wie der herz- und willenlose Höfling, seine persönliche Würde wegzuwerfen, um der Freund seines Fürsten zu seyn, aber mit starker Seele und rühmlicher Selbstverläugnung konnte er seine Wünsche den Verhältnissen unterwerfen. Dadurch und durch eine nie verläugnete Klugheit gelang es ihm, zu einer Zeit, in der alles Partei war, parteilos zu stehen, ohne seinen Wirkungskreis zu verlieren, und im Zusammenstoß so vieler Interessen der Freund von Allen zu bleiben; gelang es ihm, einen dreifachen Thronwechsel ohne Erschütterung seines eigenen Glücks auszuhalten, und die Fürstengunst, mit der er angefangen hatte, auch mit ins Grab zu nehmen Denn es verdient bemerkt zu werden, daß er in dem Augenblicke starb, wo ihn Katharina von Medicis mit ihrem Hofstaat auf seinem Schlosse zu Durestal besuchte, und er auf diese Art ein Leben, das sechzig Jahre dem Dienste des Souveräns gewidmet gewesen war, noch gleichsam in den Armen desselben beschließen durfte.

Aber eben dieser Charakter erklärt uns auch das Stillschweigen über ihn auf eine sehr natürliche Weise. Alle diese Geschichtschreiber hatten Partei genommen, sie waren Enthusiasten entweder für die alte oder für die neue Lehre, und ein lebhaftes Interesse für ihre Anführer leitete ihre Feder. Eine Person wie der Marschall von Vieilleville, dessen Kopf für den Fanatismus zu kalt war, bot ihnen also nichts dar, was sich lobpreisen oder verächtlich machen ließ. Er bekannte sich zu der Classe der Gemäßigten, die man unter dem Namen der Politiker zu verspotten glaubte; eine Classe, die von jeher in Zeiten bürgerlicher Gährung das Schicksal gehabt hat, beiden Theilen zu mißfallen, weil sie beide zu vereinigen strebt. Auch hielt er sich bei allen Stürmen der Faction unwandelbar an den König angeschlossen, und weder die Partei des Montmorency und der Guisen, noch die der Condé und Coligny konnte sich rühmen, ihn zu besitzen.

Charaktere von dieser Art werden immer in der Geschichte zu kurz kommen, die mehr das berichtet, was durch Kraft geschieht, als was mit Klugheit verhindert wird, und ihr Augenmerk viel zu sehr auf entscheidende Handlungen richten muß, als daß sie die schöne ruhige Folge eines ganzen Lebens umfassen könnte. Desto dankbarer sind sie für den Biographen, der sich immer lieber den Ulysses als den Achilles zu seinem Helden wählen wird.

Erst zweihundert Jahre nach seinem Tode sollte dem Marschall von Vieilleville die volle Gerechtigkeit widerfahren. In den Archiven seines Familienschlosses Durestal fanden sich Memoires über sein Leben in zehn Büchern, welche Carloir, seinen Geheimschreiber, zum Verfasser haben. Sie sind zwar in dem lobrednerischen Tone abgefaßt, der auch dem Brantome und allen Geschichtschreibern jener Periode eigen ist; aber es ist nicht der rhetorische Ton des Schmeichlers, der sich einen Gönner gewinnen will, sondern die Sprache eines dankbaren Herzens, das sich gegen einen Wohlthäter unwillkürlich ergießt. Auch wird dieser Antheil der Neigung keineswegs versteckt, und die historische Wahrheit scheidet sich sehr leicht von demjenigen, was bloß eine dankbare Vorliebe für seinen Wohlthäter den Geschichtschreiber sagen läßt. Diese Memoires sind im Jahr 1767 in fünf Bänden das erste Mal im Druck erschienen, obgleich sie schon früher von Einzelnen gekannt und zum Theil auch benutzt worden sind.

Franz von Scepeaux, Herr von Vieilleville, war der Sohn des Renatus von Scepeaux, Herrn von Vieilleville, und Margarethens von La Jaille, aus dem Hause von Estouteville. Seine Eltern hatten großes Vermögen, hielten auf Ehre und lebten dem ganzen Adel von Anjou und Maine zum Beispiel; auch war ihr Haus eines der angesehensten und immer voll der besten Gesellschaft. Franz von Vieilleville kam früh als Edelknabe zu der Mutter Franz des Ersten, Regentin von Frankreich, einer Prinzessin von Savoyen; ein Zufall aber, der ihm da begegnete, trieb ihn schon nach einem vierjährigen Aufenthalte von dort weg. Es hatte ihm nämlich ein Edelmann eine Ohrfeige gegeben, eben als er Mittags zur Aufwartung ging. Nach der Tafel schlich sich der Edelknabe von seinem Hofmeister weg, ging zu jenem Edelmann, der erster Hausküchenmeister der Regentin war, und stieß ihm, nachdem er ihn aufgefordert hatte, seine Ehre ihm wieder zu geben, den Degen durch den Leib. Er war damals, als ihm dieses Unglück begegnete, achtzehn Jahre alt. Als der König diese Handlung erfuhr, die von allen Großen und vorzüglich von ihm selbst nicht so ganz mißbilligt wurde, weil die Hausofficiere nicht das Recht hatten, Edelknaben zu mißhandeln, ließ er den Herrn von Vieilleville rufen, um ihn seiner Mutter der Regentin vorzustellen und ihm Vergebung zu verschaffen. Aber dieser hatte sich schon vom Hof weg und zu seinem Vater nach Durestal begeben, um von diesem die nöthige Unterstützung zu einer Reise nach Neapel zu erhalten, wo dem Vernehmen nach Herr von Lautrec eine schöne Armee hinführen würde. Nachdem er nun Alles in Ordnung gebracht, auch fünf und zwanzig Edelleute aus Anjou und Bretagne zu seiner Begleitung gewählt hatte, denn er wollte mit Anstand und seiner Geburt gemäß erscheinen, stellte er sich zu Chambery dem Herrn von Lautrec vor, der ihn als seinen Verwandten gütig aufnahm und ihn zu seiner Fahne that. Bei jeder Gelegenheit zeichnete sich Vieilleville aus und wagte im Angesicht der ganzen Armee sein Leben, besonders bei der Einnahme von Pavia, wobei die Franzosen, durch das Andenken an die fünf Jahre vorhergegangene Schlacht, bei der ihr König gefangen worden, zu vielen Ausschweifungen hingerissen wurden, denen jedoch Vieilleville mit zweihundert Mann Einhalt that, so viel er konnte. Kurz darauf wurde Vieilleville auf einer Galeere mit einem seiner Edelleute, Cornillon, der geschworen hatte ihn niemals zu verlassen, vom Herrn von Monaco gefangen. Man setzte seine Auslieferung auf breitausend und des Cornillon seine auf tausend Thaler, und ließ ihm die Freiheit diese Gelder zu holen; jedoch würde sein Gesellschafter auf Lebenslang in Ketten geschlagen werden, wenn er nicht in einer bestimmter Zeit wieder käme.

Vieilleville, der befürchtete, daß er wegen des langen Wegs und der Beitreibung des Geldes in der Zeit nicht würde einhalten können, nahm diesen Vorschlag nicht an, und bat nur, daß man Lautrec von seiner Gefangennehmung unterrichten möchte; dieser schickte zwar das Geld zu seiner Auslieferung, allein, da die Ranzion für seinen Gesellschafter nicht dabei war, so schickte Vieilleville sie wieder zurück und bat nur, daß man des Lösegeldes wegen an seinen Vater schreiben möchte; denn er wollte lieber in der Gefangenschaft verschmachten, als den verlassen, mit dem er sein Schicksal zu theilen versprochen hatte. Herr von Monaco bewunderte diese edle Weigerung, begnügte sich mit dem, was geschickt worden war, und gab Beiden die Freiheit. Kurze Zeit darauf nahm Vieilleville den Sohn eben dieses Herrn von Monaco gefangen und schickte ihn unentgeltlich zurück.

Zu der Zeit erneuerte Vieilleville die Bekanntschaft mit dem Neffen des großen Andreas Doria, Philipp Doria, der Kammerpage bei dem König gewesen, als er selbst bei der Regentin Edelknabe war. Vieilleville besuchte ihn eines Tages auf seinen Galeeren, deren er achte zum Dienste des Königs commandirte. Doria bot ihm eine seiner Galeeren an, und er wählte die, welche die Regentin hieß, wo er sogleich als Befehlshaber unter vielen Feierlichkeiten eingeführt wurde. Des Abends ging er wieder in das Lager, das ungefähr zwei Meilen davon war; so ging es sechs bis sieben Tage fort, und alle vornehmen Officiere der Armee wurden da nach und nach bewirthet.

Moncade, Vicekönig von Neapel, dem es hinterbracht wurde, daß die Officiere und Soldaten dieser Galeeren des Nachts meist ins französische Lager gingen, ließ sechs Galeeren bewaffnen, um den Grafen Doria zu überfallen; allein man bekam Nachricht davon, und es gelang so wenig, daß bei dieser Expedition der Vicekönig selbst, der sich auf einer der Galeeren befand, getödtet wurde; zwei derselben wurden in Grund gebohrt und zwei andere genommen. Bei dieser Gelegenheit geschah es, daß Vieilleville, der auf der Regentin Alles gethan hatte, was möglich war, so daß von fünfzig Soldaten nur noch zwölf am Leben blieben, zuletzt noch eine der Galeeren angreifen wollte, die nebst einer andern noch übrig geblieben war. Er enterte und stürzte sich mit seinen Soldaten hinein. Während er aber auf diesem Schiffe focht, machten sich die Matrosen von der Regentin los, zogen die Segel auf und gingen geradezu nach Neapel, wohin auch die andere Galeere schon während des Gefechts vorausgegangen war; Vieilleville, der seine meisten Soldaten verloren, mußte sich nun ergeben.

Als die erste spanische Galeere im Hafen ankam, ließ der Prinz von Oranien den Capitän und mehrere der Mannschaft hängen. Dieses erfuhr der Capitän der Galeere, auf der sich Vieilleville als Gefangener befand, und fürchtete sich, in den Hafen einzulaufen. Vieilleville benutzte diese Unentschlossenheit und beredete den Capitän, in des Königs Dienste zu treten, der es auch annahm, und ihm nebst der ganzen Mannschaft den Eid der Treue ablegte.

Unterdessen hatte Graf Doria den ganzen Tag und die ganze Nacht seinen Freund Vieilleville unter den auf dem Wasser schwimmenden Körpern suchen lassen, und war ganz trostlos über diesen Verlust. Um Nachricht von ihm einzuziehen, ließ er den Capitän Napoleon, einen Corsen, mit der Regentin auslaufen, und in dieser Absicht nach Neapel segeln. Sie waren nicht weit gekommen, so entdeckten sie eine Galeere, die ihnen kaiserlich schien, doch sahen sie auf dem Mastbaum einen Matrosen mit einer weißen Flagge; bald darauf hörten sie auch Musik und Frankreich rufen. Vieilleville erkannte sogleich die Regentin, und die Freude des Wiedersehens war allgemein. Noch eine andere Galeere, die man ihm von Neapel aus nachgeschickt hatte, nahm er durch eine Kriegslist weg, und kam, anstatt gefangen zu seyn, als Herr von zwei Galeeren bei der Armee wieder an, wo er aber seinen Freund Doria nicht mehr antraf, der mit zwei Galeeren nach Frankreich geschickt worden war. Da die Belagerung von Neapel, die Lautrec unternommen hatte, sehr langsam von statten ging, so nahm Vieilleville seinen Abschied, und dieses zu seinem Glücke; denn drei Monate darauf riß die Pest ein, welche die meisten Officiere der Armee dahinraffte.

Als er sich dem König bei seiner Zurückkunft vorstellte und ihn seiner jugendlichen Uebereilung wegen um Verzeihung bat, sagte ihm derselbe, daß schon Alles verziehen sey, da besonders die Regentin nicht mehr lebe. Er befahl ihm, sich fleißig bei ihm einzufinden, und gab ihn dem Herzog von Orleans, seinem zweiten Sohne (der ihm unter dem Namen Heinrich II. auf dem Throne folgte) mit den Worten: „Er ist nicht älter als du, mein Sohn; aber siehe, was er schon gethan hat. Wenn ihn der Krieg nicht aufreibt, so wirst du ihn einst zum Marschall von Frankreich erheben."

Einige Zeit darauf machte Karl V. Anstalt, in Frankreich einzufallen; der König zog deßhalb seine Armee bei Lyon zusammen. Das erste Geschäft war, sich Meister von Avignon zu machen, damit nicht die Kaiserlichen diesen Schlüssel der Provence besetzten. Nach langen Berathschlagungen wählte der König selbst den Herrn von Vieilleville, obgleich Viele wegen seiner großen Jugend dagegen waren. Er wurde mit sechstausend Mann Fußvolk ohne Artillerie dahin abgeschickt, um dem Kaiser zuvorzukommen.

Da er vor Avignon ankam und es verschlossen fand, verlangte er mit dem Vice-Legaten sich zu unterreden, der sich auf der Mauer zeigte. Vieilleville bat ihn sehr dringend, herunterzukommen, da er ihm etwas Wichtiges zu seinem und der Stadt Wohl mitzutheilen hätte. Er selbst wollte bei dieser Unterredung nur die sechs Personen bei sich haben, die er um ihn sähe, der

Legat hingegen könne so viele Begleiter mit sich nehmen, als er nur wollte, wenn er Mißtrauen hegte. Jener kam an das Thor mit fünfzehn oder zwanzig Mann Begleitung und einigen der Vornehmsten der Stadt. Vieilleville versicherte ihm, daß er nicht in die Stadt begehre, daß ihn aber der König ersuche, einen Eid abzulegen, auch keine Kaiserlichen hineinzulassen, und deßhalb Geiseln zu stellen. Der Vice=Lagat willigte in den ersten Punkt; Geiseln aber wollte er in keinem Falle stellen.

Von den sechs Soldaten, die mit Vieilleville waren, hatten vier den Capitänstitel, sie waren aber schlecht gekleidet; er bat daher, sie in die Stadt zu lassen, um sich zu montiren, Pulver zu kaufen und ihr Gewehr herzustellen, das denn auch gern erlaubt wurde. Ihr Plan war, sich unter die Thore zu stellen und zu verhindern, daß man die Fallrechen nicht herunterließe. Unterdessen kamen immer mehrere Soldaten nach einander an, ohne daß der Vice=Legat, noch seine Leute es gewahr wurden, denn man zankte sich mit Fleiß wegen der Geiseln mit ihm herum. Es wurde gedroht, auf zwei Stunden weit Alles um die Stadt herum zu verwüsten, wenn sie nicht gestellt würden. Da endlich Vieilleville sah, daß er stark genug war, gab er dem Vice=Legaten einen Stoß, daß er zur Erde stürzte, zog den Degen und drängte sich mit den Leuten, die da waren, in die Thore, wo er einige Schüsse auszuhalten hatte, wovon ihm zwei oder drei Leute getödtet wurden; sieben bis acht von den Andern wurden erstochen.

Jetzt wollten die Einwohner von Avignon auf den Fallrechen zulaufen; hier aber standen die vier Soldaten, die sich sehr tapfer hielten und sie verhinderten nahe zu kommen. Auf den Lärm der Flintenschüsse kamen dann tausend bis zwölfhundert Mann, die man über der Stadt bei Nacht in das Korn versteckt hatte, als Hinterhalt hervor und drangen mit dem größten Muth ein. Den übrigen Theil seines Corps hatte Vieilleville auch herbeigerufen, und nun kamen sie mit fliegenden Fahnen und klingendem Spiel an. Er nahm nun die Schlüssel der Thore, die zublieben, außer das Rhone-Thor gegen Villeneuve, welches schon französisch ist. Da sich Vieilleville nun durch diese Kriegslist Meister von der Stadt gemacht hatte, so fing er an, die Ordnung darin herzustellen und die Soldaten im Zaum zu halten, so daß keinem Einwohner, der sich ruhig verhielt, etwas zu Leide geschah, und keine Frauensperfonen mißhandelt wurden. Doch kostete ihm dieses nicht wenig Mühe; er mußte sogar fünf bis sechs Soldaten und einen Capitän niederstoßen, der mit aller Gewalt plündern wollte. Der Connetable lagerte sich nun bei Avignon, und Vieilleville zog zum König zurück, den er in Tournon antraf, wo er mit großer Freude empfangen wurde. Als er vor dem König ankam, redete dieser ihn also an: "Nähert Euch, schönes "Licht unter den Rittern! Sonne würde ich Euch nennen, wenn "Ihr älter wäret, denn wenn Ihr so fortfahret, werdet Ihr über "alle Andern leuchten. Parirt unterdessen den Streich von Eurem "König, der Euch liebt und ehrt," und schlug ihn so, indem er die Hand an den Degen legte, zum Ritter.

Nach dieser Zeit bat ihn Herr von Chateaubriand, sein Verwandter, der Gouverneur und Generallieutenant des Königs in Bretagne war, seine Compagnie von fünfzig Mann (Gendarmes) zu übernehmen, da sie sonst in Bretagne bleiben müßte und keine Gelegenheit hätte sich zu zeigen. Er wollte zugleich zuwege bringen, daß er des Königs Lieutenant während seiner Abwesenheit in Bretagne seyn sollte. Vieilleville übernahm zwar die Compagnie, allein die Lieutenantsstelle über die Provinz verbat er sich, da er Hoffnung habe, ein eigenes Gouvernement zu erhalten.

Es scheint sonderbar, daß Vieilleville nicht eine Compagnie Gendarmes für sich selbst haben konnte; allein es war damals nicht so leicht, sie zu erhalten, und überdem verschmähte seine

Delicatesse, dasjenige der Gunst zu verdanken, was er durch Verdienst zu erwerben hoffte. Zum Beweise dient die Antwort, die er dem Könige gab, als ihm dieser nach dem Tode des Herrn von Chateaubriand die Compagnie anbot: er habe, sagte er, noch nichts gethan, was einer solchen Ehre werth wäre; worauf der König sehr verwundert und fast erzürnt sagte: „Vieilleville, „Ihr habt mich getäuscht, denn ich hätte geglaubt, Ihr würdet, „wenn Ihr auf zweihundert Meilen weg gewesen wäret, Tag „und Nacht gerennt seyn, um sie zu begehren, und nun ich sie „Euch von selbst gebe, so weiß ich doch nicht, was für eine „günstigere Gelegenheit ihr abwarten wollt." „Den Tag einer „Schlacht, Sire," antwortete Vieilleville, „wenn Ew. Majestät „sehen werden, daß ich sie verdiene. Nähme ich sie jetzt an, so „könnten meine Cameraden diese Ehre lächerlich machen und sa= „gen: ich habe sie nur als Verwandter des Herrn von Chateau= „briand erhalten; lieber aber wollte ich mein Leben lassen, als „durch etwas anders als mein Verdienst auch nur einen Grad „höher steigen."

Einige Stunden vor dem Tode Franz des Ersten ließ dieser Monarch, der sich noch der Verdienste Vieilleville's erinnerte, den Dauphin rufen, um ihm denselben zu empfehlen: „Ich weiß wohl, „mein Sohn, du wirst St. André eher befördern, als Vieilleville; „deine Neigung bestimmt dich dazu. Wenn du aber eine ver= „nünftige Vergleichung zwischen beiden anstellen würdest, so be= „eiltest du dich nicht. Wenigstens bitte ich dich, wenn du sie „auch nicht mit einander erhöhen willst, daß doch Letzterer dem „Erstern bald folge." Der Dauphin versprach es auch, jedoch nur mit dem Vorbehalt, dem St. André den Vorzug zu geben. Der König ließ sogleich Vieilleville rufen, reichte ihm die Hand und sagte ihm die Worte: „Ich kann bei der Schwäche, in der „ich mich befinde, Euch nichts anders sagen, Vieilleville, als daß

„ich zu früh für Euch sterbe; aber hier ist mein Sohn, der mir
„verspricht, Euch nie zu vergessen. Sein Vater war nie undank=
„bar, und noch jetzt will er, daß er Euch den zweiten Marschall=
„stab von Frankreich, der aufgeht, gebe, denn ich weiß wohl,
„wem der erste bestimmt ist. Aber ich bitte Gott, daß er ihn
„niemals Jemand gebe, als wer dessen so würdig ist, wie Ihr.
„Ist dies nicht auch deine Meinung, mein Sohn?" Ja, ant=
wortete der Dauphin. Hierauf warf der König seinen Arm um
Vieilleville; allen Dreien standen die Thränen im Auge. Kurz
darauf ließen die Aerzte den Dauphin und alle Anderen hinaus=
gehen, und bald darnach gab der König den Geist auf.

Jetzt war Heinrich, der vormalige Herzog von Orleans,
und nun durch den Tod seines ältern Bruders, Dauphins von
Frankreich, König, und schon nach sieben Tagen bekam Vieille=
ville den Auftrag, als Gesandter nach England zu gehen, um
dem unmündigen Eduard und seinem Conseil neuerdings den
Frieden zuzuschwören, welche Gesandtschaft er auch mit vieler
Würde unternahm und zur größten Zufriedenheit ausführte.

Bald nach Beerdigung des alten Königs wurde der Proceß
des Marschalls von Biez und seines Schwagers von Vervins,
welche Boulogne an die Engländer ausgeliefert hatten, vorge=
nommen, Letzterer zum Tod, Ersterer aber zu Gefängnißstrafe
und Verlust seiner Güter und Titel verdammt. Der König
wollte Vieillevillen aus eigenem Antrieb von den hundert Lanzen,
die der Marschall von Biez commandirt hatte, fünfzig geben;
Vieilleville dankte aber sehr für diese Gnade, weil er nicht der
Nachfolger eines solchen Mannes seyn wollte. Und warum nicht?
fragte ihn der König. „Sire," antwortete Vieilleville, „es würde
„mir seyn, als wenn ich die Wittwe eines verurtheilten Ver=
„brechers geheirathet hätte. — Auch hat es mit meiner Beförde=
„rung keine Eile; denn ich weiß, daß Ew. Majestät gleich nach

„Ihrem feierlichen Einzug in Paris beschlossen haben, Boulogne „den Engländern wieder wegzunehmen. Vielleicht bleibt dabei „ein Capitän, ein Mann von Ehre, dessen Platz Sie mir geben „werden, oder bleibe ich selbst; denn um meinem König zu die= „nen, werde ich mich nicht schonen, und dann bedarf ich keiner „Compagnie mehr." Dieses geschah in Gegenwart des Marschalls von St. André. Der König redete ihm noch sehr zu, allein Vieilleville blieb bei seiner Antwort: „Lieber will ich des Mar= schalls, der hier ist, Lieutenant seyn, als die Compagnie des Herrn von Biez, eines Verräthers, haben."

Der Marschall von St. André, der vorher schon gegen den König denselben Wunsch geäußert hatte, war äußerst froh über diese Erklärung. „Erinnert Euch, mein bester Freund, dieser Rede, wobei Ihr den König zum Zeugen habt." Vieilleville sah sich jetzt gezwungen, die Lieutenantsstelle anzunehmen, wiewohl er den Vorschlag in keiner andern Absicht gethan hatte, als um jenes erste Anerbieten abzulehnen.

Diese Compagnie Gendarmes war von dem Vater des Mar= schalls sehr nachlässig zusammengesetzt worden. Sie bestand größten= theils aus den Söhnen der Gastgeber und Schenkwirthe, und da die Schilde an diesen Wirthshäusern gewöhnlich Heilige vor= stellten, so benannte sich dieses Volk nach diesen Heiligen. Daher war diese Compagnie in ganz Lyon zum Gelächter. Einige dankten Gott, daß er eine Compagnie Heilige aus dem Paradies geschickt habe, sie zu bewachen; Andere nannten sie die Gendarmes der Litanei. So fand man auch in der ganzen Compagnie nicht fünfzig Dienstpferde. Daher kam es auch, und besonders aus der Gunst, in der ihr Chef stand, daß sie nie zur Armee stießen; es hieß immer, sie wären dem Gouverneur unentbehrlich, um eine so große Stadt, wie Lyon, im Zaum zu halten. Bei der Musterung entlehnten diese Leute die ihnen nöthigen Pferde und

Armaturstücke, und so dauerte diese Unordnung neun bis zehn Jahre, bis der alte St. André starb und nun sein Sohn sie bekam, der sie denn auch so ließ, weil er ihre Schande nicht aufdecken wollte. Eben deßwegen aber war es ihm lieb, Vieillevillen zu seinem Lieutenant zu haben, da er ihn als einen strengen und unerbittlichen Mann im Punkte der Zucht und der Ehre kannte.

Vieilleville hatte diese Compagnie nach Clermont in Auvergne beordert, damit sie nicht so leicht Waffen und Pferde entlehnen könnte. Hier erschien er nun mit sechzig bis achtzig braven Edelleuten aus den besten Häusern von Bretagne, Anjou und Maine, die meistens den Krieg in Piemont mitgemacht hatten. Kaum war er angekommen, so überreichte man ihm eine Liste von dreißig bis vierzig, die vermöge eines Attestats vom Doctor zurückgeblieben waren, die er denn sogleich aus der Compagnie ausstrich. Eben so machte er es mit dem Volk der Pächter, Kammerdiener u. dgl., die aus vornehmer Herren und Frauen Gunst in die Compagnie waren aufgenommen worden. Die Uebrigen, die noch in den Reihen standen, ließ er zu Pferde manövriren, und da sie gar nichts verstanden, so gaben sie den alten Soldaten viel zu lachen. Er schickte sie daher auch sogleich in ihre Wirthshäuser zurück, um den Gästen dort aufzuwarten, mit dem Bedeuten, daß unter die Gendarmes nur Edelleute gehörten. Einige von ihnen murrten zwar darüber und bedienten sich ungezogener Ausdrücke; wie aber die Edelleute mit dem Stock über sie herfielen, so nahmen die Andern Reißaus zur großen Belustigung der Gesellschaft. Und so entledigte sich Vieilleville dieses Gesindels, das zum Dienst des Königs nie einen Sporn angelegt hatte, und besetzte die Plätze mit guten Edelleuten, die auf Ehre hielten und sich mit Anstand ausrüsten konnten. Jetzt ließen sich auch noch viele andere Edelleute aus Gascogne,

Perigord und Limosin einschreiben, die vorher unter dem Auswurf nicht hatten dienen wollen, so daß diese Compagnie bei der nächsten Musterung auf fünfhundert Pferde sich belief und eine der besten der ganzen Gendarmerie wurde.

Einige Zeit darauf begleitete Vieilleville den König durch Bourgogne nach Savoyen, wo überall in den großen Städten ein feierlicher Einzug gehalten wurde. Als sie nach St. Jean de Maurienne kamen, wo ein Bischof residirt, bat dieser den König, diese Stadt mit einem Einzug zu beehren, und versprach dabei, ihm ein Fest zu geben, wie er es noch nie gesehen. Der König, neugierig auf diese neue Festlichkeit, gestand es zu, und zog den andern Morgen feierlich ein. Kaum war er zweihundert Schritte durch das Thor, als sich eine Compagnie von hundert Mann zeigte, die vom Kopf bis auf den Fuß wie Bären gekleidet waren, und dieses so natürlich, daß man sie für wirkliche Bären halten mußte. Sie kamen schnell aus einer Straße heraus mit klingendem Spiel und fliegenden Fahnen, den Spieß auf der Schulter, nahmen den König in die Mitte, und so bis hin zur Kirche, zum großen Gelächter des ganzen Hofes. Eben so führten sie den König bis zu seiner Wohnung, vor welcher sie viele tausend Bärensprünge und Possen machten; sie kletterten wie Bären an den Häusern, an den Säulen und Bogengängen hinauf und erhuben ein Geschrei, das ganz natürlich dem Brummen der Bären glich. Da sie sahen, daß dem König dies gefiel, versammelten sie sich alle Hundert und fingen ein solches entsetzliches Hurrah an, daß die Pferde, welche unten vor dem Hause mit der Dienerschaft hielten, scheu wurden und über Alles hinrennten, welches den Spaß sehr vermehrte, obgleich viele Leute dabei verwundet wurden. Dem ohngeachtet machten sie noch einen Rundtanz, wo die Schweizer sich auch darein mischten.

Von da ging der König über den Berg Cenis nach Piemont,

wo sein Vater Franz I. schon den Prinzen von Melphi zum Vice=
könig eingesetzt hatte. Dieser Prinz, als er dem König entgegen
gegangen war, erzeigte Vieillevillen besondere Ehre, so daß er
ihm selbst Quartier in Turin machte, und die Leute des Conne=
table von Montmorency aus mehreren Wohnungen, die sie bestellt
hatten, herauswerfen ließ, um sie für Vieilleville aufzubewahren,
welches der Connetable sehr übel aufnahm, und den Prinzen
merken ließ, daß es dem Reisemarschall zustände, Jeden nach
seinem Rang zu logiren. Hierauf sagte ihm der Prinz: „Herr,
„wir sind über den Bergen hüben — wenn Sie drüben sind,
„befehlen Sie in Frankreich, wie Sie wollen und selbst durch
„den Stock; hier aber ist es anders, und ich bitte mir aus, keine
„Anordnung zu machen, die nicht befolgt werden würde." Der
Prinz ging in seiner Achtung gegen Vieilleville so weit, daß er
oft die Parole bei ihm abholen ließ, und gab nie zu, daß die,
welche der Connetable für die Haustruppen des Königs gab,
allgemein gelten sollte. Vieilleville, als feiner Hofmann, machte
jedoch so wenig als möglich Gebrauch von diesen Auszeichnun=
gen, um die andern Großen nicht aufzubringen. Es wendete
sich Alles nur an ihn, um Befehle im Dienst des Königs zu er=
halten. Bei seinem Aufstehen und Niederlegen waren alle Capi=
täns zugegen; er hielt aber auch offene Tafel, und diese war so
reich besetzt, daß die Tafel des Prinzen von Melphi sehr mager
dagegen aussah.

Unterdessen bekam der König Nachricht, daß ein Aufstand in
Guyenne ausgebrochen, und man zu Bourdeaur den Gouverneur
und andere beim Salzwesen angestellte Officiere umgebracht hatte.
Der Connetable stellte dem König vor, daß dieses Volk immer
rebellisch sey, und daß man die Einwohner dieser Gegend gänz=
lich ausrotten müsse. Er bot sich auch selbst an, dieses ins Werk
zu richten. Der König schickte ihn zwar dahin ab, befahl aber

doch, nur die Schuldigen nach der Strenge zu bestrafen und gute Mannszucht zu halten. Auch gab er ihm den Herzog von Aumale mit, den Vieilleville begleitete. Der Volksaufstand hatte sich bei Annäherung der Truppen bald zerstreut, so daß der Connetable ganz ruhig in Bourdeaur einziehen konnte, wo er binnen eines Monats gegen hundert und vierzig Personen durch die schmerz=haftesten Todesarten hinrichten ließ. Besonders wurden die drei Rebellen, welche die königlichen Officiere ins Wasser geworfen hatten, mit den Worten: „Geht ihr Herren, und salzet die Fische „in der Charente!" auf eine sehr schreckliche Art gerädert und dann verbrannt, mit den Worten in der Sentenz: „Gehe hin, „Canaille, und brate die Fische der Charente, die du mit den „Körpern von deines Königs Dienern gesalzen hast."

Auf dem ganzen Weg nach Bourdeaur hatte Vieilleville die Compagnie des Marschalls von St. André, deren Lieutenant er war, geführt, und dabei so gute Mannszucht gehalten, daß Alles wie im Wirthshaus bezahlt wurde. Er stieg sogar nicht eher zu Pferde, bis seine Wirthe ihm geschworen hatten, daß sie Alles richtig erhalten. Als er mit dieser Compagnie in ein großes Dorf drei Stunden von Bourdeaur kam, fanden seine Reitknechte unter dem Heu und Stroh eine große Anzahl sehr schöner Piken, Feuerröhren, Pickelhauben, Cuirasse, Helme. Schilde und Hellebarden versteckt. Der Wirth, den er darüber unter vier Augen zur Rede setzte, antwortete mit Angst und Zittern, daß seine Nachbarn diese Waffen hieher versteckt hätten, weil sie wohl wüßten, daß er ein unschuldiger Mann sey. Und weil ich, setzte er hinzu, in den zwei Tagen, so Ihr bei mir seyd, von Niemand nur ein hartes Wort erhalten, so will ich Euch noch mehr sagen, daß fünfunddreißig Koffer und Kisten von verschiedenen Edelleuten, die sich in ihrem Haus nicht sicher glaubten, hieher gebracht worden, die ich habe einmauern lassen, weil es bekannt ist, daß ich nie mit diesem Unwesen etwas zu thun gehabt; ich bitte Euch aber, gnädiger Herr, haltet darüber, daß weder sie noch ich Schaden leiden. Vieilleville, der wohl sah, daß er unschuldig, aber ein armer Tropf sey, befahl ihm, Niemand etwas davon zu entdecken, die Waffen aber öffentlich in eine Scheune zu verschließen und stellte ihm ein Zeugniß aus, daß er selbst sie erkauft und bezahlt habe und abholen lassen würde. Er sollte sich nur an ihn wenden, wenn man Gewalt brauchen wollte. Gerührt von dieser menschlichen Behandlung, wollte dieser Mann, der das Leben verwirkt zu haben glaubte, ihn fast anbeten und bat auf den Knieen, wenigstens die Waffen anzunehmen, besonders die Piken, die ganz neu und sehr schön wären. Allein Vieilleville wurde aufgebracht und befahl ihm, wenn er nicht der Gerechtigkeit überliefert seyn wollte, zu schweigen.

In einem Dorfe, eine Stunde von Bourdeaux, blieb die Compagnie in Garnison; er selbst aber nahm seine Wohnung in Bourdeaux bei einem Parlamentsrath Balvyn. Dieser kam ihm gleich entgegen, und schätzte sich glücklich, einen Mann von solcher Denkungsart und Ansehen in seinem Hause zu haben, um desto mehr, da er auf falsche Anklagen von dem Connetable sehr gedrückt, ja sogar Hausgefangener sey. Vieilleville sicherte ihm allen Beistand zu und versprach, seine Sache zu vertheidigen. Kaum war er in den Saal getreten, so erschien auch die Frau von Balvyn mit zwei Töchtern von außerordentlicher Schönheit. Sie war noch ganz verwirrt von einem Schrecken, den sie in der vorigen Nacht gehabt, da man in dem Hause ihrer Schwester, der Wittwe eines Parlamentsraths, einbrechen wollen; sie hatte deßwegen ihre zwei Nichten hieher geflüchtet und empfahl ihm die Ehre dieser vier Mädchen auf das dringendste. Sie warf sich vor ihm auf die Kniee, allein Vieilleville hob sie auf und sagte ihr, daß er auch Töchter habe. Er würde eher das Leben,

als ihnen etwas Leides geschehen laſſen. Da ſich die Mutter ſo
getröſtet ſah, fing ſie nunmehr an zu erzählen, daß die Leute
des Herrn, der bei ihrer Schweſter wohnte und Graf Sancerre
hieß, und beſonders ein junger Edelmann, die Thüre in der
Mädchen Kammer habe eintreten wollen, daß die Mädchen aber
zum Fenſter hinaus auf das Reiſig geſprungen ſeyen und ſich
hieher geflüchtet hätten. Vieilleville fragte ſie, ob es nicht der
Baſtard von Beuil ſey? — So heißt er, ſagten ſie. — „Nun
da muß man ſich nicht wundern," verſetzte Vieilleville; „bei dem
„Sohn einer H... iſt für Mädchen von Ehre in dergleichen
„Dingen nie Friede, noch Sicherheit; denn es verdrießt ihn, daß
„nicht alle Weiber ſeiner Mutter gleichen." Indem kam auch die
Wittwe an und klagte, daß der Baſtard ſie mißhandelt und von
ihr verlangt habe, die Mädchen ihm auszuliefern. Nach dem
Eſſen ging Vieilleville zum Connetable, wo er Sancerre das
üble Betragen ſeines angenommenen Sohnes vorſtellte. Der
Graf von Sancerre, um des Vieilleville Hauswirth zu beſänfti=
gen, ging mit ihm zum Abendeſſen nach Hauſe, wo er ſelbſt
ſeine Entſchuldigung machte und ſie für die Zukunft ſicher zu
ſtellen ſuchte; allein ſie trauten auch ihm nicht und kamen, ſo
lange die Armee in Bourdeaux war, nicht mehr aus ihrer Frei=
ſtatt. Sie erſparten ſich dadurch viele Unannehmlichkeiten und
Schande, die den andern Bürgern widerfuhr, denn alle Ein=
wohner der Stadt, ohne Ausnahme des Geſchlechts, mußten auf
den Knieen Abbitte thun; allein die Familie Balvyn blieb davon
weg, obgleich der Connetable Vieillevillen erinnern ließ, ſie nicht
zurückzuhalten, worauf dieſer aber ganz erzürnt ſich erklärte:
wenn man ſeine Hausleute zu dieſer ſchimpflichen Abbitte zwin=
gen wollte, ſo werde er ſelbſt mit ihnen kommen; er verſichere
aber, daß kein geringer Lärm darüber entſtehen ſollte.

Es geſchah öfters, daß von den Compagnien, die auf dem

Dorfe lagen, mehrere Soldaten nach Bourdeaux kamen, um sich
Bedürfnisse einzukaufen, oder auch um die Hinrichtungen mit
anzusehen. Einer von den Gendarmen und zwei Bogenschützen
machten sich dieses zu Nutze und meldeten dem Pfarrer ihres
Dorfes, zwei von denen, die sie hätten hängen sehen, hätten
ausgesagt, daß er mit ihnen die Sturmglocke in seiner Kirche
geläutet habe. Sie hätten daher den Auftrag, ihn gefangen zu
nehmen, würden ihn aber entwischen lassen, wenn er ihnen eine
schöne Summe gäbe. Der arme Pfarrer, der sich nicht ganz
schuldlos fühlte, versprach ihnen achthundert Thaler; aber auch
hiermit noch nicht zufrieden, erpreßten sie von ihm, den Dolch
an der Kehle, das Geständniß, wo er die reichen Geräthschaften
der Kirche hinversteckt hätte. Die Furcht vor dem Tod ließ ihn
Alles gestehen. Sie banden ihn darauf in einer entfernten
Stube fest, und beschlossen, wenn sie ihren Schatz in Sicherheit
gebracht haben würden, ihn umzubringen. Allein der Neffe des
Pfarrers lief nach Bourdeaux, Vieillevillen davon zu benachrichtigen, der sich sogleich zu Pferde setzte und, ohne daß die Böse-
wichter etwas davon merkten, in der Pfarrwohnung abstieg, eben
da sie mit drei reich beladenen Pferden daraus abziehen wollten
Den ersten, der ihm vorkam, stieß er sogleich im Zorn nieder,
mit den Worten: „Nichtswürdiger, was? Sind wir Ketzer, daß
wir auf die Priester losgehen und Kirchen bestehlen?" Die andern zwei wurden von ihren Cameraden selbst getödtet, damit
die Compagnie nicht beschimpft würde, wenn sie am Galgen
stürben. Den Pfarrer fand man gebunden, und zwei Knechte
bei ihm, die ihm das Messer an der Kehle hielten, daß er nicht
schreien sollte. Er warf sich vor Vieillevillen nieder und dankte
für sein Leben und die Wiedererstattung seines Vermögens;
dieser befahl ihm, die drei Todten zu begraben und eine Messe
für ihre Seele zu lesen

Nachdem nun der Connetable in dieser Stadt ein schreckliches Beispiel seiner Strenge in der Bestrafung der Aufrührer gegeben, ließ er die Armee auseinander gehen; die stehen bleibende Compagnie aber wurde von ihm gemustert. Im Scherze sagte er zu Vieilleville, daß er selbst der Commissär bei seiner Compagnie seyn würde, denn er hätte vernommen, daß die Compagnie des Marschalls von St. André nicht vollzählig, noch equipirt sey, hinreichende Dienste zu thun, und daß er wohl wüßte, wie nur zwanzig Dienstpferde darinnen wären. Vieilleville bat ihn darauf ganz bescheiden, bei der Verabschiedung seine Compagnie nicht zu schonen, wenn er sie so befände. Aber er solle wohl Acht haben, daß wenn er ihm selbst die Ehre anthun wollte, seine Compagnie zu mustern, es ihm nicht gehe, wie den andern Commissären. Und wie denn? fragte ihn der Connetable, der sich vorstellte, es geschehe ihnen etwas Unangenehmes. Ich behalte Sie zum Mittagessen, antwortete Vieilleville. Auch fand der Connetable bei der Musterung zu großer Bewunderung aller Anwesenden diese Compagnie in vortrefflichem Stande. Sie nahm ein großes Feld ein und schien über sechshundert Pferde stark, denn er hatte die Reitknechte, so die Handpferde ihrer Herren ritten, in einiger Entfernung neben der Compagnie stellen lassen und nicht hinter ihnen, wie es sonst gewöhnlich. Er selbst kam dem Connetable und allen Großen, die ihn begleiteten, auf einem prächtigen Apfelschimmel, der auf zweitausend Thaler geschätzt wurde, vor der Compagnie entgegen und zeigte da, wie er sein Pferd wohl zu reiten verstünde. Er gab hierauf dem Connetable und allen diesen Herren in einem Feld neben dem Dorf ein vortreffliches Gastmahl unter Hütten, die er aus Zweigen hatte sehr artig aufrichten lassen.

Von Bourdeaur aus führte er seine Compagnie in ihre gewöhnliche Garnison nach Xaintonge und ging sodann nach Hause,

wo die Heirath des jungen Marquis von Espinay mit seiner
Tochter vollzogen wurde, bei welcher Gelegenheit eine unzählige
Menge Fremder sich einfand, die alle auf das beste und kostbarste
bewirthet wurden. Auch schlichtete er mehr als zehn Ehrenhändel,
die zwischen braven und tapfern Edelleuten und Officieren in
der Nachbarschaft entstanden waren, und ob er sie gleich sehr
verwirrt fand, so wußte er sie doch, vermöge der großen Fertig=
keit, die er im Umgang mit so vielen Nationen und seit so lan=
gen Jahren erhalten, sehr wohl auseinander zu setzen, und aus=
zugleichen, so daß man in dieser Art Händel sich von allen Seiten
an ihn wendete, sogar die Marschälle von Frankreich, die das
oberste Gericht über die Ehre des französischen Adels ausmachten.

Kaum acht Tage nach der Hochzeit wurde Vieilleville nach
Hofe beordert, wohin er auch gleich den jungen Espinay mit
sich nahm, denn er sollte keine Gelegenheit versäumen, sich zu
zeigen, und er vermuthete, daß man den Engländern, gleich nach
dem Einzuge des Königs, Boulogne wieder nehmen würde.
Eines Tages kam der Schwager des Marschalls von St. André,
d'Apechon, nebst den Herren von Sennecterre, Biron, Forguel
und la Noue zu ihm und überbrachte ihm ein Brevet, vom
König unterzeichnet, worin ihm und den Ueberbringern dieses
das confiscirte Vermögen aller Lutheraner in Guyenne, Limosin,
Quercy, Perigord, Xaintonge und Aulnys geschenkt wurde. Sie
hatten ihn vorgeschoben, um desto gewisser dieses beträchtliche
Geschenk, das nach Abrechnung aller Kosten der Erhebung Jedem
zwanzigtausend Thaler tragen konnte, zu erhalten. Vieilleville
dankte ihnen dafür, daß sie bei dieser Gelegenheit an ihn gedacht
hätten, erklärte aber, daß er sich durch ein so gehässiges und
trauriges Mittel nie bereichern würde; denn es wäre nur darauf
abgesehen, das arme Volk zu plagen und durch falsche Anklagen
so manche gute Familie zu ruiniren. Es wäre ja kaum der

Connetable aus diesem Land mit seiner großen Armee, die schon so viel Schaden angerichtet; auch hielte er es unter seiner Würde und gegen alle christliche Pflicht, die armen Unterthanen des Königs noch mehr ins Unglück zu bringen, und eher würde er sein Vermögen dazu verlieren, als daß sein Name bei diesen Confiscationen in den Gerichten herumgezogen würde. — „Denn," setzte er hinzu, „wir würden in allen Parlamentern einregistrirt „werden und den Ruf als Volksfresser verdienen; für zwanzig= „tausend Thaler den Fluch so vieler Weiber, Mädchens und Kin= „der, die im Spital sterben müssen, auf sich zu laden, heißt sich „zu wohlfeil in die Hölle stürzen. Ueberdem würden wir alle „Gerichtspersonen, in deren Profit wir greifen, zu Gegnern und „Todfeinden haben." Er zog darauf seinen Dolch und durch= löcherte das Brevet, worauf sein Name stand; eben dieses that nun auch d'Apechon, der ganz schamroth worden war, und Biron; sie gingen alle drei davon und ließen das Papier auf der Erde liegen. Die Andern aber, welche schon gar zu sehr auf diesen Profit gezählt hatten, waren sehr unwillig über die Gewissen= haftigkeit Vieilleville's, hoben das Brevet auf und zerrissen es unter großen Flüchen in tausend Stücke.

Kurz darauf wurde Boulogne von dem König belagert, wobei denn auch Vieilleville und sein Schwiegersohn Espinay zugegen waren. Eines Tages fiel ihm ein, daß, wie er in Eng= land Gesandter gewesen, der Herzog von Somerset ihm einige Stichelreden über die Bravour der Franzosen gegeben hatte. Vieilleville bat daher den Herrn von Espinay, sich in seine beste Rüstung zu werfen, wie an dem Tag einer Schlacht. Eben so zog er selbst sich an, nahm noch drei Edelleute mit und ritt mit diesem Gefolge ganz in der Stille vor die Thore von Boulogne. Der Trompeter blies, und man verlangte zu wissen, was er wollte? Er fragte, ob der Herzog von Somerset in dem Platz sey? — Vieilleville wäre hier und wollte eine Lanze brechen. Es wurde ihm geantwortet, daß der Herzog krank in London liege, obgleich es allgemein hieß, daß er in Boulogne sey. Er fragte darauf, ob nicht ein anderer tapferer Ritter von Rang auf den Platz kommen wollte; allein es zeigte sich Niemand. „Wenig-„stens," sagte er, „wird doch vielleicht ein Sohn eines Mylords „sich finden, der mit einem jungen Herrn aus Bretagne, Espi-„nay, der noch nicht zwanzig Jahre hat, sich messen will. Er „komme, damit wir nicht ins Lager wieder zurückkommen, ohne „uns gemessen zu haben; denn es geht um die Ehre eurer Na-„tion, wenn sich Niemand zeigt." Endlich zeigte sich der Sohn des Mylord Dudley auf einem schönen spanischen Pferd mit einem prächtigen Gefolge. Sobald ihn einer von Vieilleville's Gefolge gesehen hatte, sagte dieser zu Espinay: „Dieser Mylord ist Euer; „seht Ihr nicht, wie er auf englische Art reitet, er berührt ja „fast den Sattelknopf mit seinen Knieen. Sitzet nur fest und „senkt Eure Lanze nicht eher, als drei oder vier Schritte vor ihm; „denn wenn Ihr sie schon von weitem herunterlaßt, sinkt die „Spitze, Ihr verliert den Augenpunkt, denn das Auge wird von „dem Visier geblendet." Es wurde darauf der Vertrag von bei-den Seiten gemacht, daß, wer seinen Feind zur Erde würfe, ihn nebst Pferd und Rüstung gefangen wegführen sollte.

Jetzt ritten sie jeder an seinen Platz, legten die Lanze ein und stießen auf einander; der Engländer stürzte und ließ seine Lanze fallen, die vorbeigegangen war. Espinay hatte ihm einen so starken Stoß in die Seite gegeben, daß die Lanze brach. So-gleich springt Taillabé, einer aus Espinay's Gefolge, vom Pferd herunter und schwingt sich auf Dudley's spanisches Roß; die andern heben diesen von der Erde, der Trompeter bläst Vic-toria, und nun eilen sie mit ihrem Gefangenen dem Lager zu und verlassen in ziemlicher Verwirrung die Engländer.

Der König hatte indessen schon Nachricht davon erhalten, und zog ihnen mit vielen Großen entgegen. Kaum hatten sie ihn erblickt, so stiegen sie vom Pferd, und Espinay stellte seinen Gefangenen vor und übergab ihn dem König; dieser, indem er ihn wieder zurückgab, zog seinen Degen und schlug ihn zum Ritter.

Bald darauf nöthigte ein erschrecklicher Sturm den König, das Lager von Boulogne aufzuheben und seine Armee zurückzuziehen. Der junge Dudley bat jetzt, da sie weiter ins Land kamen, den Herrn von Espinay, seine Ranzion zu bestimmen; er könne nicht weiter und habe bringende Geschäfte in England. Einer von seinen Leuten nahm den Letztern auf die Seite und sagte ihm, daß Dudley in die Tochter des Grafen von Bedfort verliebt und auch Alles in Richtigkeit sey, sie zu heirathen. Als Espinay dieses hörte, sagte er ihm, daß er gehen könne, wenn es ihm beliebe; er verlange nur von ihm, des Hauses Espinay eingedenk zu seyn, die nicht in Krieg ziehen, um reich zu werden, denn sie hätten schon genug, sondern um Ehre zu erwerben und den alten Ruhm ihrer Familie zu befestigen. Doch wolle er gern von ihm vier der schönsten englischen Stuten annehmen; eine Großmuth, über welche Dudley nicht wenig verwundert war

Die deutschen Fürsten beschlossen zu Augsburg, eine Gesandtschaft nach Frankreich zu schicken, um den König zu bewegen, ihnen gegen den Kaiser (Karl V.) beizustehen, der einige Fürsten hart gefangen hielt und sie schmählich behandelte. Die Gesandtschaft bestand aus dem Herzog von Simmern, dem Grafen von Nassau, dessen Sohn, dem nachher so berühmten Prinzen Wilhelm von Oranien, und andern vornehmen Herren und Gelehrten. Man schickte ihnen bis St. Dizier entgegen, und verschaffte ihnen alle Bequemlichkeiten nach ihrer Art; denn sie reisten nur fünf, sechs Stunden des Tages, und zwar vor der Mittagsmahlzeit, bei der sie dann immer bis neun oder zehn

Uhr des Nachts sitzen blieben; während dieser Zeit durfte man ihnen nicht mit Geschäften kommen. Sie hatten auch mit Fleiß diese Route gewählt, um sich recht satt zu trinken, denn von St. Dizier bis Fontainebleau kommt man durch die besten Weingegenden von Frankreich.

Vieilleville wurde, als sie zwei Stunden von Fontainebleau in Moret sich ausruhten, zu ihnen geschickt, um sie im Namen des Königs zu bewillkommen, welches der ganzen Gesandtschaft sehr wohl gefiel, besonders da er sie sehr gut bewirthete. Er erfuhr daselbst, daß der Graf Nassau ein Verwandter von ihm sey; dieser wendete sich besonders an ihn, da er sehr gewandt in Geschäften war, und auch die französische Sprache gut redete. Eines Tages, da Vieilleville Viele von der Gesandtschaft zum Mittagsessen hatte, unter Andern auch zwei Beisitzer des kaiserlichen Kammergerichts zu Speyer, und die Bürgermeister von Straßburg und Nürnberg, nahm der Graf Nassau Vieillevillen bei Seite, um ihn genauer von ihrer Sendung zu unterrichten. Diese Unterredung dauerte beinahe eine Stunde, als die vier Richter und Bürgermeister ungeduldig wurden, und mit dem Grafen in einem sehr rauhen Ton anfingen deutsch zu reden. Dieser aber machte ihren Zorn auf eine sehr geschickte Art lächerlich, indem er ganz laut auf Französisch, welches sie nicht verstanden, sagte: „Wundern Sie sich nicht, meine Herren, daß „diese Deutschen so aufgebracht sind, denn sie sind nicht gewohnt, „so bald vom Tisch aufzustehen, nachdem sie so vortrefflich gegessen und so köstlichen Wein getrunken haben."

Vieilleville hinterbrachte dem König Alles, wie er es gefunden und gehört hatte. Dieser war so wohl damit zufrieden, daß er ihn den andern Morgen rufen ließ, und ihn zum Mitglied des Staatsraths ernannte. Die Gesandten hatten eine feierliche Audienz bei dem König, und gleich darauf wurde Staatsrath gehalten, worinnen Heinrich II. vortrug, wie wenig rathsam es sey, Krieg mit dem Kaiser anzufangen. Nach dem König nahm sogleich der Connetable von Montmorency außer der Ordnung das Wort, und stimmte gegen den Krieg: ihm folgten die Uebrigen, bis die Reihe an Vieilleville kam, der der ganzen Versammlung auf eine sehr bündige Art vorstellte, wie es die Ehre der Krone erfordere, den deutschen Fürsten beizustehen. Er eröffnete sodann dem König in Geheim, was ihm der Graf Nassau anvertraut hätte, daß nämlich der Kaiser sich in Besitz von Metz, Toul, Verdun und Straßburg setzen wollte, welches dem König sehr nachtheilig seyn würde. Der König sollte daher ganz in der Stille sich dieser Städte, die eine Vormauer gegen die Champagne und Picardie waren, bemächtigen. „Und was den Vorwurf „betrifft, Herr Connetable," indem er sich zu ihm wendete, „den „Sie so eben bei Ablegung Ihrer Stimme geäußert, daß die „Deutschen eben so oft ihren Sinn ändern, als ihren Magen „leeren, und leicht eine Verrätherei hinter ihrem Anerbieten stecken „könne, so wünschte ich lieber mein ganzes Vermögen zu verlieren, „als daß ihnen dieses zu Ohren käme; denn wenn solche souveräne „Fürsten, wie diese sind, davon einer dem Kaiser bei seiner Wahl „den Reichsapfel, der die Monarchie anzeigt, in die linke Hand, „der andere den Degen, um sich zu schützen, in die rechte gibt, „und der dritte ihm die kaiserliche Krone aufsetzt, weder Treu „noch Glauben halten, unter was für einer Race Menschen soll „man diese denn finden?"

Auf dieses wurde auch der Krieg beschlossen, und zu Ende des März 1552 sollte die Armee auf der Gränze von Champagne beisammen seyn, welches auch mit unglaublicher Geschwindigkeit geschah. Der Connetable nahm durch Kriegslist Metz weg, und kurz darauf hielt der König daselbst seinen Einzug. Bei dieser Gelegenheit musterte er seine Armee, und fand untern andern fünfhundert Edelleute, die er nie hatte nennen hören, sehr gut equipirt. Der König übergab dieses schöne Corps dem jungen Espinay, Vieilleville's Tochtermann, welcher auch an der Spitze desselben tapfere Thaten verrichtete.

Die Einnahme von Metz war aber auch die einzige Frucht dieser Ausrüstung; denn die andern Städte waren aufmerksam geworden, und man fand sie gerüstet. Auch ließen die deutschen Fürsten den König wissen, daß ihr Friede mit dem Kaiser gemacht sey. Dieser Letztere hatte sich kaum der einheimischen Feinde entledigt, als er mit einer zahlreichen Armee gegen Straßburg rückte, den Franzosen die eroberten Gränzstädte wieder wegzunehmen. Auf das erste Gerücht dieses Einfalls warf sich der Herzog von Guise mit einem zahlreichen tapfern Adel in die Stadt Metz, auf welche man den Hauptangriff erwartete. Verdun bekam der Marschall von St. André zu vertheidigen, und in Toul, wohin der König den Herrn von Vieilleville bestimmt hatte, hatte sich der Herzog von Nevers geworfen, ohne einen königlichen Befehl dazu abzuwarten. Der König ließ es auch dabei, so gern er Vieilleville belohnt hätte, und schickte diesen nach Verdun, um dem Marschall von St. André, dessen Lieutenant er noch immer war, bei Vertheidigung dieser Stadt gute Dienste zu leisten.

Vieilleville ließ Verdun sehr befestigen, allein zu seinem größten Verdruß erfuhr man, daß der Herzog von Alba nicht auf diesen Platz losgehen würde, sondern die Belagerung von Metz angefangen hätte. Er nahm sich daher vor, die kaiserliche Armee, die sich wegen ihrer Größe sehr ausdehnen mußte, so viel möglich im Freien zu beunruhigen und sie in enge Gränzen einzuschließen. Auch that er dem Feind durch einige unvermuthete Ueberfälle vielen Schaden. Er erfuhr, daß die Stadt Estain in Lothringen, welches Land vom Kaiser und den Franzosen für neutral erklärt war, den Kaiserlichen viele Lebensmittel zuführte, und beschloß daher, sich von Estain Meister zu machen. Er kam vor die Thore, nur von zwölf Edelleuten zu Pferde begleitet, deren jeder einen Bedienten bei sich hatte; er selbst hatte vier Soldaten, als Bediente gekleidet, bei sich. Ein kleines Corps ließ er in einiger Entfernung ihm nachkommen, das auf den Ruf der Trompete herzueilen sollte. Vor dem Thore ließ er den Maire und den Amtmann rufen und machte ihnen Vorwürfe, daß sie die Feinde der Krone unterstützten. Sie entschuldigten sich damit, daß sie thun müßten, was ihre Herrschaft ihnen befehle und das Beste ihrer Unterthanen mit sich brächte, die ihre Landesprodukte gern mit Vortheil an Mann bringen wollten. „Und wie," sagte Vieilleville, „können wir nicht auch etwas für „unser Geld haben?" — O! warum nicht, antworteten sie. — „Nun, so geht," befahl er den Bedienten, „und holt für uns „und unsere Pferde für sechs Thaler. Blas, Trompeter, unter= „dessen ein lustiges Stückchen, denn bald werdet ihr euch was zu „gute thun." Die wenigen Lanzenknechte, so der Amtmann bei sich hatte, wollten zwar den Bedienten den Eingang streitig machen, aber sie wurden übel zusammengestoßen. Die vier Sol= daten stiegen sogleich auf das Fallgatter, daß es nicht herunter gelassen werden konnte. Jetzt waren schon die zwölf Pferde in dem Thor, und nun kam auch das Corps an, drang mit in die Stadt, und so waren sie Meister derselben. Zehn bis zwölf Spanier, unter andern ein Verwandter des Herzogs von Alba, waren bei dem Amtmann, hatten aber Lärm gehört und über die Stadtmauer sich gerettet. Vieilleville war so aufgebracht dar= über, daß er den Neffen des Amtmanns, der ihnen durchgeholfen hatte, aufhängen ließ.

Sechs Tage nach dieser Expedition überfiel er das Dorf Rougerieules, worin fünf Compagnien Lanzenknechte und eben so viele Schwadronen Reiter lagen. Die Deutschen in dem Dorfe wurden überfallen und alle niedergemacht oder gefangen. Des Morgens um sieben Uhr war Alles vorbei, und Vieilleville schon wieder auf dem Weg, so daß, als ein Theil der Armee des Markgrafen Albert von Brandenburg gegen ihn ausrückte, sie nur das leere Nest fanden.

Vieilleville ging nach Verdun zurück, um seinen Leuten und sich Ruhe zu gönnen, denn er war drei Wochen lang bei strenger Kälte in kein Bett gekommen, hatte auch die Kleider nicht abgelegt. Es freute ihn sehr, als er in die Hauptkirche von Verdun kam, die Fahnen, welche er dem Feinde abgenommen und dem Marschall von St. André geschickt hatte, rechts und links in zwei Reihen hangen zu sehen. Er fügte diesen noch die letzt eroberten eilf Fahnen und Standarten bei, und so überschickten sie dem König zweiundzwanzig Stücke.

Kaum waren aber acht Tage verflossen, so kam ein Courier vom König an Vieilleville, durch den er Befehl erhielt, sich nach Toul zum Herzog von Nevers zu begeben und diesem beizustehen, indem zu befürchten sey, daß der Kaiser, der mit Metz nicht fertig werden könnte, Toul belagern würde. Er möchte so viel Volk als möglich aus Verdun mit sich nehmen, um den Herzog zu verstärken, ohne jedoch den Marschall von St. André zu sehr zu schwächen, denn man wußte noch nicht eigentlich, welchem von beiden Plätzen es gälte. Vieilleville nahm nur wenig Mannschaft mit sich, und ließ die erfahrensten Capitäns bei dem Marschall.

Gleich den andern Tag war Conseil bei dem Herzog von Nevers, worin beschlossen wurde, den Albanesern und Italienern, die in Pont-à-Mousson in sehr starker Anzahl lägen, auf alle nur mögliche Art zu Leibe zu gehen, und ihren Streifereien ein Ende zu machen. Vieilleville erbot sich, mit seinen aus Verdun mitgebrachten Soldaten den Anfang zu machen, und versprach, die Räubereien, welche jene Garnison verübt hatte, reichlich zu vergelten. Er schickte gleich nach obiger Berathschlagung einen seiner Vertrauten und Spione, deren er zwei bei sich hatte, heimlich nach Pont-à-Mousson, wohl unterrichtet von dem, was er bei den Fragen, die man an ihn thun würde, antworten sollte, und auf was er sorgfältig zu merken habe. Er sollte vorgeben, als gehörte er zum Hause der verwittweten Herzogin von Lothringen, Christine, einer Nichte des Kaisers, und habe von ihr Aufträge ins kaiserliche Lager. Er ging spät aus, um eine gültige Entschuldigung zu haben, daß er diesen Tag nicht weiter reiste, damit er die Stärke der Feinde und was sie im Werk haben könnten, desto eher entdecken möchte. Dieser gewandte und entschlossene Mensch machte sich also, ohne daß Jemand etwas davon wußte, mit seiner gelben Schärpe, die das lothringische Zeichen der Neutralität war, auf den Weg, und kam in weniger als drei Stunden vor den Thoren von Pont-à-Mousson an. Man fragte ihn, wo er herkomme? wo er hin wolle? was er zu verrichten, und ob er Briefe habe? Er verlangte vor die Befehlshaber geführt zu werden, so gewiß war er seiner Antworten. Da er vor sie kam (es waren diese Don Alphonso de Arbolancqua, ein Spanier, und Fabricio Colonna, ein Römer), wußte er ihnen auch auf Alles so schicklich zu antworten, daß sie ihn nicht fangen, noch seine eigentliche Bestimmung entdecken konnten. Er bat sich nun die Erlaubniß aus, in sein Logis zu gehen, und fragte, ob sie nichts bei Sr. kaiserlichen Majestät zu bestellen hätten? Er hoffe morgen dort zu seyn und würde ihnen treue Dienste leisten.

Sie fragten ihn, da er durch Toul gereist sey, ob er nicht wisse, daß Truppen von Verdun angekommen, die ein gewisser Vieilleville angeführt. Hierauf fing er an: „O diese verdammte

„französische Kröte! Neulich ließ er zu Estain, das er überfiel, „einen meiner Brüder hängen, der bei meinem Onkel, dem Amt= „mann, war, weil er Spaniern über die Stadtmauer geholfen „hatte. Daß ihn die Pest treffe! Mich kostet es mein Leben, oder „ich räche mich an ihm; denn die Ungerechtigkeit war zu groß, „da wir doch Alle verbunden sind, dem Herrn, dem wir dienen, „Alles zu thun, wie dies der Fall bei dem Kaiser und meiner „Gebieterin ist. Denn wenn zwei dieser Herren wären gefangen „worden, so hätte man viele heimliche Geschäfte von Sr. kaiser= „lichen Majestät erfahren. Und dieser Wütherich hat meinen „armen Bruder tödten lassen, und er hatte keine weitere Farbe, „seine Uebelthat zu beschönigen, als daß sie die Neutralität „gebrochen hätten. Verdammt sey er auf ewig!"

Fabricio Colonna und Don Alphonso, die um Vieilleville's Expeditionen recht gut wußten und besonders diesen letzten Um= stand kannten, merkten hoch auf. Sie nahmen ihn bei Seite, und versprachen ihm den Tod seines Bruders zu rächen, wenn er thun würde, was sie ihm sagten. Er antwortete darauf, daß er auch sein Leben dabei nicht schonen würde; aber er bitte sie, vorher zum Kaiser gehen zu dürfen, um die Botschaft seiner Ge= bieterin zu überbringen. Sie fragten ihn, warum er keine Briefe habe. „Weil," sagte er, „meine Botschaft gewisse Staatsgeheim= „nisse des Königs von Frankreich enthält. Würde ich nun mit „Briefen ertappt, so könnte ich die ganze Provinz ins Unglück „stürzen, denn durch dieses ist die Neutralität verletzt, und ich „wäre in Gefahr, gehangen oder wenigstens gefoltert zu werden." Sie ließen sich mit diesem zufrieden stellen, und da sie ihn schon gewonnen glaubten, ihn in sein Logis zurückführen, mit dem Befehl, ihm das Thor von Metz mit dem frühesten Morgen zu öffnen, ohne sich um seine Geschäfte zu bekümmern.

Mit Anbruch des Tags zeigt er sich am Thor, das ihm auch

ohne weiteres Nachfragen geöffnet wird. Er geht ins Lager, bleibt daselbst den ganzen Tag, und weiß den Herzog von Alba so einzuschläfern, daß er sogar einen Brief von ihm an Fabricio und Alphonso, ihre Geschäfte betreffend, erhält, worin ihnen besonders aufgetragen wird, auf einen gewissen französischen Befehlshaber, Namens Vieilleville, der dem Lager des Markgrafen Albert sehr vielen Schaden zugefügt, und jetzt sichern Nachrichten zufolge seit zwei Tagen mit Truppen in Toul angekommen, aufmerksam zu seyn. Vorzüglich befahl man ihnen den Ueberbringer dieses Briefs an, dessen Eifer für den Dienst Seiner Majestät bekannt sey. Sie sollten daher keinen Anstand nehmen, ihn zu gebrauchen.

Gleich nach Empfang des Briefs lobten ihn diese spanischen Herren sehr und sagten ihm, daß er gar nicht nöthig gehabt hätte, das Certificat seiner Treue vom Herzog von Alba mitzubringen, denn seit gestern schon hätten sie sich durch seine Reden überzeugt, daß er kaiserlich gesinnt sey. Wenn er reich werden wollte, sollte er nur alles Mögliche anwenden, den Feldherrn Vieilleville, der dem Lager des Markgrafen so geschadet habe, in ihre Hände zu bringen. Er antwortete darauf, daß er nichts anders verlange, wenn er es dahin bringe, als daß er ihn umbringen dürfe, damit er ihm das Herz aus dem Leibe reiße, um sich wegen Ermordung seines Bruders zu rächen. Er forderte sie noch dazu auf, ihm als treuen Diener des Kaisers mit Macht bei dieser Unternehmung beizustehen, denn sein Bruder sey im Dienst Sr. kaiserlichen Majestät gehängt worden.

Sie, die diesen Eifer mit Thränen begleitet sahen, denn diese hatte er in seiner Gewalt, zweifelten nun gar nicht mehr, umarmten ihn, und Don Alphonso will ihm eine goldene Kette, fünfzig Thaler werth, umhängen; aber er verwirft dieses Geschenk mit Unwillen und sagt: daß er nie etwas von ihnen nehmen würde, wenn er nicht dem Kaiser einen ausgezeichneten Dienst geleistet, und bei einer andern Gelegenheit als hier, wo sein eigenes Interesse am meisten im Spiel sey, denn er habe hier sein eigen Blut zu rächen. Zugleich bat er sie, nicht weiter in ihn zu bringen und ihm nur freie Hand zu lassen. Nur sollten sie ihm jetzt erlauben, sich seiner guten Gebieterin sogleich zu zeigen; er verspreche auf seiner Rückkunft ihnen gute Nachrichten zu bringen.

Eine so edelmüthige Weigerung, das Geschenk anzunehmen, und alle die schönen Worte brachten Don Alphonso und Fabricio ganz in die Schlinge, so daß sie seine Treue gar nicht mehr in Zweifel zogen. Sie ließen ihn jetzt abreisen, um ihn bald wieder zu sehen.

Er machte sich nun sogleich auf den Weg und kam zu Vieille=ville zurück, der ihn schon für verloren hielt, denn er war schon drei Tage ausgeblieben. Die Nachrichten, welche er mitbrachte, gaben jenem eine kühne und seltsame Kriegslist ein, welche er auch sogleich ins Werk setzte, ohne einen Menschen dabei zum Vertrauten zu machen. Er instruirt ihn, nach Pont=à=Mousson zurückzugehen und den Spaniern zu hinterbringen, daß Vieille=ville mit Anbruch des Tages nach Condé sur Mozelle reiten würde, um mit seiner Gebieterin, die daselbst sich aufhielt, Unterhandlungen zu pflegen; denn die Herzogin fürchte, wenn der Krieg zwischen Frankreich und dem Kaiser noch lange dauern sollte, man möchte ihren Sohn das Piemonteser=Stückchen tanzen lassen (ihn, wie den Herzog von Savoyen, um sein Land brin=gen); er solle aber ja sich der nämlichen Worte bedienen. Er solle noch hinzusetzen, daß Vieilleville, der die Garnison von Pont=à=Mousson fürchte, hundert und zwanzig Pferde, und dar=unter einige gepanzerte, zur Begleitung mit sich nehmen würde. Er brauche übrigens gar nicht sehr zu eilen, damit Vieilleville

Zeit habe, seine Anstalten zu machen, und könne er nur den gewöhnlichen Schritt seines Pferdes reiten.

Des Nachts um eilf Uhr ritt der Kundschafter weg, und kam um zwei Uhr nach Mitternacht bei den Spaniern in Pont-à-Mousson an, welche durch seinen Bericht in ein frohes Erstaunen gesetzt werden. Mit möglichster Schnelligkeit machen sie ihre Anstalten, diesen glücklichen Fang zu thun, an dem sie gar nicht mehr zweifelten. Die ganze Garnison, die noch einmal so stark war, als der Feind, dem man sie entgegenführte, mußte ausreiten, so daß nur etwa fünfzig Schützen in der Stadt zurückblieben, und man hielt sich des Sieges schon für gewiß.

Vieilleville hatte indessen, sobald der Kundschafter aus den Thoren von Toul war, alle seine Hauptleute bei dem Herzog von Nevers zusammenberufen und ihnen erklärt, daß er ein muthiges Unternehmen vorhabe, wobei sie sich aber nicht verdrießen lassen müßten, zehn Stunden zu Pferde zuzubringen. Er versicherte ihnen, es würde dabei etwas herauskommen, und sie viel Ehre und Vortheil davon tragen. Alle waren es zufrieden und machten sich sogleich bereit. Sie zogen aus der Stadt aus, ritten dritthalb Stunden lang bis an die Brücke, gegen das Holz von Rouzières. Hier vertheilte Vieilleville die Truppen und legte sie an verschiedene Plätze in Hinterhalt. Er selbst hielt mit hundert und zwanzig Pferden die Ebene, und Alles, was ihm in den Weg kam, arbeitende Landleute oder Wanderer, wurde festgehalten, damit der Feind nichts erfahren könnte. Sobald man den Feind sähe, sollte man machen, was er mache; die Trompeter sollten auf Gefahr ihres Kopfes nicht blasen, bis er es befehle. Noch muß man bemerken, daß er in der Abwesenheit seines Kundschafters sich in der ganzen Gegend umgesehen hatte, um die Lage recht inne zu haben, wo er als ein erfahrener Soldat seinen Hinterhalt am besten anlegen könnte

Nachdem Alles auf diese Weise angeordnet war, verflossen kaum drei Stunden, als der Feind sich zeigte. "Wenden wir uns „um nach Toul zurück," sagte Vieilleville, „als wenn wir fliehen „wollten, jedoch in langsamem Schritte, und fangen sie an, uns „in Galopp zu verfolgen, so galoppiren wir auch, bis sie an „unserm Hinterhalt vorbei sind. Geschieht dieses, so sind sie „unser, ohne daß wir nur einen Mann verlieren."

Der Feind, der sie fliehen sah, setzte ihnen in starkem Galopp nach mit einem schrecklichen Siegesgeschrei. So wie sie den Hinterhalt hinter sich haben, commandirt Vieilleville: Halt! und läßt den Trompeter blasen. Zugleich machen sie Fronte gegen den Feind und rüsten sich zum Angriff. Augenblicklich bricht nun auch der Hinterhalt hervor, hundert und zwanzig Pferde von der einen Seite, fünfzig leichte Reiter von der andern, von einer dritten zweihundert Schützen zu Pferde, die unter einem unglaublichen Schreien und Trommelgetöse in vollem Rennen daherspringen, welches die Feinde so überraschte, daß sie ganz bestürzt: Tradimento! tradimento! riefen. Unterdessen warf Vieilleville Alles nieder, was ihm entgegen kam. Schüsse fielen von allen Seiten, daß man nur schreien hörte: Misericordia, Signor Vieillevilla... Buona Guerra, Signori Francesi. Der Kugelregen warf in ganzen Haufen Menschen und Pferde dahin, so daß Vieilleville das Gefecht und Gemetzel aufhören ließ, und der übriggebliebene Theil ergab sich, nachdem er die Waffen weggeworfen, auf Gnade und Ungnade. Zwei hundert und dreißig blieben auf dem Platz, und fünf und zwanzig wurden verwundet, unter denen auch der Anführer Fabricio Colonna sich befand. Die Uebrigen blieben gefangen, und kam auch nicht ein Einziger davon, der das Unglück seiner Cameraden nach Pont-à-Mousson hätte berichten können.

Nach dieser tapfern und siegreichen Unternehmung schickte

Vieilleville einen Theil seiner Leute, nebst dem gefangenen feindlichen Anführer, zum Herzog von Nevers zurück; die andern Verwundeten oder Gefangenen aber wurden an einen sichern Ort gebracht. Die drei erbeuteten Standarten, ließ er dem Herzog sagen, könne er noch nicht mitschicken, da er sie zu einer Unternehmung nöthig habe, die ihm in dem Augenblick in den Sinn käme. Als man in ihn drang, zu sagen, was dies für ein Unternehmen sey, antwortete Vieilleville: er sey keiner von den Thoren, die das Bärenfell verkaufen, ehe sie ihn gefangen haben Auch wollte er es nicht machen, wie Fabricio Colonna, der ihn an seinen Kundschafter geschenkt habe, um ihn zu tödten, und jetzt selbst von seiner Gnade abhänge.

Nachdem jene weggeritten, rufte Vieilleville seinen Kundschafter und sagte ihm: „Nimm meine weiße Standarte, meinen „Kopfhelm und meine Armschienen, und gehe nach Pont-à-Mousson. „Bist du eine Viertelstunde von der Stadt, so fange an zu „galoppiren und rufe Victoria, sage, daß Colonna den Vieilleville „und sein ganzes Corps geschlagen, und daß er ihn mit dreißig „oder vierzig andern französischen Edelleuten gefangen bringe. „Zeige ihnen zum Wahrzeichen meine Waffen. Hier hast du vier „unbekannte Diener, die dir sie tragen helfen. Nimm noch einen „Bündel zerbrochener Lanzen mit dem weißen französischen Fähnchen, um deine Rede zu unterstützen. Zeige ihnen ein recht „fröhliches Gesicht und schimpfe auf mich, was du nur immer „kannst, daß du in zwei Stunden mein Herz aus dem Leibe sehen „müßtest, wenn ich es nicht mit zehntausend Thalern auslöste. „Vergiß aber nicht, sobald du im Thor bist, auf dasselbe zu „steigen, als wolltest du meine Feldzeichen daselbst aufhängen, „und halte dich bei dem Fallrechen und Fallbrücken auf, daß man „sie nicht niederlasse. Gott wird das Weitere thun."

Saligny, so hieß der Kundschafter, machte sich frisch auf,

um seinen Auftrag zu vollziehen, dem er auch pünktlich nachkam. Unterdessen befiehlt Vieilleville allen Lanzenknechten und Schützen, das weiße Feldzeichen zu verbergen und die rothen Schärpen der Todten und sonst Alles, was sie von kaiserlichen oder burgundischen Zeichen an sich tragen, anzulegen. Von den eroberten spanischen Standarten gab er eine dem Herrn von Montbourger, die andere dem von Thuré und die dritte dem von Mesnil-Barré, mit dem Befehl, alle die, so aus der Stadt herauskämen, um die französischen Gefangenen zu sehen, umzubringen, wenn es nicht Einwohner seyen. Vergäße aber Don Alphonso sich so sehr, daß er selbst den Platz verließe, um dem Colonna über einen so wichtigen Sieg Glück zu wünschen, so sollten sie ihn festhalten und entwaffnen, ohne ihm jedoch etwas Anderes zu Leid zu thun. „Jetzt voran im Namen Gottes," sagte er, „die Stadt ist unser, wenn sich Niemand verräth."

Jedermann stand erstaunt da, denn er hatte sich Niemanden vorher entdeckt, und wußte man nicht, was er im Schild führte, als er den Kundschafter abschickte. Dieser sprengte, sobald er sich der Stadt näherte, mit seinen vier Waffenträgern im Galopp an, und rief: „Victoria, Victoria! der verdammte Hund von „Franzmann, der Vieilleville, und seine Leute alle sind ge-„schlagen. Fabricio führt ihn gefangen dem Don Alphonso zu. „Hier sind seine Waffen, seine Armschienen, sein Feldzeichen. „Mehr als hundert Todte liegen auf dem Platz, die Andern alle „sind geschlagen oder verwundet. Man hätte sie alle sollen in „Stücken hauen, wenn es nach meinem Sinn gegangen wäre. „Victoria, Victoria!"

Die Freude unter den Soldaten war so groß, daß die wenigen, so zurückgeblieben, die Zeit nicht erwarten konnten, Vieilleville zu sehen, und Fabricio alle Ehre zu erzeigen, denn man zweifelte gar nicht an der Wahrheit. Don Alphonso, sobald er

die Waffen und Armschienen, eines Prinzen würdig, so viele
Lanzenstücke und weiße Standarten sah, fragte weiter nicht,
sondern setzte sich zu Pferde und ritt, begleitet von zwanzig
Mann, dem Fabricio entgegen. Orvaulx und Olivet, ganz roth
gekleidet, kommen ihm mit dem Geschrei entgegen: Victoria,
Victoria! los Franceses son todos matados (die Franzosen sind
alle getödtet.) Alphonso, dem dieses Geschrei und die Sprache gar
wohl gefiel, ging immer vorwärts. Auf einmal fallen sie über ihn
her, umringen ihn, machen Alles nieder, was er bei sich hat,
selbst die Bedienten, und nehmen ihn gefangen. Es kamen der
Reihe nach immer Mehrere nach, aber Alle hatten dasselbe Schicksal.

Nun befahl Vieilleville dem Mesnil=Barré, dem Don Al=
phonso die Standarte, welches gerade die von seiner Compagnie
war, in die Hand zu geben, und ihn zwischen den zwei Andern
reiten zu lassen. Einer, Namens le Grec, der spanisch redete,
mußte ihm sagen, daß, wenn er bei Annäherung gegen die
Stadtthore nicht Victoria schrie, er eine Kugel vor den Kopf
bekäme. Mesnil=Barré sollte dieses ausführen. Alles fing jetzt
an zu galoppiren, als man einen Büchsenschuß vor den Thoren
war. Le Grec war voran, der auf Spanisch Wunder erzählte,
so daß die Garnison, die ächt spanisch war, als sie Alphonso
unter den Galoppirenden und Schreienden sah, Platz machte und
Alles herein ließ. Man ließ ihnen aber nicht mehr Zeit, die
Brücke aufzuziehen, denn plötzlich änderte man die Sprache, und
hieb sie alle zusammen. France! France! wird jetzt gerufen.
Die Schützen kommen auch dazu und besetzen die Thore, und
so ist Vieilleville Herr der Stadt. Man fand in derselben einen
unerwartet großen Vorrath von Proviant, welchen die ver=
wittwete Herzogin von Lothringen durch den Fluß heimlich hatte
hineinschaffen lassen, um unter der Hand die Armee des Kaisers,
ihres Onkels, davon zu erhalten.

Was Don Alphonso anbetrifft, so fand man ihn den andern Morgen ganz angekleidet todt auf seinem Bette ausgestreckt. Vincent de la Porta, ein neapolitanischer Edelmann, dem er von Vieillevillen war übergeben worden, hatte ihn nicht dahin bringen können, sich auszukleiden, ob er gleich sehr in ihn drang. Die Kälte konnte nicht Schuld an seinem Tode seyn, denn der Edelmann und sechs Soldaten, mit denen er die Wache hielt, unterhielten im Zimmer ein so großes Feuer, daß man es kaum darin aushalten konnte. Es war Verzweiflung und Herzeleid, sich so leichtsinnig in die Falle gestürzt zu haben, was ihm das Leben gewaltsamer Weise nahm. Dazu kam noch die Schande und die Furcht, vor seinem Herrn jemals zu erscheinen, der ohnedem schon gegen alle Feldherren und vornehmen Officiere seiner Armee aufgebracht war, wie ihm der Herzog von Alba den Tag vor seiner Gefangennehmung geschrieben hatte; denn dieses war der Inhalt des Briefs, den le Grec ins Französische übersetzte, wo einige lächerliche Züge vorkommen. Der Brief fing nach einigen Eingangscomplimenten also an:

„Der Kaiser, der wohl wußte, daß die Bresche (vor Metz) ziemlich beträchtlich sey, aber keiner seiner Officiere sich wagte hineinzudringen, ließ sich von vier Soldaten dahin tragen, und fragte, da er sie gesehen, sehr zornig: „Aber um der Wunder „Gottes willen! warum stürmt man denn da nicht hinein? Sie „ist ja groß genug und dem Graben gleich, woran fehlt es denn, „bei Gott?" Ich antwortete ihm, wir wüßten für gewiß, daß der Herzog von Guise hinter der Bresche eine sehr weite und große Verschanzung angelegt habe, die mit unzähligen Feuer= schlünden besetzt sey, so daß jede Armee dabei zu Grund gehen müßte. „Aber beim Teufel!" fuhr der Kaiser weiter fort, „warum habt Ihr's nicht versuchen lassen?" Ich war genöthigt, ihm zu antworten, daß wir nicht vor Düren, Ingolstadt, Passau, noch andern deutschen Städten wären, die sich schon ergeben, wenn sie nur berennt sind, denn in dieser Stadt seyen zehntausend brave Männer, sechzig bis achtzig von den vornehmsten französischen Herren und neun bis zehn Prinzen von königlichem Geblüt, wie Se. Majestät aus den blutigen und siegreichen Ausfällen, bei denen wir immer viel verloren, ersehen könnten. Auf diese Vorstellungen wurde er nur noch zorniger und sagte: „Bei Gott, ich sehe wohl, daß ich keine Männer mehr habe; „ich muß Abschied von dem Reich, von allen meinen Planen, von „der Welt nehmen und mich in ein Kloster zurückziehen; denn „ich bin verrathen, verkauft, oder wenigstens so schlecht bedient, „als kein Monarch es seyn kann; aber bei Gott, noch ehe drei „Jahre um sind, mach' ich mich zum Mönch."

„Ich versichere Euch, Don Alphonso, ich hätte sogleich seinen Dienst verlassen, wenn ich kein Spanier wäre. Denn ist er bei dieser Belagerung übel bedient worden, so muß er sich an Brabancon, Feldherrn der Königin von Ungarn halten, der diese Belagerung hauptsächlich commandirt, und gleichsam als ein Franzose anzusehen ist, so wie auch die Stadt Metz im französischen Klima liegt; und rühmte er sich überdies, ein Verständniß mit vielen Einwohnern zu haben, unter denen die Tallanges, die Baudoiches, die Gornays, lauter alte Edelleute der Stadt Metz, seyen. Auch haben wir die Stadt von ihrer stärksten Seite angegriffen, unsere Minen sind entdeckt worden und haben nicht gewirkt. So ist uns Alles übel gelungen und gegen alle Hoffnung schlecht von statten gegangen. Wir haben Menschen und Wetter bekriegen müssen. Er bereut es nicht und bleibt dabei, und um seine Halsstarrigkeit zu decken, greift er uns an, und wirft auf uns alles Unglück und seine Fehler. Alle Tage sieht er sein Fußvolk zu Haufen dahinstürzen, und besonders unsere Deutschen, die im Koth bis an die Ohren stecken. Schickt

241

uns doch ja die eilf Schiffe mit Erfrischungen, die uns Ihre Durchlaucht von Lothringen bestimmt haben, denn unsere Armee leidet unendlich. Vor allem Andern aber seyd auf Eurer Hut gegen Vieilleville, der von Verdun nach Toul mit Truppen gekommen, denn der Kaiser ahndet viel Schlimmes, da er schon lange her seine Tapferkeit und Verschlagenheit kennt, so daß er sogar sagt, ohne ihn wäre er jetzt König von Frankreich; denn als er in die Provence, ins Königreich eingedrungen, sey Vieilleville ihm zuvorgekommen, und habe sich durch eine feine Kriegslist von Avignon Meister gemacht, daß der Connetable seine Armee zusammenziehen konnte, die ihn hinderte, weiter vorzudringen. Ich gebe Euch davon Nachricht, als meinem Verwandten, denn es sollte mir leid thun, wenn unsere Nation, die er jedoch weniger begünstigt und in Ehren hält als andere, dem Herrn mehr Ursache zur Unzufriedenheit gäbe u. s. f." Nach Lesung dieses Briefs war es klar, welches die wahre Ursache seines Todes gewesen, denn Alphonso hatte gegen alle darin enthaltenen Punkte gefehlt.

Der Herzog von Nevers kam auf diese Nachrichten selbst vor den Thoren von Pont-à-Moussen an, eben da man sich zum Mittagsessen setzen wollte. Vieilleville ging ihm sogleich entgegen; es wurde beschlossen, einen Courier an den König abzuschicken, dem man auch den Brief des Herzogs von Alba an den Alphonso mitzugeben nicht vergaß. Einen andern Kundschafter, mit Namen Habert, schickte man ins kaiserliche Lager, um aufmerksam zu seyn, wenn der Herzog von Alba etwas gegen Pont-à-Moussen unternehmen würde, denn die Stadt war sehr schlecht befestigt, und Vieilleville war der Meinung, sie lieber sogleich zu verlassen, als zu befestigen, um die Neutralität nicht zu verletzen und dem Kaiser keine Ursache zu geben, sich der andern Städte von Lothringen zu versichern.

Den andern Tag schlug Vieilleville vor, unter dem Schutz

der kaiserlichen Feldzeichen einige Streifereien in der Gegend vorzunehmen und so die Feinde anzulocken. Der Herzog von Nevers wollte, aller Widerrede ungeachtet, dabei seyn; doch überließ er Vieilleville alle Anstalten und das Commando. Sie zogen mit ungefähr vierhundert Mann aus und machten auf dem Weg viele Gefangene, da einige feindliche Trupps ihnen in die Hände ritten, die sie für Spanier und Deutsche hielten. So kamen sie bis Corney, den halben Weg von Pont-à-Mousson nach Metz und nur zwei kleine Stunden vom kaiserlichen Lager. Da sie hier nichts fanden, trug Vieilleville, ungeachtet sie nicht sicher waren, dennoch darauf an, noch eine halbe Stunde weiter vorwärts zu gehen. Auf diesem Wege trafen sie ein großes Convoi von sechzig Wägen unter einer Bedeckung von zweihundert Mann an, die ihnen alle in die Hände fielen. Jetzt war es aber zu spät, um nach Pont-à-Mousson zurückzukommen, denn sie waren auf vier Stunden entfernt, und es schneite außerordentlich stark. Es wurde daher beschlossen, in Corney zu übernachten, obgleich ein sehr unbequemes Nachtquartier daselbst war. Gleich den andern Morgen wurde wieder ausgeritten; diesmal traf man auf sechs Wägen mit Wein und andern ausgesuchten Lebensmitteln, welche die Herzogin von Lothringen dem Kaiser, ihrem Onkel, für seine Tafel schickte. Acht Edelleute und zwanzig Mann begleiteten diese Leckerbissen, worunter unter andern zwölf Rheinlachse und die Hälfte in Pasteten waren. Wie sie die rothen Feldzeichen sahen, riefen sie: da kommt die Escorte, so uns der Kaiser entgegen schickt! Wie groß war aber nicht ihr Erstaunen, als sie auf einmal rufen hörten: France! und Alle gefangen genommen wurden.

Einer von den gefangenen Edelleuten, Namens Vignaucourt, fragte: „ob dieser Trupp nicht dem Herrn von Vieilleville zugehörte." Warum? fragte Vieilleville selbst. „Weil er es ist,

„der Pont-à-Mouſſon mit den kaiſerlichen Feldzeichen eingenommen
„hat, worüber der Kaiſer außerordentlich aufgebracht iſt. Ich
„war geſtern bei ſeinem Lever, und ich hörte ihn ſchwören, daß,
„wenn er ihn ertappte, er ihm übel mitſpielen wollte. Dieſer
„Verräther Vieilleville, ſagte er, hat mit meinem Feldzeichen
„Pont-à-Mouſſon weggenommen, und mit kaltem Blut meinen
„armen Don Alphonſo umgebracht, auch alle darin befindlichen
„Kranken tödten laſſen, und die Lebensmittel, die für mich
„beſtimmt waren, weggenommen. Aber ich ſchwöre, bei Gott
„dem Lebendigen, daß, wenn er jemals in meine Hände fällt,
„ich ihn lehren will, ſolche Treuloſigkeiten zu begehen und ſich
„meines Namens, meiner Waffen und Zeichen zu meinem Scha-
„den zu bedienen. Auch der mächtigſte und tapferſte Fürſt müßte
„auf dieſe Art hintergangen werden. Er ſoll verſichert ſeyn,
„daß ihm nichts Anderes bevorſteht, als geſpießt zu werden, und
„verdamm' ich ihn von dieſem Augenblick an zu dieſer Strafe,
„wenn ich ihn bekomme. Und ihr Andern, euch mein' ich, die
„ihr mein Heer commandirt, was für Leute ſeyd ihr, daß ihr
„nichts gegen dieſen Menſchen unternehmt? denn ich hörte noch
„geſtern von Jemand, der mir treu iſt, daß er noch immer alle
„Tage mit ſeinen Soldaten herumſtreift in rothen Schärpen mit
„den ſpaniſchen und burgundiſchen Feldzeichen, unter welchen er
„viele Tauſend meiner Leute ermordet, denn Niemand ſetzt ein
„Mißtrauen darein. Beim Teufel auch, ſeyd ihr Leute, ſo etwas
„zu ertragen, und liegt euch meine Ehre und mein Dienſt nicht
„beſſer am Herzen? Auf dieſe zornige Aeußerung entſtand unter
„den Prinzen und Grafen, die in ſeinem Zimmer waren, ein
„Gemurmel, und ſie entfernten ſich voll Zorn. Vieilleville mag
„ſich in Acht nehmen; denn ſie ſind ſehr giftig auf ihn, beſonders
„die Spanier wegen des Don Alphonſo de Arbolancqua, den er
„auf eine ſo grauſame Art hat umbringen laſſen."

Vieilleville antwortete darauf, daß Don Alphonso auf seinem Bette todt gefunden worden, und Niemand seinen Tod befördert hätte. Vieilleville würde lieber wünschen, niemals gelebt zu haben, als sich einer solchen That schuldig zu wissen. Er fürchte sich jedoch nicht vor des Kaisers Drohungen. Seine Ehre erfordere, zu beweisen, daß es eine Unwahrheit sey, ihn einer solchen Unmenschlichkeit zu beschuldigen. Vignaucourt merkte an diesen Reden, daß Vieilleville mit ihm spreche; auch winkten ihm die Andern zu, daher er nicht weiter fortfuhr.

Auf dieses beschloß Vieilleville, mit dem Herzog von Nevers sich zurückzuziehen. Kaum waren sie eine halbe Stunde von Corney, als Habert einhergesprengt kam und sie warnte, ja nicht in Corney zu übernachten; denn der Prinz von Infantasque käme mit dreitausend Schützen und tausend Pferden gegen Mitternacht an, indem er dem Kaiser geschworen, Vieilleville lebendig oder todt zu liefern. „Seyd willkommen, Habert, Ihr bringt mir gute Botschaft," sagte er darauf, und drang nun in den Herzog von Nevers, sich nach Pont-à-Mousson zurückzuziehen, indem er einen solchen Prinzen nicht der Gefahr aussetzen könne; er selbst aber wolle bleiben, und diesen Spanier mit seinen großen Worten erwarten. „Wollet ihr Alle, die ihr hier seyd," sprach er dann mit erhöhter Stimme, „meinen Entschluß unterstützen? Auch habt ihr noch nie den Krieg anders geführt als durch List und Ueberfall." Er nimmt darauf die rothen Standarten und reißt sie in Stücken, besiehlt die spanischen Schärpen zu verbergen und die französischen Zeichen anzulegen. Alle antworteten einmüthig, sie wollten zu seinen Füßen sterben, und zerrissen Alles, was sie Rothes an sich hatten. Der Herzog von Nevers stellte ihm vor, daß es eine Verwegenheit sey, in einem Dorfe, das keine Befestigung hätte, wo man von allen Seiten hinein könne, sich zu halten. „Das ist Alles eins," antwortete Vieilleville, „ich weiß, womit ich diese Armee schlage, oder sie wenigstens fortjage. Sehen Sie dort jenes Buschholz und links diesen Wald; in jedes verstecke ich zweihundert Pferde, die sollen ihnen unversehens auf den Leib fallen, wenn sie im Angriff auf unser Dorf begriffen sind, und wenn auch hundert Prinzen von Infantasque da wären, so würden sie davon müssen. Lassen Sie mich nur machen, mit Hülfe Gottes hoffe ich Alles gut auszuführen, und in weniger als zwei Stunden will ich gerächt seyn."

Da der Herzog von Nevers sah, daß er nicht abzubringen sey, bestand er darauf, bei dieser Unternehmung zu bleiben, welche Vorstellung ihm auch Vieilleville dagegen machte. Jetzt wurde beschlossen, nach Corney zu gehen, um Alles zu veranstalten; sie waren nur noch tausend Schritte davon entfernt, als sie einen Mann durch das grüne Korn daher laufen sahen, worauf sie Halt machten. Es war der Maire von Villefaleron, der ihnen schon gute Dienste geleistet hatte. Dieser sagte, daß sie sich retten sollten, denn auch der Markgraf Albert von Brandenburg rücke mit viertausend Mann Fußvolk, zweitausend Pferden und sechs Kanonen auf das Dorf an. Auf dieses waren sie, zu großem Verdruß von Vieilleville, genöthigt, das Dorf zu verlassen. Die acht lothringischen Edelleute wurden freigelassen. Noch beim Weggehen sagte Vignaucourt, er wundere sich gar nicht, wenn Vieilleville solche Dinge ausführte, da er so vortrefflich bedient sey, denn er wolle verdammt seyn, wenn er nicht jenen, Namens Habert, im Zimmer des Kaisers gesehen habe, wo er vorgegeben, daß er von Oberst Schertel geschickt sey, und diesen krank in Straßburg verlassen habe. Und diesen letzten, den Maire, habe er vor vier Tagen Brod und Wein in des Markgrafen Lager verkaufen sehen.

Den Sonntag darauf, den 1. Januar 1553, erfuhr Vieilleville

durch Deserteurs, daß der Kaiser die Belagerung von Metz aufgehoben, worauf er zu dem Herzog von Nevers sagte: Ich dachte es immer, der Kaiser sey zu alt und zu podagrisch, um ein so schönes, junges Mädchen zu entjungfern. Der Herzog verstand dies nicht; ich mache Anspielung, sagte er, auf die Stadt Metz, das im Deutschen eine Metze, auf französisch pucelle bedeutet. Sie fanden diese Anspielung so artig und erfindungsreich, daß sie sie in der Depesche, die sie sogleich an den König abschickten, um die ersten zu seyn, die die Aufhebung der Belagerung meldeten, mit anführten.

Vieilleville lebte jetzt drei Monate ruhig auf seinem Gut Durestal und erholte sich von den Mühseligkeiten des Kriegs. Unterdessen hatte man ihm bei Hofe das Gouvernement von Metz, wo der Herr von Gonnor gegenwärtig commandirte, zugedacht; besonders verwendeten sich für ihn der Herzog von Guise und von Nevers als Augenzeugen seiner Thaten vor Metz. Allein der Connetable warf sich auch hier dazwischen und stellte vor, daß man Herrn von Gonnor, der die Belagerung ausgehalten habe, nicht absetzen könne, und es Vieilleville lieber seyn würde, wenn ihn der König zu seinem Lieutenant in Bretagne machte, wo er seine Familie und Güter hätte. Denn der Herzog von Estampes, jetziger Gouverneur von Bretagne, sey sehr krank, es würde sodann der Herr von Gyé, sein Lieutenant, ihm folgen, und Vieilleville dessen Stelle erhalten können.

Vieilleville wurde davon fünfzehn Tage nach Ostern 1553 durch den Secretär Malestroit heimlich benachrichtigt, um sich auf eine Entschließung gefaßt zu halten. Das Schreiben des Königs vom 22. April 1553 kam auch wirklich an, und war so abgefaßt, wie es der Connetable gewollt hatte. Vieilleville antwortete dem König sehr ehrerbietig, wie ihn hauptsächlich vier Ursachen hinderten, diese Gnade anzunehmen. Erstlich sey

Estampes nichts weniger als gefährlich krank; es würde dieses Beide von einander entfernen, da sie jetzt in gutem Vernehmen stünden; überdem sey er ja selbst zwei Jahre älter als Herzog von Estampes. Zweitens habe er sehr viele Verwandte und Freunde, die sich vielleicht auf ihre Verwandtschaft stützen und sich gegen die Gesetze vergehen könnten, wo er dann, ein Feind aller Parteilichkeiten, streng verfahren müßte, und doch würde es ihm leid seyn, seine Bekannten als Verbrecher behandelt zu sehen. Drittens sey er noch gar nicht in den Jahren, um sich in eine Provinz versetzt zu sehen, wo man ruhig leben könne und nichts zu thun habe, als am Ufer spazieren zu gehen, und die Ebbe und Flut zu beobachten. Er habe erst zweiundvierzig Jahre, und hoffe noch im Stand zu seyn, Sr. Majestät vor dem Feind zu dienen. Es würde ihm viertens zu hart vorkommen, unter dem Herrn von Gyé zu dienen, der ein Unterthan von ihm sey, und mit dem er nicht ganz gut stehe. Er wisse, daß Se. Majestät ihm das Gouvernement von Metz zugedacht, und er sey verwundert, wie man sich so zwischen den König und ihn werfen und Alles vereiteln könne, was ihm dieser bestimmt habe.

Als der König diesen Brief gelesen, wurde er aufgebracht, daß man ihm so entgegenstünde, ließ den Connetable rufen und sagte ihm sehr bestimmt, daß Vieilleville das Gouvernement von Metz haben solle, Gonnor solle sogleich aus Metz heraus, und Vieilleville dahin abgehen, welches denn auch geschah. Er brachte eine sehr ausgedehnte Vollmacht mit, wodurch er über Leben und Tod zu sprechen hatte, und die Commandanten von Toul und Verdun so eingeschränkt wurden, daß sie gleichsam nur Capitäns von ihm waren. Er hatte den Sold der Garnison auf zwei Monate mitgebracht und ließ ihn austheilen, jedoch so, daß Mann vor Mann von dem Kriegscommissär verlesen wurde, wie sie in den Listen standen. Sonst hatten die Capitäns die Löhnung für ihre Compagnien erhalten, und manche Unterschleife damit getrieben. Die Einwohner von Metz gewannen hierbei viel, da sie sonst ganz von der Gnade des Capitäns abhingen, wenn ein Soldat ihnen schuldig war. Nachdem nun Gonnor Alles, was in den Arsenälen war, übergeben hatte, verließ er Metz, und empfahl Vieillevillen besonders den Sergentmajor von der Stadt, den Capitän Nycollas, und den Prevot, Namens Baurès; er lobte sie außerordentlich in ihrer Gegenwart, woraus Vieilleville sogleich ein Mißtrauen schöpfte, aber keineswegs merken ließ.

Er fand die Garnison in großer Unordnung; sie war stolz dadurch geworden, daß sie gegen einen so mächtigen Kaiser eine Belagerung ausgehalten, und es verging keine Woche, wo nicht fünf bis sechs Schlägereien vorfielen über den Streit, wer sich am tapfersten gehalten hätte. Oft fielen sie unter den Officieren vor; die den Ruhm ihrer Soldaten vertheidigten; oft brachen sich die Soldaten für ihre Officiere die Hälse. Vieilleville war deßhalb in großer Verlegenheit; er mußte fürchten, durch scharfe Befehle einen Aufstand zu erregen, der um so gefährlicher war, als der Graf von Mansfeld im Luremburgischen, wo er commandirte, und besonders in Thionville, vier Stunden von Metz, viele Truppen hatte. Ueberdem waren die Einwohner selbst voll Verzweiflung, denn nachdem der Kaiser hatte abziehen müssen, sahen sie wohl, daß sie das französische Joch nicht wieder abschütteln könnten. Ueberdieses waren sie auf eine unleidliche Art durch starke Einquartierungen geplagt, denn es war kein Geistlicher, noch Adeliger, noch eine Gerichtsperson, die nicht davon befreit war. Auf der andern Seite hielt es Vieilleville gegen seine Ehre und Würde, solche Ungezogenheiten fortgehen zu lassen, und er beschloß daher, was es auch kosten möge, seinen Muth zu zeigen, und sich Ansehen und Gehorsam zu verschaffen.

Er ließ daher schnell alle Hauptleute versammeln und that ihnen seinen Vorsatz kund, wie er noch heute die Befehle und die Strafen für den Uebertretungsfall würde verlesen lassen, von denen Niemand, weß Standes er auch sey, sollte ausgenommen seyn. Sie, die ihn wohl kannten, wie fest er bei einer Sache bliebe, wenn er sie reiflich überlegt hatte, boten ihm auf alle Art die Hand hierzu; doch ließen sie bei dieser Gelegenheit den Wunsch merken, daß er weniger streng in Vertheilung der letzten Löhnung gewesen wäre. Er stellte ihnen aber vor, daß es schändlich wäre, sich vom Geiz beherrschen zu lassen, und dieses Laster sich mit der Ehrliebe der Soldaten nicht vertrüge. Ich bin fest entschlossen, sagte er, auch nicht im Geringsten davon abzugehen, was ich einrichten und befehlen werde, und lieber den Tod! Nachmittags wurden die Befehle mit großer Feierlichkeit verlesen, besonders auf dem großen Markt, wo alle Cavallerie mit ihren Officieren aufmarschirt war; er selbst hielt daselbst auf seinem schönen Pferd mitten unter seiner Leibwache von Deutschen — sehr schöne Leute, die ihm der Graf von Nassau geschickt hatte, mit ihren großen Hellebarden und Streitärten, in Gelb und Schwarz gekleidet, denn dieses war seine Farbe, die ihm Frau von Vieilleville, als sie noch Fräulein war, gegeben hatte, und die er immer beibehielt. Es machte dieses einen solchen Eindruck, daß in zwei Monaten keine Schlägerei entstand, als zwischen zwei Soldaten über das Spiel, wovon der eine den andern tödtete. Vieilleville nöthigte den Hauptmann, unter dessen Compagnie der noch lebende Soldat stand, diesen, der sich verborgen hatte, vor Gericht zu bringen, wo sodann der Kopf erst dem Getödteten, und sodann dem andern Soldaten abgeschlagen wurde.

Kurz darauf meldete man ihm, daß einige Soldaten unter dem Vorwand, Wildpret zu schießen, Leute, die Lebensmittel in die Stadt brächten, auf der Straße anfielen und ihnen das Geld abnähmen. Gegen Mitternacht fing man drei derselben, die sogleich die Folter so stark bekamen, daß sie sieben ihrer Helfershelfer angaben. Er ließ diese sogleich aus ihren Betten ausheben, und war selbst bei diesen Gefangennehmungen mit seinen Garden und Soldaten. Diese zehn Straßenräuber wurden in sein Logis gebracht, hier vier bestohlenen Kaufleuten vorgestellt, und ihnen, da sie erkannt wurden, sogleich der Proceß gemacht. Des Morgens um acht Uhr waren schon drei davon gerädert und die Uebrigen gehangen, so daß ihre Capitäns ihren Tod eher als ihre Gefangennehmung vernahmen.

Es gab dieses ein großes Schrecken in der Garnison, das sich dadurch noch vermehrte, als man sah, daß er gegen seine Hausdienerschaft noch strenger war. Einer seiner Bedienten, der ihm sieben Jahre gedient hatte, wurde gleich den andern Morgen gehenkt, weil er in der Nacht das Haus eines Mädchens, das er liebte, bestürmt hatte, und einer seiner Köche, der ein Gasthaus in Metz angelegt, wurde durch dreimaliges Ziehen mit Stricken so gewippt, daß er Zeitlebens den Gebrauch seiner Glieder verlor, und nur, weil er gegen den Befehl gehandelt hatte, den Bauern ihre Waaren nicht unter den Thoren abzukaufen, sondern sie vorher auf den dazu bestimmten Platz kommen zu lassen.

Während der Belagerung hatten mehrere Officiere, während daß sie die Männer auf die Wälle schickten, um daselbst zu arbeiten, mit den Weibern und Töchtern gar übel gehauset, manche geraubt, den Vater oder Mann aber umgebracht und vorgegeben, es sey durch die Kanonen geschehen, so daß jetzt noch sechsundzwanzig Weiber und Mädchen fehlten, die die Officiers und Soldaten versteckt hielten. Der vorige Commandant hörte auf die Klagen, welche deßhalb einliefen, nicht, theils weil er einen Aufruhr befürchtete, wenn er es abstellte, theils auch, weil er selbst ein solches Mädchen gegen den Willen seiner Mutter bei sich hatte, die er Frau von Gonnor nennen ließ. Jetzt, da man sah, wie gerecht und unparteiisch Vieilleville in Allem verfuhr, beschlossen die Anverwandten, eine Bittschrift einzureichen, und dies geschah eines Morgens ganz frühe, ehe noch ein Officier da gewesen war. Er machte ihnen Vorwürfe, daß sie ein halbes Jahr hätten hingehen lassen, ohne ihm Nachricht davon zu geben. Sie antworteten, daß sie gefürchtet hätten, eben so, wie beim Herrn von Gonnor, abgewiesen zu werden. „In der That," versetzte er, „ich kann euch nichts weniger als loben, daß ihr „mein Gewissen nach dem meines Vorfahren gemessen habt; je= „doch sollt ihr, noch ehe ich schlafen gehe, Genugthuung erhalten, „wenn ihr nur wißt, wo man die Euren versteckt hält." Hierauf versicherte einer, Namens Bastoigne, dem seine Frau, Schwester und Schwägerin geraubt waren, daß er sie Haus für Haus wisse. „Nun gut," sagte Vieilleville, „geht jetzt nach Hause, und Punkt „neun Uhr des Abends sollt ihr eure Weiber haben; ich wähle „mit Fleiß eine solche Stunde, damit die Nacht (es war im „October) eure und eurer Verwandtinnen Schande verberge. „Laßt euch indessen nichts bis zur bestimmten Stunde merken, „sonst könnte man sie entfernen."

Er machte darauf die nöthigen Anstalten, stellte gegen Abend in den Hauptstraßen Wachen aus, ließ einige Truppen sich parat halten, und nun nahm er selbst mit einiger Mannschaft die Haussuchung vor, so wie sie ihm von den Supplicanten bestimmt worden war. Zuerst ging er auf das Quartier des Hauptmanns Roiddes los, der die schöne Frau eines Notarius, Namens Le Coq, bei sich hielt, stößt die Thüren ein, und tritt ins Zimmer, eben als sich der Capitän mit seiner Dame zur Ruhe begeben will. Dieser wollte sich anfangs wehren; wie er aber den Gouverneur sah, fiel er ihm zu Füßen und fragte, was er befehle, und was er begangen? Vieilleville antwortete: er suche ein Hühnchen, das er seit acht Monaten füttere. Der Capitän, welcher besser handeln, als reden konnte (es war ein tapferer Mann) schwur bei Gott, daß er weder Huhn, noch Hahn, noch Capaun in seinem Hause habe, und keine solchen Thiere ernähre. Alles fing an zu lachen, selbst Vieilleville mäßigte seinen Ernst, und sagte ihm: „Ungeschickter Mann, die Frau des Le Coq will ich, und dieses den Augenblick, oder morgen habt Ihr bei meiner Ehre und Leben den Kopf vor den Füßen." Ein dem Hauptmann ergebener Soldat ließ unterdessen das Weibchen zu einer Hinterthür hinaus in eine enge Straße, hier aber wurde er von einem Hellebardierer angehalten, und da er sich wehren wollte, übel zugerichtet. Unterdessen hatte sich die Frau, ihre Unschuld zu beweisen, zu ihrem Manne geflüchtet, und Vieilleville ließ, als er dieses hörte, den Capitän Roiddes, den man schon gefangen wegführte, um ihm bei einbrechendem Tag den Kopf herunterzuschlagen, wieder los. Als dieses die andern Officiere hörten, machten sie ihren Schönen die Thüren auf, und Alles lief voll Mädchen und Weiber, die in Eile zu ihren Anverwandten flohen. Vieilleville setzte die Haussuchung jedoch noch sechs Stunden fort, bis er von allen Seiten Nachricht erhielt, daß sich die Verlornen wieder eingefunden.

In Metz waren sieben adelige Familien, die sich ausschließend das Recht seit undenklichen Zeiten anmaßten, aus ihrer Mitte den Oberbürgermeister der Stadt zu wählen, welches ein sehr bedeutender Platz ist. Sie waren von diesem Vorrecht so aufgeblasen, daß, wenn in diesen Familien ein Kind geboren wurde, man bei der Taufe wünschte, daß es eines Tages Oberbürgermeister von Metz, oder wenigstens König von Frankreich werden möge. Vieilleville nahm sich vor, dieses Vorrecht abzuschaffen, und als bei einer neuen Wahl die sieben Familien zu ihm kamen und baten, er möchte bei ihrer Wahl gegenwärtig seyn, antwortete

er zur großen Verwunderung, daß es ihm schiene, als sollten
sie ihn vielmehr fragen, ob er eine solche Wahl genehmige, denn
vom König solle dieser Posten abhängen, und nicht von Privile=
gien der Kaiser, und er wolle die Worte: Von Seiten Sr.
kaif. Majestät des heil. römischen Reichs und der kaif.
Kammer zu Speyer verloren machen, und dafür die braven
Worte: Von Seiten der Allerchristlichsten, der unüber=
windlichen Krone Frankreich und des souveränen
Parlamentshofs von Paris setzen. Er habe auch schon
einen braven Bürger, Michel Praillon, zum Oberbürgermeister
erwählt, und sie könnten sich bei dieser Einsetzung morgen im
Gerichtshof einfinden. Der abgehende Oberbürgermeister, als er
zumal hörte, daß Vieilleville zu diesem Schritt keinen Befehl vom
König habe, sank in die Kniee, und man mußte ihn halten und
zu Bette bringen, wo er auch nach zwei Tagen, als ein wahrer
Patriot und Eiferer der Aufrechthaltung der alten Statuten seiner
Stadt, starb.

Vieilleville führte den neuen Bürgermeister selbst ein und
besorgte die deßhalb nöthigen Feierlichkeiten. Sowohl diese Ver=
änderung als auch die Herbeischaffung der Weiber und Mädchen,
nebst mehrern andern Beweisen seiner Gerechtigkeit, gewannen
ihm die Herzen aller Einwohner und machten sie geneigt, fran=
zösische Unterthanen zu werden. Sie entdeckten ihm sogar selbst,
daß eine Klagschrift an die kaiserliche Kammer im Werk sey, und
bezeichneten ihm den Ort, wo sie abgefaßt würde. In diesem
Quartier wurden auch des Nachts welche aufgehoben, eben als
sie noch an dieser Klagschrift arbeiteten. Der Verfasser und der,
so die Depesche überbringen sollte, wurden sogleich fortgeschafft,
und man hörte nie etwas von ihnen wieder; sie wurden wahr=
scheinlich ersäuft, die Andern aber, so Edelleute waren, kamen mit
einem derben Verweis und einer Abbitte auf den Knieen davon.

Aber nicht nur von innen polizirte er die Stadt Metz, auch von außen reinigte er die umliegende Gegend von den Herumläufern und Räubern, die sie unsicher machten. Alle Wochen mußten etliche hundert Mann von der Garnison ausreiten und in den Feldern herumstreifen. Er neckte die kaiserlichen Garnisonen von Thionville, Luremburg und andern Orten so sehr, daß sie seit dem Mai 1552, wo er sein Gouvernement übernommen hatte, bis zum nächsten Februar über zwölfhundert Mann verloren, da ihm nur in Allem hundert und siebenzig getödtet wurden. Die Gefangenen wurden gleich wieder um einen Monat ihres Soldes ranzionirt. Er trug aber auch besondere Sorgfalt, daß immer die Tapferften zu diesen Expeditionen ausgeschickt wurden, wählte sie selbst aus, nannte alle beim Namen, und war immer noch unter den Thoren, diese Leute ihren Capitäns anzubefehlen.

Um Vieillevillen die Spitze zu bieten, bat der Graf Mansfeld, so in Luremburg commandirte, sich von der Königin von Ungarn, Regentin der Niederlande, Verstärkung aus, und mit selbiger wurde ihm der Graf von Mesque zugeschickt. Allein Mansfeld konnte nichts ausrichten, und legte aus Verdruß sein Commando nieder, welches der Graf von Mesque mit Freuden annahm, ob es ihm gleich übel bekam. Vieilleville war besonders durch seine Spione vortrefflich bedient; hauptsächlich ließen sich die von einem burgundischen Dorf, Namens Maranges, sehr gut dazu brauchen. Es gab keine Hochzeit, keinen Markt oder sonst eine Versammlung auf fünfzehn bis zwanzig Meilen in der Runde in Feindes Land, wo Vieilleville nicht zwei bis dreihundert Pferde und eben so viel Fußvolk dahin abschickte, um ihnen zum Tanze dazu zu blasen. Schickte der Graf von Mesque diesen Truppen nach, um ihnen den Rückzug abzuschneiden, so erfuhr er es sogleich, und ließ ungesäumt ein anderes Corps aus Metz aufbrechen, um jenes zu unterstützen und den Weg frei zu machen, bei welcher Gelegenheit oft die tapfersten Thaten vorfielen und immer die Feinde unterlagen.

Er bekam Nachricht, daß der Cardinal von Lenoncourt, Bischof von Metz, Vieles gegen ihn sammle, um sodann seine Beschwerden vor des Königs geheimes Conseil zu bringen. Nun dann, sagte er, damit seine Klagschrift voll werde, will ich ihm mehr Gelegenheit geben, als er denkt. Er ließ darauf die Münzmeister kommen, die des Cardinals Münze schlugen (denn der Bischof von Metz hatte dieses Recht), und hielt ihnen vor, wie sie alles gute Geld verschwinden ließen und schlechtes dafür ausprägten. Er befahl ihnen hiermit bei Hängen und Köpfen, auf keine Art mehr Münze zu schlagen, ließ auch durch den Prevot alle ihre Stempel und Geräthschaften gerichtlich zerschlagen, indem es, wie er hinzusetzte, nicht billig sey, daß der König in seinem Reich einen ihm gleichen Unterthan habe.

Es war dieses eine der nützlichsten Unternehmungen Vielleville's, denn es gingen unglaubliche Betrügereien bei dieser Münzstätte vor; auch nahm es der König, als er es erfuhr, sehr wohl auf. Der Cardinal aber wollte sich selbst umbringen, denn er war sehr heftig, als er diese Veränderung erfuhr, und verband sich mit dem Herzog von Vaudemont, Gouverneur von Lothringen, um Vielleuillen um sein Gouvernement zu bringen, in welchem Vorsatz sie auch der Cardinal von Lothringen, an den sie sich gewendet hatten, unterstützte.

Vielleville bekam einen Courier vom Secretär Malestroit, der ihm bekannt machte, daß der Gouverneur des Dauphin, von Humières, auf den Tod läge, und der König gesonnen sey, ihm die Compagnie Gendarmes zu geben, die jener besessen, daß aber der Connetable dagegen sey, und sogar den jungen Dauphin dahin gebracht habe, diese Compagnie für den Sohn seines

Gouverneurs vom König zu erbitten, mit dem Zusatz (so hatte es ihm der Connetable gelehrt), daß dieses seine erste Bitte sey, welches dem König sehr gefallen. Vieillevillen aber, habe der Connetable vorgeschlagen, sollte man die Compagnie leichter Reiter geben, welche Herr von Gonnor gehabt, und die in Metz schon liege. Vieilleville fertigte auf diese Nachricht, ohne sich lange zu bedenken, seinen Secretär in aller Eil mit einem Brief an den König ab, worin er denselben mit den nachdrücklichsten Gründen aufforderte, seinen ersten Entschluß wegen der Compagnie durchzusetzen und sich von Niemand abwendig machen zu lassen. Der Secretär kam in St. Germain an, wie Humières noch am Leben war, und der König nahm den Brief selbst an. Nachdem er solchen gelesen, antwortete er: „Es ist nicht mehr „als billig, er hat lang genug gewartet; seine treuen Dienste „verbinden mich dazu. Ich gebe sie ihm mit der Zusicherung, „es nicht zu widerrufen, wenn der Andere stirbt, was man auch „darüber brummen mag." Vieilleville ließ sich zugleich mündlich die Compagnie leichter Reiter des Herrn von Gonner für seinen Schwiegersohn Espinay ausbitten. „Zugestanden," sagte der König, „und das sehr gern." Auch wurden sogleich die Patente deßhalb ausgefertigt.

Unterdessen ließ Vieilleville dem Grafen von Mesgue keine Ruhe; seine Truppen gingen oft bis unter die Kanonen von Luremburg, und forderten die Kaiserlichen heraus, so daß der Graf sogar einen Waffenstillstand unter ihnen vorschlug, worüber Vieilleville sich sehr aufhielt und zurücksagen ließ, daß sie beide verdienten cassirt zu werden, wenn sie als Diener in besondere Capitulationen sich einließen; und daß er bei diesem Vorschlag als ein Schuljunge und nicht als Soldat sich gezeigt; er schicke ihn daher wieder auf die Universität von Löwen, wo er erst seit kurzem hergekommen. Der Graf war so beschämt darüber, daß er Vieillevillen bitten ließ, nie davon zu reden, und ihm den Brief, den er deßhalb geschrieben, zurückzusenden, welches Vieilleville ihm gern zugestand, mit der Bedingung, ihm eine Ladung Seefische von Antwerpen dafür zu schicken, die dann auch ankamen, und unter großem Lachen verzehrt wurden.

Gegen das Ende Septembers 1554 wurde dem Präsidenten Marillac, der nach Paris reisen wollte, eine Escorte vom besten Theil der Cavallerie und vielen Schützen zu Fuß mitgegeben. Der Graf von Mesgue erhielt Nachricht davon, und beschloß, sich hier für die vielen ihm angethanen Insulten zu rächen. Er bereitete sein Unternehmen so geheim vor, daß Vieilleville erst Nachricht davon bekam, als sie schon aus Thionville ausmarschirten. Sogleich ließ er den übrigen Theil seiner Reiterei aufsitzen und schickte zwei verschiedene Corps unter des Herrn von Espinay und von Dorvoulx Anführung ab. Beide waren jedoch nicht stärker als hundert und zwanzig Mann. Dreihundert leichte Truppen mußten sogleich ein kleines Schloß, Namens Dompchamp, wo schon fünfzehn bis zwanzig Soldaten und ein Capitän La Plante lagen, besetzen. Er selbst ließ alle Thore der Stadt schließen, nahm die Schlüssel zu sich und setzte sich unter das Thor, um von einer Viertelstunde zur andern Nachricht von des Feindes Unternehmen zu erhalten. Er verstärkte die Wachen, und einige Capitäns mußten auf den Mauern herumgehen, um Alles zu beobachten. Die andern Capitäns, nebst dem Herrn von Boisse und von Croze, waren dabei mit dreihundert Büchsenschützen und seiner Garde. Um neun Uhr ließ er sich sein Mittagessen dahin bringen, und kurz darauf kam von beiden ausgeschickten Corps die Nachricht an, daß sie die Feinde recognoscirt und acht Compagnien zu Fuß und acht bis neunhundert Pferde stark gefunden hätten, daß man einer solchen Macht nicht widerstehen könne, und sie sich auf Dompchamp zurückziehen wollten.

In drei Stunden könnten sie da seyn, und erbäten sich Verhaltungsbefehle.

Vieilleville nahm auf dieses, das einem Rückzug ähnlich sah, einen schrecklichen Entschluß. Er ließ sechzig schwere Büchsen von ihren Gestellen herunternehmen, und ladete sie den Stärksten seiner Garde auf. Dem Capitän Croze befahl er, hundert Büchsenschützen und zehn bis zwölf Tambours mit sich zu nehmen, und sich in einem versteckten kleinen Weiler bei Dompchamp ruhig zu verhalten, bis das Gefecht angegangen. Er selbst mit seinen vergoldeten Waffen schnallte seine Rüstung fest, und zog aus der Stadt auf seinem Pferd Yvoy; die Stadt überließ er dem Herrn von Boisse, von dem er wußte, daß er sie wohl bewachen würde, wenn er bleiben sollte. So zog er in schnellem Marsch von seinen siebenzig Musketieren, deren jeder nur fünf Schüsse hatte, dahin, fest entschlossen, zu bleiben oder zu siegen.

Sobald er bei den Uebrigen angekommen war, traf er, als ein geschickter Soldat, die nöthigen Anstalten. Unter andern stellte er das Fußvolk zwischen die Pferde, welche Erfindung von ihm nachher oft benutzt worden. Jetzt rückte der Feind auf fünfhundert Schritte gerade auf ihn an; er rückte im Schritt vorwärts und befahl, zuerst eine Salve zu geben, damit der Feind ihre Anzahl nicht bemerkte. Beide Corps treffen nun aufeinander; die Feinde glauben ihn leicht über den Haufen zu werfen, denn es waren ihrer Zehn gegen Einen. Die Musketiers verlieren indessen jeden Schuß. Vieilleville, an seiner Seite Espinay und Thevales, dringen ein, und werfen Alles vor sich nieder. Wüthend fällt Croze mit seinen Tambours und Schützen aus seinem Hinterhalt heraus ihnen in die Flanke. Der Chevalier La Rogue kommt von einer andern Seite und setzt ihnen fürchterlich zu. Sie hatten ihr Fußvolk zurückgelassen, weil sie den Feind für unbeträchtlich hielten. Alle ihre Chefs waren getödtet, und jetzt von allen Seiten gedrängt, stürzten sie auf ihre Infanterie zurück, die sie selbst in Unordnung brachten, da sie immer verfolgt wurden, und zwar von ihren eigenen Pferden, auf die sich Vieilleville's Soldaten schnell schwungen und so nacheilten. Mehr als fünfzehnhundert blieben auf dem Platz die übrigen wurden gefangen. Jeder Soldat hatte einen bis zwei Gefangene; selbst zwei Soldatenmädchen trieben ihrer dreie vor sich her, die ihre Waffen weggeworfen hatten, und wovon zwei verwundet waren. Der Graf von Mesgue hatte sich durch die Wälder bis an die Mosel geflüchtet, wo er mit noch zwei Andern in einem Fischerkahn nach Thionville sich rettete. Vieilleville hatte nur acht Todte und zwölf Verwundete. Er zog wieder in Metz ein und gerade auf die Hauptkirche zu, um Gott für den Sieg zu danken. Der Donner der Kanonen und alle Glocken trugen diese Feierlichkeit nach Thionville, und sie konnten dort wohl vernehmen, wie sehr man sich in Metz freute.

Durch einen sonderbaren Zufall geschah es, daß gerade an dem Tag, wo er siegte, der König ihm den Orden ertheilte. Der Officier, den er sogleich mit den Fahnen an den König abgeschickt hatte, traf den Courier vom Hof auf dem Weg an. Der Herzog von Nevers sollte ihm denselben umhängen; Vieilleville schlug es aber in einem sehr höflichen Schreiben an den Herzog von Nevers aus, den Orden aus einer andern als des Königs Hand anzunehmen, weil er dieses Gelübde gethan, als Franz I. selbst ihn zum Ritter geschlagen.

Der Sergentmajor des ganzen Landes Messin und der Prevot (General=Auditor), welche Herr von Gonnor Vieillevillen vorzüglich empfohlen hatte, waren in ihrem Dienst Männer ohne ihres Gleichen und dabei in Metz sehr angesehen. Allein sie erlaubten sich mancherlei Betrügereien; sie ließen oft die Gefangenen, die zum Tode verurtheilt worden, heimlich gegen eine starke Geldsumme entwischen, und gaben vor, sie hätten die Kerls ersäufen lassen, da sie des Hängens nicht werth gewesen. Man fing solch einen angeblich Ersäuften wieder, und er wurde erkannt zu eben der Zeit, da jene beiden einen Gefangenen, der verurtheilt war, schon seit zwei Monaten im Gefängniß herumschleppten. Da es ihnen ernstlich befohlen ward, diesen Gefangenen hinrichten zu lassen, so wurde er in einem großen Mantel zum Richtplatz geführt, damit man nicht sehen konnte, daß er die Hände nicht gebunden hätte; auch gab man ihn für einen Lutheraner aus, damit er kein Crucifix tragen dürfe. Als der Kerl auf der Leiter stand, sprang er schnell herunter, ließ dem Henker den Mantel in der Hand und rettete sich, ohne daß man je etwas von ihm hätte sehen sollen. Es kam nun heraus, daß sie von einem Verwandten des Verurtheilten tausend Thaler erhalten hatten, wenn sie ihn entwischen ließen. Vieilleville war über alles dieses sehr aufgebracht, ließ sogleich die Beiden in Verhaft nehmen und ihnen den Proceß machen. Sie bekamen die Tortur und gestanden Alles. In einem Kriegsgericht wurden sie zum Tode verdammt, der Sergentmajor im Gefängniß erdrosselt und der Prevot und sein Schreiber auf öffentlichem Platze gehängt.

Es gab zwei Franciscanerklöster in Metz, wovon in einem Observantinermönche waren. Die Mönche waren meist alle aus einer Stadt der Niederlande, Namens Nyvelle. Der Pater Guardian besuchte dort oft seine Verwandten, und kam bei jeder Reise vor die Königin von Ungarn, die durch ihn Alles erfuhr, wie es in Metz stand, auch viele Neuigkeiten aus Deutschland und Frankreich; kurz, es war ihr eigentlicher Spion. Auf den Antrag, der ihm zu einer Unternehmung auf Metz gemacht wurde, ging er auch wirklich ein; er nahm etliche und siebenzig tapfere Soldaten, kleidete sie als Franciscaner und ließ sie von

Zeit zu Zeit paarweise nach Metz ins Kloster gehen. Unterdessen war es verabredet, daß der Graf von Mesgue Verstärkung erhalten, und sich an dem Thor der Brücke Offray zum Sturmlaufen zeigen sollte. Der Guardian wollte in mehr als hundert Häusern durch eine eigene Erfindung Feuer einlegen lassen; Jedermann würde hinzulaufen, dieses zu löschen, und die Mönche sollten sich dann auf den engen Wällen zeigen und den Soldaten heraufhelfen. Einige tausend Soldaten von der Garnison zu Metz würden sich ohnedies sogleich empören, wenn sie die Gelegenheit zum plündern absähen, und **Freiheit, Freiheit, nieder mit dem Vieilleville!** schreien.

Es ging Alles recht gut für den Mönch; in einer Zeit von drei Wochen hatte er die Soldaten im Kloster. Jetzt bekam aber Vieilleville von einem seiner geschicktesten Spionen aus Luxemburg Nachricht, daß die Königin von Ungarn zwölfhundert leichte Büchsenschützen, achthundert Pferde und eine große Anzahl niederländischer Edelleute dem Grafen von Mesgue zuschickte. Der Graf habe etwas vor, man könne aber nicht entdecken, auf was er ausgehe. Man habe zwar zwei Franciscanermönche von mittlerem Alter mit dem Grafen ins Cabinet gehen sehen, habe aber nicht herausbringen können, wo sie her gewesen, es habe nur geheißen, sie seyen von Brüssel her gekommen.

Vieilleville nahm sogleich einige Capitäns zu sich und ging in das Franciscanerkloster, ließ den Guardian rufen und fragte wie viel er Mönche habe, ob sie alle zu Hause seyen, er wollte sie sehen. Hier findet er Alles richtig. Er geht darauf zu den Observantinern, und fragt nach dem Guardian. Es wird ihm geantwortet, er sey nach Nyvelle zum Leichenbegängniß seines Bruders gegangen. Vieilleville will die Anzahl der Mönche wissen und sie sehen. Drei oder viere sagen, sie seyen in die Stadt gegangen, Almosen zu sammeln. Schon an ihrer Gesichts-

farbe merkte er, daß es nicht ganz richtig sey. Er stellte sogleich
Haussuchung an, und findet in dem ersten Zimmer zwei falsche
Franciscanermönche, welche sich für krank ausgaben, und ihre
auf Soldatenart verfertigten Beinkleider im Bette versteckt hatten.
Unter Androhung eines sichern Todes gestehen sie sogleich, wo
sie her sind, doch wüßten sie nicht, was man mit ihnen vorhabe,
und sie hofften dieses zu erfahren, wenn der Guardian von
Luremburg würde zurückgekommen seyn. Vieilleville ließ sogleich
das Kloster schließen und setzte einen vertrauten Capitän mit
starker Wache hin, dem er befiehlt, Alles herein, aber Nichts
hinaus zu lassen. Ferner werden augenblicklich alle Thore der
Stadt geschlossen, außer dem der Brücke Yffray, welches nach
Luremburg führt, und wo der Capitän Salcede die Wache hatte.
Hier begibt er sich selbst hin, entläßt alle seine Garden und
bleibt mit einem Edelmann, einem Pagen und einem Bedienten
mit den Soldaten auf der Wache.

Dem Capitän Salcede ließ er sagen, er erwarte Jemand
unter dem Thor, und sollte er die Nacht auf der Wachtstube zu=
bringen, so müsse er die Person hereingehen sehen. Salcede
sollte sein Essen unter das Thor bringen lassen, wie es wäre,
und sollte er nur Knoblauch und Rüben haben, er solle nur
herbeieilen.

Salcede kam auch sogleich und brachte ein ganz artiges
Mittagsessen mit, das ihnen unter dem Thor gut schmeckte.
Kaum hatten sie abgegessen, als die Schildwache sagen ließ, sie
sehe zwei Franciscaner von weitem kommen. Vieilleville nimmt
eine Hellebarde und stellt sich, von zwei Soldaten begleitet, selbst
an den Schlagbaum. Die Mönche, die sich sehr wundern, ihn
hier wie einen gemeinen Soldaten Wache stehen zu sehen, steigen
ab. Er befiehlt ihnen aber, in das Quartier des Capitäns
Salcede zu gehen; die zwei Soldaten mußten sie dahin bringen.

Jetzt läßt er Alles aus diesem Quartier gehen, und er mit Salcede und seinem Lieutenant Nyolas bleiben allein da. "Nun, Herr Heuchler," redet er den Guardian an, "Ihr kommt von einer Conferenz mit dem Grafen von Mesgue. Sogleich bekennet Alles, was ihr mit einander verhandelt, oder Ihr werdet den Augenblick umgebracht. Bekennet Ihr aber die Wahrheit, so schenke ich Euch das Leben, selbst, wenn Ihr das meine hättet nehmen wollen. In Euer Kloster könnt Ihr nun nicht mehr, es ist voll Soldaten, und Eure Mönche sind gefangen; zwei haben schon bekannt, daß sie verkleidete Soldaten der Königin von Ungarn sind." Der Guardian wirft sich ihm zu Füßen und gibt vor, daß diese zwei seine Verwandten seyen und ihren Bruder wegen einer Erbschaft umgebracht; er habe sie unter Franciscanerkleider versteckt, um sie zu retten. Indem ließ aber der bei dem Kloster wachhabende Hauptmann melden, daß sechs Franciscaner in das Kloster eingetreten, die unter der Kutte Soldatenkleider gehabt. Jetzt befahl er die Tortur zu holen, damit der Guardian gestehe. Der Mönch, der sah, daß Alles verrathen sey, besonders wie ihm Vieilleville den Brief zeigte, so er von seinem Spion in Luremburg erhalten, sagte dann, daß man wohl sehe, wie Gott ihm beistehe und die Stadt für ihn bewache, denn ohne diese Nachricht wäre Metz noch heute für den König verloren gewesen und in die Hände des Kaisers gekommen. Alle zu dieser Expedition bestimmten Truppen seyen nur noch sechs Stunden von Metz, in St. Jean, und sie sollten um neun Uhr hier eintreffen. Kurz, er gestand den ganzen Plan. Vieilleville übergab ihn jetzt dem Capitän Nyolas, ihn zu binden und mit keiner Seele reden zu lassen.

Wie Vieilleville in allen unvorhergesehenen Fällen sich schnell und fest entschloß, so auch hier. Sogleich ruft er seine Compagnie zu sich, und besiehlt dem Herrn von Espinay und von

Lancque, eben dieses zu thun. Die Capitäns St. Coulombe und St. Marie müssen sich mit dreihundert Büchsenschützen einfinden. Der neue Sergentmajor St. Chamans muß sogleich auf die Thore fünfzig Büschel Reiser hinschaffen, mit der Weisung, solche nicht eher noch später als zwischen sechs und sieben Uhr des Abends anstecken zu lassen. Die ganze Stadt war in Allarm: Niemand wußte, was werden sollte.

Jetzt, da Alles fertig war, sagte er: „Nun laßt uns still „und schnell marschiren, und so Gott will, sollt ihr in weniger „als vier Stunden seltsame Dinge erleben." Er hatte einen sehr geschickten Capitän, die Soldaten zu führen; diesen rief er zu sich und entdeckte sich ihm und seinen Plan. Er sollte ihn in einen Hinterhalt legen, wo die Feinde vorüber müßten. Ginge dieses nicht, so wollte er sie so angreifen, ob sie gleich nur Einer gegen Drei seyen. Der Capitän führte ihn in einen großen Wald, an dessen Ende ein Dorf lag. Hier vertheilte Vieilleville seine Leute von tausend zu tausend Schritten, so daß der Feind nicht zu sich kommen und denken sollte, die ganze Garnison, so bekanntlich fünftausend zweihundert Infanterie und tausend Mann Cavallerie stark war, sey ihm auf dem Halse. Den Weg nach Thionville befahl er frei zu lassen, weil er den Flüchtlingen nicht nachsetzen wollte, nach der goldenen Regel: dem Feind muß man silberne Brücken bauen.

Jetzt bekam er Nachricht, daß die Feinde schnell anrückten, in einer Stunde könnten sie da seyn. Man sehe in Metz brennen, die Feinde seyen stärker, als er glaube, es sey Alles voll. In einer Stunde kam schon ihr Vortrab, so aus ungefähr sechzig Mann bestand, durch den Wald. Die Hellebardierer hatten sich auf den Bauch in das Dickicht gelegt, die Schützen standen weiter hinten, daß man die brennenden Lunten nicht riechen sollte; man hörte, wie sie sagten: „Treibt sie an, beim Teufel, wir

„verweilen zu lang. In dem Wald gibt es nichts als Maul=
„würfe. Beim Wetter, wie werden wir reich werden und was
„für einen Dienst werden wir dem Kaiser thun!" Ein Anderer
sagte: „Wir wollen ihn recht beschämen, denn mit dreitausend
„Mann nehmen wir, was er nicht mit hunderttausend konnte."
Ein Anderer: „Ich werde mich heute Nacht zu Tode h—, denn
es soll dir prächtige Mädchen und Weiber geben." Jetzt kam
der ganze Troß und zog ins Holz hinein, zuletzt der Graf von
Mesgue mit einer ausgesuchten Cavallerie. Er trieb sie aus
allen Kräften zur Eile an, so daß sie keine Ordnung hielten.
Den ganzen Zug aber schloß das adelige Corps aus den Nieder=
landen, welches achthundert Pferde stark war.

Als auch diese in dem Wald waren, stürzte Vieilleville's
erster Hinterhalt hervor — Frankreich! — Frankreich! —
Vieilleville! — rufend. Die Edelleute rufen ihre Diener,
ihnen ihre Waffen zu geben; nun rücken aber auch die Büchsen=
schützen hervor, und jeder streckt seinen Mann nieder; zugleich
machen die Tambours einen erschrecklichen Lärm. Die Feinde,
welche schon vorne waren, wollten umkehren, um ihrem Hinter=
trab zu helfen; aber jetzt stürzt auch bei ihnen der zweite Hinter=
halt hervor, und es entsteht ein so erschreckliches Getöse, daß
Alles ganz verwirrt wird. Der Graf von Mesgue schreit: beim
Teufel, wir sind verrathen! Gott, was ist das? und macht zu=
gleich Miene, sich zu wehren. Nun bricht aber auch der dritte
Hinterhalt hervor, und die feindliche Cavallerie flieht in das
Dorf, in der Hoffnung, sich dort zu setzen; aber hier finden sie
Vieilleville's viertes Corps, zu dem kam noch das fünfte, das
sie in die Mitte bekam, und so übel zurichtete, daß der Graf
von Mesgue durch sein eigenes Fußvolk durchbrechen mußte, um
sich zu retten, denn überall traf er auf Feinde. Jetzt floh Alles,
wo es nur hin konnte, und der Sieg war vollkommen.

Es wurden vierhundert und fünfzig Gefangene gemacht, und eilfhundert und vierzig waren auf dem Platz geblieben. Vielleville hatte nur fünfzehn Mann verloren, und sehr Wenige waren verwundet worden.

Es fiel dieses an einem Donnerstag im October 1555 vor, und wurde durch die Klugheit und Thätigkeit auf diese Art eine Verrätherei am nämlichen Tage entdeckt und bestraft. Die Mönche in Metz wurden in engere Verwahrung gebracht, die dreißig verkleideten Soldaten aber ließ Vielleville frei, weil es brave Kerls wären, die ihr Leben auf diese Art zum Dienst ihres Herrn gewagt hätten. Doch befahl er, daß sie zu drei und drei mit ihren Mönchskleidern auf dem Arm und weißen Stäben durch die Stadt geführt und auf jedem Platz verlesen werden sollte: dieses sind die Mönche der Königin von Ungarn u. s. w.

Vielleville schickte dem König einen Courier mit der Nachricht dieses Siegs. Eben diesem war aufgetragen, Urlaub für ihn auf zwei Monate zu verlangen, indem er schon drei Jahre in seinem Gouvernement des Glücks beraubt sey, Seine Majestät zu sehen. Vielleville hatte mehrere Ursachen, diesen Urlaub zu verlangen. Einmal wollte er nicht gegenwärtig seyn, wenn man den Guardian hinrichtete, da er ihm sein Wort gegeben, ihm am Leben nichts zu thun; und doch hielt er es für unbillig, einen solchen Mordbrenner am Leben zu lassen. Dann trug er auch den Plan einer in Metz zu erbauenden Citadelle im Kopf herum, die aber sehr viele Unkosten erforderte, da drei Kirchen abgetragen, und der König zweihundert und fünfzig Häuser kaufen mußte, um die Einwohner daselbst wegzubringen und Platz zu gewinnen. Nun fürchtete er, daß, wenn er diesen Plan nicht selbst vorlegte, der Connetable besonders dagegen seyn würde, da ohnedem eine Armee, welche unter dem Herzog von Guise nach Italien marschiren sollte, um Neapel wieder zu

erobern, ungeheure Summen wegnahm, die man nirgends auf=
zutreiben wußte. Endlich war er auch davon benachrichtigt, daß
der Cardinal von Lenoncourt, vom Cardinal von Lothringen
unterstützt, ihn in allen Gesellschaften herunterſetze.

Der Urlaub wurde bewilligt und sogleich der Herr von La
Chapelle=Biron nach Metz abgeschickt, das Gouvernement unter=
dessen zu übernehmen. Nachdem nun Vieilleville dem neuen
Gouverneur Alles übergeben und ihn wohl unterrichtet hatte,
reiste er nach Hofe und nahm nur den Grafen von Sault, dem
er seine zweite Tochter, welche Hofdame bei der Königin war,
zugedacht hatte, mit sich. Sobald er daselbst angekommen, ent=
fernte sich der Cardinal von Lenoncourt in eine seiner Abteien
bei Fontainebleau. Der König empfing ihn sehr wohl, und der
darauf folgende Tag wurde sogleich dazu bestimmt, ihm den
Orden umzuhängen, welches auch mit vieler Feierlichkeit geschah.
Nur der Cardinal von Lothringen als Ordenskanzler und der
Connetable als ältester Ritter fanden sich nicht dabei ein. Dieser
wollte sein gewöhnlich Kopfweh, jener die Kolik haben. Der
König aber kannte wohl ihre Entschuldigungen und Sprünge.

Der Cardinal von Lothringen hatte sich vorgenommen,
Vieillevillen im vollen Rath wegen Beeinträchtigung des Bischofs
von Metz in seinen Rechten anzugreifen, und er war so fein,
den König zu bitten, sich im Rath einzufinden, indem er einige
wichtige Sachen vorzutragen habe. Der König, der nicht wußte,
was es war, befahl sogleich, die Räthe zu versammeln, und da
Jeder seinen Rang eingenommen hatte, fing der Cardinal eine
Rede an, die, dem Eingang nach, außerordentlich lang dauern
konnte. Er fing damit an, wie die Könige von Frankreich
immer die Stütze der Kirche gewesen, brachte allerhand Beispiele
aus der Geschichte vor und kam endlich darauf, daß ein Pfeiler
der Kirche, und einer von denen, aus dessen Holze man Päpste

machte, große Klagen über die Eingriffe habe, die man in seine geistlichen Rechte gethan habe. Vieilleville stand sogleich schnell auf und bat den König, dem Cardinal Stillschweigen aufzulegen und ihn reden zu lassen; er merke wohl, daß von ihm die Rede sey. Nun fing er an, sich zu wundern, daß der Cardinal so hoch angefangen; er habe geglaubt, der heilige Vater und der heilige Stuhl seyen in Gefahr vor den Türken, und man wolle Se. Majestät bewegen, wie die alten Könige eine Kreuzarmee abzuschicken. So aber wäre nur die Rede von dem Cardinal von Lenoncourt, und er bedaure, daß die Reise Sr. Majestät nach Rom nicht statt habe, und die Gelder zu einer großen Armee würden wohl im Koffer bleiben; welches ein Gelächter im Rathe erweckte. Nun ging er die Beschwerden, welche der Cardinal haben konnte, selbst durch, und widerlegte sie Punkt vor Punkt zu seiner Rechtfertigung mit einer großen Beredsamkeit und Feinheit. Er bat endlich, daß der Cardinal von Lenoncourt selbst erscheinen möge, um seine weitern Klagen vorzubringen, und sich nicht hinter die Größe und das Ansehen des Cardinals von Lothringen stecken möge; indem er hoffte, ihn auf diese Art zu verhindern, daß er nicht zum Wort kommen sollte. Der König fragte darauf den Cardinal von Lothringen, ob er keinen andern Grund gehabt, ihn in Rath zu sprengen, als diesen? worauf der Cardinal antwortete, daß Se. Majestät nur einen Theil gehört hätten. Vieilleville will ja auch nicht, versetzte der König, daß man ihm geradezu glaubt, und er verlangt, daß Lenoncourt selbst erscheine. Er befahl darauf, daß der Kanzler ihn auf morgen in den Rath bescheiden sollte. Uebrigens aber gab der König die Erklärung von sich, daß er Alles billige, was Vieilleville in seinem Gouvernement gethan, und er stand gleichsam zornig von seinem Sitz auf. Der Cardinal von Lothringen legte die Hand auf den Magen, als wenn er Kolik hätte, ging sogleich aus dem Rath hinaus und ließ den Cardinal von Lenoncourt augenblicklich von dem benachrichtigen, was vorgefallen, der dann sogleich auch weiter vom Hof wegreiste, so daß ihn die, welche ihn in den Rath auf morgen einladen sollten, nicht antrafen.

Kurz darauf legte Vieilleville dem König auch seinen Plan wegen der Citadelle vor, und er wußte ihm die Sache so wichtig vorzustellen, daß der König gleich darauf einging, ihm aber verbot, es nicht im Conseil vorzutragen, wo gewiß der Connetable und der Herzog von Guise dagegen seyn würden, die Alles aufböten, drei Millionen zu ihrem projectirten italienischen Feldzug zu schaffen. Er habe getreue Diener in Paris, von denen er hoffe, sogleich die zu dieser Citadelle verlangte Summe zu erhalten, und er wolle sich gleich noch heute nach Paris begeben, da er ohnedem wünschte, daß man Fontainebleau, wo er schon acht Monate wohne, durchaus reinigte.

Vieilleville erhielt auch die Summe und kehrte damit sogleich nach Metz zurück, um die nöthigen Anstalten zur Erbauung dieser Citadelle zu treffen. Es war hohe Zeit, daß er wieder zurückkam· denn es verging nicht lange, so entdeckte er eine neue Verschwörung, welche zwei Soldaten, Comba und Vaubonnet, angezettelt hatten, da sie sahen, daß der Herr von La Chapelle nicht sonderlich wachsam an den Thoren war. Vieilleville hatte ihre Brüder rädern lassen, weil sie ein öffentliches Mädchen des Nachts mißhandelt und ihr die Nase abgeschnitten hatten. Das Mädchen hatte so geschrieen, daß die ganze Stadt in Allarm gekommen war, und Vieilleville sich selbst zu Pferd gesetzt und die Garnison unter das Gewehr hatte treten lassen. Sie hatten sich an den Grafen von Mesque gewendet, und bedienten sich eines Tambours zu ihrem Hin= und Herträger, Namens Balafré. Die Königin von Ungarn, bei der Comba gewesen war, hatte ihnen zwölf=

hundert Thaler gegeben, wofür sie ein Gasthaus errichteten, und oft mit Lebensmitteln nach Thionville mit Passeport von La Chapelle, dem sie manchmal Präsente brachten, auf dem Flusse hin- und herfuhren. Den Grafen von Mesgue hatten sie selbst zweimal verkleidet in die Stadt gebracht, wo er Alles durchgesehen hatte. Es kam nun sonderbar, daß Vieilleville den Capitän dieser Soldaten, Namens La Mothe-Goudrin, fragte, wie es käme, daß diese Soldaten, die einen gewissen ausgezeichneten Rang unter den Uebrigen hätten, sich mit Gastirungen abgäben, welches unschicklich sey. Der Capitän antwortete, daß sie, seit ihre Brüder gerädert worden, keine rechte Liebe zum Dienst hätten; sie wollten daher ihren Abschied bald nehmen, doch wünschten sie vorher noch etwas zu erwerben.

Wie Vieilleville hörte, daß sie Brüder der Geräderten seyen, so fiel es ihm gleich auf, daß etwas darunter stecken könne, und er schickte unverzüglich nach Comba, dem er sagte, daß, weil er gut Spanisch rede, er dem König einen Dienst erweisen könne, er solle nur mit ihm kommen, Geld und Pferde seyen schon bereitet. Er führte ihn hierauf in das Quartier des Capitäns Beauchamp, wo er dem Capitän sogleich befahl, den Comba zu binden, bis Eisen ankämen, und dafür zu sorgen, daß Niemand nichts von dieser Gefangennehmung erfahre. Dem Cameraden Vaubonnet aber läßt er sagen, nicht auf Comba zu warten, indem er ihn auf vier Tage verschickt habe.

Wie die Entdeckungen oft sonderbar geschehen, so auch hier. Der Bediente des Capitäns war ein Bruder des Tambours Balafré, und er hatte ihn oft mit dem Comba gesehen. Eben dieser Bediente sah jetzt durch das Schlüsselloch den Comba binden, und läuft hin, es seinem Bruder zu sagen. Dieser bittet sich von Vieilleville eine geheime Audienz aus, wirft sich ihm zu Füßen, entdeckt Alles und gesteht, daß er schon sieben Mal in Thionville mit Briefen von Comba an den Grafen von Mesgue gewesen. Vieilleville zieht einen Rubin vom Finger, gibt ihn dem Tambour und verspricht sein Glück zu machen, wenn er ihm treu diente. Er nahm ihn darauf zu dem Comba, dem er befiehlt, an den Grafen zu schreiben, daß Alles gut gehe, und er durch den Weg, den ihm sein Vertrauter anzeigen würde, seine Heerde zuschicken sollte, wo er sodann Wunder erfahren würde. Vieilleville dictirte selbst den Brief, nachdem ihn der Balafré von dem unter ihnen gewöhnlichen Styl benachrichtigt hatte. Der Tambour bestellt den Brief richtig und bringt die Antwort mit, daß vom Mittwoch auf den Donnerstag (es war Dienstag) um Mitternacht die Truppen da seyn sollten.

Um sein Vorhaben noch besser zu decken, ließ Vieilleville seine Capitäns rufen, und sagte ihnen, daß der Herr von Vaudemont, mit dem er in Feindschaft lebte, vom Hof zurückkomme und daß er ihm entgegengehen wolle, doch nicht als Hofmann, sondern im kriegerischen Ornat und als zum Streit gerüstet Sie sollten daher Alles sogleich in den Stand setzen, und er wolle morgen gegen fünf Uhr mit tausend Mann Schützen und seiner ganzen Cavallerie ihm entgegen gehen, er hoffe, daß dieses Zeichen der Aussöhnung dem König wohlgefalle. Heimlich läßt er aber den Tambour kommen und geht mit ihm zu Beauchamp, wo Comba dem Grafen schreiben muß, daß sich Alles über Erwartung gut anlasse, indem Vieilleville mit seinen besten Truppen weggehe, und er also sicher kommen könne.

Der Graf von Mesgue, sehr erfreut darüber, bedient sich der nämlichen List und schreibt Vieillevillen, wie der Graf Aiguemont im Sinn habe, dem Herrn von Vaudemont entgegen zu gehen, und er daher, da sie sein Gebiet beträten, ihn davon benachrichtigen wolle, indem sie nicht im Sinn hätten, die geringste Feindseligkeit auszuüben, da ohnedem jetzt Waffenstillstand zwischen ihren Herren sey. Diesen Brief schickte er durch einen Courier ab. Dem Tambour aber gab er einige Zeilen mit, worin er den Comba benachrichtigt, daß er nur noch einen Tag länger warten solle, indem der Graf von Mansfeld bei der Partie seyn wolle und auch noch Truppen mitbringe. Auf dieses ließ Vieilleville seine Capitäns wissen, daß Herr von Vaudemont einen Tag später nach Metz kommen würde, und sie also erst Donnerstags um vier Uhr abgehen würden.

Vieilleville hoffte gewiß, sie wieder in die Falle zu bekommen; allein das Project mißlang, denn der Capitän Beauchamp ließ sich durch die kläglichen Bitten des Comba bewegen, ihm Mittwochs um Mittagessenszeit seine Eisen auf kurze Zeit herunter zu nehmen. Er geht darauf in den Keller, um Wein zu holen, denn er traute sonst Niemanden, und Comba muß ihm leuchten. Wie er aber sich bückt, um den Wein abzulassen, gibt ihm Comba einen Stoß, daß er zur Erde fällt, springt die Treppe hinauf, läßt die Thür fallen, schließt sie zu, und geht auf die Alte los, bei der er in Beauchamps Quartier verborgen war; diese schlägt er so lange, bis sie ihm die Schlüssel der Thür gibt, und so rettete er sich. Beauchamp schreit indessen wie rasend, bis man ihm aufmacht, wobei er beinahe Hand an sich legte, als er die Thüren eröffnet findet. Er entschließt sich jedoch, zu Vieilleville zu gehen, der zwar schon gegessen, aber noch an der Tafel mit seinen Capitäns saß und von der bevorstehenden Reise sprach. Beauchamp ruft ihm gleich entgegen, daß Comba sich geflüchtet habe und er um Vergebung bitte. Vieilleville wirft sogleich seinen Dolch nach ihm, springt auf ihn zu und will ihn umbringen. Beauchamp aber flieht, und die andern Capitäns stellen sich bittend vor ihn. Sogleich wurden alle Thore geschlossen. Vaubonnet mit dreißig hereingekommenen verkleideten Soldaten sollte gefangen genommen werden; sie hatten aber schon

Wind erhalten, und es retteten sich mehrere, doch wurde der größte Theil auf der Flucht niedergemacht; einige warfen sich über die Mauern in den Fluß. Vieilleville ließ sogleich nach Comba und Beauchamp in der ganzen Stadt in jedem Haus nachsuchen, und Erstern fand man bei einer Wäscherin verborgen. Er ließ dem Rädelsführer sogleich den Proceß machen. Comba und Vaubonnet wurden von vier Pferden zerrissen und die gefangenen verkleideten Soldaten theils gerädert, theils gehenkt. Der Graf von Mesgue bekam noch frühzeitig genug Nachricht davon, und fing nun an zu glauben, Vieilleville habe einen Bund mit dem Teufel, da er auch die allergeheimsten Anschläge erführe.

Dieser vereitelte Anschlag war Vieillevillen so zu Herzen gegangen, daß er in eine tödtliche Krankheit fiel, wo man drei Monate lang an seinem Aufkommen zweifelte. Der König schickte einen seiner Kammerjunker nach Metz, um zu sehen, wie es mit Vieillevillen stünde, und schrieb selbst an ihn, und versicherte seinem Schwiegersohn Espinay die Gouverneurstelle von Metz. Diese außerordentliche Gnade hatte einen solchen Einfluß auf ihn, daß sie ihn wieder ins Leben rief; auch besserte es sich mit ihm von diesem Tag an; er schickte einen Haufen Aerzte fort, welche ihm von verschiedenen Prinzen waren zugeschickt worden, und erholte sich ganz, obgleich sehr langsam, wieder. Er ging, sobald er das Reisen vertragen konnte, mit seiner Familie nach Durestal, wo er sich acht Monate aufhielt und seine Gesundheit wieder herstellte

Sobald Vieilleville sich auf seinem Gut Durestal ganz erholt hatte, begab er sich gegen Ende des Jahres 1557 nach Paris zum König, wo er diejenigen Anstalten verabredete, die sich in seinem Gouvernement von Metz nöthig machten; besonders suchte er die Garnison daselbst zu beruhigen, der man vier Monate schuldig und die deßhalb zum Aufruhr sehr geneigt war. Diese außenbleibende Zahlung setzte den unterdessen in Metz commandirenden Herrn von Sennecterre in große Verlegenheit, denn man hatte aus dieser Stadt zwölf Compagnien regulärer Truppen gezogen, um sie zu einer Expedition nach Neapel zu brauchen, und hatte dafür so viel von der Miliz von Champagne und Picardie, die undisciplinirtesten Truppen von der Welt, hineingelegt; ohne einige alte Officiere und ohne die Gendarmes würde Herr von Sennecterre nicht mit ihnen fertig geworden seyn. Vieilleville schrieb indessen an den Großprofosen von Metz, unfehlbar genaue Untersuchungen über dieses tumultuarische Betragen anzustellen, und auch dabei die Capitäns, die dergleichen begünstigt, nicht zu verschonen, denn er wolle das Sprüchwort: „Erst muß man den Hund und dann den Löwen schlagen," umkehren, und er habe sich geschworen, die Löwen recht zu striegeln damit die Hunde zittern und vor Furcht umkommen möchten.

Vieilleville kam ganz unversehens eines Morgens mit siebenzig Pferden vor den Thoren von Metz an, welches die Schuldigen in großes Schrecken setzte. Der Großprofoß fand sich sogleich mit seinem Untersuchungsgeschäft ein, und kurz darauf, nachdem auf verschiedenen Plätzen starke Detaschements ausgestellt waren, wurden drei Capitäns, die beschuldigt wurden, daß sie sich an der Person des Herrn von Sennecterre vergriffen und auf seine Wache geschossen, vor ihn gebracht. Hier mußten sie auf den Knieen Abbitte thun; der Scharfrichter war nicht weit entfernt, der ihnen sodann, nachdem sie in einen Keller geführt worden, die Köpfe abschlug. Diese Köpfe wurden an die drei Hauptplätze zum großen Schrecken der Miliztruppen, die unter dem Namen Legionnaires dienten, aufgesteckt. Sobald diese sich auch nur zeigten oder zusammentraten, um vielleicht Vorstellungen zu thun, wurden sie sogleich zurückgestoßen, ja oft mit Kugeln abgewiesen. Hundert von diesen Soldaten hatten sich doch mit den Waffen auf einem Platz versammelt. Vieilleville erfuhr es und schickte sogleich den Sergent-Major St. Chamans dahin ab mit einer zahlreichen Bedeckung, um sie zu fragen, was sie da zu thun hätten. Sie waren so unklug zu antworten, daß sie ihre Cameraden hier erwarteten, um Rechenschaft über ihre Capitäns zu haben. Kaum hatten sie dies gesagt, so ließ St. Chamans eine solche Salve geben, daß vierzig bis fünfzig sogleich auf dem Platze blieben und die Andern davon liefen, die jedoch alle arretirt und hingerichtet wurden. Die drei Lieutenants der enthaupteten Capitäns fürchteten, es möchte auch an sie die Reihe kommen, ließen also Vieilleville um ihren Abschied bitten, denn sie konnten ohne diesen nicht aus den Thoren kommen, da sie sehr gut besetzt waren. Er unterzeichnete ihn aber nicht, sondern ließ ihnen nur mündlich sagen: sie könnten gehen, wohin sie wollten; dergleichen Aufrührer brauchte weder der König noch er. Sie machten sich sogleich auf und zogen zum Thor hinaus, hatten aber auch bei hundert Soldaten von ihrer Compagnie überredet, mitzugehen. Vieilleville erfuhr dieses und schickte sogleich ein Commando nach und ließ alle niedermachen. Kaum durfte einer von den Legionnaires sich regen, so wurde er bei dem Kopf genommen, und zwar waren ihre Hauswirthe die ersten, welche die Schuldigen verriethen. Sie wurden dadurch so in Angst gebracht, daß sie nicht wußten, was sie thun sollten, bis man ihnen endlich rieth, sich an den Schwiegersohn von Vieilleville, Herrn von Espinay, zu wenden, um ihre Verzeihung zu erhalten, welches auch geschah, und Vieilleville ließ alle vor sich kommen, wo er ihnen noch eine große Strafpredigt hielt und sie sodann aufstehen hieß, denn sie lagen alle vor ihm auf den Knieen. Diese Aussöhnung erregte eine große Freude, und das mit Recht, denn Vieilleville hatte schon die Idee, als er erfuhr, daß die Legionnaires unter dem Herrn von Sennecterre zehn Tage lang nicht auf die Wache gezogen und also die Stadt unbewacht gelassen, alle vor die Thore hinausrufen, sie da umzingeln und zusammenschießen zu lassen. Vieilleville glaubte aber doch noch immer vorsichtig seyn zu müssen, und machte drei Monate lang die Runden in der Stadt immer selbst, und das oft viermal die Woche. Einmal trifft er einen Legionnaire schlafend unter dem Gewehr an, den er sogleich mit den Worten niederstieß: er thue ihm nichts zu leid, denn er ließe ihn da, wie er ihn gefunden, und er solle wenigstens zum Exempel dienen, wenn er nicht zur Wache dienen wolle.

Vieilleville, nachdem er Alles in Ordnung gebracht hatte, nahm sich nun vor, den Deutschen Thionville abzunehmen, und ließ sich deßhalb in größter Eil und sehr geheim einen gewissen Hans Klauer von Trier kommen, dem er einmal das Leben geschenkt, und als einen tüchtigen Kerl hatte kennen lernen. Diesen beschenkte er sogleich und suchte ihn zu seinen Projecten geschickt zu machen. Er versprach ihm noch überdies eine Compagnie deutscher Reiter in des Königs Sold zu verschaffen, wenn er nach Thionville ging, den ganzen Zustand des Orts und die Stärke der Besatzung bis auf das Maß der Gräben erforschte, und ihm in acht Tagen Nachricht gebe. Nur solle er Morgens vor Tag aus einem, dem Weg nach Thionville entgegengesetzten Thore gehen, an dem er sich selbst befinden wolle, um ihm zu sagen, was ihm allenfalls noch eingefallen wäre.

Hans Klauer brachte ihm auch in acht Tagen einen so umständlichen Bericht von Thionville, daß Vieilleville über seinen Fleiß und Geschicklichkeit ganz erstaunt war, und ihm sogleich eine Summe zustellte, mit der er nach Trier zurückgehen und eine Compagnie Reiter aufrichten sollte; doch sollte sie durchgängig nur aus gebornen Deutschen bestehen. Diesen Bericht über Thionville ließ Vieilleville durch seinen Secretär Carloir sehr studiren und gleichsam auswendig lernen, und schickte ihn zum König, damit er, wenn er vom Feinde würde aufgefangen werden, desto leichter durchkäme. Dieser traf den König in Amiens, und berichtete ihm, daß Vieilleville in sieben Tagen Thionville wegzunehmen sich anheischig mache, und da er wisse, daß alle Truppen nach Italien geschickt seyen, so wolle er sechs Regimenter Lanzknechte und sieben Compagnien Reiter in Deutschland werben lassen; auch habe er dazu durch seinen Credit hunderttausend Livres irgendwo gefunden. Der König genehmigte Alles sogleich, lobte Vieillevillen sehr darüber, daß er immer wachsam und in seinem Dienst geschäftig sey, wies ihm die Einnahme der ganzen Provinz Champagne zu dieser Expedition an, und ernannte ihn zum Generallieutenant der Armee in Champagne, Lothringen, dem Lande Messin und Luxemburg. Die Werbung in Deutschland ging so gut von Statten, daß in kurzem die verlangten Regimenter marschiren konnten.

Sobald Vieilleville dieses erfuhr, zog er mit seiner Besatzung aus Metz gegen Thionville, ließ die Truppen, welche zu Toul und Verdun in Besatzung lagen, zu ihm stoßen, und eröffnete, zu nicht geringem Erstaunen des Grafen von Carebbe, der in Thionville commandirte, die Belagerung dieser Stadt. Gegen Luxemburg schickte er sechs Compagnien zu Fuß, um von Thionville aus mit dem Grafen von Mesque die Communication zu verhindern. Jetzt kam auch seine Artillerie an, die er in seinem Arsenal zu Metz hatte zurichten lassen; sie bestand aus zwölf Kanonen von starkem Kaliber, aus zehn Feldschlangen von achtzehn Fuß lang und aus andern leichten Stücken. Kurz darauf trafen auch die fremden Truppen ein, und alles dieses zusammen machte eine gar artige kleine Armee aus, denn es waren nur allein sechs junge deutsche Prinzen aus den Häusern Lüneburg, Simmern, Würtemberg u. a. dabei, die sich unter einem so großen Meister in den Waffen versuchen wollten. Die ganze Armee mochte ungefähr aus zwölftausend Mann bestehen.

Unterdessen war der Herzog von Guise aus Italien zurückgekommen, und, da der Connetable bei St. Quentin gefangen war, zum Generallieutenant von ganz Frankreich ernannt worden. Dieser bekam Nachricht von der Armee des Vieilleville, und schickte sogleich einen Courier an ihn ab, der eben ankam, als die Artillerie anfangen sollte, gegen die Stadt zu spielen. Vieilleville bekam ein Schreiben, des Inhalts: daß er warten möchte, indem der Herzog dabei seyn und die Entreprise führen wollte, wie es ihm als Generallieutenant von Frankreich zukäme.

Vieillevillen war diese Dazwischenkunft höchst unangenehm; er ließ sich aber jedoch nichts merken, und sagte dem Courier, daß der Herzog von Guise willkommen seyn und man ihm wie dem Könige gehorchen würde. Es wäre aber dem Unternehmen auf Thionville nichts so nachtheilig als der Verzug, und er sehe wohl voraus, daß die Verzögerung der Ankunft des Herzogs den Dienst des Königs bei dieser Sache nichts weniger als befördern würde. Der Courier versicherte ihn, daß er in zehn Tagen hier seyn würde: „Was," sagte Vieilleville, „wenn er mir die Hände „nicht gebunden hätte durch seinen Titel als Generallieutenant „von ganz Frankreich, so stehe ich mit meinem Kopf dafür, ich „wäre in zwei Stunden in Thionville und vielleicht in Luxem„burg gewesen. Jetzt wird er vielleicht in drei Wochen nicht „ankommen, und der Graf von Mesgue hat gute Zeit, sich in „Luxemburg festzusetzen."

Der Herzog von Guise kam auch wirklich erst in zwanzig Tagen an. Voraus schickte er den Großmeister der Artillerie nach Metz, um Alles anzusehen. Dieser fand eine solche Ordnung und so hinreichende Maßregeln bei dieser Unternehmung, daß er öffentlich behauptete, der Herzog von Guise hätte wohl weg=

bleiben können, und es müsse einen Mann von Ehre sehr verdrießen, wenn die Prinzen ihnen kein Glück gönnten, und da wo Ehre einzuernten sey, gleich kämen, und ihnen die Frucht ihrer Mühe und Arbeit wegnähmen. Der Herzog hat gut hinunterschlucken, rief er endlich ganz entrüstet aus, denn er findet Alles vorgekaut. Als der Herzog die ganze Artillerie musterte, riefen Officiere zum großen Gelächter: „Nur fort, vor Thionville, wo wir Alle sterben wollen; es ist schon lange, daß wir Sie erwarten."

Nun sollte Kriegsrath gehalten werden, wo der Ort am besten anzugreifen sey. Vieilleville sagte, daß er nicht so lange gewartet, um dieses zu erfahren, und er zeigte ein kleines Thürmchen, wo er auf sein Leben versicherte, daß dieses der schwächste Ort der Stadt sey. Allein der Marschall von Strozzy antwortete, daß man vorher die Meinung der andern Befehlshaber hören müsse. Sie versammelten sich daher aufs neue in der Wohnung des Herzogs. Als sie dahin gingen, nahm der Herr von La Marc Vieilleville bei Seite und sagte ihm, daß er in dem Kriegsrath nicht auf seiner Meinung bestehen solle, denn der Herzog und Strozzy hätten schon beschlossen, Thionville an einem andern Ort anzugreifen, damit er die Ehre nicht haben sollte; auch sey der Herzog sehr aufgebracht, daß Vieilleville den Titel eines Generallieutenants über diese Armee ausgewirkt habe, denn er behauptete, es könne nur einen einzigen geben, und dieser sey er selbst.

In dem Kriegsrath stellte Strozzy nun vor, daß die Stadt von der Seite des Flusses und nicht bei dem kleinen Thurm müsse angegriffen werden, welcher Meinung auch alle Anwesenden beipflichteten, da sie Strozzy als einen vortrefflichen und erfahrenen Feldherrn ansahen. Der Herzog fragte jedoch auch Vieillevillen darum, der dann antwortete: wenn er das Gegentheil behauptete, müsse er das ganze Conseil widerlegen, und er wolle sich nur dabei beruhigen, damit er in dem Dienst des Königs keinen Aufenthalt verursache.

Nun wurden die Kanonen aufgepflanzt und so gut bedient, daß in kurzer Zeit über dem Fluß die feindliche Artillerie zerschmettert wurde und eine ansehnliche Bresche entstand; jetzt triumphirte schon der Herzog und Strozzy, und es wurde mit Verachtung von dem Plan Vieilleville's gesprochen. Ein Hauptsturm wurde angestellt, die Soldaten mußten durch den Fluß waten; allein sie wurden bald abgewiesen und konnten nicht einmal handgemein werden; denn es fanden sich Schwierigkeiten mancher Art, die man nicht vorausgesehen hatte. Der Herzog und Strozzy waren sehr verlegen darüber; um aber doch ihren Plan auszuführen, ließen sie mit unendlicher Mühe die Kanonen über den Fluß bringen, und es gelang ihnen, sie bei der Bresche aufzuführen. Jetzt aber entdeckten sie, woran der Marschall nicht gedacht hatte, einen breiten Graben von vierzig Fuß Tiefe; diesen beim Sturmlaufen hinunter und wieder heraufzukommen, war unmöglich, und so geschah es sehr wunderbar, daß unsere Kanonen auf den Mauern standen und wir doch nicht in die Stadt konnten.

Den sechzehnten Tag der Belagerung befahl Strozzy, auch die Feldschlangen über den Fluß zu bringen und die Stadt zusammen zu schießen. Er wagte sich selbst so weit, daß er eine Musketenkugel in den Leib bekam, woran er nach einer halben Stunde starb. Der Herzog stand neben ihm, diesem sagte er: „Beim Henker, mein Herr, der König verliert heute einen treuen „Diener und Eure Gnaden auch." Der Herzog erinnerte ihn, an sein Heil zu denken, und nannte ihm den Namen Jesus. „Was für einen Jesus führt Ihr mir hier an? Ich weiß nichts „von Gott — mein Feuer ist aus" — und als der Prinz seine Ermahnungen verdoppelte und ihm sagte, daß er bald vor Gottes Angesicht seyn werde, antwortete er: „Nun beim T—! „ich werde da seyn, wo alle Anderen sind, die seit sechstausend Jahren gestorben," und mit diesen Worten verschied er. So endigte sich das Leben eines Mannes, der keine Religion hatte, wie er schon den Abend vorher, da er bei Vieilleville speiste, zu erkennen gab, als er anfing zu fragen: Und was machte Gott, ehe er die Welt schuf? worauf Vieilleville ganz bescheiden sagte: daß nichts davon in der heiligen Schrift stehe, und da, wo sie nichts sagte, man auch nicht weiter forschen solle. Es ist eine ganz artige Sache, sagte Strozzy darauf, diese heilige Schrift, und sehr wohl erfunden, wenn sie nur wahr wäre; worauf Vieilleville sich stellte, als wenn er die Kolik hätte, und hinaus ging und ein Gelübde that, mit einem solchen Atheisten niemals etwas zu thun zu haben.

Jetzt wendete sich der Herzog an Vieilleville, erinnerte ihn an sein Versprechen, das er dem Könige gethan, Thionville in sieben Tagen einzunehmen, und bat ihn, Alles so auszuführen, wie er es für gut finde; er wolle sich in nichts mehr mengen. Nun fing Vieilleville mit unermüdetem Fleiß auf seiner Seite die Trancheen an, ließ Artillerie von Metz kommen, und schon den dritten Tag wurde das kleine Thürmchen zusammengeschossen; den sechsten wagte man einen Generalsturm, Vieilleville an der Spitze, allein er wurde abgeschlagen, und es blieben viele Leute dabei, unter andern auch Hans Klauer. Vieilleville wurde der Kamm oben an seinem Helm weggeschossen; nach einer kurzen Erholung aber nahm er neue Truppen und setzte den Sturm so heftig fort, daß er mit dreißig Mann in die Stadt drang; Carebbe erschrack darüber und capitulirte sogleich. Die ganze Garnison und alle Einwohner mußten den andern Morgen aus der Stadt ziehen, und es war erbärmlich anzusehen, wie Greise, Väter und Kinder, Kranke und Verwundete ihre Heimath verließen. Jedermann hatte Bedauern mit ihnen: nur der Herzog von Guise blieb hart dabei. In Thionville wurden nun französische Unterthanen gesetzt, an welche die Häuser verkauft wurden; das daraus gelöste Geld stellte Vieilleville theils dem königlichen Schatzmeister zu, theils belohnte er damit seine Soldaten, die ihm bei der Belagerung gute Dienste geleistet hatten. Er selbst behielt nichts davon, ob er gleich das größte Recht daran hatte.

Er vermuthete immer, der König von Spanien werde vor Thionville kommen, und war fest entschlossen, diese Stadt zu behaupten, indem er es sich zur Ehre rechnete, gegen einen so mächtigen Monarchen, den Sohn Kaiser Karls V., zu fechten Allein der König von Spanien zog mit einem beträchtlichen Heer gegen Amiens, der König von Frankreich ihm entgegen und schickte Vieillevillen deßwegen den Befehl, ihm so viel Truppen als möglich zuzuschicken. Beide Heere, jedes von sechzigtausend Mann, standen jetzt gegeneinander; beide Könige wünschten den Frieden, aber keiner wollte die ersten Vorschläge thun.

Vieilleville, der diese Verlegenheit in der Ferne merkte, schickte in der größten Stille, und ohne Jemandes Wissen, einen sehr kühnen und beredten Mönch zum König von Spanien; dieser mußte ihm, als aus Eingebung Gottes, vom Frieden reden. Er wurde gnädig angehört und ihm aufgetragen, eben diese Eingebungen dem König von Frankreich vorzutragen, und so wurde die Negociation angefangen, wofür der König Vieillevillen den größten Dank schuldig zu seyn glaubte, indem er auch hier durch seine Klugheit aus der Ferne hergewirkt und so vieles Blut geschont habe, das durch eine Schlacht würde vergossen worden seyn.

Nachdem nun der Friede geschlossen worden, wünschte der König Vieillevillen zu sprechen, und er wurde beordert, an den Hof zu kommen, wo er sehr gut empfangen wurde; besonders gefiel es der Königin sehr wohl, daß er nach der Belagerung von Thionville unter die deutschen Prinzen und Feldherren goldene

Medaillen vertheilt habe, auf deren einer Seite des Königs und auf der andern Seite der Königin Brustbild vorgestellt war, und dieses letztere so gleichend, daß auch der berühmteste Künstler im Porträtiren damaliger Zeit, Namens Janet, dieses gestehen mußte. Der König unterhielt sich oft und viel mit Vieilleville, und kam selbst darauf zu reden, daß der Herzog von Guise das Unternehmen auf Luxemburg und die schnelle Eroberung von Thionville gehemmt habe. Auch fragte er nach dem kläglichen Ende des Marschalls Strozzy, wo aber Vieilleville als feiner Hofmann antwortete, daß man hier die Gnade Gottes obwalten lassen müsse und es nicht schicklich seyn würde, dieses weiter zu verbreiten. Strozzy war nämlich nahe mit der Königin verwandt. Bei dieser Gelegenheit bekam Vieilleville das Brevet als Marschall von Frankreich, und der König machte ihm den Vorwurf, warum er ihm nicht sogleich um diese Charge geschrieben habe, als Strozzy gestorben, wo er sie dann gewiß ihm und nicht dem Herrn von Thermes würde gegeben haben. Vieilleville antwortete darauf: daß er seinem Könige nicht zugemuthet hätte, so lange der Feldzug dauerte, diese Charge zu besetzen, indem Alle, die darauf Anspruch machten, sich hervorthun würden, um sie zu verdienen, hingegen von der Armee abgehen würden, wenn die Ernennung geschehen sey; wie dies auch wirklich nach der Ernennung des Herrn von Thermes der Fall war, wo zehn bis zwölf Große mit beinahe zweitausend Pferden die Armee verließen.

Der König wünschte, daß Vieilleville den Friedensunterhandlungen mit Spanien in Chateau Cambresis beiwohnte, welches er auch that, und durch seine weisen Rathschläge es in kurzem so weit brachte, daß sie den 7. April 1559 abgeschlossen wurden, mit welcher Nachricht er selbst an den König geschickt wurde. Der König erklärte bei dieser Gelegenheit, daß Frankreich und ganz Europa, nach Gott, diesen Frieden Niemand als ihm schuldig sey, denn durch den Mönch habe er den ersten Anstoß geben lassen. Der Schatzmeister mußte vierzehn Säcke, jeden mit tausend Thalern, bringen, wovon der König ihm zehn und seinem Schwiegersohn und Neffen, Espinay und Thevalles, viere schenkte.

Kurz darauf trafen die spanischen Gesandten in Paris ein; es befanden sich dabei außer dem Herzog von Alba fünfzehn bis zwanzig Prinzen, denen einen ganzen Monat lang große Fêten gegeben wurden. Während derselben suchte der Cardinal von Lothringen den König zu überreden, eine Sitzung im Parlament zu halten und ein Mercuriale daselbst anzustellen. Es hat dies den Namen von dem Mittwoch (Dies Mercurii), weil an diesem Tage sich alle Präsidenten und Räthe, gegen hundert bis hundertundzwanzig Personen, in einem großen Saal versammeln, um über die Sitten und sowohl öffentliche als Privatlebensart dieses Gerichtshofes Untersuchung anzustellen. Der König sollte bei einer solchen Gelegenheit durch seinen Generalprocurator vertragen lassen, daß unter ihrem Corps Manche sich befänden, deren Glauben verdächtig sey und die der falschen Lehre Luthers anhingen; man könne es schon daraus schließen, daß alle, die der Ketzerei beschuldigt würden, losgesprochen und kein Einziger zum Tod verdammt würde. „Und sollte dieses," setzte der Cardinal hinzu, „auch nur dazu dienen, dem König von Spanien zu zeigen, daß Ew. Majestät fest am Glauben halten, und daß Sie in Ihrem Königreiche nichts dulden wollen, was Ihrem Titel als Allerchristlicher König entgegen ist. Es würde den Prinzen und Großen Spaniens, die den Herzog von Alba hieher begleitet haben, um die Heirath ihres Königs mit Ew. Majestät Tochter zu feiern, ein sehr erbauliches Schauspiel seyn, ein halbes Dutzend Parlamentsräthe auf öffentlichem Platz als lutherische Ketzer verbrennen zu sehen." Der König verstand sich zu einer solchen Sitzung und bestimmte sie gleich auf den andern Tag

Vieillevillen, der, als erster Kammerjunker, in des Königs Kammer schlief, sagte der König, was er vorhabe, worauf jener antwortete, daß der Cardinal und die Bischöfe dieses wohl thun könnten, für Se. Majestät schicke es sich aber nicht; man müsse den Priestern überlassen, was nur eine Priestersache sey. Da der König demungeachtet bei seinem Vorhaben blieb, erzählte ihm Vieilleville, was einmals zwischen König Ludwig XI. und dem Marschall von Frankreich, Johann Rouault, vorgefallen. Ludwig XI., bei welchem der Bischof von Angiers sehr in Gnaden stand, befahl diesem, nach Lyon zu gehen und die sechstausend Italiener in Empfang zu nehmen, die man ihm als Hülfstruppen zuschickte. Der Marschall, der zugegen war, und es übel aufnahm, daß man nicht an ihn dachte, stellte sich gleich darauf dem König mit dreißig bis fünfzig Edelleuten gestiefelt und gespornt vor, und fragte ganz trotzig, ob Se. Majestät nichts nach Angiers zu befehlen habe? Der König fragte, was ihn so schnell und so unvermuthet dahin führe? Der Marschall antwortete, daß er dort ein Capitel zu halten und Priester einzusetzen habe, indem er eben sowohl den Bischof vorstellen könne, als der Bischof den General vorstelle. Der König schämte sich darüber, daß er die Ordnung so umgekehrt, ließ den Bischof, der schon auf der Reise war, wieder zurückrufen und schickte den Marschall nach Lyon. Eben so, fuhr Vieilleville fort, müßte der Cardinal, wenn Ew. Majestät die Geschäfte eines Theologen oder Inquisitors versähen, uns Soldaten lehren, wie man die Lanze bei Turnieren fällt, wie man zu Pferde sitzen muß, wie man salutirt und rechts und links ausbeugt. Ueberdies wollten Ew. Majestät die Freude mit der Traurigkeit paaren? Denn Letzteres würde der Fall seyn, wenn solche blutige Hinrichtungen während der Hochzeitfeierlichkeiten vorfielen.

Der König nahm sich hierauf vor, nicht hinzugehen. Der

Cardinal erfuhr es sogleich, und da er in der Nacht den König nicht sprechen konnte, versammelte er die ganze Geistlichkeit den andern Morgen mit dem Frühesten bei dem König, und machte ihm die Hölle so heiß, daß er glaubte schon verdammt zu seyn, wenn er nicht hinginge, und der Zug setzte sich sogleich in Marsch. Bei der Sitzung selbst vertheidigte einer der angeklagten Räthe Anne du Bourg seine Religion mit solchem Eifer und Festigkeit, daß der König sehr aufgebracht wurde; auch hörte er, als er durch die Straßen zurückging, vieles Murren, so daß er nachher gestand, wie es ihm sehr gereue, den Rath des Vieille= ville nicht befolgt zu haben.

Den ersten Juni 1559 eröffnete der König das große Tur= nier, mit welchem die Vermählung der Prinzessin Elisabeth mit Philipp II. gefeiert wurde, und die Spanier zeigten sich bei dieser Gelegenheit besonders ungeschickt. Vieilleville hob sogar, was noch nie gehört worden, einen Spanier, der gegen ihn rannte, aus dem Sattel, und warf ihn über die Schranken mit einer unglaublichen Leichtigkeit und Geschicklichkeit. Um einigermaßen von diesen körperlichen Anstrengungen in den Turnieren auszu= ruhen, ging die Hochzeit der Madame Elisabeth mit dem König von Spanien, in dessen Namen der Herzog von Alba sie hei= rathete, vor. Die friedlichen Feierlichkeiten dauerten gegen acht Tage; der König brach sie ab, weil er leidenschaftlich das Tur= nieren liebte und dieses wieder anfangen wollte.

Vieilleville rieth dem König davon ab, indem sich die fran= zösische Noblesse schon hinreichend gezeigt hätte, es jetzt auch Zeit sey, an die Hochzeit des Herzogs von Savoyen mit Madame Margaretha, seiner Schwester, zu denken. Der König antwortete darauf, daß erst gegen Ende des Julius Alles dazu bereit seyn könne, indem er Piemont, Savoyen und mehrere andere Be= sitzungen bei dieser Gelegenheit abtreten wolle. Vieilleville war ganz erstaunt darüber, und sagte dem König offenherzig, wie er nicht begreifen könne, wegen einer Heirath Länder wegzugeben, die Frankreich mehr als vierzig Millionen und hunderttausend Menschen gekostet hätten. Einer königlichen Prinzessin gäbe man höchstens hundert und fünfzigtausend Thaler mit, und wenn auch Madame Margaretha ihr Leben in einer Abtei endigte, so würde dieses nicht der erste und letzte Fall bei einer königlichen Prinzessin seyn, die ohnedem schon vierzig Jahr alt sey. Der Connetable, der dieses Alles statt seiner Manzion verhandle, übe sein Recht wohl aus, denn man sage gewöhnlich, daß in einer großen Noth ein Connetable den dritten Theil vom Königreich versetzen dürfe.

Auf diese und mehrere Vorstellungen verwünschte der König die Stunde, daß er nicht mit Vieillevillen von dieser Sache gesprochen, und es sey jetzt zu spät; er würde sich aber an den Connetable halten, der ihn zu diesen Schritten verleitet habe. Kurz darauf trat ein Edelmann herein und brachte dem König die abgeschlossenen Artikel, worin bemerkt war, daß Frankreich das Marquisat Saluzzo behielte. Als der König dieses gelesen hatte, theilte er die Nachricht sogleich Vieillevillen mit, mit der Aeußerung, daß sein Vater Unrecht gehabt, einen Fürsten seiner Länder zu berauben, und daß er als guter Christ und um die Seele seines Vaters zu retten, die Länder dem Herzog von Savoyen gern herausgäbe. Wie Vieilleville sah, daß der König hier die Frömmigkeit und das Christenthum ins Spiel brachte, und seinen Vater sogar der Tyrannei beschuldigte, schwieg er, und es reute ihn, nur so viel gesagt zu haben.

Den letzten Junius 1559 wurde des Morgens ein großes Turnier auf den Nachmittag angesagt. Nach der Tafel zog sich der König aus, und befahl Vieillevillen, ihm die Waffen anzulegen, obgleich der Oberstallmeister von Frankreich, dem dieses

Geschäft zukam, zugegen war. Als Vieilleville ihm den Helm aufsetzte, konnte er sich nicht entbrechen zu seufzen und zu sagen, daß er nie etwas mit mehr Widerwillen gethan. Der König hatte nicht Zeit, ihn um die Ursache zu fragen, denn indem trat der Herzog von Savoyen herein. Das Turnier fing an. Der König brach die erste Lanze mit dem Herzog, die zweite mit dem Herrn von Guise, endlich kam zum Dritten der Graf von Montgommery, ein großer, aber steifer junger Mensch, der seines Vaters, des Grafen von Sorges und Capitäns von der Garde, Lieutenant war. Es war die letzte, die der König zu brechen hatte. Beide treffen mit vieler Geschicklichkeit auf einander, und die Lanzen brechen. Jetzt will Vieilleville des Königs Stelle einnehmen, allein dieser bittet ihn, noch einen Gang mit Montgommery zu machen, denn er behauptete, er müsse Revanche haben, indem er ihn wenigstens aus dem Bügel gebracht habe. Vieilleville suchte den König davon abzubringen, allein er bestand darauf. Nun, Sire, rief Vieilleville aus, ich schwöre bei Gott, daß ich drei Nächte hindurch geträumt habe, daß Eurer Majestät heute ein Unglück zustoßen und dieser letzte Junius Ihnen fatal seyn wird. Auch Montgommery entschuldigte sich, daß es gegen die Regel sey; allein der König befahl es ihm, und nun nahm er eine Lanze. Beide stießen jetzt wieder auf einander und brachen mit großer Geschicklichkeit ihre Lanzen. Montgommery aber warf ungeschickter Weise den gesplitterten Schaft nicht aus der Hand, wie es gewöhnlich ist, und traf damit im Rennen den König an den Kopf gerade in das Visir, so daß der Stoß in die Höhe ging und das Auge traf. Der König ließ die Zügel fallen und hielt sich am Hals des Pferdes; dieses rannte bis ans Ziel, wo die zwei ersten Stallmeister, dem Gebrauch gemäß, hielten, und das Pferd auffingen. Sie nahmen ihm den Helm herunter, und er sagte mit schwacher Stimme, er sey des Todes. Alle

Wundärzte kamen zusammen, um den Ort des Gehirns zu treffen, wo die Splitter stecken geblieben, aber sie konnten ihn nicht finden, obgleich vier zum Tode verurtheilten Missethätern die Köpfe abgeschlagen wurden, Versuche daran anzustellen, indem man Lanzen daran abstieß.

Den vierten Tag kam der König wieder zu sich, und ließ die Königin rufen, der er auftrug, die Hochzeit doch sogleich vollführen zu lassen, und Vieillevillen, der schon das Brevet als Marschall von Frankreich hatte, wirklich dazu zu machen. Die Hochzeit ging traurig vor sich, der König hatte schon die Sprache verloren, und den Tag darauf, den 10. Julius 1559, gab er den Geist auf. Vieilleville verlor an ihm einen Herrn, der ihn über Alles schätzte, und ihn sogar zum Connetable einst würde ernannt haben, wie er sich schon hatte verlauten lassen. In den letzten Zeiten hatte er ihm, um ihn immer um sich zu haben, sein Departement von Metz abgenommen, und es dem Herrn von Espinay gegeben; Vieilleville aber war Gouverneur von Isle de France geworden.

Die unrechtmäßige Gewalt, deren sich die Guisen nach dem Tode Heinrichs II. anmaßten, verursachte die bekannte Verschwörung von Amboise. Ein gewisser la Renaudie versicherte sich dreißig erfahrner Capitäns, und legte um den Aufenthalt des jungen Königs fünfhundert Pferde und vieles Fußvolk herum, in der Absicht, die Guisen gefangen zu nehmen, und dem König seine Freiheit zu geben. Es wurde dieses auch klar am Hofe, und die Nachricht beunruhigte den König und die Guisen sehr. Vieilleville sollte an dieses Corps geschickt werden, um sie zu fragen, ob sie die Franzosen um den Ruhm und die Ehre bringen wollten, unter allen Nationen ihrem Fürsten am treusten und gehorsamsten zu seyn? Dieser Auftrag setzte Vieillevillen in einige Verlegenheit. Er selbst war von der widerrechtlich angemaßten Gewalt der Guisen überzeugt, und wollte sich zu einer Gesandtschaft nicht brauchen lassen, wo er gegen seine Ueberzeugung reden mußte; durch eine feine Wendung überhob er sich derselben, indem er dem König antwortete: "Da der Fehler dieses "Corps, an das Ew. Majestät mir die Ehre anthun wollen, "mich zu schicken, so groß ist, daß es eine wahre Rebellion ge= "nannt werden kann, so würden sie mir nicht glauben, wenn ich "ihnen Verzeihung verkündigte. Es muß dieses ein Prinz thun, "damit sie versichert sind, es sey dieses ein königliches Wort, das "Eure Majestät schon um deßentwillen, der es überbracht hat, "nicht zurücknehmen werden."

Vieilleville hatte richtig geurtheilt; er wurde mit diesem Auftrag verschont, und der Herzog von Nemours, der an die Rebellen geschickt wurde, hatte den Verdruß, daß die fünfzehn Edelleute, die auf des Königs und sein Wort ihm gefolgt waren, sogleich gefangen und in Fesseln geworfen wurden. Auf alle Beschwerden, welche der Herzog deßhalb vorbrachte, antwortete der Kanzler Olivier immer, daß kein König gehalten sey, sein Wort gegen Rebellen zu halten. Diese fünfzehn Edelleute wurden durch verschiedene Todesarten hingerichtet, und sie beschwerten sich alle nicht sowohl über ihren Tod, als über die Treulosigkeit des Herzogs von Nemours. Einer von ihnen, ein Herr von Castelnau, warf ihm sogar diese Wortbrüchigkeit noch auf dem Schaffot vor, tauchte seine Hände in das rauchende Blut seiner so eben hingerichteten Cameraden, erhob sie gen Himmel und hielt eine Rede, die Alle bewegte und bis zu Thränen rührte. Der Kanzler Olivier selbst, der sie zum Tode verdammt hatte, wurde so sehr da= durch betroffen, daß er krank nach Hause kam und einige Tage darauf starb. Kurz vor seinem Ende besuchte ihn der Cardinal von Lothringen selbst, dem er, als er wegging, nachrief: "Verdammter Cardinal, dich bringst du um die Seligkeit und uns mit dir!"

Hingegen konnte Vieilleville den Auftrag nicht ausschlagen, nach Orleans zu gehen, um hier den Rest der Verschwornen zu zerstreuen. Er that dieses mit so viel Klugheit und Eifer, daß es ihm gelang, sechshundert Mann zu überfallen und so niederzumachen; die Gefangenen, worunter der Capitän war, ließ er aber los, weil es ihm unmenschlich schien, Leute von Ehre, die ihren Dienst als brave Soldaten verrichteten, eines schmählichen Todes sterben zu lassen, welche Strafe ihnen gewiß war, wenn er sie würde eingeliefert haben.

Dieses glücklich ausgeführte Unternehmen setzte Vieilleville in große Gunst bei dem König und den Guisen. Es wurde ihm kurz darauf eine andere Expedition nach Rouen aufgetragen, wo die Reformirten unruhig gewesen waren. Er hatte fürchterliche Instructionen dabei erhalten, denn ihm stand es frei, nicht nur die umbringen zu lassen, die bei diesem Aufstand die Waffen genommen, sondern auch sogar die, die ein Wohlgefallen daran gehabt. Vieilleville, der sieben Compagnien Gendarmen bei sich hatte, ließ den größten Theil seiner Leute zurück, und kam nach Rouen nur mit hundert Edelleuten, entwaffnete sogleich die Bürgerschaft, ließ ohne Ansehn der Religion dreißig der Hauptrebellen greifen und ihnen den Proceß machen, befahl aber ausdrücklich, daß man in dem Urtheil nichts von der Religion sagen, sondern sie nur als Rebellen gegen den König verdammen sollte. Auf diese Art stellte Vieilleville die Ruhe her, und schonte den Parteigeist, der ohne Zweifel noch lauter würde erwacht seyn, wenn er nur die Reformirten bestraft hätte.

Der Hof hielt sich in Orleans auf, als er wieder zurückkam, und eben damals war der Prinz von Condé, Bruder des Königs von Navarra, gefangen genommen worden. Um Vieillevillen zu prüfen, was er darüber dächte, befahl ihm der König, den Prinzen zu besuchen. Vieilleville war aber schlau genug, dieses zu merken, und sagte, daß er um das Leben nicht hingehen würde, denn er habe einen natürlichen Abscheu gegen alle Ruhestörer. Zugleich rieth er aber dem König, den Prinzen nur in die Bastille zu schicken, indem es Sr. Majestät zum großen Vorwurf gereichen würde, einen Prinzen von Geblüt, wenn er dem König nicht nach dem Leben gestrebt, hinrichten zu lassen. Der König nahm diesen Rath sehr wohl auf, und gestand nachher Vieillevillen selbst, daß er ihn auf die Probe gesetzt habe.

Die Uneinigkeiten zwischen dem König von Navarra auf der einen Seite, und dem König und den Guisen auf der andern, wurden indessen immer größer; der König von Navarra wurde am Hof mit einer Geringschätzung behandelt, die Jedermann, nur die Guisen nicht, bewegte. Vieilleville forderte in diesen Zeiten die Erlaubniß, in sein Gouvernement zurückzukehren; allein besonders die Königin drang darauf, daß er bliebe. Man wollte ihn in diesen kritischen Zeiten am Hofe haben, um seine Rathschläge, die immer sehr weise waren, zu benutzen, und dann hatte man ihn auch ausersehen, nach Deutschland zu reisen, um denen mit dem König verbündeten Kurfürsten und Fürsten des Reichs die Verhältnisse mit dem König von Navarra und seinem Bruder vorzustellen, damit der Hof nicht im unrechten Lichte erschiene.

Allein diesen Uneinigkeiten machte der Tod Königs Franz II. ein Ende, der den 5. December 1560 erfolgte. Jetzt wendete sich Alles an den König von Navarra, und selbst die Königin, die als Vormünderin des jungen sechszehnjährigen Königs Karls IX. mitregierte, ernannte denselben zum Generallieutenant des Reichs. Eine weise Maßregel, um die verschiedenen Religionsparteien, die sehr unruhig zu werden anfingen, zufrieden zu stellen. Vieilleville hatte sie der Königin angerathen. Beide Guisen entfernten sich bei diesen ihnen ungünstigen Umständen; der Cardinal ging auf seine Abtei und der Herzog nach Paris, wo er viele Anhänger hatte. Hier schmiedete er mit seinen Anhängern, dem Connetable von Montmorency, dem Marschall von St. André und Andern, seine Pläne, die Lutheraner zu vertilgen; und dieses ist die Quelle, aus der alle Unruhen entstanden, die hernach das Königreich verwüsteten. Da jetzt Vieilleville sah, daß der König von Navarra und die Königin gut miteinander standen, drang er darauf, in sein Gouvernement zurückzukehren, welches man ihm auch endlich verstattete. Er war aber nicht lange in Metz, so wurde er vor vielen Andern ausersehen, nach Deutschland als außerordentlicher Gesandter zu gehen, um dem Kaiser und den Fürsten die Thronbesteigung des jungen Königs bekannt zu machen.

Vieilleville unternahm sogleich die Reise in Begleitung von sechzig Pferden. Zuerst begab er sich zum Kurfürsten von Bayern nach Heidelberg, von da nach Stuttgart zum Herzog von Würtemberg, dann nach Augsburg, und von dieser Stadt nach Weimar, wo Vieilleville vom Herzog Johann Friedrich und Johann Wilhelm sehr wohl empfangen wurde. Er überbrachte ihnen ihre Pension, welche Heinrich II. ihnen als Nachkömmlingen Karls des Großen zugesichert hatte, Jedem zu viertausend Thalern jährlich. Von Weimar reiste Vieilleville nach Ulm; von da wollte er nach Kassel, allein man widerrieth es ihm, weil die Wege so gar schlecht wären. Von Wien ging er nach Frankfurt, von da nach Prag, und von Prag, nach einer seltsamen Reiseroute, nach Mainz, und nun wieder über Koblenz, Trier nach Metz.

Ueberall wurde Vieilleville mit großen Ehrenbezeugungen aufgenommen, und besonders wohl ging es ihm in Wien. Gleich bei der ersten Audienz beim Kaiser, Ferdinand I., sagte dieser: „Seyn Sie mir willkommen, Herr von Vieilleville, ob Sie mir

„gleich Ihr Gouvernement von Metz und die übrigen Reichsstädte, „welche Frankreich dem deutschen Reich entzogen, nicht über= „bringen; ich hoffte lange, Sie zu sehen." Der Kaiser nahm ihn sogleich mit in sein Zimmer, wo sie zwei Stunden ganz allein bei einander waren. Bei dieser Gelegenheit wunderte sich Vieilleville, daß sie ganz allein ins Zimmer kamen, indem es in Frankreich ganz anders war, wo die Franzosen ihrem Herrn fast die Füße abtreten, um überall in Menge hinzukommen, wo er hingeht. Vieilleville bemerkte ferner, und dieses sogar gegen den Kaiser, wie es ihn befremdete, nach Wien gekommen zu seyn mit fünfzig bis sechzig Pferden, und von Niemand befragt zu werden, woher er käme, oder wer er wäre; wie gefährlich dieses sey, da ein Pascha nur dreißig Stunden von der Stadt liege. Der Kaiser befahl sogleich, an jedes Thor starke Wachen zu legen; doch schränkte er den Befehl, auf Anrathen Vieilleville's, um den Pascha nicht aufmerksam zu machen, darauf ein, auf den höchsten Thurm einen Wächter zu setzen, der immer auf jene Gegend Acht geben und jede Veränderung mit einigen Schlägen an der Glocke anzeigen sollte. Der Kaiser wollte, daß dieses Vieilleville's Wache ihm zu Ehren auf immer heißen sollte. Bei einem großen Diner, welches der Kaiser gab, sah Vieilleville die Prinzessin Elisabeth, des römischen Königs Maximilians Tochter und Nièce des Kaisers. Ihm fiel sogleich der Gedanke bei, daß diese schöne Prinzessin der König sein Herr zur Gemahlin wählen solle, und er nahm es auf seine Gefahr, nach aufgehobener Tafel mit dem Kaiser davon zu sprechen, dem dieser Antrag sehr gefiel, und den auch der König von Frankreich mit vielen Freu= den, als Vieilleville bei seiner Rückkehr nach Frankreich davon sprach, annahm.

Vieilleville war jetzt wieder in Metz angelangt und gedachte einige Tage auszuruhen, als ein Courier vom Hof kam, der ihm

Nachricht brachte, daß er nach England als Gesandter würde
gehen müssen. Er reiste sogleich nach Paris ab, und hier erhielt
er bald seine Abfertigung, um übers Meer zu gehen. Die Ab=
sicht seiner Reise war hauptsächlich, dem Cardinal von Chatillon
entgegen zu arbeiten, der bei der Königin Elisabeth für die
Hugenotten unterhandeln wollte. Vieilleville wußte es bei der
Königin, die im Anfange sehr gegen seinen Auftrag war, so gut
einzuleiten, daß, als der Cardinal von Chatillon nach London
kam, er zu keiner Audienz bei der Königin vorgelassen wurde.
Indessen wurden die Unruhen in Frankreich immer größer, der
Prinz von Condé belagerte Paris, er mußte jedoch diese Be=
lagerung bald aufgeben, und kurz darauf fiel die Schlacht von
Dreur vor, wo der Herzog von Guise den schon siegenden Prinzen
völlig aufs Haupt schlug. Der Marschall von St. André hatte
die Avantgarde des Königs commandirt, war zu dem Herzog
von Guise gestoßen, und verfolgte nur mit vierzig oder fünfzig
Pferden die Flüchtlinge. St. André stößt auf einen Capitän
der leichten Cavallerie, Namens Bobigny, der mit einem Trupp
davon floh. Man ruft sich einander an, der Marschall antwortet
zuerst und nennt sich. Bobigny fällt über seine Truppen her,
macht sie nieder und nimmt den Marschall gefangen. Dieser
Capitän war ehedem in des Marschalls Diensten gewesen, hatte
aber einen Stallmeister erstochen. St. André ließ ihm den Proceß
machen, und, da er nach Deutschland ausgewichen war, im Bild=
niß aufhängen. Jetzt bat der Marschall, ihn nach Kriegsgebrauch
zu behandeln und das Vergangene zu vergessen. Indessen ent=
waffnete Bobigny den Marschall und ließ sich sein Wort geben,
bei ihm als Gefangener zu bleiben. So ritten sie fort, als der
Prinz von Porcian von der Condé'schen Partie kam, diesen Ge=
fangenen sah und ihm die Hand gab. Der Marschall bot sich
ihm sogleich als Gefangener an, und der Prinz suchte ihn den

Händen Bobigny's zu entziehen. Allein dieser setzte sich zur
Wehr, und da Alles darüber schrie, wie dies ungerecht sey, daß
ein Prinz einem Geringern seinen Vortheil rauben wollte, ließ
Porcian davon ab. Kaum war Bobigny tausend oder zwölfhundert Schritte vom Prinzen entfernt, so wendete er sich zu
dem Marschall mit den Worten: „Du hast mir durch deine schlechte
„Denkungsart zu erkennen gegeben, wie ich dir nicht trauen kann;
„du hast dein Wort gebrochen. Du wirst mich ruiniren, wenn
„du wieder los kommst. Du hast mich im Bild hängen lassen,
„mein Vermögen eingezogen und es deinen Bedienten gegeben;
„du hast mein ganzes Haus ruinirt. Die Stunde ist gekommen,
„wo dich Gottes Urtheil trifft," und hiemit schoß er dem Marschall eine Kugel vor den Kopf. Die Nachricht vom Tod eines
Marschalls von Frankreich trübte in Paris den Sieg der Katholiken ein wenig, besonders war Vieilleville untröstlich darüber.
Es wurde ihm sogleich das Brevet eines Marschalls von Frankreich überbracht, er wies es aber ab. Der Kanzler von Frankreich selbst begab sich zu ihm; mehrere Prinzen baten ihn, die
Stelle anzunehmen, er schlug es aus. Er wollte nicht einer
Person in ihrer Stelle folgen, die er so über Alles geliebt hatte.
Der König, entrüstet über dieses Ausschlagen, ging selbst zu
Vieilleville; er fand ihn trostlos auf dem Bette liegen, und be-
fahl ihm, den Marschallsstab anzunehmen. Vieilleville, gerührt
über diese Gnade, konnte sich nicht länger weigern; er fiel seinem
König zu Füßen und empfing aus seinen Händen das Brevet.

Einige Zeit nachher wurde Vieilleville nach Rouen geschickt,
weil man nicht genug Zutrauen in die Fähigkeiten des dortigen
Commandanten, Herrn von Villebon, setzte, und doch zu besorgen
war, daß der Admiral Coligny auf diese Stadt losgehen möchte.
Dieser Villebon war zwar ein Verwandter von Vieilleville; allein
er führte sich sehr unfreundschaftlich gegen ihn auf und unterließ

bei jeder Gelegenheit, seine Schuldigkeit zu thun. Folgende Gelegenheit gab zu ernsten Auftritten Anlaß.

Man hatte in Rouen eine Magistratsperson, reformirter Religion, entdeckt, die sich heimlich in die Stadt zu schleichen und vergrabenes Geld wegzubringen gewußt hatte. Dieses wurde entdeckt, und der Gouverneur Villebon ließ diesen Mann auf öffentlicher Straße niedermachen und seinen Körper zum allgemeinen Aergerniß mißhandelt da liegen. Niemand traute sich, ihn, als einen Ketzer, anzurühren. Vieilleville erfuhr dieses, war sehr darüber aufgebracht und befahl sogleich, ihn zur Erde zu bestatten. Das Geld, welches Boisgyraud bei sich gehabt hatte, war bei dem Gouverneur verschwunden; Villebon, dem nicht wohl zu Muthe war, schickte eine seiner Creaturen, einen Parlamentsrath, zu dem Marschall, um zu erforschen, was Vieilleville wohl wegen des Geldes im Sinne hätte. Kaum war dieser aber vor den Marschall gekommen, als er ihn so hart anließ, daß er vor Bosheit weinte, und als er sich auf seine Parlamentsstelle berief, wollte ihn Vieilleville sogar zum Fenster hinaus werfen lassen. Dieser Rath ging darauf zu Villebon und sagte ihm, daß der Marschall von ihm gesagt habe, wie er unwürdig wäre, Commandant der Stadt zu seyn. Villebon, aufgebracht über diese falsche Nachricht, ging fünf oder sechs Tage nicht zu Vieilleville. Sie sehen sich endlich in der Kirche, grüßen einander, und der Marschall nimmt ihn zum Essen mit nach Hause. Nach Tische fängt Villebon von der Sache an; der Marschall saß noch und bat ihn, die Sache ruhen zu lassen. Villebon aber wird hitzig, sagt, daß alle die, welche behauptet, er sey seiner Stelle unwürdig, in ihren Hals hinein gelogen. Der Marschall springt darüber auf und gibt ihm einen Stoß, daß er ohne den Tisch zur Erde gestürzt wäre. Villebon zieht den Degen, der Marschall den seinigen. In dem Augenblick fliegt die Hand von

Villebon und ein Stück des Arms zu Boden. Alles war erstaunt; Villebon fiel zur Erde nieder, man brachte ihn fort. Vieilleville erlaubte nicht, daß man die Hand fort trug. „Hier soll sie liegen bleiben, denn sie hat mir in den Bart gegriffen."

Indessen verbreitete sich das Gerücht, der Gouverneur sey so zugerichtet worden, weil er ein Feind der Hugenotten sey; das Volk läuft zu den Waffen und belagerte den Ort, wo Vieilleville wohnte. Dieser hatte aber schon vorläufig Anstalten getroffen. Alle, die hereinbrechen wollten, wurden gut empfangen und ihrer viele getödtet. Und da endlich auch ein großer Theil der Soldaten in Rouen auf die Seite des Marschalls trat und zur Hülfe herbeimarschirte, zerstreute sich bald Alles, obgleich noch viele Versuche gemacht wurden, die Belagerung aufs neue anzufangen. Nach und nach kam die Cavallerie an, die vor Rouen auf den Dörfern lag, und so wurde Alles ruhig. Jedermann fürchtete sich jetzt vor dem Zorn und der Rache des Marschalls. Er verzieh aber Allen und stellte die Ruhe vollkommen wieder her.

Der König erhielt Nachricht, daß die deutschen Fürsten auf Metz losgehen wollten und beorderte daher den Marschall, sich in sein Gouvernement zu begeben. Als er dahin kam, fand er diese Nachricht auch wirklich in so weit bestätigt, daß die Fürsten, als sie gehört, Vieilleville sey in der Unruhe von Rouen getödtet worden, beschlossen, vierzigtausend zu Fuß und zwanzigtausend Reiter aufzubringen und die Städte Toul, Verdun und Metz, die unter Karl V. vom Reich abgerissen worden, wieder zu erobern. Dieser Plan sey aber aufgehoben worden, als sie gehört, daß Vieilleville noch am Leben sey und in sein Gouvernement zurückkehren werde.

Vieilleville fand sich einige Zeit nachher auf Befehl des Königs bei der Belagerung von Havre de Grace ein, die der alte Connetable von Montmorency commandirte, und auch hier, ob er gleich von der Familie Montmorency mit neidischen Augen angesehen wurde, leistete er so gute Dienste, daß diese Stadt in etlichen Wochen überging. Bei den neuen unruhigen Projecten, die der Connetable schmiedete, und die des Königs Gegenwart in Paris erforderten, um sie zu dämpfen, betrug Vieilleville sich mit so viel Muth, Standhaftigkeit und Klugheit, daß ihn der König nicht mehr von sich lassen wollte, ja sogar ihm, als der Connetable in der Schlacht von St. Denis gegen den Prinzen von Condé geblieben war, diese hohe Stelle übertrug; dieses geschah im großen Rath. Vieilleville stand von seinem Stuhl auf, ließ sich auf ein Knie vor dem König nieder und — schlug diese Gnade auf eine so uneigennützige, kluge und feine Art aus, so daß er alle Herzen gewann. Kurz darauf wurde Vieilleville, nachdem er St. Jean d'Angely, welches ein Capitän vom Prinzen Condé sehr tapfer vertheidigt, eingenommen und wobei der Gouverneur von Bretagne geblieben war, mit diesem Gouvernement belohnt, eine Stelle, die ihm sehr viel Freude machte, da er zugleich die Erlaubniß erhielt, den einen seiner Schwiegersöhne, d'Espinay, zu seinem Generallieutenant in Bretagne, und den andern, Duilly, als Gouverneur von Metz zu ernennen. Kaum war alles dieses vor sich gegangen und der König zurückgekehrt, als der Herzog von Montpensier mit großem Ungestüm als Prinz von Geblüt das Gouvernement von Bretagne forderte. Der König schlug es ihm ab, der Herzog forderte noch ungestümer und weinte endlich sogar, welches ihm als einem Mann von Stande von vierzig bis fünfzig Jahren gar wunderlich stand. Der König weiß sich nicht mehr zu helfen und schickt an Vieilleville eine vertraute Person ab, die Sache vorzulegen, wie sie ist. Vieilleville war sogleich geneigt, seine Stelle in die Hände des Königs niederzulegen. „Es ist mir nur leid," sagte er bloß,

„daß ein so tapferer Prinz sich der Waffen eines Weibes bedient „hat, um zu seinem Zweck zu gelangen, und mir mein Glück „zu rauben." Zugleich schickte ihm der König zehntausend Thaler als Geschenk, die er aber durchaus nicht annehmen wollte, und als ihm endlich ein Billet des Königs vorgezeigt wurde, worin ihm mit Ungnade gedroht wurde, wenn er es nicht thun wollte, theilte er die Summe unter seine beiden Schwiegersöhne, die auch ihre Hoffnungen verloren.

Der beste Staatsdienst, den Vieilleville seinem König leistete, war bei Gelegenheit einer Gesandtschaft an die Schweizer Kantons, mit welchen er ein Bündniß schloß, das vortheilhafter war, als alle vorhergehenden. In seinem Schloß Durestal, wo er sich in den letzten Zeiten seines Lebens aufhielt, besuchte ihn oft Karl IX., der einmal einen ganzen Monat da blieb und sich mit der Jagd bei ihm belustigte. Dieses Verhältniß mit dem König und die ausgezeichnete Gnade, deren er genoß, erregten ihm Feinde und Neider.

Er bekam eines Tages Gift, und dieses wirkte so heftig, daß er in zwölf Stunden todt war. Der König mit seiner Mutter war eben in Vieilleville's Schloß und sehr betreten über diesen Todesfall.

So starb den letzten November 1571 ein Mann, der ein wahrer Vater des Volks, eine Stütze der Gerechtigkeit und Gesetzgeber in der Kriegskunst war. Nach ihm brachen Unruhen jeder Art erst aus. Den Ruhestörern war er durch seinen Muth, durch seine Klugheit und seine Gerechtigkeitsliebe und durch sein Ansehen in dem Weg gestanden; darum brachten sie ihn aus der Welt.

Vorrede zu der Geschichte des Maltheserordens nach Vertot von M. U. bearbeitet.

(Jena 1792.)

Der Tempelorden glänzte und verschwand wie ein Meteor in der Weltgeschichte; der Orden der Johanniter lebt schon sein siebentes Jahrhundert, und, obgleich von der politischen Schaubühne beinahe verschwunden, steht er für den Philosophen der Menschheit für ewige Zeiten als eine merkwürdige Erscheinung da. Zwar droht der Grund einzusinken, auf dem er errichtet worden, und wir blicken jetzt mit mitleidigem Lächeln auf seinen Ursprung hin, der für sein Zeitalter so heilig, so feierlich gewesen. Er selbst aber steht noch, als eine ehrwürdige Ruine, auf seinem nie erstiegenen Fels, und, verloren in Bewunderung einer Heldengröße, die nicht mehr ist, bleiben wir wie vor einem umgestürzten Obelisken oder einem Trojanischen Triumphbogen vor ihm stehen.

Zwar wünschen wir uns nicht mit Unrecht dazu Glück, in einem Zeitalter zu leben, wo kein Verdienst, wie jenes, mehr zu erwerben, wo ein Kraftaufwand, ein Heroismus, wie er in jenem Orden sich äußert, eben so überflüssig als unmöglich ist; aber man muß gestehen, daß wir die Ueberlegenheiten unserer Zeiten nicht immer mit Bescheidenheit, mit Gerechtigkeit gegen die vergangenen geltend machen. Der verachtende Blick, den wir gewohnt sind auf jene Periode des Aberglaubens, des Fanatismus, der Gedankenknechtschaft zu werfen, verräth weniger den rühmlichen Stolz der sich fühlenden Stärke, als den kleinlichen Triumph der Schwäche, die durch einen ohnmächtigen Spott die Beschämung rächt, die das höhere Verdienst ihr abnöthigte. Was wir auch vor jenen finstern Jahrhunderten voraus haben mögen, so ist es doch höchstens nur ein vortheilhafter Tausch, auf den wir allenfalls ein Recht haben könnten stolz zu seyn. Der Vorzug hellerer Begriffe, besiegter Vorurtheile, gemäßigterer Leidenschaften, freierer Gesinnungen — wenn wir ihn wirklich zu erweisen im Stande sind — kostet uns das wichtige Opfer praktischer Tugend, ohne die wir doch unser besseres Wissen kaum für einen Gewinn rechnen können. Dieselbe Cultur, welche in unserm Gehirn das Feuer eines fanatischen Eifers auslöschte, hat zugleich die Glut der Begeisterung in unsern Herzen erstickt, den Schwung der Gesinnungen gelähmt, die thatenreifende Energie des Charakters vernichtet. Die Heroen des Mittelalters setzten an einen Wahn, den sie mit Weisheit verwechselten, und eben weil er ihnen Weisheit war, Blut, Leben und Eigenthum; so schlecht ihre Vernunft belehrt war, so heldenmäßig gehorchten sie ihren höchsten Gesetzen — und können wir, ihre verfeinerten Enkel, uns wohl rühmen, daß wir an unsere Weisheit nur halb so viel, als sie an ihre Thorheit, wagen?

Was der Verfasser der Einleitung zu nachstehender Geschichte jenem Zeitalter als einen wichtigen Vorzug anrechnet, jene praktische Stärke des Gemüths nämlich, das Theuerste an das Edelste zu setzen und einem bloß idealischen Gut alle Güter der Sinnlichkeit zum Opfer zu bringen, bin ich sehr bereit zu unterschreiben. Derselbe excentrische Flug der Einbildungskraft, der den Geschichtschreiber, den kalten Politiker an jenem Zeitalter irre macht, findet an dem Moralphilosophen einen weit billigern Richter, ja nicht selten vielleicht einen Bewunderer. Mitten unter allen Gräueln, welche ein verfinsterter Glaubenseifer begünstigt und heiligt, unter den abgeschmackten Verirrungen der Superstition, entzückt ihn das erhabene Schauspiel einer über alle Sinnenreize siegenden Ueberzeugung, einer feurig beherzigten Vernunftidee, welche über jedes noch so mächtige Gefühl ihre Herrschaft behauptet. Waren gleich die Zeiten der Kreuzzüge ein langer, trauriger Stillstand in der Cultur, waren sie sogar ein Rückfall der Europäer in die vorige Wildheit, so war die Menschheit doch offenbar ihrer höchsten Würde nie vorher so nahe gewesen, als sie es damals war — wenn es anders entschieden ist, daß nur die Herrschaft seiner Ideen über seine Gefühle dem Menschen Würde verleiht. Die Willigkeit des Gemüths, sich von übersinnlichen Triebfedern leiten zu lassen, diese nothwendige Bedingung unsrer sittlichen Cultur, mußte sich, wie es schien, erst an einem schlechtern Stoffe üben und zur Fertigkeit ausbilden, bis dem guten Willen ein hellerer Verstand zu Hülfe kommen konnte. Aber daß es gerade dieses edelste aller menschlichen Vermögen ist, welches sich bei jenen wilden Unternehmungen äußert und ausbildet, söhnt den philosophischen Beurtheiler mit allen rohen Geburten eines unmündigen Verstandes, einer gesetzlosen Sinnlichkeit aus, und um der nahen Beziehung willen, welche der bloße Entschluß, unter der Fahne des Kreuzes zu streiten, zu der höchsten sittlichen Würde des Menschen hat, verzeiht er ihm gern seine abenteuerlichen Mittel und seinen chimärischen Gegenstand.

Von dieser Art sind nun die Glaubenshelden, mit denen uns die nachfolgende Geschichte bekannt macht; ihre Schwachheiten, von glänzenden Tugenden geführt, dürfen sich einer weiseren

Nachwelt kühn unter das Angesicht wagen. Unter dem Panier des Kreuzes sehen wir sie der Menschheit schwerste und heiligste Pflichten üben und, indem sie nur einem Kirchengesetze zu dienen glauben, unwissend die höhern Gebote der Sittlichkeit befolgen. Suchte doch der Mensch schon seit Jahrtausenden den Gesetzgeber über den Sternen, der in seinem eigenen Busen wohnt — warum diesen Helden es verargen, daß sie die Sanction einer Menschenpflicht von einem Apostel entlehnen, und die allgemeine Verbindlichkeit zur Tugend, so wie den Anspruch auf ihre Würde, an ein Ordenskleid heften? Fühle man noch so sehr das Widersinnige eines Glaubens, der für die Scheingüter einer schwärmenden Einbildungskraft, für leblose Heiligthümer, zu bluten befiehlt — wer kann der heroischen Treue, womit diesem Wahnglauben von den geistlichen Rittern Gehorsam geleistet wird, seine Achtung versagen? Wenn nach vollbrachten Wundern der Tapferkeit, ermattet vom Gefecht mit den Ungläubigen, erschöpft von den Arbeiten eines blutigen Tages, diese Heldenschaar heimkehrt, und, anstatt sich die siegreiche Stirne mit dem verdienten Lorbeer zu krönen, ihre ritterlichen Verrichtungen ohne Murren mit dem niedrigen Dienst eines Wärters vertauscht, — wenn diese Löwen im Gefechte hier an den Krankenbetten eine Geduld, eine Selbstverläugnung, eine Barmherzigkeit üben, die selbst das glänzendste Heldenverdienst verdunkelt, — wenn eben die Hand, welche wenige Stunden zuvor das furchtbare Schwert für die Christenheit führte und den zagenden Pilger durch die Säbel der Feinde geleitete, einem ekelhaften Kranken um Gottes willen die Speise reicht, und sich keinem der verächtlichen Dienste entzieht, die unsere verzärtelten Sinne empören — wer, der die Ritter des Spitals zu Jerusalem in dieser Gestalt erblickt, bei diesen Geschäften überrascht, kann sich einer innigen Rührung erwehren? Wer ohne Erstaunen die beharrliche Tapferkeit sehen, mit der sich der kleine Heldenhaufen in Ptolomais, in Rhodus und späterhin auf Maltha gegen einen überlegenen Feind vertheidigt? die unerschütterliche Festigkeit seiner beiden Großmeister Isle Adam und La Valette, die gleich bewundernswürdige Willigkeit der Ritter selbst, sich dem Tode zu opfern? Wer liest ohne Erhebung des Gemüths den freiwilligen Untergang jener vierzig Helden im Fort St. Elmo, ein Beispiel des Gehorsams, das von der gepriesenen Selbstaufopferung der Spartaner bei Thermopylä nur durch die größere Wichtigkeit des Zwecks übertroffen wird! Es ist der christlichen Religion von berühmten Schriftstellern der Vorwurf gemacht worden, daß sie den kriegerischen Muth ihrer Bekenner erstickt und das Feuer der Begeisterung ausgelöscht habe. Dieser Vorwurf — wie glänzend wird er durch das Beispiel der Kreuzheere, durch die glorreichen Thaten des Johanniter- und Tempelordens widerlegt! Der Grieche, der Römer kämpfte für seine Existenz, für zeitliche Güter, für das begeisternde Phantom der Weltherrschaft und der Ehre, kämpfte vor den Augen eines dankbaren Vaterlands, das ihm den Lorbeer für sein Verdienst schon von ferne zeigte. — Der Muth jener christlichen Helden entbehrte diese Hülfe, und hatte keine andere Nahrung als sein eigenes unerschöpfliches Feuer.

Aber es ist noch eine andere Rücksicht, aus welcher mir eine Darstellung der äußern und innern Schicksale dieses geistlichen Ritterordens Aufmerksamkeit zu verdienen schien. Dieser Orden nämlich ist zugleich ein politischer Körper, gegründet zu einem eigenthümlichen Zweck, durch besondere Gesetze unterstützt, durch eigenthümliche Bande zusammengehalten. Er entsteht, er bildet sich, er blüht und verblüht, kurz er öffnet und beschließt sein ganzes politisches Leben vor unsern Augen. Der Gesichtspunkt, aus welchem der philosophische Beurtheiler jede politische Gesellschaft betrachtet, kann auch auf diesen mönchisch-ritterlichen

Staat mit Recht angewendet werden. Die verschiedenen Formen nämlich, in welchen politische Gesellschaften zusammentreten, erscheinen demselben als eben so viele von der Menschheit (wenn gleich nicht absichtlich) angestellte Versuche, die Wirksamkeit gewisser Bedingungen entweder für einen eigenthümlichen Zweck oder für den gemeinschaftlichen Zweck aller Verbindungen überhaupt zu erproben. Was kann aber unserer Aufmerksamkeit würdiger seyn, als den Erfolg dieser Versuche zu erfahren, als die Statthaftigkeit oder Unstatthaftigkeit jener Bedingungen für ihre Zwecke an einem belebenden Beispiele dargethan zu sehen? So hat das menschliche Geschlecht in der Folge der Zeiten beinahe alle nur denkbaren Bedingungen der gesellschaftlichen Glückseligkeit — wenn gleich nicht in dieser Absicht — durch eigene Erfahrung geprüft; es hat sich, um endlich die zweckmäßigste zu erhaschen, in allen Formen der politischen Gemeinschaft versucht. Für alle diese Staatsorganisationen wird die Welthistorie gleichsam zu einer pragmatischen Naturgeschichte, welche mit Genauigkeit aufzählt, wie viel oder wie wenig durch diese verschiedenen Prinzipien der Verbindung für das letzte Ziel des gemeinschaftlichen Strebens gewonnen worden ist. Aus einem ähnlichen Gesichtspunkt lassen sich nun auch die souveränen geistlichen Ritterorden betrachten, denen der Religionsfanatismus in den Zeiten der Kreuzzüge die Entstehung gegeben hat. Antriebe, welche sich nie zuvor in dieser Verknüpfung und zu diesem Zwecke wirksam gezeigt, werden hier zum erstenmal zur Grundlage eines politischen Körpers genommen, und das Resultat davon ist, was die nachstehende Geschichte dem Leser vor Augen legt. Ein feuriger Rittergeist verbindet sich mit zwangvollen Ordensregeln, Kriegszucht mit Mönchsdisciplin, die strenge Selbstverläugnung, welche das Christenthum fordert, mit kühnem Soldatentrotz, um gegen den äußern Feind der Religion einen unburchbringlichen

Phalanx zu bilden und mit gleichem Heroismus ihren mächtigen Gegnern von innen, dem Stolz und der Ueppigkeit, einen ewigen Krieg zu schwören.

Rührende, erhabene Einfalt bezeichnet die Kindheit des Ordens, Glanz und Ehre krönt seine Jugend; aber bald unterliegt auch er dem gemeinen Schicksal der Menschheit. Wohlstand und Macht, natürliche Gefährten der Tapferkeit und Enthaltsamkeit, führen ihn mit beschleunigten Schritten der Verderbniß entgegen. Nicht ohne Wehmuth sieht der Weltbürger die herrlichen Hoffnungen getäuscht, zu denen ein so schöner Anfang berechtigte; aber dieses Beispiel bekräftigt ihm nur die unumstößliche Wahrheit, daß nichts Bestand hat, was Wahn und Leidenschaft gründete, daß nur die Vernunft für die Ewigkeit baut.

Nach dem, was ich hier von Vorzügen dieses Ordens habe berühren können, glaube ich keine weitere Rechtfertigung der Gründe nöthig zu haben, aus denen ich veranlaßt worden bin, das Vertotische Werk nach einer neuen Bearbeitung zum Druck zu befördern. Ob dasselbe auch der Absicht vollkommen entspricht, welche mir bei Anempfehlung desselben vor Augen schwebte, wage ich nicht zu behaupten; doch ist es das einzige Werk dieses Inhalts, was einen würdigen Begriff von dem Orden geben und die Aufmerksamkeit des Lesers daran fesseln kann. Der Uebersetzer hat sich, so viel immer möglich, bestrebt, der Erzählung, welche im Original sehr ins Weitschweifige fällt, einen raschern Gang und ein lebhafteres Interesse zu geben, und auch da, wo man an dem Verfasser die Unbefangenheit des Urtheils vermißt, wird man die verbessernde Hand des deutschen Bearbeiters nicht verkennen. Daß dieses Buch nicht für den Gelehrten und eben so wenig für die studirende Jugend, sondern für das lesende Publicum, welches sich nicht an der Quelle selbst unterrichten kann, bestimmt ist, braucht wohl nicht gesagt zu werden; und bei dem letztern hofft man durch Herausgabe desselben Dank zu verdienen. Die Geschichte selbst wird schon mit dem zweiten Bande beschlossen seyn, da der Orden mit dem Ablauf des sechzehnten Jahrhunderts die Fülle seines Ruhms erreicht hat, und von da an mit schnellen Schritten in eine politische Vergessenheit sinkt.

Vorrede zu dem ersten Theile der merkwürdigen Rechtsfälle nach Pitaval.

(Jena 1792.)

Unter derjenigen Classe von Schriften, welche eigentlich dazu bestimmt ist, durch die Lesegesellschaften ihren Cirkel zu machen, finden sich, wie man allgemein klagt, so gar wenige, bei denen sich entweder der Kopf oder das Herz der Leser gebessert fände. Das immer allgemeiner werdende Bedürfniß zu lesen, auch bei denjenigen Volksclassen, zu deren Geistesbildung von Seiten des Staats so wenig zu geschehen pflegt, anstatt von guten Schriftstellern zu edlern Zwecken benutzt zu werden, wird vielmehr noch immer von mittelmäßigen Scribenten und gewinnsüchtigen Verlegern dazu gemißbraucht, ihre schlechte Waare, wär's auch auf Unkosten aller Volkscultur und Sittlichkeit, in Umlauf zu bringen. Noch immer sind es geistlose, geschmack- und sittenverderbende Romane, dramatisirte Geschichten, sogenannte Schriften für Damen und dergleichen, welche den besten Schatz der Lesebibliotheken ausmachen und den kleinen Rest gesunder Grundsätze, den unsre Theaterdichter noch verschonten, vollends zu Grunde richten. Wenn man den Ursachen nachgeht, welche den Geschmack an diesen Geburten der Mittelmäßigkeit unterhalten, so findet man ihn in dem allgemeinen Hang der Menschen zu leidenschaftlichen und verwickelten Situationen gegründet, Eigenschaften, woran es oft den schlechtesten Producten am wenigsten fehlt. Aber derselbe Hang, der das Schädliche in Schutz nimmt, warum sollte man ihn nicht für einen rühmlichen Zweck nutzen können? Kein geringer Gewinn wäre es für die Wahrheit, wenn bessere Schriftsteller sich herablassen möchten, den schlechten die Kunstgriffe abzusehen, wodurch sie sich Leser erwerben, und zum Vortheil der guten Sache davon Gebrauch zu machen.

Bis dieses allgemeiner in Ausübung gebracht oder bis unser Publicum cultivirt genug seyn wird, um das Wahre, Schöne und Gute ohne fremden Zusatz für sich selbst lieb zu gewinnen, ist es an einem unterhaltenden Buch schon Verdienst genug, wenn es seinen Zweck ohne die schädlichen Folgen erreicht, womit man bei den mehresten Schriften dieser Gattung das geringe Maß der Unterhaltung, die sie gewähren, erkaufen muß. Es verdrängt wenigstens, so lang es gelesen wird, ein schlimmeres, und enthält es dann irgend noch einige Realität für den Verstand, streut es den Samen nützlicher Kenntnisse aus, dient es dazu, das Nachdenken des Lesers auf würdige Zwecke zu richten: so kann ihm, unter der Gattung, wozu es gehört, der Werth nicht abgesprochen werden.

Von dieser Art ist das gegenwärtige Werk, für dessen Brauchbarkeit ich veranlaßt worden bin, ein öffentliches Zeugniß abzulegen, und ich glaube keine andern Gründe nöthig zu haben, um die Herausgabe desselben zu rechtfertigen. Man findet in demselben eine Auswahl **gerichtlicher Fälle**, welche sich an Interesse der Handlung, an künstlicher Verwicklung und Mannigfaltigkeit der Gegenstände bis zum Roman erheben und dabei noch den Vorzug der historischen Wahrheit voraus haben. Man erblickt hier den Menschen in den verwickeltsten Lagen, welche die ganze Erwartung spannen, und deren Auflösung der Divinationsgabe des Lesers eine angenehme Beschäftigung gibt. Das geheime Spiel der Leidenschaft entfaltet sich hier vor unsern Augen, und über die verborgenen Gänge der Intrigue, über die Machinationen des geistlichen sowohl als weltlichen Betruges wird mancher Strahl der Wahrheit verbreitet. Triebfedern, welche sich im gewöhnlichen Leben dem Auge des Beobachters verstecken, treten bei solchen Anlässen, wo Leben, Freiheit und Eigenthum auf dem Spiele steht, sichtbarer hervor, und so ist der Criminalrichter im Stande, tiefere Blicke in das Menschenherz zu thun. Dazu kommt, daß der umständlichere Rechtsgang die geheimen Bewegursachen menschlicher Handlungen weit mehr ins Klare zu bringen fähig ist, als es sonst geschieht, und wenn die vollständigste Geschichtserzählung uns über die letzten Gründe einer Begebenheit, über die wahren Motive der handelnden Spieler oft genug unbefriedigt läßt, so enthüllt uns oft ein Criminalproceß das Innerste der Gedanken und bringt das versteckteste Gewebe der Bosheit an den Tag. Dieser wichtige Gewinn für Menschenkenntniß und Menschenbehandlung, für sich selbst schon erheblich genug, um diesem Werk zu einer hinlänglichen Empfehlung zu dienen, wird um ein Großes noch durch die vielen Rechtskenntnisse erhöht, die darin ausgestreut werden, und die durch die Individualität des Falls, auf den man sie angewendet sieht, Klarheit und Interesse erhalten.

Die Unterhaltung, welche die Rechtsfälle schon durch ihren Inhalt gewähren, wird bei Vielen noch mehr durch die Behandlung erhöht. Ihre Verfasser haben, wo es anging, dafür gesorgt, die Zweifelhaftigkeit der Entscheidung, welche oft den Richter in Verlegenheit setzte, auch dem Leser mitzutheilen, indem sie für beide entgegengesetzte Parteien gleiche Sorgfalt und gleich große Kunst aufbieten, die letzte Entwickelung zu verstecken und dadurch die Erwartung aufs Höchste zu treiben.

Eine treue Uebersetzung der Pitavalischen Rechtsfälle ist bereits in derselben Verlagshandlung erschienen und bis zum vierten Bande fortgeführt worden. Aber der erweiterte Zweck dieses Werks macht eine veränderte Behandlung nothwendig. Da man bei dieser neuen Einkleidung auf das größere Publicum vorzüglich Rücksicht nahm, so würde es zweckwidrig gewesen seyn, bei dem juristischen Theil dieselbe Ausführlichkeit beizubehalten, die das Original für Rechtsverständige vorzüglich brauchbar macht. Durch die Abkürzungen, die es unter den Händen des neuen Uebersetzers erlitten, gewann die Erzählung schon an Interesse, ohne deßwegen an Vollständigkeit etwas einzubüßen.

Eine Auswahl der Pitavalischen Rechtsfälle dürfte durch drei bis vier Bände fortlaufen; alsdann aber ist man gesonnen, auch von andern Schriftstellern und aus andern Nationen (besonders, wo es seyn kann, aus unserm Vaterland) wichtige Rechtsfälle aufzunehmen, und dadurch allmählig diese Sammlung zu einem vollständigen Magazin für diese Gattung zu erheben. Der Grad der Vollkommenheit, den sie erreichen soll, beruht nunmehr auf der Unterstützung des Publicums und der Aufnahme, welche diesem ersten Versuch widerfahren wird.

Ueber Anmuth und Würde.[1]

Die griechische Fabel legt der Göttin der Schönheit einen Gürtel bei, der die Kraft besitzt, dem, der ihn trägt, Anmuth zu verleihen und Liebe zu erwerben. Eben diese Gottheit wird von den Huldgöttinnen oder den Grazien begleitet.

Die Griechen unterschieden also die Anmuth und die Grazien noch von der Schönheit, da sie solche durch Attribute ausdrückten, die von der Schönheitsgöttin zu trennen waren. Alle Anmuth ist schön, denn der Gürtel des Liebreizes ist ein Eigenthum der Göttin von Gnidus; aber nicht alles Schöne ist Anmuth, denn auch ohne diesen Gürtel bleibt Venus, was sie ist.

Nach eben dieser Allegorie ist es die Schönheitsgöttin allein, die den Gürtel des Reizes trägt und verleiht. Juno, die herrliche Königin des Himmels, muß jenen Gürtel erst von der Venus entlehnen, wenn sie den Jupiter auf dem Ida bezaubern will. Hoheit also, selbst wenn ein gewisser Grad von Schönheit sie schmückt (den man der Gattin Jupiters keineswegs abspricht), ist ohne Anmuth nicht sicher, zu gefallen; denn nicht von ihren eigenen Reizen, sondern von dem Gürtel der Venus erwartet die hohe Götterkönigin den Sieg über Jupiters Herz.

[1] Anmerkung des Herausgebers. Diese Schrift erschien zuerst in der neuen Thalia im zweiten Stück des Jahrgangs 1793.

Die Schönheitsgöttin kann aber doch ihren Gürtel entäußern und seine Kraft auf das Minderschöne übertragen. Anmuth ist also kein ausschließendes Prärogativ des Schönen, sondern kann auch, obgleich immer nur aus der Hand des Schönen, auf das Minderschöne, ja selbst auf das Nichtschöne übergehen.

Die nämlichen Griechen empfahlen demjenigen, dem bei allen übrigen Geistesvorzügen die Anmuth, das Gefällige fehlte, den Grazien zu opfern. Diese Göttinen wurden also von ihnen zwar als Begleiterinnen des schönen Geschlechts vorgestellt, aber doch als solche, die auch dem Mann gewogen werden können, und die ihm, wenn er gefallen will, unentbehrlich sind.

Was ist aber nun die Anmuth, wenn sie sich mit dem Schönen zwar am liebsten, aber doch nicht ausschließend verbindet? wenn sie zwar von dem Schönen herstammt, aber die Wirkungen desselben auch an dem Nichtschönen offenbart? wenn die Schönheit zwar ohne sie bestehen, aber durch sie allein Neigung einflößen kann?

Das zarte Gefühl der Griechen unterschied frühe schon, was die Vernunft noch nicht zu verdeutlichen fähig war, und, nach einem Ausdruck strebend, erborgte es von der Einbildungskraft Bilder, da ihm der Verstand noch keine Begriffe darbieten konnte. Jener Mythus ist daher der Achtung des Philosophen werth, der sich ohnehin damit begnügen muß, zu den Anschauungen, in welchen der reine Natursinn seine Entdeckungen niederlegt, die Begriffe aufzusuchen, oder mit andern Worten, die Bilderschrift der Empfindungen zu erklären.

Entkleidet man die Vorstellung der Griechen von ihrer allegorischen Hülle, so scheint sie keinen andern als folgenden Sinn einzuschließen.

Anmuth ist eine bewegliche Schönheit; eine Schönheit nämlich, die an ihrem Subjecte zufällig entstehen und eben so aufhören kann. Dadurch unterscheidet sie sich von der fixen Schönheit, die mit dem Subjecte selbst nothwendig gegeben ist. Ihren Gürtel kann Venus abnehmen und der Juno augenblicklich überlassen; ihre Schönheit würde sie nur mit ihrer Person weggeben können. Ohne ihren Gürtel ist sie nicht mehr die reizende Venus, ohne Schönheit ist sie nicht Venus mehr.

Dieser Gürtel, als das Symbol der beweglichen Schönheit, hat aber das ganz Besondere, daß er der Person, die damit geschmückt wird, die objective Eigenschaft der Anmuth verleiht; und unterscheidet sich dadurch von jedem andern Schmuck, der nicht die Person selbst, sondern bloß den Eindruck derselben, subjectiv, in der Vorstellung eines Andern, verändert. Es ist der ausdrückliche Sinn des griechischen Mythus, daß sich die Anmuth in eine Eigenschaft der Person verwandle, und daß die Trägerin des Gürtels wirklich liebenswürdig sey, nicht bloß so scheine.

Ein Gürtel, der nicht mehr ist als ein zufälliger äußerlicher Schmuck, scheint allerdings kein ganz passendes Bild zu seyn, die persönliche Eigenschaft der Anmuth zu bezeichnen; aber eine persönliche Eigenschaft, die zugleich als zertrennbar von dem Subjecte gedacht wird, konnte nicht wohl anders, als durch eine zufällige Zierde versinnlicht werden, die sich unbeschadet der Person von ihr trennen läßt.

Der Gürtel des Reizes wirkt also nicht natürlich, weil er in diesem Fall an der Person selbst nichts verändern könnte, sondern er wirkt magisch, das ist, seine Kraft wird über alle Naturbedingungen erweitert. Durch diese Auskunft (die freilich nicht mehr ist als ein Behelf) sollte der Widerspruch gehoben werden, in den das Darstellungsvermögen sich jederzeit unvermeidlich verwickelt, wenn es für das, was außerhalb der Natur im Reiche der Freiheit liegt, in der Natur einen Ausdruck sucht.

Wenn nun der Gürtel des Reizes eine objective Eigenschaft

ausdrückt, die sich von ihrem Subjecte absondern läßt, ohne deßwegen etwas an der Natur desselben zu verändern, so kann er nichts anders als Schönheit der Bewegung bezeichnen; denn Bewegung ist die einzige Veränderung, die mit einem Gegenstand vorgehen kann, ohne seine Identität aufzuheben.

Schönheit der Bewegung ist ein Begriff, der beiden Forderungen Genüge leistet, die in dem angeführten Mythus enthalten sind. Sie ist erstlich objectiv und kommt dem Gegenstande selbst zu, nicht bloß der Art, wie wir ihn aufnehmen. Sie ist zweitens etwas Zufälliges an demselben, und der Gegenstand bleibt übrig, auch wenn wir diese Eigenschaft von ihm wegdenken.

Der Gürtel des Reizes verliert auch bei dem Minderschönen und selbst bei dem Nichtschönen seine magische Kraft nicht; das heißt, auch das Minderschöne, auch das Nichtschöne, kann sich schön bewegen.

Die Anmuth, sagt der Mythus, ist etwas Zufälliges an ihrem Subject; daher können nur zufällige Bewegungen diese Eigenschaft haben. An einem Ideal der Schönheit müssen alle nothwendigen Bewegungen schön seyn, weil sie, als nothwendig, zu seiner Natur gehören; die Schönheit dieser Bewegungen ist also schon mit dem Begriff der Venus gegeben; die Schönheit der zufälligen ist hingegen eine Erweiterung dieses Begriffs. Es gibt eine Anmuth der Stimme, aber keine Anmuth des Athemholens.

Ist aber jede Schönheit der zufälligen Bewegungen Anmuth?

Daß der griechische Mythus Anmuth und Grazie nur auf die Menschheit einschränke, wird kaum einer Erinnerung bedürfen; er geht sogar noch weiter, und schließt selbst die Schönheit der Gestalt in die Gränzen der Menschengattung ein, unter welcher der Grieche bekanntlich auch seine Götter begreift. Ist aber die Anmuth nur ein Vorrecht der Menschenbildung, so kann keine derjenigen Bewegungen darauf Anspruch machen, die der Mensch auch mit dem, was bloß Natur ist, gemein hat. Könnten also die Locken an einem schönen Haupte sich mit Anmuth bewegen, so wäre kein Grund mehr vorhanden, warum nicht auch die Aeste eines Baumes, die Wellen eines Stroms, die Saaten eines Kornfelds, die Gliedmaßen der Thiere, sich mit Anmuth bewegen sollten. Aber die Göttin von Gnidus repräsentirt nur die menschliche Gattung, und da, wo der Mensch weiter nichts als ein Naturding und Sinnenwesen ist, da hört sie auf, für ihn Bedeutung zu haben.

Willkürlichen Bewegungen allein kann also Anmuth zukommen, aber auch unter diesen nur denjenigen, die ein Ausdruck moralischer Empfindungen sind. Bewegungen, welche keine andere Quelle als die Sinnlichkeit haben, gehören bei aller Willkürlichkeit doch nur der Natur an, die für sich allein sich nie bis zur Anmuth erhebt. Könnte sich die Begierde mit Anmuth, der Instinct mit Grazie äußern, so würden Anmuth und Grazie nicht mehr fähig und würdig seyn, der Menschheit zu einem Ausdruck zu dienen.

Und doch ist es die Menschheit allein, in die der Grieche alle Schönheit und Vollkommenheit einschließt. Nie darf sich ihm die Sinnlichkeit ohne Seele zeigen, und seinem humanen Gefühl ist es gleich unmöglich, die rohe Thierheit und die Intelligenz zu vereinzeln. Wie er jeder Idee sogleich einen Leib anbildet und auch das Geistigste zu verkörpern strebt, so fordert er von jeder Handlung des Instincts an dem Menschen zugleich einen Ausdruck seiner sittlichen Bestimmung. Dem Griechen ist die Natur nie bloß Natur: darum darf er auch nicht erröthen, sie zu ehren; ihm ist die Vernunft niemals bloß Vernunft: darum darf er auch nicht zittern, unter ihren Maßstab zu treten. Natur und Sittlichkeit, Materie und Geist, Erde und Himmel fließen wunderbar schön in seinen Dichtungen zusammen. Er führte die Freiheit, die nur im Olympus zu Hause ist, auch in die Geschäfte der Sinnlichkeit ein, und dafür wird man es ihm hingehen lassen, daß er die Sinnlichkeit in den Olympus versetzte.

Dieser zärtliche Sinn der Griechen nun, der das Materielle immer nur unter der Begleitung des Geistigen duldet, weiß von keiner willkürlichen Bewegung am Menschen, die nur der Sinnlichkeit allein angehörte, ohne zugleich ein Ausdruck des moralisch empfindenden Geistes zu seyn. Daher ist ihm auch die Anmuth nichts anders, als ein solcher schöner Ausdruck der Seele in den willkürlichen Bewegungen. Wo also Anmuth stattfindet, da ist die Seele das bewegende Princip, und in ihr ist der Grund von der Schönheit der Bewegung enthalten. Und so löst sich denn jene mythische Vorstellung in folgenden Gedanken auf: „Anmuth ist eine Schönheit, die nicht von der Natur gegeben, sondern von dem Subjecte selbst hervorgebracht wird."

Ich habe mich bis jetzt darauf eingeschränkt, den Begriff der Anmuth aus der griechischen Fabel zu entwickeln, und, wie ich hoffe, ohne ihr Gewalt anzuthun. Jetzt sey mir erlaubt, zu versuchen, was sich auf dem Weg der philosophischen Untersuchung darüber ausmachen läßt, und ob es auch hier, wie in so vielen andern Fällen, wahr ist, daß sich die philosophirende Vernunft weniger Entdeckungen rühmen kann, die der Sinn nicht schon dunkel geahndet, und die Poesie nicht geoffenbart hätte.

Venus, ohne ihren Gürtel und ohne die Grazien, repräsentirt uns das Ideal der Schönheit, so wie letztere aus den Händen der bloßen Natur kommen kann und, ohne die Einwirkung eines empfindenden Geistes, durch die plastischen Kräfte erzeugt wird. Mit Recht stellt die Fabel für diese Schönheit eine eigene Göttergestalt zur Repräsentantin auf, denn schon das natürliche Gefühl unterscheidet sie auf das strengste von derjenigen, die dem Einfluß eines empfindenden Geistes ihren Ursprung verdankt.

Es sey mir erlaubt, diese von der bloßen Natur, nach dem Gesetz der Nothwendigkeit gebildete Schönheit, zum Unterschied von der, welche sich nach Freiheitsbedingungen richtet, die Schönheit des Baues (architektonische Schönheit) zu benennen. Mit diesem Namen will ich also denjenigen Theil der menschlichen Schönheit bezeichnet haben, der nicht bloß durch Naturkräfte ausgeführt worden (was von jeder Erscheinung gilt), sondern der auch nur allein durch Naturkräfte bestimmt ist.

Ein glückliches Verhältniß der Glieder, fließende Umrisse, ein lieblicher Teint, eine zarte Haut, ein feiner und freier Wuchs, eine wohlklingende Stimme u. f. f. sind Vorzüge, die man bloß der Natur und dem Glück zu verdanken hat; der Natur, welche die Anlage dazu hergab und selbst entwickelte; dem Glück, welches das Bildungsgeschäft der Natur vor jeder Einwirkung feindlicher Kräfte beschützte.

Diese Venus steigt schon ganz vollendet aus dem Schaume des Meeres empor: vollendet, denn sie ist ein beschlossenes, streng abgewogenes Werk der Nothwendigkeit, und als solches keiner Varietät, keiner Erweiterung fähig. Da sie nämlich nichts anders ist, als ein schöner Vortrag der Zwecke, welche die Natur mit dem Menschen beabsichtet, und daher jede ihrer Eigenschaften durch den Begriff, der ihr zum Grunde liegt, vollkommen entschieden ist, so kann sie — der Anlage nach — als ganz gegeben beurtheilt werden, obgleich diese erst unter Zeitbedingungen zur Entwicklung kommt.

Die architektonische Schönheit der menschlichen Bildung muß von der technischen Vollkommenheit derselben wohl unterschieden werden. Unter der letztern hat man das System der Zwecke selbst zu verstehen, so wie sie sich unter einander zu einem obersten

Endzweck vereinigen; unter der erstern hingegen bloß eine Eigenschaft der Darstellung dieser Zwecke, so wie sie sich dem anschauenden Vermögen in der Erscheinung offenbaren. Wenn man also von der Schönheit spricht, so wird weder der materielle Werth dieser Zwecke, noch die formale Kunstmäßigkeit ihrer Verbindung dabei in Betrachtung gezogen. Das anschauende Vermögen hält sich einzig nur an die Art des Erscheinens, ohne auf die logische Beschaffenheit seines Objects die geringste Rücksicht zu nehmen. Ob also gleich die architektonische Schönheit des menschlichen Baues durch den Begriff, der demselben zum Grunde liegt, und durch die Zwecke bedingt ist, welche die Natur mit ihm beabsichtet, so isolirt doch das ästhetische Urtheil sie völlig von diesen Zwecken, und nichts, als was der Erscheinung unmittelbar und eigenthümlich angehört, wird in die Vorstellung der Schönheit aufgenommen.

Man kann daher auch nicht sagen, daß die Würde der Menschheit die Schönheit des menschlichen Baues **erhöhe**. In unser Urtheil über die letztere kann die Vorstellung der erstern zwar einfließen, aber alsdann hört es zugleich auf, ein rein-ästhetisches Urtheil zu seyn. Die Technik der menschlichen Gestalt ist allerdings ein Ausdruck seiner Bestimmung, und als ein solcher darf und soll sie uns mit Achtung erfüllen. Aber diese Technik wird nicht dem Sinn, sondern dem Verstande vorgestellt; sie kann nur **gedacht** werden, nicht **erscheinen**. Die architektonische Schönheit hingegen kann nie ein Ausdruck seiner Bestimmung seyn, da sie sich an ein ganz andres Vermögen wendet, als dasjenige ist, welches über jene Bestimmung zu entscheiden hat.

Wenn daher dem Menschen, vorzugsweise vor allen übrigen technischen Bildungen der Natur, Schönheit beigelegt wird, so ist dies nur in so fern wahr, als er schon in der bloßen Erscheinung diesen Vorzug behauptet, ohne daß man sich dabei seiner Menschheit zu erinnern braucht. Denn da dieses Letzte nicht anders als vermittelst eines Begriffs geschehen könnte, so würde nicht der Sinn, sondern der Verstand über die Schönheit Richter seyn, welches einen Widerspruch einschließt. Die Würde seiner sittlichen Bestimmung kann also der Mensch nicht in Anschlag bringen, seinen Vorzug als Intelligenz kann er nicht geltend machen, wenn er den Preis der Schönheit behaupten will; hier ist er nichts als ein Ding im Raume, nichts als Erscheinung unter Erscheinungen. Auf seinen Rang in der Ideenwelt wird in der Sinnenwelt nicht geachtet, und wenn er in dieser die erste Stelle behaupten soll, so kann er sie nur dem, was in ihm Natur ist, zu verdanken haben.

Aber eben diese seine Natur ist, wie wir wissen, durch die Idee seiner Menschheit bestimmt worden, und so ist es denn mittelbar auch seine architektonische Schönheit. Wenn er sich also vor allen Sinnenwesen um ihn her durch höhere Schönheit unterscheidet, so ist er dafür unstreitig seiner menschlichen Bestimmung verpflichtet, welche den Grund enthält, warum er sich von den übrigen Sinnenwesen überhaupt nur unterscheidet. Aber nicht darum ist die menschliche Bildung schön, weil sie ein Ausdruck dieser höhern Bestimmung ist; denn wäre dieses, so würde die nämliche Bildung aufhören schön zu seyn, sobald sie eine niedrigere Bestimmung ausdrückte, so würde auch das Gegentheil dieser Bildung schön seyn, sobald man nur annehmen könnte, daß es jene höhere Bestimmung ausdrückte. Gesetzt aber, man könnte bei einer schönen Menschengestalt ganz und gar vergessen, was sie ausdrückt; man könnte ihr, ohne sie in der Erscheinung zu verändern, den rohen Instinct eines Tigers unterschieben, so würde das Urtheil der Augen vollkommen dasselbe bleiben, und der Sinn würde den Tiger für das schönste Werk des Schöpfers erklären.

Die Bestimmung des Menschen, als einer Intelligenz, hat also an der Schönheit seines Baues nur in so fern einen Antheil, als ihre Darstellung, d. i. ihr Ausdruck in der Erscheinung, zugleich mit den Bedingungen zusammentrifft, unter welchen das Schöne sich in der Sinnenwelt erzeugt. Die Schönheit selbst nämlich muß jederzeit ein freier Natureffect bleiben, und die Vernunftidee, welche die Technik des menschlichen Baues bestimmte, kann ihm nie Schönheit ertheilen, sondern bloß gestatten.

Man könnte mir zwar einwenden, daß überhaupt Alles, was in der Erscheinung sich darstellt, durch Naturkräfte ausgeführt werde, und daß dieses also kein ausschließendes Merkmal des Schönen seyn könne. Es ist wahr, alle technischen Bildungen sind hervorgebracht durch Natur, aber durch Natur sind sie nicht technisch, wenigstens werden sie nicht so beurtheilt. Technisch sind sie nur durch den Verstand, und ihre technische Vollkommenheit hat also schon Existenz im Verstande, ehe sie in die Sinnenwelt hinübertritt und zur Erscheinung wird. Schönheit hingegen hat das ganz Eigenthümliche, daß sie in der Sinnenwelt nicht bloß dargestellt wird, sondern auch in derselben zuerst entspringt; daß die Natur sie nicht bloß ausdrückt, sondern auch erschafft. Sie ist durchaus nur eine Eigenschaft des Sinnlichen, und auch der Künstler, der sie beabsichtet, kann sie nur in so weit erreichen, als er den Schein unterhält, daß die Natur gebildet habe.

Die Technik des menschlichen Baues zu beurtheilen, muß man die Vorstellung der Zwecke, denen sie gemäß ist, zu Hülfe nehmen; dies hat man gar nicht nöthig, um die Schönheit dieses Baues zu beurtheilen. Der Sinn allein ist hier ein völlig competenter Richter, und dies könnte er nicht seyn, wenn nicht die Sinnenwelt (die sein einziges Object ist) alle Bedingungen der Schönheit enthielte, und also zu Erzeugung derselben vollkommen hinreichend wäre. Mittelbar freilich ist die Schönheit des

Menschen in dem Begriff seiner Menschheit gegründet, weil seine ganze sinnliche Natur in diesem Begriffe gegründet ist, aber der Sinn, weiß man, hält sich nur an das Unmittelbare, und für ihn ist es also gerade so viel, als wenn sie ein ganz unabhängiger Natureffect wäre.

Nach dem Bisherigen sollte es nun scheinen, als wenn die Schönheit für die Vernunft durchaus kein Interesse haben könnte, da sie bloß in der Sinnenwelt entspringt, und sich auch nur an das sinnliche Erkenntnißvermögen wendet. Denn nachdem wir von dem Begriff derselben, als fremdartig, abgesondert haben, was die Vorstellung der Vollkommenheit in unser Urtheil über die Schönheit zu mischen kaum unterlassen kann, so scheint dieser nichts mehr übrig zu bleiben, wodurch sie der Gegenstand eines vernünftigen Wohlgefallens seyn könnte. Nichtsdestoweniger ist es eben so ausgemacht, daß das Schöne der Vernunft gefällt, als es entschieden ist, daß es auf keiner solchen Eigenschaft des Objects beruht, die nur durch Vernunft zu entdecken wäre.

Um diesen anscheinenden Widerspruch aufzulösen, muß man sich erinnern, daß es zweierlei Arten gibt, wodurch Erscheinungen Objecte der Vernunft werden und Ideen ausdrücken können. Es ist nicht immer nöthig, daß die Vernunft diese Ideen aus den Erscheinungen **herauszieht**; sie kann sie auch in dieselben **hineinlegen**. In beiden Fällen wird die Erscheinung einem Vernunftbegriff adäquat seyn, nur mit dem Unterschied, daß in dem ersten Fall die Vernunft ihn schon objectiv darin findet, und ihn gleichsam von dem Gegenstand nur empfängt, weil der Begriff gesetzt werden muß, um die Beschaffenheit und oft selbst um die Möglichkeit des Objects zu erklären; daß sie hingegen in dem zweiten Fall das, was unabhängig von ihrem Begriff in der Erscheinung gegeben ist, selbstthätig zu einem Ausdruck desselben **macht**, und also etwas bloß Sinnliches übersinnlich behandelt.

Dort ist also die Idee mit dem Gegenstand objectiv nothwendig, hier hingegen höchstens subjectiv nothwendig verknüpft. Ich brauche nicht zu sagen, daß ich jenes von der Vollkommenheit, dieses von der Schönheit verstehe.

Da es also in dem zweiten Fall in Ansehung des sinnlichen Objects ganz und gar zufällig ist, ob es eine Vernunft gibt, die mit der Vorstellung desselben eine ihrer Ideen verbindet, folglich die objective Beschaffenheit des Gegenstandes von dieser Idee als völlig unabhängig muß betrachtet werden, so thut man ganz recht, das Schöne, objectiv, auf lauter Naturbedingungen einzuschränken, und es für einen bloßen Effect der Sinnenwelt zu erklären. Weil aber doch — auf der andern Seite — die Vernunft von diesem Effect der bloßen Sinnenwelt einen transcendenten Gebrauch macht, und ihm dadurch, daß sie ihm eine höhere Bedeutung leiht, gleichsam ihren Stempel aufdrückt, so hat man ebenfalls recht, das Schöne, subjectiv, in die intelligible Welt zu versetzen. Die Schönheit ist daher als die Bürgerin zweier Welten anzusehen, deren einer sie durch Geburt, der andern durch Adoption angehört; sie empfängt ihre Existenz in der sinnlichen Natur, und erlangt in der Vernunftwelt das Bürgerrecht. Hieraus erklärt sich auch, wie es zugeht, daß der Geschmack, als ein Beurtheilungsvermögen des Schönen, zwischen Geist und Sinnlichkeit in die Mitte tritt, und diese beiden einander verschmähenden Naturen zu einer glücklichen Eintracht verbindet — wie er dem Materiellen die Achtung der Vernunft, wie er dem Rationalen die Zuneigung der Sinne erwirbt — wie er Anschauungen zu Ideen adelt, und selbst die Sinnenwelt gewissermaßen in ein Reich der Freiheit verwandelt.

Wiewohl es aber — in Ansehung des Gegenstandes selbst — zufällig ist, ob die Vernunft mit der Vorstellung desselben eine ihrer Ideen verbindet, so ist es doch — für das vorstellende

Subject — nothwendig, mit einer solchen Vorstellung eine solche Idee zu verknüpfen. Diese Idee und das ihr correspondirende sinnliche Merkmal an dem **Objecte** müssen mit einander in einem solchen Verhältniß stehen, daß die Vernunft durch ihre eigenen unveränderlichen Gesetze zu dieser Handlung genöthigt wird. In der Vernunft selbst muß also der Grund liegen, warum sie ausschließend nur mit einer **gewissen Erscheinungsart** der Dinge eine bestimmte Idee verknüpft, und in dem Objecte muß wieder der Grund liegen, warum es ausschließend nur **diese** Idee und keine andere hervorruft. Was für eine Idee das nun sey, die die Vernunft in das Schöne hinträgt, und durch welche objective Eigenschaft der schöne Gegenstand fähig sey, dieser Idee zum Symbol zu dienen — dies ist eine viel zu wichtige Frage, um hier bloß im Vorübergehen beantwortet zu werden, und deren Erörterung ich also auf eine Analytik des Schönen verspare.

Die architektonische Schönheit des Menschen ist also, auf die Art, wie ich eben erwähnte, der **sinnliche Ausdruck eines Vernunftbegriffs**; aber sie ist es in keinem andern Sinne und mit keinem größern Rechte, als überhaupt jede schöne Bildung der Natur. Dem Grade nach übertrifft sie zwar alle anderen Schönheiten, aber der Art nach steht sie in der nämlichen Reihe mit denselben, da auch sie von ihrem Subjecte nichts, als was sinnlich ist, offenbart, und erst in der Vorstellung eine übersinnliche Bedeutung empfängt.¹ Daß die Darstellung der

¹ Denn — um es noch einmal zu wiederholen — in der bloßen Anschauung wird Alles, was an der Schönheit **objectiv** ist, gegeben. Da aber das, was dem Menschen den Vorzug vor allen übrigen Sinnenwesen gibt, in der bloßen Anschauung nicht vorkommt, so kann eine Eigenschaft, die sich schon in der bloßen Anschauung offenbart, diesen Vorzug nicht sichtbar machen. Seine höhere Bestimmung, die allein diesen Vorzug begründet, wird also durch seine Schönheit nicht ausgedrückt, und die Vorstellung von jener kann daher nie ein Ingrediens von dieser

Zwecke am Menschen schöner ausgefallen ist, als bei andern organischen Bildungen, ist als eine Gunst anzusehen, welche die Vernunft, als Gesetzgeberin des menschlichen Baues, der Natur als Ausrichterin ihrer Gesetze erzeigte. Die Vernunft verfolgt zwar bei der Technik des Menschen ihre Zwecke mit strenger Nothwendigkeit, aber glücklicherweise treffen ihre Forderungen mit der Nothwendigkeit der Natur zusammen, so daß die letztere den Auftrag der erstern vollzieht, indem sie bloß nach ihrer eigenen Neigung handelt.

Dieses kann aber nur von der architektonischen Schönheit des Menschen gelten, wo die Naturnothwendigkeit durch die Nothwendigkeit des sie bestimmenden teleologischen Grundes unterstützt wird. Hier allein konnte die Schönheit gegen die Technik des Baues berechnet werden, welches aber nicht mehr statt findet, sobald die Nothwendigkeit nur einseitig ist und die übersinnliche Ursache, welche die Erscheinung bestimmt, sich zufällig verändert. Für die architektonische Schönheit des Menschen sorgt also die Natur allein, weil ihr hier, gleich in der ersten Anlage, die Vollziehung alles dessen, was der Mensch zu Erfüllung seiner Zwecke bedarf, einmal für immer von dem schaffenden Verstand übergeben wurde, und sie also in diesem ihrem organischen Geschäft keine Neuerung zu befürchten hat.

Der Mensch aber ist zugleich eine Person, ein Wesen also, welches selbst Ursache, und zwar absolut letzte Ursache seiner Zustände seyn, welches sich nach Gründen, die es aus sich selbst abgeben, nie in das ästhetische Urtheil mit aufgenommen werden. Nicht der Gedanke selbst, dessen Ausdruck die menschliche Bildung ist, bloß die Wirkungen desselben in der Erscheinung offenbaren sich dem Sinn. Zu dem übersinnlichen Grund dieser Wirkungen erhebt der bloße Sinn sich eben so wenig, als (wenn man mir dies Beispiel verstatten will) der bloß sinnliche Mensch zu der Idee der obersten Welturfache hinaufsteigt wenn er seine Triebe befriedigt.

nimmt, verändern kann. Die Art seines Erscheinens ist abhängig von der Art seines Empfindens und Wollens, also von Zuständen, die er selbst in seiner Freiheit, und nicht die Natur nach ihrer Nothwendigkeit bestimmt..

Wäre der Mensch bloß ein Sinnenwesen, so würde die Natur zugleich die Gesetze geben und die Fälle der Anwendung bestimmen; jetzt theilt sie das Regiment mit der Freiheit, und obgleich ihre Gesetze Bestand haben, so ist es nunmehr doch der Geist, der über die Fälle entscheidet.

Das Gebiet des Geistes erstreckt sich so weit, als die Natur lebendig ist, und endigt nicht eher, als wo das organische Leben sich in die formlose Masse verliert und die animalischen Kräfte aufhören. Es ist bekannt, daß alle bewegenden Kräfte im Menschen unter einander zusammenhängen, und so läßt sich einsehen, wie der Geist — auch nur als Princip der willkürlichen Bewegung betrachtet — seine Wirkungen durch das ganze System derselben fortpflanzen kann. Nicht bloß die Werkzeuge des Willens, auch diejenigen, über welche der Wille nicht unmittelbar zu gebieten hat, erfahren wenigstens mittelbar seinen Einfluß. Der Geist bestimmt sie nicht bloß absichtlich, wenn er handelt, sondern auch unabsichtlich, wenn er empfindet.

Die Natur für sich allein kann, wie aus dem Obigen klar ist, nur für die Schönheit derjenigen Erscheinungen sorgen, die sie selbst uneingeschränkt nach dem Gesetz der Nothwendigkeit zu bestimmen hat. Aber mit der Willkür tritt der Zufall in ihre Schöpfung ein, und obgleich die Veränderungen, welche sie unter dem Regiment der Freiheit erleidet, nach keinen andern als ihren eigenen Gesetzen erfolgen, so erfolgen sie doch nicht mehr aus diesen Gesetzen. Da es jetzt auf den Geist ankommt, welchen Gebrauch er von seinen Werkzeugen machen will, so kann die Natur über denjenigen Theil der Schönheit, welcher von diesem Gebrauch abhängt, nichts mehr zu gebieten, und also auch nichts mehr zu verantworten haben.

Und so würde denn der Mensch in Gefahr schweben, gerade da, wo er sich durch den Gebrauch seiner Freiheit zu den reinen Intelligenzen erhebt, als Erscheinung zu sinken, und in dem Urtheile des Geschmacks zu verlieren, was er vor dem Richterstuhl der Vernunft gewinnt. Die durch sein Handeln erfüllte Bestimmung würde ihm einen Vorzug kosten, den die in seinem Bau bloß angekündigte Bestimmung begünstigte; und wenn gleich dieser Vorzug nur sinnlich ist, so haben wir doch gefunden, daß ihm die Vernunft eine höhere Bedeutung ertheilt. Eines so groben Widerspruchs macht sich die Uebereinstimmung liebende Natur nicht schuldig, und was in dem Reiche der Vernunft harmonisch ist, wird sich durch keinen Mißklang in der Sinnenwelt offenbaren.

Indem also die Person oder das freie Principium im Menschen es auf sich nimmt, das Spiel der Erscheinungen zu bestimmen, und durch seine Dazwischenkunft der Natur die Macht entzieht, die Schönheit ihres Werks zu beschützen, so tritt es selbst an die Stelle der Natur, und übernimmt (wenn mir dieser Ausdruck erlaubt ist) mit den Rechten derselben einen Theil ihrer Verpflichtungen. Indem der Geist die ihm untergeordnete Sinnlichkeit in sein Schicksal verwickelt und von seinen Zuständen abhängen läßt, macht er sich gewissermaßen selbst zur Erscheinung und bekennt sich als einen Unterthan des Gesetzes, welches an alle Erscheinungen ergeht. Um seiner selbst willen macht er sich verbindlich, die von ihm abhängende Natur auch noch in seinem Dienste Natur bleiben zu lassen, und sie ihrer frühern Pflicht nie entgegen zu behandeln. Ich nenne die Schönheit eine Pflicht der Erscheinungen, weil das ihr entsprechende Bedürfniß im Subjecte in der Vernunft selbst gegründet, und daher allgemein und nothwendig ist. Ich nenne sie eine frühere Pflicht, weil der Sinn schon geurtheilt hat, ehe der Verstand sein Geschäft beginnt.

Die Freiheit regiert also jetzt die Schönheit. Die Natur gab die Schönheit des Baues, die Seele gibt die Schönheit des Spiels. Und nun wissen wir auch, was wir unter Anmuth und Grazie zu verstehen haben. Anmuth ist die Schönheit der Gestalt unter dem Einfluß der Freiheit; die Schönheit derjenigen Erscheinungen, die die Person bestimmt. Die architektonische Schönheit macht dem Urheber der Natur, Anmuth und Grazie machen ihrem Besitzer Ehre. Jene ist ein Talent, diese ein persönliches Verdienst.

Anmuth kann nur der Bewegung zukommen, denn eine Veränderung im Gemüth kann sich nur als Bewegung in der Sinnenwelt offenbaren. Dies hindert aber nicht, daß nicht auch feste und ruhende Züge Anmuth zeigen könnten. Diese festen Züge waren ursprünglich nichts als Bewegungen, die endlich bei oftmaliger Erneuerung habituell wurden, und bleibende Spuren eindrückten.[1]

[1] Daher nimmt Home den Begriff der Anmuth viel zu eng an, wenn er (Grundsätze d. Kritik. II. 39. Neueste Ausgabe) sagt: „daß, wenn die anmuthigste Person in Ruhe sey, und sich weder bewege noch spreche, wir die Eigenschaft der Anmuth, wie die Farbe im Finstern, aus den Augen verlieren." Nein, wir verlieren sie nicht aus den Augen, so lange wir an der schlafenden Person die Züge wahrnehmen, die ein wohlwollender, sanfter Geist gebildet hat; und gerate der schätzbarste Theil der Grazie bleibt übrig, derjenige nämlich, der sich aus Geberden zu Zügen verfestete, und also die Fertigkeit des Gemüths in schönen Empfindungen an den Tag legt. Wenn aber der Herr Berichtiger des Home schen Werks seinen Autor durch die Bemerkung zurecht zu weisen glaubte (siehe in demselben Band Seite 459): „daß sich die Anmuth nicht bloß auf willkürliche Bewegungen einschränke, daß eine schlafende Person nicht aufhöre reizend zu seyn," — und warum? „weil während

Aber nicht alle Bewegungen am Menschen sind der Grazie fähig. Grazie ist immer nur die Schönheit der durch Freiheit bewegten Gestalt, und Bewegungen, die bloß der Natur angehören, können nie diesen Namen verdienen. Es ist zwar an dem, daß ein lebhafter Geist sich zuletzt beinahe aller Bewegungen seines Körpers bemächtigt, aber wenn die Kette sehr lang wird, wodurch sich ein schöner Zug an moralische Empfindungen anschließt, so wird er eine Eigenschaft des Baues, und läßt sich kaum mehr zur Grazie zählen. Endlich bildet sich der Geist sogar seinen Körper, und der Bau selbst muß dem Spiele folgen, so daß sich die Anmuth zuletzt nicht selten in architektonische Schönheit verwandelt.

So wie ein feindseliger, mit sich uneiniger Geist selbst die erhabenste Schönheit des Baues zu Grund richtet, daß man unter den unwürdigen Händen der Freiheit das herrliche Meisterstück der Natur zuletzt nicht mehr erkennen kann, so sieht man auch zuweilen das heitere und in sich harmonische Gemüth der durch Hindernisse gefesselten Technik zu Hülfe kommen, die Natur in Freiheit setzen, und die noch eingewickelte gedrückte Gestalt mit göttlicher Glorie auseinander breiten. Die plastische Natur des Menschen hat unendlich viele Hülfsmittel in sich selbst, ihr Versäumniß herein zu bringen und ihre Fehler zu verbessern, sobald nur der sittliche Geist sie in ihrem Bildungswerk unterstützen, oder auch manchmal nur nicht beunruhigen will.

dieses Zustandes die unwillkürlichen, sanften und eben deßwegen desto anmuthigern Bewegungen erst recht sichtbar werden," so hebt er den Begriff der Grazie ganz auf, den Home bloß zu sehr einschränkte. Unwillkürliche Bewegungen im Schlafe, wenn es nicht mechanische Wiederholungen von willkürlichen sind, können nie anmuthig seyn, weit entfernt, daß sie es vorzugsweise seyn könnten; und wenn eine schlafende Person reizend ist, so ist sie es keineswegs durch die Bewegungen, die sie macht, sondern durch ihre Züge, die von vorhergegangenen Bewegungen zeugen.

Da auch die verfesteten Bewegungen (in Züge über-gegangene Geberden) von der Anmuth nicht ausgeschlossen sind, so könnte es das Ansehen haben, als ob überhaupt auch die Schönheit der anscheinenden oder nachgeahmten Bewe-gungen (die flammichten oder geschlängelten Linien) gleichfalls mit dazu gerechnet werden müßte, wie Mendelsohn auch wirk-lich behauptet.[1] Aber dadurch würde der Begriff der Anmuth zu dem Begriff der Schönheit überhaupt erweitert; denn alle Schönheit ist zuletzt bloß eine Eigenschaft der wahren oder an-scheinenden (objectiven oder subjectiven) Bewegung, wie ich in einer Zergliederung des Schönen zu beweisen hoffe. Anmuth aber können nur solche Bewegungen zeigen, die zugleich einer Empfindung entsprechen.

Die Person — man weiß, was ich damit andeuten will — schreibt dem Körper die Bewegungen entweder durch ihren Willen vor, wenn sie eine vorgestellte Wirkung in der Sinnenwelt reali-siren will, und in diesem Fall heißen die Bewegungen willkür-lich oder abgezweckt; oder solche erfolgen, ohne den Willen der Person, nach einem Gesetz der Nothwendigkeit — aber auf Ver-anlassung einer Empfindung; diese nenne ich sympathetische Bewegungen. Ob die letztern gleich unwillkürlich und in einer Empfindung gegründet sind, so darf man sie doch mit denjenigen nicht verwechseln, welche das sinnliche Gefühlvermögen und der Naturtrieb bestimmt: denn der Naturtrieb ist kein freies Princip, und was er verrichtet, das ist keine Handlung der Person. Unter den sympathetischen Bewegungen, von denen hier die Rede ist, will ich also nur diejenigen verstanden haben, welche der morali-schen Empfindung, oder der moralischen Gesinnung zur Begleitung dienen.

[1] Philof. Schriften. I. 90.

Die Frage entsteht nun, welche von diesen beiden Arten der in der Person gegründeten Bewegungen ist der Anmuth fähig?

Was man beim Philosophiren nothwendig von einander trennen muß, ist darum nicht immer auch in der Wirklichkeit getrennt. So findet man abgezweckte Bewegungen selten ohne sympathetische, weil der Wille als die Ursache von jenen sich nach moralischen Empfindungen bestimmt, aus welchen diese entspringen. Indem eine Person spricht, sehen wir zugleich ihre Blicke, ihre Gesichtszüge, ihre Hände, ja oft den ganzen Körper mitsprechen, und der mimische Theil der Unterhaltung wird nicht selten für den beredtesten geachtet. Aber auch selbst eine abgezweckte Bewegung kann zugleich als eine sympathetische anzusehen seyn, und dies geschieht alsdann, wenn sich etwas Unwillkürliches in das Willkürliche derselben mit einmischt.

Die Art und Weise nämlich, wie eine willkürliche Bewegung vollzogen wird, ist durch ihren Zweck nicht so genau bestimmt, daß es nicht mehrere Arten geben sollte, nach denen sie kann verrichtet werden. Dasjenige nun, was durch den Willen oder den Zweck dabei unbestimmt gelassen ist, kann durch den Empfindungszustand der Person sympathetisch bestimmt werden, und also zu einem Ausdruck desselben dienen. Indem ich meinen Arm ausstrecke, um einen Gegenstand in Empfang zu nehmen, so führe ich einen Zweck aus, und die Bewegung, die ich mache, wird durch die Absicht, die ich damit erreichen will, vorgeschrieben. Aber welchen Weg ich meinen Arm zu dem Gegenstand nehmen, und wie weit ich meinen übrigen Körper will nachfolgen lassen; wie geschwind oder langsam, und mit wie viel oder wenig Kraftaufwand ich die Bewegung verrichten will, in diese genaue Berechnung lasse ich mich in dem Augenblick nicht ein, und der Natur in mir wird also hier etwas anheim gestellt. Auf irgend eine Art und Weise muß aber doch dieses, durch den bloßen

Zweck nicht Bestimmte, entschieden werden, und hier also kann meine Art zu empfinden den Ausschlag geben, und durch den Ton, den sie angibt, die Art und Weise der Bewegung bestimmen. Der Antheil nun, den der Empfindungszustand der Person an einer willkürlichen Bewegung hat, ist das Unwillkürliche an derselben, und er ist auch das, worin man die Grazie zu suchen hat.

Eine willkürliche Bewegung, wenn sie sich nicht zugleich mit einer sympathetischen verbindet, oder was eben so viel sagt, nicht mit etwas Unwillkürlichem, das in dem moralischen Empfindungszustand der Person seinen Grund hat, vermischt, kann niemals Grazie zeigen, wozu immer ein Zustand im Gemüth als Ursache erfordert wird. Die willkürliche Bewegung erfolgt auf eine Handlung des Gemüths, welche also vergangen ist, wenn die Bewegung geschieht.

Die sympathetische Bewegung hingegen begleitet die Handlung des Gemüths und den Empfindungszustand desselben, durch den es zu dieser Handlung vermocht wird, und muß daher mit beiden als gleichlaufend betrachtet werden.

Es erhellt schon daraus, daß die erste, die nicht von der Gesinnung der Person unmittelbar ausfließt, auch keine Darstellung derselben seyn kann. Denn zwischen die Gesinnung und die Bewegung selbst tritt der Entschluß, der, für sich betrachtet, etwas ganz Gleichgültiges ist; die Bewegung ist Wirkung des Entschlusses und des Zweckes, nicht aber der Person und der Gesinnung.

Die willkürliche Bewegung ist mit der ihr vorangehenden Gesinnung zufällig, die begleitende hingegen nothwendig damit verbunden. Jene verhält sich zum Gemüth, wie das conventionelle Sprachzeichen zu dem Gedanken, den es ausdrückt; die sympathetische oder begleitende hingegen wie der leidenschaftliche Laut zu der Leidenschaft. Jene ist daher nicht ihrer Natur, sondern bloß ihrem Gebrauch nach, Darstellung des Geistes. Also kann man auch nicht wohl sagen, daß der Geist in einer willkürlichen Bewegung sich offenbare, da sie nur die Materie des Willens (den Zweck), nicht aber die Form des Willens (die Gesinnung) ausdrückt. Von der letztern kann uns nur die begleitende Bewegung belehren.¹

Daher wird man aus den Reden eines Menschen zwar abnehmen können, für was er will gehalten seyn, aber das, was er wirklich ist, muß man aus dem mimischen Vortrag seiner Worte und aus seinen Geberden, also aus Bewegungen, die er nicht will, zu errathen suchen. Erfährt man aber, daß ein Mensch auch seine Gesichtszüge wollen kann, so traut man seinem Gesicht, von dem Augenblick dieser Entdeckung an, nicht mehr, und läßt jene auch nicht mehr für einen Ausdruck seiner Gesinnungen gelten.

Nun mag zwar ein Mensch durch Kunst und Studium es zuletzt wirklich dahin bringen, daß er auch die begleitenden Bewegungen seinem Willen unterwirft, und gleich einem geschickten Taschenspieler, welche Gestalt er will, auf den mimischen Spiegel seiner Seele fallen lassen kann. Aber an einem solchen Menschen ist dann auch Alles Lüge, und alle Natur wird von der Kunst

---

¹ Wenn sich eine Begebenheit vor einer zahlreichen Gesellschaft ereignet, so kann es sich treffen, daß jeder Anwesende von der Gesinnung der handelnden Personen seine eigene Meinung hat; so zufällig sind willkürliche Bewegungen mit ihrer moralischen Ursache verbunden. Wenn hingegen einem aus dieser Gesellschaft ein sehr geliebter Freund oder ein sehr verhaßter Feind unerwartet in die Augen fiele, so würde der unzweideutige Ausdruck seines Gesichts die Empfindungen seines Herzens schnell und bestimmt an den Tag legen, und das Urtheil der ganzen Gesellschaft über den gegenwärtigen Empfindungszustand dieses Menschen würde wahrscheinlich völlig einstimmig seyn: denn der Ausdruck ist hier mit seiner Ursache im Gemüth durch Naturnothwendigkeit verbunden.

verschlungen. Grazie hingegen muß jederzeit Natur, d. i. unwillkürlich seyn (wenigstens so scheinen), und das Subject selbst darf nie so aussehen, als wenn es um seine Anmuth wüßte.

Daraus ersieht man auch beiläufig, was man von der nachgeahmten oder gelernten Anmuth (die ich die theatralische und die Tanzmeistergrazie nennen möchte) zu halten habe. Sie ist ein würdiges Gegenstück zu derjenigen Schönheit, die am Putztisch aus Karmin und Bleiweiß, falschen Locken, fausses gorges und Wallfischrippen hervorgeht, und verhält sich ungefähr eben so zu der wahren Anmuth, wie die Toiletten-Schönheit sich zu der architektonischen verhält.[1] Auf einen ungeübten

---

[1] Ich bin eben so weit entfernt, bei dieser Zusammenstellung dem Tanzmeister sein Verdienst um die wahre Grazie, als dem Schauspieler seinen Anspruch darauf abzustreiten. Der Tanzmeister kommt der wahren Anmuth unstreitig zu Hülfe, indem er dem Willen die Herrschaft über seine Werkzeuge verschafft, und die Hindernisse hinwegräumt, welche die Masse und Schwerkraft dem Spiel der lebendigen Kräfte entgegensetzen. Er kann dies nicht anders als nach Regeln verrichten, welche den Körper in einer heilsamen Zucht erhalten, und, so lange die Trägheit widerstrebt, steif, d. i. zwingend seyn und auch so aussehen dürfen. Entläßt er aber den Lehrling aus seiner Schule, so muß die Regel bei diesem ihren Dienst schon geleistet haben, daß sie ihn nicht in die Welt zu begleiten braucht: kurz, das Werk der Regel muß in Natur übergehen.

Die Geringschätzung, mit der ich von der theatralischen Grazie rede, gilt nur der nachgeahmten, und diese nehme ich keinen Anstand, auf der Schaubühne, wie im Leben zu verwerfen. Ich bekenne, daß mir der Schauspieler nicht gefällt, der seine Grazie, gesetzt, daß ihm die Nachahmung auch noch so sehr gelungen sey, an der Toilette studirt hat. Die Forderungen, die wir an den Schauspieler machen, sind: 1) Wahrheit der Darstellung und 2) Schönheit der Darstellung. Nun behaupte ich, daß der Schauspieler, was die Wahrheit der Darstellung betrifft, Alles durch Kunst und nichts durch Natur hervorbringen müsse, weil er sonst gar nicht Künstler ist; und ich werde ihn bewundern, wenn ich höre oder sehe, daß er, der einen wüthenden Guelfo meisterhaft spielte,

Sinn können beide völlig denselben Effect machen, wie das Original, das sie nachahmen; und ist die Kunst groß, so kann sie auch zuweilen den Kenner betrügen. Aber aus irgend einem Zuge blickt endlich doch der Zwang und die Absicht hervor, und dann ist Gleichgültigkeit, wo nicht gar Verachtung und Ekel, die unvermeidliche Folge. Sobald wir merken, daß die architektonische Schönheit gemacht ist, so sehen wir gerade so viel von der Menschheit (als Erscheinung) verschwunden, als aus einem fremden Naturgebiet zu derselben geschlagen worden ist — und wie sollten wir, die wir nicht einmal Wegwerfung eines zufälligen Vorzugs verzeihen, mit Vergnügen, ja auch nur mit Gleichgültigkeit einen Tausch betrachten, wobei ein Theil der Menschheit für gemeine Natur ist hingegeben worden? Wie sollten wir, wenn wir auch die Wirkung verzeihen könnten, den Betrug nicht verachten? — Sobald wir merken, daß die Anmuth erkünstelt ist, so schließt sich plötzlich unser Herz, und zurück flieht die ihr

ein Mensch von sanftem Charakter ist; auf der andern Seite hingegen behaupte ich, daß er, was die Anmuth der Darstellung betrifft, der Kunst gar nichts zu danken haben dürfe, und daß hier Alles an ihm freiwilliges Werk der Natur seyn müsse. Wenn es mir bei der Wahrheit seines Spiels beifällt, daß ihm dieser Charakter nicht natürlich ist, so werde ich ihn nur um so höher schätzen; wenn es mir bei der Schönheit seines Spiels beifällt, daß ihm diese anmuthigen Bewegungen nicht natürlich sind, so werde ich mich nicht enthalten können, über den Menschen zu zürnen, der hier den Künstler zu Hülfe nehmen mußte. Die Ursache ist, weil das Wesen der Grazie mit ihrer Natürlichkeit verschwindet, und weil die Grazie doch eine Forderung ist, die wir uns an den bloßen Menschen zu machen berechtigt glauben. Was werde ich aber nun dem mimischen Künstler antworten, der gern wissen möchte, wie er, da er sie nicht erlernen darf, zu der Grazie kommen soll? Er soll, ist meine Meinung, zuerst dafür sorgen, daß die Menschheit in ihm selbst zur Zeitigung komme, und dann soll er hingehen und (wenn es sonst sein Beruf ist) sie auf der Schaubühne repräsentiren.

entgegenwallende Seele. Aus Geist sehen wir plötzlich Materie geworden, und ein Wolkenbild aus einer himmlischen Juno.

Ob aber gleich die Anmuth etwas Unwillkürliches seyn oder scheinen muß, so suchen wir sie doch nur bei Bewegungen, die, mehr oder weniger, von dem Willen abhängen. Man legt zwar auch einer gewissen Geberdensprache Grazie bei, und spricht von einem anmuthigen Lächeln und einem reizenden Erröthen, welches doch beides sympathetische Bewegungen sind, worüber nicht der Wille, sondern die Empfindung entscheidet. Allein nicht zu rechnen, daß jenes doch in unserer Gewalt ist, und daß noch gezweifelt werden kann, ob dieses auch eigentlich zur Anmuth gehöre, so sind doch bei weitem die mehrern Fälle, in welchen sich die Grazie offenbart, aus dem Gebiet der willkürlichen Bewegungen. Man fordert Anmuth von der Rede und vom Gesang, von dem willkürlichen Spiele der Augen und des Mundes, von den Bewegungen der Hände und der Arme bei jedem freien Gebrauch derselben, von dem Gange, von der Haltung des Körpers und der Stellung, von dem ganzen Bezeigen eines Menschen, insofern es in seiner Gewalt ist. Von denjenigen Bewegungen am Menschen, die der Naturtrieb oder ein herrgewordener Affect auf seine eigene Hand ausführt, und die also auch ihrem Ursprung nach sinnlich sind, verlangen wir etwas ganz anders als Anmuth, wie sich nachher entdecken wird. Dergleichen Bewegungen gehören der Natur und nicht der Person an, aus der doch allein alle Grazie quellen muß.

Wenn also die Anmuth eine Eigenschaft ist, die wir von willkürlichen Bewegungen fordern, und wenn auf der andern Seite von der Anmuth selbst doch alles Willkürliche verbannt seyn muß, so werden wir sie in demjenigen, was bei absichtlichen Bewegungen unabsichtlich, zugleich aber einer moralischen Ursache im Gemüth entsprechend ist, aufzusuchen haben.

Daburch wird übrigens bloß die Gattung von Bewegungen bezeichnet, unter welcher man die Grazie zu suchen hat; aber eine Bewegung kann alle diese Eigenschaften haben, ohne deßwegen anmuthig zu seyn. Sie ist dadurch bloß **sprechend (mimisch)**.

Sprechend (im weitesten Sinne) nenne ich jede Erscheinung am Körper, die einen Gemüthszustand begleitet und ausdrückt. In dieser Bedeutung sind also alle sympathetischen Bewegungen sprechend, selbst diejenigen, welche bloßen Affectionen der Sinnlichkeit zur Begleitung dienen.

Auch thierische Bildungen sprechen, indem ihr Aeußeres das Innere offenbart. Hier aber spricht bloß die **Natur**, nie die **Freiheit**. In der permanenten Gestalt und in den festen architektonischen Zügen des Thiers kündigt die Natur ihren **Zweck**, in den mimischen Zügen das erwachte oder gestillte **Bedürfniß** an. Der Ring der Nothwendigkeit geht durch das Thier wie durch die Pflanze, ohne durch eine Person unterbrochen zu werden. Die Individualität seines Daseyns ist nur die besondere Vorstellung eines allgemeinen Naturbegriffs; die Eigenthümlichkeit seines gegenwärtigen Zustandes bloß Beispiel einer Ausführung des Naturzwecks unter bestimmten Naturbedingungen.

Sprechend im **engern Sinn** ist nur die menschliche Bildung, und diese auch nur in denjenigen ihrer Erscheinungen, die seinen moralischen Empfindungszustand begleiten und demselben zum Ausdruck dienen.

Nur in diesen Erscheinungen: denn in allen andern steht der Mensch in gleicher Reihe mit den übrigen Sinnenwesen. In seiner permanenten Gestalt und in seinen architektonischen Zügen legt bloß die Natur, wie beim Thier und allen organischen Wesen, ihre Absicht vor. Die Absicht der Natur mit ihm kann zwar viel weiter gehen, als bei diesen, und die Verbindung der

Mittel zu Erreichung derselben kunstreicher und verwickelter seyn; dies Alles kommt bloß auf Rechnung der Natur, und kann ihm selbst zu keinem Vorzug gereichen.

Bei dem Thiere und der Pflanze gibt die Natur nicht bloß die Bestimmung an, sondern **führt sie auch allein aus.** Dem Menschen aber gibt sie bloß die Bestimmung, und überläßt ihm selbst die Erfüllung derselben. Dies allein macht ihn zum Menschen.

Der Mensch allein hat als Person unter allen bekannten Wesen das Vorrecht, in den Ring der Nothwendigkeit, der für bloße Naturwesen unzerreißbar ist, durch seinen Willen zu greifen und eine ganz frische Reihe von Erscheinungen in sich selbst anzufangen. Der Act, durch den er dieses wirkt, heißt vorzugsweise eine Handlung, und diejenigen seiner Verrichtungen, die aus einer solchen Handlung herfließen, ausschließungsweise seine Thaten. Er kann also, daß er eine Person ist, bloß durch seine Thaten beweisen.

Die Bildung des Thiers drückt nicht nur den Begriff seiner Bestimmung, sondern auch das Verhältniß seines gegenwärtigen Zustandes zu dieser Bestimmung aus. Da nun bei dem Thiere die Natur die Bestimmung zugleich gibt und erfüllt, so kann die Bildung des Thiers nie etwas anders als das Werk der Natur ausdrücken.

Da die Natur dem Menschen zwar die Bestimmung gibt, aber die Erfüllung derselben in seinen Willen stellt, so kann das gegenwärtige Verhältniß seines Zustandes zu seiner Bestimmung nicht Werk der Natur, sondern muß sein eigenes Werk seyn. Der Ausdruck dieses Verhältnisses in seiner Bildung gehört also nicht der Natur, sondern ihm selbst an, das ist, es ist ein persönlicher Ausdruck. Wenn wir also aus dem architektonischen Theil seiner Bildung erfahren, was die Natur mit ihm beabsichtet hat, so erfahren wir aus dem mimischen Theil derselben, was er **selbst zu Erfüllung dieser Absicht gethan hat**.

Bei der Gestalt des Menschen begnügen wir uns also nicht damit, daß sie uns bloß den allgemeinen Begriff der Menschheit, oder was etwa die Natur zu Erfüllung desselben an diesem Individuum wirkte, vor Augen stelle, denn das würde er mit jeder technischen Bildung gemein haben. Wir erwarten noch von seiner Gestalt, daß sie uns zugleich offenbare, in wie weit er in seiner Freiheit dem Naturzweck entgegen kam, d. i. daß sie Charakter zeige. In dem ersten Fall sieht man wohl, daß die Natur es mit ihm auf einen Menschen **anlegte**; aber nur aus dem zweiten ergibt sich, ob er es **wirklich geworden ist**.

Die Bildung eines Menschen ist also nur in so weit **seine Bildung, als sie mimisch ist; aber auch so weit sie mimisch ist, ist sie sein**. Denn, wenn gleich der größere Theil dieser mimischen Züge, ja, wenn gleich alle bloßer Ausdruck der Sinnlichkeit wären, und ihm also schon als bloßem Thiere zukommen könnten, so war er bestimmt und fähig, die Sinnlichkeit durch seine Freiheit einzuschränken. Die Gegenwart solcher Züge beweist also den Nichtgebrauch jener Fähigkeit und die Nichterfüllung jener Bestimmung; ist also eben so gewiß moralisch sprechend, als die Unterlassung einer Handlung, welche die Pflicht gebietet, eine Handlung ist.

Von den sprechenden Zügen, die immer ein Ausdruck der Seele sind, muß man die stummen Züge unterscheiden, die bloß die plastische Natur, insofern sie von jedem Einfluß der Seele unabhängig wirkt, in die menschliche Bildung zeichnet. Ich nenne diese Züge **stumm**, weil sie als unverständliche Chiffern der Natur von dem Charakter schweigen. Sie zeigen bloß die Eigenthümlichkeit der Natur im Vortrag der Gattung und reichen oft für sich allein schon hin, das Individuum zu unterscheiden, aber von der Person können sie nie etwas offenbaren. Für den Physiognomen sind diese stummen Züge keineswegs bedeutungsleer, weil der Physiognom nicht bloß wissen will, was der Mensch selbst aus sich gemacht, sondern auch, was die Natur für und gegen ihn gethan hat.

Es ist nicht so leicht, die Gränzen anzugeben, wo die stummen Züge aufhören und die sprechenden beginnen. Die gleichförmig wirkende Bildungskraft und der gesetzlose Affect streiten unaufhörlich um ihr Gebiet; und was die Natur mit unermüdeter stiller Thätigkeit erbaute, wird oft wieder umgerissen von der Freiheit, die gleich einem anschwellenden Strome über ihre Ufer tritt. Ein reger Geist verschafft sich auf alle körperlichen Bewegungen Einfluß, und kommt zuletzt mittelbar dahin, auch selbst die festen Formen der Natur, die dem Willen unerreichbar sind, durch die Macht des sympathetischen Spiels zu verändern. An einem solchen Menschen wird endlich Alles Charakterzug, wie wir an manchen Köpfen finden, die ein langes Leben, außerordentliche Schicksale und ein thätiger Geist völlig durchgearbeitet haben. Der plastischen Natur gehört an solchen Formen nur das Generische, die ganze Individualität der Ausführung aber der Person an; daher sagt man sehr richtig, daß an einer solchen Gestalt Alles Seele sey.

Dagegen zeigen uns jene zugestutzten Zöglinge der Regel (die zwar die Sinnlichkeit zur Ruhe bringen, aber die Menschheit nicht wecken kann) in ihrer flachen und ausdruckslosen Bildung überall nichts, als den Finger der Natur. Die geschäftlose Seele ist ein bescheidener Gast in ihrem Körper und ein friedlicher stiller Nachbar der sich selbst überlassenen Bildungskraft. Kein anstrengender Gedanke, keine Leidenschaft greift in den ruhigen Tact des physischen Lebens; nie wird der Bau durch das Spiel in Gefahr gesetzt, nie die Vegetation durch die Freiheit beunruhigt. Da die tiefe Ruhe des Geistes keine beträchtliche Consumtion der Kräfte verursacht, so wird die Ausgabe nie die Einnahme übersteigen, vielmehr die thierische Oekonomie immer Ueberschuß haben. Für den schmalen Gehalt von Glückseligkeit, den sie ihm auswirft, macht der Geist den pünktlichen Hausverwalter der Natur, und sein ganzer Ruhm ist, ihr Buch in Ordnung zu halten. Geleistet wird also werden, was die Organisation immer leisten kann, und floriren wird das Geschäft der Ernährung und Zeugung. Ein so glückliches Einverständniß zwischen der Naturnothwendigkeit und der Freiheit kann der architektonischen Schönheit nicht anders als günstig seyn, und hier ist es auch, wo sie in ihrer ganzen Reinheit kann beobachtet werden. Aber die allgemeinen Naturkräfte führen, wie man weiß, einen ewigen Krieg mit den besondern, oder den organischen, und die kunstreichste Technik wird endlich von der Cohäsion und Schwerkraft bezwungen. Daher hat auch die Schönheit des Baues, als bloßes Naturproduct, ihre bestimmten Perioden der Blüthe, der Reife und des Verfalles, die das Spiel zwar beschleunigen, aber niemals verzögern kann; und ihr gewöhnliches Ende ist, daß die Masse allmählig über die Form Meister wird, und der lebendige Bildungstrieb in dem aufgespeicherten Stoff sich sein eigenes Grab bereitet.¹

¹ Daher man auch mehrentheils finden wird, daß solche Schönheiten des Baues sich schon im mittlern Alter durch Obesität sehr merklich vergröbern, daß anstatt jener kaum angedeuteten zarten Lineamente der Haut, sich Gruben einsenken und wurstförmige Falten aufwerfen, daß das Gewicht unvermerkt auf die Form Einfluß bekömmt, und das reizende mannigfache Spiel schöner Linien auf der Oberfläche sich in einem gleichförmig schwellenden Polster von Fette verliert. Die Natur nimmt wieder, was sie gegeben hat.

Ich bemerke beiläufig, daß etwas Aehnliches zuweilen mit dem Genie vorgeht, welches überhaupt in seinem Ursprunge, wie in seinen Wirkungen,

Ob indessen gleich kein einzelner stummer Zug Ausdruck des Geistes ist, so ist eine solche stumme Bildung doch im

mit der architektonischen Schönheit Vieles gemein hat. Wie diese, so ist auch jenes ein bloßes Naturerzeugniß; und nach der verkehrten Denkart der Menschen, die, was nach keiner Vorschrift nachzuahmen und durch kein Verdienst zu erringen ist, gerade am höchsten schätzen, wird die Schönheit mehr als der Reiz, das Genie mehr als erworbene Kraft des Geistes bewundert. Beide Günstlinge der Natur werden bei allen ihren Unarten (wodurch sie nicht selten ein Gegenstand verdienter Verachtung sind) als ein gewisser Geburtsadel, als eine höhere Kaste betrachtet, weil ihre Vorzüge von Naturbedingungen abhängig sind, und daher über alle Wahl hinaus liegen.

Aber wie es der architektonischen Schönheit ergeht, wenn sie nicht zeitig dafür Sorge trägt, sich an der Grazie eine Stütze und eine Stellvertreterin heranzuziehen, eben so ergeht es auch dem Genie, wenn es sich durch Grundsätze, Geschmack und Wissenschaft zu stärken verabsäumt. War seine ganze Ausstattung eine lebhafte und blühende Einbildungskraft (und die Natur kann nicht wohl andere als sinnliche Vorzüge ertheilen), so mag es bei Zeiten darauf denken, sich dieses zweideutigen Geschenks durch den einzigen Gebrauch zu versichern, wodurch Naturgaben Besitzungen des Geistes werden können: dadurch, meine ich, daß es der Materie Form ertheilt; denn der Geist kann nichts, als was Form ist, sein eigen nennen. Durch keine verhältnißmäßige Kraft der Vernunft beherrscht, wird die wild aufgeschossene, üppige Naturkraft über die Freiheit des Verstandes hinauswachsen, und sie eben so ersticken, wie bei der architektonischen Schönheit die Masse endlich die Form unterdrückt.

Die Erfahrung, denke ich, liefert hievon reichlich Belege, besonders an denjenigen Dichtergenien, die früher berühmt werden, als sie mündig sind, und wo, wie bei mancher Schönheit, das ganze Talent oft die Jugend ist. Ist aber der kurze Frühling vorbei, und fragt man nach den Früchten, die er hoffen ließ, so sind es schwammigte und oft verkrüppelte Geburten, die ein mißgeleiteter blinder Bildungstrieb erzeugte. Gerade da, wo man erwarten kann, daß der Stoff sich zur Form veredelt und der bildende Geist in der Anschauung Ideen niedergelegt habe, sind sie, wie jedes andere Naturproduct, der Materie anheimgefallen, und die vielversprechenden Meteore erscheinen als ganz gewöhnliche Lichter — wo nicht gar als noch etwas weniger. Denn die poetisirende Einbildungs-

Ganzen charakteristisch; und zwar aus eben dem Grunde, warum eine sinnlich sprechende es ist. Der Geist nämlich soll thätig seyn und soll moralisch empfinden, und also zeugt es von seiner Schuld, wenn seine Bildung davon keine Spuren aufweist. Wenn uns also gleich der reine und schöne Ausdruck seiner Bestimmung in der Architektur seiner Gestalt mit Wohlgefallen und mit Ehrfurcht gegen die höchste Vernunft, als ihre Ursache, erfüllt, so werden beide Empfindungen nur so lange ungemischt bleiben, als er uns bloße Naturerzeugung ist. Denken wir ihn uns aber als moralische Person, so sind wir berechtigt, einen Ausdruck derselben in seiner Gestalt zu erwarten, und schlägt diese Erwartung fehl, so wird Verachtung unausbleiblich erfolgen. Bloß organische Wesen sind uns ehrwürdig als Geschöpfe; der Mensch aber kann es uns nur als Schöpfer (d. i. als Selbsturheber seines Zustandes) seyn. Er soll nicht bloß, wie die übrigen Sinnenwesen, die Strahlen fremder Vernunft zurückwerfen, wenn es gleich die göttliche wäre, sondern er soll, gleich einem Sonnenkörper, von seinem eigenen Lichte glänzen.

Eine sprechende Bildung wird also von dem Menschen gefordert, sobald man sich seiner sittlichen Bestimmung bewußt wird; aber es muß zugleich eine Bildung seyn, die zu seinem Vortheil spricht, d. i. die eine seiner Bestimmung gemäße Empfindungsart, eine moralische Fertigkeit ausdrückt. Diese Anforderung macht die Vernunft an die Menschenbildung.

Der Mensch ist aber als Erscheinung zugleich Gegenstand des Sinnes. Wo das moralische Gefühl Befriedigung findet, da will das ästhetische nicht verkürzt seyn, und die Ueberein-

kraft sinkt zuweilen auch ganz zu dem Stoff zurück, aus dem sie sich losgewickelt hatte, und verschmäht es nicht, der Natur bei einem andern solidern Bildungswerk zu dienen, wenn es ihr mit der poetischen Zeugung nicht recht mehr gelingen will.

stimmung mit einer Idee darf in der Erscheinung kein Opfer kosten. So streng also auch immer die Vernunft einen Ausdruck der Sittlichkeit fordert, so unnachläßlich fordert das Auge Schönheit. Da diese beiden Forderungen an dasselbe Object, obgleich von verschiedenen Instanzen der Beurtheilung, ergehen, so muß auch durch eine und dieselbe Ursache für beider Befriedigung gesorgt seyn. Diejenige Gemüthsverfassung des Menschen, wodurch er am fähigsten wird, seine Bestimmung als moralische Person zu erfüllen, muß einen solchen Ausdruck gestatten, der ihm auch, als bloßer Erscheinung, am vortheilhaftesten ist. Mit andern Worten: seine sittliche Fertigkeit muß sich durch Grazie offenbaren.

Hier ist es nun, wo die große Schwierigkeit eintritt. Schon aus dem Begriff moralisch sprechender Bewegungen ergibt sich, daß sie eine moralische Ursache haben müssen, die über die Sinnenwelt hinaus liegt; eben so ergibt sich aus dem Begriffe der Schönheit, daß sie keine andere als sinnliche Ursache habe, und ein völlig freier Natureffect seyn oder doch so erscheinen müsse. Wenn aber der letzte Grund moralisch sprechender Bewegungen nothwendig außerhalb, der letzte Grund der Schönheit eben so nothwendig innerhalb der Sinnenwelt liegt, so scheint die Grazie, welche Beides verbinden soll, einen offenbaren Widerspruch zu enthalten.

Um ihn zu heben, wird man also annehmen müssen, „daß die moralische Ursache im Gemüthe, die der Grazie zum Grunde liegt, in der von ihr abhängenden Sinnlichkeit gerade denjenigen Zustand nothwendig hervorbringe, der die Naturbedingungen des Schönen in sich enthält." Das Schöne setzt nämlich, wie sich von allem Sinnlichen versteht, gewisse Bedingungen, und, insofern es das Schöne ist, auch bloß sinnliche Bedingungen voraus. Daß nun der Geist (nach einem Gesetz, das wir nicht ergründen können) durch den Zustand, worin er sich selbst befindet, der ihn begleitenden Natur den ihrigen vorschreibt, und daß der Zustand moralischer Fertigkeit in ihm gerade derjenige ist, durch den die sinnlichen Bedingungen des Schönen in Erfüllung gebracht werden, dadurch macht er das Schöne möglich, und das allein ist seine Handlung. Daß aber wirklich Schönheit daraus wird, das ist Folge jener sinnlichen Bedingungen, also freie Naturwirkung. Weil aber die Natur bei willkürlichen Bewegungen, wo sie als Mittel behandelt wird, um einen Zweck auszuführen, nicht wirklich frei heißen kann, und weil sie bei den unwillkürlichen Bewegungen, die das Moralische ausdrücken, wiederum nicht frei heißen kann, so ist die Freiheit, mit der sie sich in ihrer Abhängigkeit von dem Willen demungeachtet äußert, eine Zulassung von Seiten des Geistes. Man kann also sagen, daß die Grazie eine Gunst sey, die das Sittliche dem Sinnlichen erzeigt, so wie die architektonische Schönheit als die Einwilligung der Natur zu ihrer technischen Form kann betrachtet werden.

Man erlaube mir dies durch eine bildliche Vorstellung zu erläutern. Wenn ein monarchischer Staat auf eine solche Art verwaltet wird, daß, obgleich Alles nach eines Einzigen Willen geht, der einzelne Bürger sich doch überreden kann, daß er nach seinem eigenen Sinne lebe und bloß seiner Neigung gehorche, so nennt man dies eine liberale Regierung. Man würde aber großes Bedenken tragen, ihr diesen Namen zu geben, wenn entweder der Regent seinen Willen gegen die Neigung des Bürgers, oder der Bürger seine Neigung gegen den Willen des Regenten behauptete; denn in dem ersten Fall wäre die Regierung nicht liberal, in dem zweiten wäre sie gar nicht Regierung.

Es ist nicht schwer, die Anwendung davon auf die menschliche Bildung unter dem Regiment des Geistes zu machen. Wenn sich der Geist in der von ihm abhängenden sinnlichen Natur auf eine solche Art äußert, daß sie seinen Willen aufs treueste ausrichtet, und seine Empfindungen auf das sprechendste ausdrückt, ohne doch gegen die Anforderungen zu verstoßen, welche der Sinn an sie als an Erscheinungen macht, so wird dasjenige entstehen, was man Anmuth nennt. Man würde aber gleich weit entfernt seyn, es Anmuth zu nennen, wenn entweder der Geist sich in der Sinnlichkeit durch Zwang offenbare, oder wenn dem freien Effect der Sinnlichkeit der Ausdruck des Geistes fehlte. Denn in dem ersten Fall wäre keine Schönheit vorhanden, in dem zweiten wäre es keine Schönheit des Spiels.

Es ist also immer nur der übersinnliche Grund im Gemüthe, der die Grazie sprechend, und immer nur ein bloß sinnlicher Grund in der Natur, der sie schön macht. Es läßt sich eben so wenig sagen, daß der Geist die Schönheit erzeuge, als man, im angeführten Fall, von dem Herrscher sagen kann, daß er Freiheit hervorbringe; denn Freiheit kann man einem zwar lassen, aber nicht geben.

So wie aber doch der Grund, warum ein Volk unter dem Zwang eines fremden Willens sich frei fühlt, größtentheils in der Gesinnung des Herrschers liegt, und eine entgegengesetzte Denkart des letztern jener Freiheit nicht sehr günstig seyn würde; eben so müssen wir auch die Schönheit der freien Bewegungen in der sittlichen Beschaffenheit des sie dictirenden Geistes aufsuchen. Und nun entsteht die Frage, was dies wohl für eine persönliche Beschaffenheit seyn mag, die den sinnlichen Werkzeugen des Willens die größere Freiheit verstattet, und was für moralische Empfindungen sich am besten mit der Schönheit im Ausdruck vertragen?

So viel leuchtet ein, daß sich weder der Wille bei der absichtlichen, noch der Affect bei der sympathetischen Bewegung gegen die von ihm abhängende Natur als eine Gewalt verhalten dürfe, wenn sie ihm mit Schönheit gehorchen soll. Schon das allgemeine Gefühl der Menschen macht die Leichtigkeit zum Hauptcharakter der Grazie, und was angestrengt wird, kann niemals Leichtigkeit zeigen. Eben so leuchtet ein, daß auf der andern Seite die Natur sich gegen den Geist nicht als Gewalt verhalten dürfe, wenn ein schön moralischer Ausdruck statt haben soll; denn wo die bloße Natur herrscht, da muß die Menschheit verschwinden.

Es lassen sich in Allem dreierlei Verhältnisse denken, in welchen der Mensch zu sich selbst, d. i. sein sinnlicher Theil zu seinem vernünftigen, stehen kann. Unter diesen haben wir dasjenige aufzusuchen, welches ihn in der Erscheinung am besten kleidet und dessen Darstellung Schönheit ist.

Der Mensch unterdrückt entweder die Forderungen seiner sinnlichen Natur, um sich den höhern Forderungen seiner vernünftigen gemäß zu verhalten; oder er kehrt es um und ordnet den vernünftigen Theil seines Wesens dem sinnlichen unter, und folgt also bloß dem Stoße, womit ihn die Naturnothwendigkeit gleich den andern Erscheinungen forttreibt; oder die Triebe des letztern setzen sich mit den Gesetzen des erstern in Harmonie, und der Mensch ist einig mit sich selbst.

Wenn sich der Mensch seiner reinen Selbstständigkeit bewußt wird, so stößt er Alles von sich, was sinnlich ist, und nur durch diese Absonderung von dem Stoffe gelangt er zum Gefühl seiner rationalen Freiheit. Dazu aber wird, weil die Sinnlichkeit hartnäckig und kraftvoll widersteht, von seiner Seite eine merkliche Gewalt und große Anstrengung erfordert, ohne welche es ihm unmöglich wäre, die Begierde von sich zu halten und den nachdrücklich sprechenden Instinct zum Schweigen zu bringen. Der so gestimmte Geist läßt die von ihm abhängende Natur, sowohl da, wo sie im Dienst seines Willens handelt, als da, wo sie seinem Willen vorgreifen will, erfahren, daß er ihr Herr ist. Unter seiner strengen Zucht wird also die Sinnlichkeit unterdrückt erscheinen, und der innere Widerstand wird sich von außen durch Zwang verrathen. Eine solche Verfassung des Gemüths kann also der Schönheit nicht günstig seyn, welche die Natur nicht anders als in ihrer Freiheit hervorbringt, und es wird daher auch nicht Grazie seyn können, wodurch die mit dem Stoffe kämpfende moralische Freiheit sich kenntlich macht.

Wenn hingegen der Mensch, unterjocht vom Bedürfniß, den Naturtrieb ungebunden über sich herrschen läßt, so verschwindet mit seiner innern Selbstständigkeit auch jede Spur derselben in seiner Gestalt. Nur die Thierheit redet aus dem schwimmenden, ersterbenden Auge, aus dem lüstern geöffneten Munde, aus der erstickten bebenden Stimme, aus dem kurzen geschwinden Athem, aus dem Zittern der Glieder, aus dem ganzen erschlaffenden Bau. Nachgelassen hat aller Widerstand der moralischen Kraft, und die Natur in ihm ist in volle Freiheit gesetzt. Aber eben dieser gänzliche Nachlaß der Selbstthätigkeit, der im Moment des sinnlichen Verlangens, und noch mehr im Genuß zu erfolgen pflegt, setzt augenblicklich auch die rohe Materie in Freiheit, die durch das Gleichgewicht der thätigen und leidenden Kräfte bisher gebunden war. Die todten Naturkräfte fangen an, über die lebendigen der Organisation die Oberhand zu bekommen, die Form von der Masse, die Menschheit von gemeiner Natur unterdrückt zu werden. Das seelestrahlende Auge wird matt, oder quillt auch gläsern und stier aus seiner Höhlung hervor, der feine Incarnat der Wangen verdickt sich zu einer groben und gleichförmigen Tüncherfarbe, der Mund wird zur bloßen Oeffnung, denn seine Form ist nicht mehr Folge der wirkenden, sondern der nachlassenden Kräfte, die Stimme und der seufzende Athem sind nichts als Hauche, wodurch die beschwerte Brust sich erleichtern will, und die nun bloß ein mechanisches Bedürfniß, keine Seele verrathen. Mit einem Worte: bei der Freiheit, welche die Sinnlichkeit sich selbst nimmt, ist an keine Schönheit zu denken. Die Freiheit der Formen, die der sittliche Wille bloß eingeschränkt hatte, überwältigt der grobe Stoff, welcher stets so viel Feld gewinnt, als dem Willen entrissen wird.

Ein Mensch in diesem Zustand empört nicht bloß den moralischen Sinn, der den Ausdruck der Menschheit unnachläßlich fordert; auch der ästhetische Sinn, der sich nicht mit dem bloßen Stoffe befriedigt, sondern in der Form ein freies Vergnügen sucht, wird sich mit Ekel von einem solchen Anblick abwenden, bei welchem nur die Begierde ihre Rechnung finden kann.

Das erste dieser Verhältnisse zwischen beiden Naturen im Menschen erinnert an eine Monarchie, wo die strenge Aufsicht des Herrschers jede freie Regung im Zaum hält; das zweite an eine wilde Ochlokratie, wo der Bürger durch Aufkündigung des Gehorsams gegen den rechtmäßigen Oberherrn so wenig frei, als die menschliche Bildung durch Unterdrückung der moralischen Selbstthätigkeit schön wird, vielmehr nur dem brutalern Despotismus der untersten Classen, wie hier die Form der Masse, anheimfällt. So wie die Freiheit zwischen dem gesetzlichen Druck und der Anarchie mitten inne liegt, so werden wir jetzt auch die Schönheit zwischen der Würde, als dem Ausdruck des herrschenden Geistes, und der Wollust, als dem Ausdruck des herrschenden Triebes, in der Mitte finden.

Wenn nämlich weder die über die Sinnlichkeit herrschende Vernunft, noch die über die Vernunft herrschende Sinnlichkeit sich mit Schönheit des Ausdrucks vertragen, so wird (denn es gibt keinen vierten Fall) so wird derjenige Zustand des Gemüths, wo Vernunft und Sinnlichkeit

— Pflicht und Neigung zusammenstimmen, die Bedingung seyn, unter der die Schönheit des Spiels erfolgt.

Um ein Object der Neigung werden zu können, muß der Gehorsam gegen die Vernunft einen Grund des Vergnügens abgeben, denn nur durch Lust und Schmerz wird der Trieb in Bewegung gesetzt. In der gewöhnlichen Erfahrung ist es zwar umgekehrt, und das Vergnügen ist der Grund, warum man vernünftig handelt. Daß die Moral selbst endlich aufgehört hat, diese Sprache zu reden, hat man dem unsterblichen Verfasser der Kritik zu verdanken, dem der Ruhm gebührt, die gesunde Vernunft aus der philosophirenden wieder hergestellt zu haben.

Aber so wie die Grundsätze dieses Weltweisen von ihm selbst und auch von Andern pflegen vorgestellt zu werden, so ist die Neigung eine sehr zweideutige Gefährtin des Sittengefühls, und das Vergnügen eine bedenkliche Zugabe zu moralischen Bestimmungen. Wenn der Glückseligkeitstrieb auch keine blinde Herrschaft über den Menschen behauptet, so wird er doch bei dem sittlichen Wahlgeschäfte gern mitsprechen wollen, und so der Reinheit des Willens schaden, der immer nur dem Gesetze und nie dem Triebe folgen soll. Um also völlig sicher zu seyn, daß die Neigung nicht mit bestimmte, sieht man sie lieber im Krieg, als im Einverständniß mit dem Vernunftgesetze, weil es gar zu leicht seyn kann, daß ihre Fürsprache allein ihm seine Macht über den Willen verschaffte. Denn da es beim Sittlichhandeln nicht auf die Gesetzmäßigkeit der Thaten, sondern einzig nur auf die Pflichtmäßigkeit der Gesinnungen ankommt, so legt man mit Recht keinen Werth auf die Betrachtung, daß es für die erste gewöhnlich vortheilhafter sey, wenn sich die Neigung auf Seiten der Pflicht befindet. So viel scheint also wohl gewiß zu seyn, daß der Beifall der Sinnlichkeit, wenn er die Pflichtmäßigkeit des Willens auch nicht verdächtig macht, doch wenigstens nicht im Stand ist, sie zu verbürgen. Der sinnliche Ausdruck dieses Beifalls in der Grazie wird also für die Sittlichkeit der Handlung, bei der er angetroffen wird, nie ein hinreichendes und gültiges Zeugniß ablegen, und aus dem schönen Vortrag einer Gesinnung oder Handlung wird man nie ihren moralischen Werth erfahren.

Bis hieher glaube ich mit den Rigoristen der Moral vollkommen einstimmig zu seyn; aber ich hoffe dadurch noch nicht zum Latitudinarier zu werden, daß ich die Ansprüche der Sinnlichkeit, die im Felde der reinen Vernunft und bei der moralischen Gesetzgebung völlig zurückgewiesen sind, im Felde der Erscheinung und bei der wirklichen Ausübung der Sittenpflicht noch zu behaupten versuche.

So gewiß ich nämlich überzeugt bin — und eben darum, weil ich es bin — daß der Antheil der Neigung an einer freien Handlung für die reine Pflichtmäßigkeit dieser Handlung nichts beweist, so glaube ich eben daraus folgern zu können, daß die sittliche Vollkommenheit des Menschen gerade nur aus diesem Antheil seiner Neigung an seinem moralischen Handeln erhellen kann. Der Mensch nämlich ist nicht dazu bestimmt, einzelne sittliche Handlungen zu verrichten, sondern ein sittliches Wesen zu seyn. Nicht Tugenden, sondern die Tugend ist seine Vorschrift, und Tugend ist nichts anders, „als eine Neigung zu der Pflicht." Wie sehr also auch Handlungen aus Neigung, und Handlungen aus Pflicht in objectivem Sinne einander entgegenstehen, so ist dies doch in subjectivem Sinne nicht also, und der Mensch darf nicht nur, sondern soll Lust und Pflicht in Verbindung bringen; er soll seiner Vernunft mit Freuden gehorchen. Nicht um sie wie eine Last wegzuwerfen, oder wie eine grobe Hülle von sich abzustreifen, nein, um sich aufs innigste mit seinem höhern Selbst zu vereinbaren, ist seiner reinen Geisternatur eine sinnliche beigesellt. Dadurch schon, daß sie ihn zum vernünftig sinnlichen Wesen, d. i. zum Menschen machte, kündigte ihm die Natur die Verpflichtung an, nicht zu trennen, was sie verbunden hat, auch in den reinsten Aeußerungen seines göttlichen Theiles den sinnlichen nicht hinter sich zu lassen, und den Triumph des einen nicht auf Unterdrückung des andern zu gründen. Erst alsdann, wenn sie aus seiner gesammten Menschheit als die vereinigte Wirkung beider Principien hervorquillt, wenn sie ihm zur Natur geworden ist, ist seine sittliche Denkart geborgen; denn so lange der sittliche Geist noch Gewalt anwendet, so muß der Naturtrieb ihm noch Macht entgegen zu setzen haben. Der bloß niedergeworfene Feind kann wieder aufstehen, aber der versöhnte ist wahrhaft überwunden.

In der Kantischen Moralphilosophie ist die Idee der Pflicht mit einer Härte vorgetragen, die alle Grazien davon zurückschreckt, und einen schwachen Verstand leicht versuchen könnte, auf dem Wege einer finstern und mönchischen Ascetik die moralische Vollkommenheit zu suchen. Wie sehr sich auch der große Weltweise gegen diese Mißdeutung zu verwahren suchte, die seinem heitern und freien Geist unter allen gerade die empörendste seyn muß, so hat er, däucht mir, doch selbst durch die strenge und grelle Entgegensetzung beider auf den Willen des Menschen wirkenden Principien einen starken (obgleich bei seiner Absicht vielleicht kaum zu vermeidenden) Anlaß dazu gegeben. Ueber die Sache selbst kann, nach den von ihm geführten Beweisen unter denkenden Köpfen, die überzeugt seyn wollen, kein Streit mehr seyn, und ich wüßte kaum, wie man nicht lieber sein ganzes Menschseyn aufgeben, als über diese Angelegenheit ein anderes Resultat von der Vernunft erhalten wollte. Aber so rein er bei Untersuchung der Wahrheit zu Werke ging, und so sehr sich hier Alles aus bloß objectiven Gründen erklärt, so scheint ihn doch in Darstellung der gefundenen Wahrheit eine mehr subjective Maxime geleitet zu haben, die, wie ich glaube, aus den Zeitumständen nicht schwer zu erklären ist.

So wie er nämlich die Moral seiner Zeit, im System und in der Ausübung, vor sich fand, so mußte ihn auf der einen Seite ein grober Materialismus in den moralischen Principien empören, den die unwürdige Gefälligkeit der Philosophen dem schlaffen Zeitcharakter zum Kopfkissen untergelegt hatte. Auf der andern Seite mußte ein nicht weniger bedenklicher **Perfectionsgrundsatz**, der, um eine abstracte Idee von allgemeiner Weltvollkommenheit zu realisiren, über die Wahl der Mittel nicht sehr verlegen war, seine Aufmerksamkeit erregen. Er richtete also dahin, wo die Gefahr am meisten erklärt und die Reform am dringendsten war, die stärkste Kraft seiner Gründe, und machte es sich zum Gesetze, die Sinnlichkeit sowohl da, wo sie mit frecher Stirn dem Sittengefühl Hohn spricht, als in der imposanten Hülle moralisch löblicher Zwecke, worein besonders ein gewisser enthusiastischer Ordensgeist sie zu verstecken weiß, ohne Nachsicht zu verfolgen. Er hatte nicht die **Unwissenheit** zu belehren, sondern die **Verkehrtheit** zurechtzuweisen. Erschütterung forderte die Cur, nicht Einschmeichelung und Ueberredung; und je härter der Abstich war, den der Grundsatz der Wahrheit mit den herrschenden Maximen machte, desto mehr konnte er hoffen, Nachdenken darüber zu erregen. Er ward der **Drako** seiner Zeit, weil sie ihm eines **Solons** noch nicht werth und empfänglich schien. Aus dem Sanctuarium der reinen Vernunft brachte er das fremde und doch wieder so bekannte Moralgesetz, stellte es in seiner ganzen Heiligkeit aus vor dem entwürdigten Jahrhundert, und fragte wenig darnach, ob es Augen gibt, die seinen Glanz nicht vertragen.

Womit aber hatten es die **Kinder des Hauses** verschuldet,

daß er nur für die Knechte sorgte? Weil oft sehr unreine Neigungen den Namen der Tugend usurpiren, mußte darum auch der uneigennützige Affect in der edelsten Brust verdächtig gemacht werden? Weil der moralische Weichling dem Gesetz der Vernunft gern eine Larität geben möchte, die es zum Spielwerk seiner Convenienz macht, mußte ihm darum eine Rigidität beigelegt werden, die die kraftvollste Aeußerung moralischer Freiheit nur in eine rühmlichere Art von Knechtschaft verwandelt? Denn hat wohl der wahrhaft sittliche Mensch eine freiere Wahl zwischen Selbstachtung und Selbstverwerfung, als der Sinnensklave zwischen Vergnügen und Schmerz? Ist dort etwa weniger Zwang für den reinen Willen als hier für den verdorbenen? Mußte schon durch die imperative Form des Moralgesetzes die Menschheit angeklagt und erniedrigt werden, und das erhabenste Document ihrer Größe zugleich die Urkunde ihrer Gebrechlichkeit seyn? War es wohl bei dieser imperativen Form zu vermeiden, daß eine Vorschrift, die sich der Mensch als Vernunftwesen selbst gibt, die deßwegen allein für ihn bindend, und dadurch allein mit seinem Freiheitsgefühle verträglich ist, nicht den Schein eines fremden und positiven Gesetzes annahm — einen Schein, der durch seinen radicalen Hang, demselben entgegen zu handeln (wie man ihm Schuld gibt), schwerlich vermindert werden dürfte![1]

Es ist für moralische Wahrheiten gewiß nicht vortheilhaft, Empfindungen gegen sich zu haben, die der Mensch ohne Erröthen sich gestehen darf. Wie sollen sich aber die Empfindungen der Schönheit und Freiheit mit dem austeren Geist eines Gesetzes vertragen, das ihn mehr durch Furcht als durch Zuversicht leitet, das ihn, den die Natur doch vereinigte, stets zu ver-

---

[1] Siehe das Glaubensbekenntniß des V. d. K. von der menschlichen Natur in seiner neuesten Schrift: Die Offenbarung in den Gränzen der Vernunft. Erster Abschnitt.

einzeln strebt, und nur dadurch, daß es ihm Mißtrauen gegen den einen Theil seines Wesens erweckt, sich der Herrschaft über den andern versichert. Die menschliche Natur ist ein verbundeneres Ganze in der Wirklichkeit, als es dem Philosophen, der nur durch Trennen was vermag, erlaubt ist, sie erscheinen zu lassen. Nimmermehr kann die Vernunft Affecte als ihrer unwerth verwerfen, die das Herz mit Freudigkeit bekennt, und der Mensch da, wo er moralisch gesunken wäre, nicht wohl in seiner eigenen Achtung steigen. Wäre die sinnliche Natur im Sittlichen immer nur die unterdrückte und nie die mitwirkende Partei, wie könnte sie das ganze Feuer ihrer Gefühle zu einem Triumph hergeben, der über sie selbst gefeiert wird? Wie könnte sie eine so lebhafte Theilnehmerin an dem Selbstbewußtseyn des reinen Geistes seyn, wenn sie sich nicht endlich so innig an ihn anschließen könnte, daß selbst der analytische Verstand sie nicht ohne Gewaltthätigkeit mehr von ihm trennen kann?

Der Wille hat ohnehin einen unmittelbarern Zusammenhang mit dem Vermögen der Empfindungen als dem der Erkenntniß, und es wäre in manchen Fällen schlimm, wenn er sich bei der reinen Vernunft erst orientiren müßte. Es erweckt mir kein gutes Vorurtheil für einen Menschen, wenn er der Stimme des Triebes so wenig trauen darf, daß er gezwungen ist, ihn jedesmal erst vor dem Grundsatze der Moral abzuhören: vielmehr achtet man ihn hoch, wenn er sich demselben, ohne Gefahr, durch ihn mißgeleitet zu werden, mit einer gewissen Sicherheit vertraut. Denn das beweist, daß beide Principien in ihm sich schon in derjenigen Uebereinstimmung befinden, welche das Siegel der vollendeten Menschheit und dasjenige ist, was man unter einer **schönen Seele** versteht.

Eine schöne Seele nennt man es, wenn sich das sittliche Gefühl aller Empfindungen des Menschen endlich bis zu dem Grad

versichert hat, daß es dem Affect die Leitung des Willens ohne
Scheu überlassen darf, und nie Gefahr läuft, mit den Entschei=
dungen desselben im Widerspruch zu stehen. Daher sind bei einer
schönen Seele die einzelnen Handlungen eigentlich nicht sittlich,
sondern der ganze Charakter ist es. Man kann ihr auch keine
einzige darunter zum Verdienst anrechnen, weil eine Befriedigung
des Triebes nie verdienstlich heißen kann. Die schöne Seele hat
kein anderes Verdienst, als daß sie ist. Mit einer Leichtigkeit,
als wenn bloß der Instinct aus ihr handelte, übt sie der
Menschheit peinlichste Pflichten aus, und das heldenmüthigste
Opfer, das sie dem Naturtriebe abgewinnt, fällt wie eine frei=
willige Wirkung eben dieses Triebes in die Augen. Daher weiß
sie selbst auch niemals um die Schönheit ihres Handelns, und es
fällt ihr nicht mehr ein, daß man anders handeln und empfinden
könnte; dagegen ein schulgerechter Zögling der Sittenregel, so
wie das Wort des Meisters ihn fordert, jeden Augenblick bereit
seyn wird, vom Verhältniß seiner Handlungen zum Gesetz die
strengste Rechnung abzulegen. Das Leben des Letztern wird einer
Zeichnung gleichen, worin man die Regel durch harte Striche
angedeutet sieht, und an der allenfalls ein Lehrling die Principien
der Kunst lernen könnte. Aber in einem schönen Leben sind, wie
in einem Tizianischen Gemälde, alle jene schneidenden Gränzlinien
verschwunden, und doch tritt die ganze Gestalt nur desto wahrer,
lebendiger, harmonischer hervor.

In einer schönen Seele ist es also, wo Sinnlichkeit und
Vernunft, Pflicht und Neigung harmoniren, und Grazie ist ihr
Ausdruck in der Erscheinung. Nur im Dienst einer schönen Seele
kann die Natur zugleich Freiheit besitzen und ihre Form bewahren,
da sie erstere unter der Herrschaft eines strengen Gemüths, letztere
unter der Anarchie der Sinnlichkeit einbüßt. Eine schöne Seele
gießt auch über eine Bildung, der es an architektonischer Schönheit

mangelt, eine unwiderstehliche Grazie aus, und oft sieht man sie selbst über Gebrechen der Natur triumphiren. Alle Bewegungen, die von ihr ausgehen, werden leicht, sanft und dennoch belebt seyn. Heiter und frei wird das Auge strahlen, und Empfindung wird in demselben glänzen. Von der Sanftmuth des Herzens wird der Mund eine Grazie erhalten, die keine Verstellung erkünsteln kann. Keine Spannung wird in den Mienen, kein Zwang in den willkürlichen Bewegungen zu bemerken seyn, denn die Seele weiß von keinem. Musik wird die Stimme seyn, und mit dem reinen Strom ihrer Modulationen das Herz bewegen. Die architektonische Schönheit kann Wohlgefallen, kann Bewunderung, kann Erstaunen erregen; aber nur die Anmuth wird hinreißen. Die Schönheit hat Anbeter; Liebhaber hat nur die Grazie: denn wir huldigen dem Schöpfer und lieben den Menschen.

Man wird, im Ganzen genommen, die Anmuth mehr bei dem weiblichen Geschlecht (die Schönheit vielleicht mehr bei dem männlichen) finden, wovon die Ursache nicht weit zu suchen ist. Zur Anmuth muß sowohl der körperliche Bau als der Charakter beitragen; jener durch seine Biegsamkeit, Eindrücke anzunehmen und ins Spiel gesetzt zu werden, dieser durch die sittliche Harmonie der Gefühle. In beiden war die Natur dem Weibe günstiger als dem Manne.

Der zärtere weibliche Bau empfängt jeden Eindruck schneller, und läßt ihn schneller wieder verschwinden. Feste Constitutionen kommen nur durch einen Sturm in Bewegung, und wenn starke Muskeln angezogen werden, so können sie die Leichtigkeit nicht zeigen, die zur Grazie erfordert wird. Was in einem weiblichen Gesicht noch schöne Empfindsamkeit ist, würde in einem männlichen schon Leiden ausdrücken. Die zarte Fiber des Weibes neigt sich wie dünnes Schilfrohr unter dem leisesten Hauch des Affects.

In leichten und lieblichen Wellen gleitet die Seele über das sprechende Angesicht, das sich bald wieder zu einem ruhigen Spiegel ebnet.

Auch der Beitrag, den die Seele zu der Grazie geben muß, kann bei dem Weibe leichter als bei dem Manne erfüllt werden. Selten wird sich der weibliche Charakter zu der höchsten Idee sittlicher Reinheit erheben, und es selten weiter als zu affectionirten Handlungen bringen. Er wird der Sinnlichkeit oft mit heroischer Stärke, aber nur durch die Sinnlichkeit widerstehen. Weil nun die Sittlichkeit des Weibes gewöhnlich auf Seiten der Neigung ist, so wird er sich in der Erscheinung eben so ausnehmen, als wenn die Neigung auf Seiten der Sittlichkeit wäre. Anmuth wird also der Ausdruck der weiblichen Tugend seyn, der sehr oft der männlichen fehlen dürfte.

Würde.

So wie die Anmuth der Ausdruck einer schönen Seele ist, so ist Würde der Ausdruck einer erhabenen Gesinnung.

Es ist dem Menschen zwar aufgegeben, eine innige Uebereinstimmung zwischen seinen beiden Naturen zu stiften, immer ein harmonirendes Ganze zu seyn, und mit seiner vollstimmigen ganzen Menschheit zu handeln. Aber diese Charakterschönheit, die reifste Frucht seiner Humanität, ist bloß eine Idee, welcher gemäß zu werden, er mit anhaltender Wachsamkeit streben, aber die er bei aller Anstrengung nie ganz erreichen kann.

Der Grund, warum er es nicht kann, ist die unveränderliche Einrichtung seiner Natur; es sind die physischen Bedingungen seines Daseyns selbst, die ihn daran verhindern.

Um nämlich seine Existenz in der Sinnenwelt, die von Natur=

bedingungen abhängt, sicher zu stellen, mußte der Mensch, da er als ein Wesen, das sich nach Willkür verändern kann, für seine Erhaltung selbst zu sorgen hat, zu Handlungen vermocht werden, wodurch jene physischen Bedingungen seines Daseyns erfüllt, und wenn sie aufgehoben sind, wieder hergestellt werden können. Obgleich aber die Natur diese Sorge, die sie in ihren vegetabilischen Erzeugungen ganz allein über sich nimmt, ihm selbst übergeben mußte, so durfte doch die Befriedigung eines so dringenden Bedürfnisses, wo es sein und seines Geschlechts ganzes Daseyn gilt, seiner ungewissen Einsicht nicht anvertraut werden. Sie zog also diese Angelegenheit, die dem Inhalte nach in ihr Gebiet gehört, auch der Form nach in dasselbe, indem sie in die Bestimmungen der Willkür Nothwendigkeit legte. So entstand der Naturtrieb, der nichts anders ist, als eine Naturnothwendigkeit durch das Medium der Empfindung.

Der Naturtrieb bestürmt das Empfindungsvermögen durch die gedoppelte Macht von Schmerz und Vergnügen; durch Schmerz, wo er Befriedigung fordert, durch Vergnügen, wo er sie findet.

Da einer Naturnothwendigkeit nichts abzudingen ist, so muß auch der Mensch, seiner Freiheit ungeachtet, empfinden, was die Natur ihn empfinden lassen will, und je nachdem die Empfindung Schmerz oder Lust ist, so muß bei ihm eben so unabänderlich Verabscheuung oder Begierde erfolgen. In diesem Puncte steht er dem Thiere vollkommen gleich, und der starkmüthigste Stoiker fühlt den Hunger eben so empfindlich und verabscheut ihn eben so lebhaft, als der Wurm zu seinen Füßen.

Jetzt aber fängt der große Unterschied an. Auf die Begierde und Verabscheuung erfolgt bei dem Thiere eben so nothwendig Handlung, als Begierde auf Empfindung, und Empfindung auf den äußern Eindruck erfolgte. Es ist hier eine stetig fortlaufende Kette, wo jeder Ring nothwendig in den andern greift. Bei dem Menschen ist noch eine Instanz mehr, nämlich der Wille, der als ein übersinnliches Vermögen weder dem Gesetz der Natur, noch dem der Vernunft, so unterworfen ist, daß ihm nicht vollkommen freie Wahl bliebe, sich entweder nach diesem oder nach jenem zu richten. Das Thier muß streben, den Schmerz los zu seyn; der Mensch kann sich entschließen, ihn zu behalten.

Der Wille des Menschen ist ein erhabener Begriff, auch dann, wenn man auf seinen moralischen Gebrauch nicht achtet. Schon der bloße Wille erhebt den Menschen über die Thierheit; der moralische erhebt ihn zur Gottheit. Er muß aber jene zuvor verlassen haben, ehe er sich dieser nähern kann; daher ist es kein geringer Schritt zur moralischen Freiheit des Willens, durch Brechung der Naturnothwendigkeit in sich, auch in gleichgültigen Dingen, den bloßen Willen zu üben.

Die Gesetzgebung der Natur hat Bestand bis zum Willen, wo sie sich endigt und die vernünftige anfängt. Der Wille steht hier zwischen beiden Gerichtsbarkeiten, und es kommt ganz auf ihn selbst an, von welcher er das Gesetz empfangen will; aber er steht nicht in gleichem Verhältniß gegen beide. Als Naturkraft ist er gegen die eine, wie gegen die andere frei; das heißt, er muß sich weder zu dieser noch zu jener schlagen. Er ist aber nicht frei als moralische Kraft, das heißt, er soll sich zu der vernünftigen schlagen. Gebunden ist er an keine, aber verbunden ist er dem Gesetz der Vernunft. Er gebraucht also seine Freiheit wirklich, wenn er gleich der Vernunft widersprechend handelt; aber er gebraucht sie unwürdig, weil er ungeachtet seiner Freiheit doch nur innerhalb der Natur stehen bleibt und zu der Operation des bloßen Triebes gar keine Realität hinzuthut; denn aus Begierde wollen, heißt nur umständlicher begehren.[1]

[1] Man lese über diese Materie die aller Aufmerksamkeit würdige Theorie des Willens im zweiten Theil der Reinholdischen Briefe.

Die Gesetzgebung der Natur durch den Trieb kann mit der Gesetzgebung der Vernunft aus Principien in Streit gerathen, wenn der Trieb zu seiner Befriedigung eine Handlung fordert, die dem moralischen Grundsatz zuwiderläuft. In diesem Fall ist es unwandelbare Pflicht für den Willen, die Forderung der Natur dem Ausspruch der Vernunft nachzusetzen, da Naturgesetze nur bedingungsweise, Vernunftgesetze aber schlechterdings und unbedingt verbinden.

Aber die Natur behauptet mit Nachdruck ihre Rechte, und da sie niemals willkürlich fordert, so nimmt sie, unbefriedigt, auch keine Forderung zurück. Weil von der ersten Ursache an, wodurch sie in Bewegung gebracht wird, bis zu dem Willen, wo ihre Gesetzgebung aufhört, Alles in ihr streng nothwendig ist, so kann sie rückwärts nicht nachgeben, sondern muß vorwärts gegen den Willen drängen, bei dem die Befriedigung ihres Bedürfnisses steht. Zuweilen scheint es zwar, als ob sie sich ihren Weg verkürzte, und, ohne zuvor ihr Gesuch vor den Willen zu bringen, unmittelbare Causalität für die Handlung hätte, durch die ihrem Bedürfnisse abgeholfen wird. In einem solchen Falle, wo der Mensch dem Triebe nicht bloß freien Lauf ließe, sondern wo der Trieb diesen Lauf selbst nähme, würde der Mensch auch nur Thier seyn; aber es ist sehr zu zweifeln, ob dieses jemals sein Fall seyn kann, und wenn er es wirklich wäre, ob diese blinde Macht seines Triebes nicht ein Verbrechen seines Willens ist.

Das Begehrungsvermögen bringt also auf Befriedigung, und der Wille wird aufgefordert, ihm diese zu verschaffen. Aber der Wille soll seine Bestimmungsgründe von der Vernunft empfangen und nur nach demjenigen, was diese erlaubt oder vorschreibt, seine Entschließung fassen. Wendet sich nun der Wille wirklich an die Vernunft, ehe er das Verlangen des Triebes genehmigt, so handelt er sittlich; entscheidet er aber unmittelbar, so handelt er sinnlich.[1]

So oft also die Natur eine Forderung macht, und den Willen durch die blinde Gewalt des Affects überraschen will, kommt es diesem zu, ihr so lange Stillstand zu gebieten, bis die Vernunft gesprochen hat. Ob der Ausspruch der Vernunft für oder gegen das Interesse der Sinnlichkeit ausfallen werde, das ist, was er jetzt noch nicht wissen kann; eben deßwegen aber muß er dieses Verfahren in jedem Affect ohne Unterschied beobachten, und der Natur in jedem Falle, wo sie der anfangende Theil ist, die unmittelbare Causalität versagen. Dadurch allein, daß er die Gewalt der Begierde bricht, die mit Vorschnelligkeit ihrer Befriedigung zueilt, und die Instanz des Willens lieber ganz vorbeigehen möchte, zeigt der Mensch seine Selbstständigkeit, und beweist sich als ein moralisches Wesen, welches nie bloß begehren oder bloß verabscheuen, sondern seine Verabscheuung und Begierde jederzeit wollen muß.

Aber schon die bloße Anfrage bei der Vernunft ist eine Beeinträchtigung der Natur, die in ihrer eigenen Sache competente Richterin ist, und ihre Aussprüche keiner neuen und auswärtigen Instanz unterworfen sehen will. Jener Willensact, der die Angelegenheit des Begehrungsvermögens vor das sittliche Forum bringt, ist also im eigentlichen Sinn naturwidrig, weil er das Nothwendige wieder zufällig macht, und Gesetzen der Vernunft die Entscheidung in einer Sache anheimstellt, wo nur Gesetze der Natur sprechen können, und auch wirklich gesprochen haben.

[1] Man darf aber diese Anfrage des Willens bei der Vernunft nicht mit derjenigen verwechseln, wo sie über die Mittel zu Befriedigung einer Begierde erkennen soll. Hier ist nicht davon die Rede, wie die Befriedigung zu erlangen, sondern ob sie zu gestatten ist. Nur das Letzte gehört ins Gebiet der Moralität; das Erste gehört zur Klugheit.

Denn so wenig die reine Vernunft in ihrer moralischen Gesetzgebung darauf Rücksicht nimmt, wie der Sinn wohl ihre Entscheidungen aufnehmen möchte, eben so wenig richtet sich die Natur in ihrer Gesetzgebung darnach, wie sie es einer reinen Vernunft recht machen möchte. In jeder von beiden gilt eine andere Nothwendigkeit, die aber keine seyn würde, wenn es der einen erlaubt wäre, willkürliche Veränderungen in der andern zu treffen. Daher kann auch der tapferste Geist bei allem Widerstande, den er gegen die Sinnlichkeit ausübt, nicht die Empfindung selbst, nicht die Begierde selbst unterdrücken, sondern ihr bloß den Einfluß auf seine Willensbestimmungen verweigern; entwaffnen kann er den Trieb durch moralische Mittel, aber nur durch natürliche ihn besänftigen. Er kann durch seine selbstständige Kraft zwar verhindern, daß Naturgesetze für seinen Willen nicht zwingend werden, aber an diesen Gesetzen selbst kann er schlechterdings nichts verändern.

In Affecten also, „wo die Natur (der Trieb) zuerst handelt und den Willen entweder ganz zu umgehen oder ihn gewaltsam auf ihre Seite zu ziehen strebt, kann sich die Sittlichkeit des Charakters nicht anders als durch Widerstand offenbaren, und daß der Trieb die Freiheit des Willens nicht einschränke, nur durch Einschränkung des Triebes verhindern." Uebereinstimmung mit dem Vernunftgesetz ist also im Affecte nicht anders möglich, als durch einen Widerspruch mit den Forderungen der Natur. Und da die Natur ihre Forderungen aus sittlichen Gründen nie zurücknimmt, folglich auf ihrer Seite Alles sich gleich bleibt, wie auch der Wille sich in Ansehung ihrer verhalten mag, so ist hier keine Zusammenstimmung zwischen Neigung und Pflicht, zwischen Vernunft und Sinnlichkeit möglich, so kann der Mensch hier nicht mit seiner ganzen harmonirenden Natur, sondern ausschließungsweise nur mit seiner vernünftigen handeln. Er handelt also in diesen Fällen auch nicht moralisch schön, weil an der Schönheit der Handlung auch die Neigung nothwendig Theil nehmen muß, die hier vielmehr widerstreitet. Er handelt aber moralisch groß, weil alles das, und das allein groß ist, was von einer Ueberlegenheit des höhern Vermögens über das sinnliche Zeugniß gibt.

Die schöne Seele muß sich also im Affect in eine erhabene verwandeln, und das ist der untrügliche Probirstein, wodurch man sie von dem guten Herzen oder der Temperaments=tugend unterscheiden kann. Ist bei einem Menschen die Neigung nur darum auf Seiten der Gerechtigkeit, weil die Gerechtigkeit sich glücklicherweise auf Seiten der Neigung befindet, so wird der Naturtrieb im Affect eine vollkommene Zwangsgewalt über den Willen ausüben, und, wo ein Opfer nöthig ist, so wird es die Sittlichkeit und nicht die Sinnlichkeit bringen. War es hingegen die Vernunft selbst, die, wie bei einem schönen Charakter der Fall ist, die Neigungen in Pflicht nahm und der Sinnlichkeit das Steuer nur anvertraute, so wird sie es in demselben Moment zurücknehmen, als der Trieb seine Vollmacht mißbrauchen will. Die Temperamentstugend sinkt also im Affect zum bloßen Naturproduct herab; die schöne Seele geht ins Heroische über und erhebt sich zur reinen Intelligenz.

Beherrschung der Triebe durch die moralische Kraft ist Geistesfreiheit, und Würde heißt ihr Ausdruck in der Erscheinung.

Streng genommen ist die moralische Kraft im Menschen keiner Darstellung fähig, da das Uebersinnliche nie versinnlicht werden kann. Aber mittelbar kann sie durch sinnliche Zeichen dem Verstande vorgestellt werden, wie bei der Würde der mensch=lichen Bildung wirklich der Fall ist.

Der aufgeregte Naturtrieb wird eben so, wie das Herz in

seinen moralischen Rührungen, von Bewegungen im Körper begleitet, die theils dem Willen zuvoreilen, theils, als bloß sympathetische, seiner Herrschaft gar nicht unterworfen sind. Denn da weder Empfindung, noch Begierde und Verabscheuung in der Willkür des Menschen liegen, so kann er denjenigen Bewegungen, welche damit unmittelbar zusammenhängen, nicht zu gebieten haben. Aber der Trieb bleibt nicht bei der bloßen Begierde stehen; vorschnell und dringend strebt er, sein Object zu verwirklichen, und wird, wenn ihm von dem selbstständigen Geiste nicht nachdrücklich widerstanden wird, selbst solche Handlungen anticipiren, worüber der Wille allein zu sagen haben soll. Denn der Erhaltungstrieb ringt ohne Unterlaß nach der gesetzgebenden Gewalt im Gebiete des Willens, und sein Bestreben ist, eben so ungebunden über den Menschen wie über das Thier zu schalten.

Man findet also Bewegungen von zweierlei Art und Ursprung in jedem Affecte, den der Erhaltungstrieb in dem Menschen entzündet: erstlich solche, welche unmittelbar von der Empfindung ausgehen, und daher ganz unwillkürlich sind; zweitens solche, welche der Art nach willkürlich seyn sollten und könnten, die aber der blinde Naturtrieb der Freiheit abgewinnt. Die ersten beziehen sich auf den Affect selbst, und sind daher nothwendig mit demselben verbunden; die zweiten entsprechen mehr der Ursache und dem Gegenstande des Affects, daher sie auch zufällig und veränderlich sind, und nicht für untrügliche Zeichen desselben gelten können. Weil aber beide, sobald das Object bestimmt ist, dem Naturtriebe gleich nothwendig sind, so gehören auch beide dazu, um den Ausdruck des Affects zu einem vollständigen und übereinstimmenden Ganzen zu machen. [1]

[1] Findet man nur die Bewegungen der zweiten Art ohne die der erstern, so zeigt dieses an, daß die Person den Affect will, und die

Wenn nun der Wille Selbstständigkeit genug besitzt, dem vorgreifenden Naturtriebe Schranken zu setzen, und gegen die ungestüme Macht desselben seine Gerechtsame zu behaupten, so bleiben zwar alle jene Erscheinungen in Kraft, die der aufgeregte Naturtrieb in seinem eigenen Gebiet bewirkte, aber alle diejenigen werden fehlen, die er in einer fremden Gerichtsbarkeit eigenmächtig hatte an sich reißen wollen. Die Erscheinungen stimmen also nicht mehr überein, aber eben in ihrem Widerspruch liegt der Ausdruck der moralischen Kraft.

Gesetzt, wir erblicken an einem Menschen Zeichen des qualvollesten Affects aus der Classe jener ersten ganz unwillkürlichen Bewegungen. Aber indem seine Adern auflaufen, seine Muskeln krampfhaft angespannt werden, seine Stimme erstickt, seine Brust emporgetrieben, sein Unterleib einwärts gepreßt ist, sind seine willkürlichen Bewegungen sanft, seine Gesichtszüge frei, und es ist heiter um Aug' und Stirne. Wäre der Mensch bloß ein Sinnenwesen, so würden alle seine Züge, da sie dieselbe gemeinschaftliche Quelle hätten, mit einander übereinstimmend seyn, und also in dem gegenwärtigen Fall alle ohne Unterschied Leiden ausdrücken müssen. Da aber Züge der Ruhe unter die Züge des Schmerzens gemischt sind, einerlei Ursache aber nicht entgegengesetzte Wirkungen haben kann, so beweist dieser Widerspruch der Züge das Daseyn und den Einfluß einer Kraft, die von dem Leiden unabhängig und den Eindrücken überlegen ist, unter denen wir das Sinnliche erliegen sehen. Und auf diese Art nun wird die Ruhe im Leiden, als worin die Würde eigentlich besteht,

---

Natur ihn verweigert. Findet man die Bewegungen der erstern Art ohne die der zweiten, so beweist dies, daß die Natur in den Affect wirklich versetzt ist, aber die Person ihn verbietet. Den ersten Fall sieht man alle Tage bei affectirten Personen und schlechten Komödianten; den zweiten Fall desto seltener und nur bei starken Gemüthern.

obgleich nur mittelbar durch einen Vernunftschluß, Darstellung der Intelligenz im Menschen und Ausdruck seiner moralischen Freiheit.[1]

Aber nicht bloß beim Leiden im engern Sinn, wo dieses Wort nur schmerzhafte Rührungen bedeutet, sondern überhaupt bei jedem starken Interesse des Begehrungsvermögens muß der Geist seine Freiheit beweisen, also Würde der Ausdruck seyn. Der angenehme Affect erfordert sie nicht weniger als der peinliche, weil die Natur in beiden Fällen gern den Meister spielen möchte, und von dem Willen gezügelt werden soll. Die Würde bezieht sich auf die Form und nicht auf den Inhalt des Affects; daher es geschehen kann, daß oft, dem Inhalt nach, lobenswürdige Affecte, wenn der Mensch sich ihnen blindlings überläßt, aus Mangel der Würde, ins Gemeine und Niedrige fallen; daß hingegen nicht selten verwerfliche Affecte sich sogar dem Erhabenen nähern, sobald sie nur in ihrer Form Herrschaft des Geistes über seine Empfindungen zeigen.

Bei der Würde also führt sich der Geist in dem Körper als Herrscher auf, denn hier hat er seine Selbstständigkeit gegen den gebieterischen Trieb zu behaupten, der ohne ihn zu Handlungen schreitet, und sich seinem Joch gern entziehen möchte. Bei der Anmuth hingegen regiert er mit Liberalität, weil er es hier ist, der die Natur in Handlung setzt, und keinen Widerstand zu besiegen findet. Nachsicht verdient aber nur der Gehorsam, und Strenge kann nur die Widersetzung rechtfertigen.

Anmuth liegt also in der Freiheit der willkürlichen Bewegungen; Würde in der Beherrschung der unwillkürlichen. Die Anmuth läßt der Natur, da wo sie die Befehle des Geistes ausrichtet, einen Schein von Freiwilligkeit; die Würde

[1] In einer Untersuchung über pathetische Darstellungen ist im dritten Stück der Thalia umständlicher davon gehandelt worden.

hingegen unterwirft sie da, wo sie herrschen will, dem Geist. Ueberall, wo der Trieb anfängt zu handeln und sich herausnimmt in das Amt des Willens zu greifen, da darf der Wille keine Indulgenz, sondern muß durch den nachdrücklichsten Widerstand seine Selbstständigkeit (Autonomie) beweisen. Wo hingegen der Wille anfängt, und die Sinnlichkeit ihm folgt, da darf er keine Strenge, sondern muß Indulgenz beweisen. Dies ist mit wenigen Worten das Gesetz für das Verhältniß beider Naturen im Menschen, so wie es in der Erscheinung sich darstellt.

Würde wird daher mehr im Leiden ($\pi\acute{\alpha}\vartheta o\varsigma$), Anmuth mehr im Betragen ($\overset{\varsigma}{\eta}\vartheta o\varsigma$) gefordert und gezeigt; denn nur im Leiden kann sich die Freiheit des Gemüths, und nur im Handeln die Freiheit des Körpers offenbaren.

Da die Würde ein Ausdruck des Widerstandes ist, den der selbstständige Geist dem Naturtriebe leistet, dieser also als eine Gewalt muß angesehen werden, welche Widerstand nöthig macht, so ist sie da, wo keine solche Gewalt zu bekämpfen ist, lächerlich, und wo keine mehr zu bekämpfen seyn sollte, verächtlich. Man lacht über den Komödianten (weß Standes und Würden er auch sey), der auch bei gleichgültigen Verrichtungen eine gewisse Dignität affectirt. Man verachtet die kleine Seele, die sich für die Ausübung einer gemeinen Pflicht, die oft nur Unterlassung einer Niederträchtigkeit ist, mit Würde bezahlt macht.

Ueberhaupt ist es nicht eigentlich Würde, sondern Anmuth, was man von der Tugend fordert. Die Würde gibt sich bei der Tugend von selbst, die schon ihrem Inhalt nach Herrschaft des Menschen über seine Triebe voraussetzt. Weit eher wird sich bei Ausübung sittlicher Pflichten die Sinnlichkeit in einem Zustand des Zwangs und der Unterdrückung befinden, da besonders, wo sie ein schmerzhaftes Opfer bringt. Da aber das Ideal vollkommener Menschheit keinen Widerstreit, sondern Zusammenstimmung zwischen dem Sittlichen und Sinnlichen fordert, so verträgt es sich nicht wohl mit der Würde, die, als ein Ausdruck jenes Widerstreits zwischen beiden, entweder die besondern Schranken des Subjects oder die allgemeinen der Menschheit sichtbar macht.

Ist das Erste, und liegt es bloß an dem Unvermögen des Subjects, daß bei einer Handlung Neigung und Pflicht nicht zusammenstimmen, so wird diese Handlung jederzeit so viel an sittlicher Schätzung verlieren, als sich Kampf in ihre Ausübung, also Würde in ihren Vortrag mischt. Denn unser moralisches Urtheil bringt jedes Individuum unter den Maßstab der Gattung, und dem Menschen werden keine andern als die Schranken der Menschheit vergeben.

Ist aber das Zweite, und kann eine Handlung der Pflicht mit den Forderungen der Natur nicht in Harmonie gebracht werden, ohne den Begriff der menschlichen Natur aufzuheben, so ist der Widerstand der Neigung nothwendig, und es ist bloß der Anblick des Kampfes, der uns von der Möglichkeit des Sieges überführen kann. Wir erwarten hier also einen Ausdruck des Widerstreits in der Erscheinung, und werden uns nie überreden lassen, da an eine Tugend zu glauben, wo wir nicht einmal Menschheit sehen. Wo also die sittliche Pflicht eine Handlung gebietet, die das Sinnliche nothwendig leiden macht, da ist Ernst und kein Spiel, da würde uns die Leichtigkeit in der Ausübung vielmehr empören, als befriedigen; da kann also nicht Anmuth, sondern Würde der Ausdruck seyn. Ueberhaupt gilt hier das Gesetz, daß der Mensch Alles mit Anmuth thun müsse, was er innerhalb seiner Menschheit verrichten kann, und Alles mit Würde, welches zu verrichten er über seine Menschheit hinausgehen muß.

So wie wir Anmuth von der Tugend fordern, so fordern wir Würde von der Neigung. Der Neigung ist die Anmuth so natürlich, als der Tugend die Würde, da sie schon ihrem Inhalt nach sinnlich, der Naturfreiheit günstig und aller Anspannung feind ist. Auch dem rohen Menschen fehlt es nicht an einem gewissen Grade von Anmuth, wenn ihn die Liebe oder ein ähnlicher Affect beseelt; und wo findet man mehr Anmuth, als bei Kindern, die doch ganz unter sinnlicher Leitung stehen? Weit mehr Gefahr ist da, daß die Neigung den Zustand des Leidens endlich zum herrschenden mache, die Selbstthätigkeit des Geistes ersticke, und eine allgemeine Erschlaffung herbeiführe. Um sich also bei einem edeln Gefühl in Achtung zu setzen, die ihr nur allein ein sittlicher Ursprung verschaffen kann, muß die Neigung sich jederzeit mit Würde verbinden. Daher fordert der Liebende Würde von dem Gegenstand seiner Leidenschaft. Würde allein ist ihm Bürge, daß nicht das Bedürfniß zu ihm nöthigte, sondern **daß die Freiheit ihn wählte — daß man ihn nicht als Sache begehrt, sondern als Person hochschätzt.**

Man fordert Anmuth von dem, der verpflichtet, und Würde von dem, der verpflichtet wird. Der Erste soll, um sich eines kränkenden Vortheils über den Andern zu begeben, die Handlung seines uninteressirten Entschlusses durch den Antheil, den er die Neigung daran nehmen läßt, zu einer affectionirten Handlung heruntersetzen, und sich dadurch den Schein des gewinnenden Theils geben. Der Andere soll, um durch die Abhängigkeit, in die er tritt, die Menschheit (deren heiliges Palladium Freiheit ist) nicht in seiner Person zu entehren, das bloße Zufahren des Triebes zu einer Handlung seines Willens erheben, und auf diese Art, indem er eine Gunst empfängt, eine erzeigen.

Man muß einen Fehler mit Anmuth rügen und mit Würde bekennen. Kehrt man es um, so wird es das Ansehen haben, als ob der eine Theil seinen Vortheil zu sehr, der andere seinen Nachtheil zu wenig empfände.

Will der Starke geliebt seyn, so mag er seine Ueberlegenheit durch Grazie mildern. Will der Schwache geachtet seyn, so mag er seiner Ohnmacht durch Würde aufhelfen. Man ist sonst der Meinung, daß auf den Thron Würde gehöre, und bekanntlich lieben die, welche darauf sitzen, in ihren Räthen, Beichtvätern und Parlamenten — die Anmuth. Aber was in einem politischen Reiche gut und löblich seyn mag, ist es nicht immer in einem Reiche des Geschmacks. In dieses Reich tritt auch der König — sobald er von seinem Throne herabsteigt (denn Throne haben ihre Privilegien), und auch der kriechende Höfling begibt sich unter seine heilige Freiheit, sobald er sich zum Menschen aufrichtet. Alsdann aber möchte Ersterem zu rathen seyn, mit dem Ueberfluß des Andern seinen Mangel zu ersetzen, und ihm so viel an Würde abzugeben, als er selbst an Grazie nöthig hat.

Da Würde und Anmuth ihre verschiedenen Gebiete haben, worin sie sich äußern, so schließen sie einander in derselben Person, ja in demselben Zustand einer Person nicht aus; vielmehr ist es nur die Anmuth, von der die Würde ihre Beglaubigung, und nur die Würde, von der die Anmuth ihren Werth empfängt.

Würde allein beweist zwar überall, wo wir sie antreffen, eine gewisse Einschränkung der Begierden und Neigungen. Ob es aber nicht vielmehr Stumpfheit des Empfindungsvermögens (Härte) sey, was wir für Beherrschung halten, und ob es wirklich moralische Selbstthätigkeit und nicht vielmehr Uebergewicht eines andern Affects, also absichtliche Anspannung sey, was den Ausbruch des Gegenwärtigen im Zaume hält, das kann nur die damit verbundene Anmuth außer Zweifel setzen. Die Anmuth nämlich zeugt von einem ruhigen, in sich harmonischen Gemüth und von einem empfindenden Herzen.

Eben so beweist auch die Anmuth schon für sich allein eine Empfänglichkeit des Gefühlvermögens, und eine Uebereinstimmung der Empfindungen. Daß es aber nicht Schlaffheit des Geistes sey, was dem Sinn so viel Freiheit läßt, und das Herz jedem Eindruck öffnet, und daß es das Sittliche sey, was die Empfindungen in diese Uebereinstimmung brachte, das kann uns wiederum nur die damit verbundene Würde verbürgen. In der Würde nämlich legitimirt sich das Subject als eine selbstständige Kraft; und indem der Wille die Licenz der unwillkürlichen Bewegungen bändigt, gibt er zu erkennen, daß er die Freiheit der willkürlichen bloß zuläßt.

Sind Anmuth und Würde, jene noch durch architektonische Schönheit, diese durch Kraft unterstützt, in derselben Person vereinigt, so ist der Ausdruck der Menschheit in ihr vollendet, und sie steht da, gerechtfertigt in der Geisterwelt, und freigesprochen in der Erscheinung. Beide Gesetzgebungen berühren einander hier so nahe, daß ihre Gränzen zusammenfließen. Mit gemildertem Glanze steigt in dem Lächeln des Mundes, in dem sanftbelebten Blick, in der heitern Stirne die Vernunftfreiheit auf, und mit erhabenem Abschied geht die Naturnothwendigkeit in der edeln Majestät des Angesichts unter. Nach diesem Ideal menschlicher Schönheit sind die Antiken gebildet, und man erkennt es in der göttlichen Gestalt einer Niobe, im Belvederischen Apoll, in dem Borghesischen geflügelten Genius, und in der Muse des Barberinischen Palastes.[1]

[1] Mit dem feinen und großen Sinn, der ihm eigen ist, hat Winckelmann (Geschichte der Kunst. Erster Theil. S. 480 folg. Wiener Ausgabe) diese hohe Schönheit, welche aus der Verbindung der Grazie mit der Würde hervorgeht, aufgefaßt und beschrieben. Aber was er vereinigt fand, nahm und gab er auch nur für Eins, und er blieb bei dem stehen, was der bloße Sinn ihn lehrte, ohne zu untersuchen, ob es nicht vielleicht noch zu scheiden sey. Er verwirrt den Begriff der Grazie, da er Züge, die offenbar nur der Würde zukommen, in diesen Begriff mit aufnimmt. Grazie und Würde sind aber wesentlich verschieden, und man thut Unrecht, das zu einer Eigenschaft der Grazie zu machen, was vielmehr eine

Wo sich Grazie und Würde vereinigen, da werden wir abwechselnd angezogen und zurückgestoßen; angezogen als Geister, zurückgestoßen als sinnliche Naturen.

In der Würde nämlich wird uns ein Beispiel der Unterordnung des Sinnlichen unter das Sittliche vorgehalten, welchem

Einschränkung derselben ist. Was Winckelmann die hohe himmlische Grazie nennt, ist nichts anders, als Schönheit und Grazie mit überwiegender Würde. „Die himmlische Grazie, sagt er, scheint sich „allgenügsam, und bietet sich nicht an, sondern will gesucht werden; sie „ist zu erhaben, um sich sehr sinnlich zu machen. Sie verschließt in sich „die Bewegungen der Seele und nähert sich der seligen Stille der gött„lichen Natur. — Durch sie,“ sagt er an einem andern Ort, „wagte sich „der Künstler der Niobe in das Reich unkörperlicher Ideen, und erreichte „das Geheimniß, die Todesangst mit der höchsten Schönheit zu „verbinden;“ (es würde schwer seyn, hierin einen Sinn zu finden, wenn es nicht augenscheinlich wäre, daß hier nur die Würde gemeint ist) „er wurde ein Schöpfer reiner Geister, die keine Begierden der Sinne „erwecken, denn sie scheinen nicht zur Leidenschaft gebildet zu seyn, son„dern dieselbe nur angenommen zu haben.“ — Anderswo heißt es: „Die „Seele äußerte sich nur unter einer stillen Fläche des Wassers, und trat „niemals mit Ungestüm hervor. In Vorstellung des Leidens bleibt die „größte Pein verschlossen, und die Freude schwebt wie eine sanfte Luft, „die kaum die Blätter rührt, auf dem Gesicht einer Leukothea.“

Alle diese Züge kommen der Würde und nicht der Grazie zu, denn die Grazie verschließt sich nicht, sondern kommt entgegen; die Grazie macht sich sinnlich, und ist auch nicht erhaben, sondern schön. Aber die Würde ist es, was die Natur in ihren Aeußerungen zurückhält, und den Zügen, auch in der Todesangst und in dem bittersten Leiden eines Laokoon, Ruhe gebietet.

Home verfällt in denselben Fehler, was aber bei diesem Schriftsteller weniger zu verwundern ist. Auch er nimmt Züge der Würde in die Grazie mit auf, ob er gleich Anmuth und Würde ausdrücklich von einander unterscheidet. Seine Beobachtungen sind gewöhnlich richtig, und die nächsten Regeln, die er sich daraus bildet, wahr; aber weiter darf man ihm auch nicht folgen. Grundsätze der Kritik. II. Theil. Anmuth und Würde.

nachzuahmen für uns Gesetz, zugleich aber für unser physisches Vermögen übersteigend ist. Der Widerstreit zwischen dem Bedürfniß der Natur und der Forderung des Gesetzes, deren Gültigkeit wir doch eingestehen, spannt die Sinnlichkeit an, und erweckt das Gefühl, welches Achtung genannt wird und von der Würde unzertrennlich ist.

In der Anmuth hingegen, wie in der Schönheit überhaupt, sieht die Vernunft ihre Forderung in der Sinnlichkeit erfüllt, und überraschend tritt ihr eine ihrer Ideen in der Erscheinung entgegen. Diese unerwartete Zusammenstimmung des Zufälligen der Natur mit dem Nothwendigen der Vernunft, erweckt ein Gefühl frohen Beifalls (Wohlgefallen), welches auflösend für den Sinn, für den Geist aber belebend und beschäftigend ist, und eine Anziehung des sinnlichen Objects muß erfolgen. Diese Anziehung nennen wir Wohlwollen — Liebe; ein Gefühl, das von Anmuth und Schönheit unzertrennlich ist.

Bei dem Reiz (nicht dem Liebreiz, sondern dem Wollustreiz, **stimulus**) wird dem Sinn ein sinnlicher Stoff vorgehalten, der ihm Entledigung von einem Bedürfniß, d. i. Lust, verspricht. Der Sinn ist also bestrebt, sich mit dem Sinnlichen zu vereinbaren, und Begierde entsteht; ein Gefühl, das anspannend für den Sinn, für den Geist hingegen erschlaffend ist.

Von der Achtung kann man sagen, sie beugt sich vor ihrem Gegenstande; von der Liebe, sie neigt sich zu dem ihrigen; von der Begierde, sie stürzt auf den ihrigen. Bei der Achtung ist das Object die Vernunft und das Subject die sinnliche Natur.[1]

---

[1] Man darf die Achtung nicht mit der Hochachtung verwechseln. Achtung (nach ihrem reinen Begriff) geht nur auf das Verhältniß der sinnlichen Natur zu den Forderungen reiner praktischer Vernunft überhaupt, ohne Rücksicht auf eine wirkliche Erfüllung. „Das Gefühl der Unangemessenheit zu Erreichung einer Idee, die für uns Gesetz ist, heißt

Bei der Liebe ist das Object sinnlich, und das Subject die moralische Natur. Bei der Begierde sind Object und Subject sinnlich.

Die Liebe allein ist also eine freie Empfindung, denn ihre reine Quelle strömt hervor aus dem Sitz der Freiheit, aus unsrer göttlichen Natur. Es ist hier nicht das Kleine und Niedrige, was sich mit dem Großen und Hohen mißt, nicht der Sinn, der an dem Vernunftgesetz schwindelnd hinaufsieht; es ist also das absolut Große selbst, was in der Anmuth und Schönheit sich nachgeahmt und in der Sittlichkeit sich befriedigt findet; es ist der Gesetzgeber selbst, der Gott in uns, der mit seinem eigenen Bilde in der Sinnenwelt spielt. Daher ist das Gemüth aufgelöst in der Liebe, da es angespannt ist in der Achtung; denn hier ist nichts, das ihm Schranken setze, da das absolut Große nichts über sich hat, und die Sinnlichkeit, von der hier allein die Einschränkung kommen könnte, in der Anmuth und Schönheit mit den Ideen des Geistes zusammenstimmt. Liebe ist ein Herabsteigen, da die Achtung ein Hinaufklimmen ist. Daher kann der Schlimme nichts lieben, ob er gleich Vieles achten muß; daher

Achtung." (Kants Kritik der Urtheilskraft.) Daher ist Achtung keine angenehme, eher drückende Empfindung. Sie ist ein Gefühl des Abstandes des empirischen Willens von dem reinen. — Es kann daher auch nicht befremdlich seyn, daß ich die sinnliche Natur zum Subject der Achtung mache, obgleich diese nur auf reine Vernunft geht; denn die Unangemessenheit zu Erreichung des Gesetzes kann nur in der Sinnlichkeit liegen.

Hochachtung hingegen geht schon auf die wirkliche Erfüllung des Gesetzes, und wird nicht für das Gesetz, sondern für die Person, die demselben gemäß handelt, empfunden. Daher hat sie etwas Ergötzendes, weil die Erfüllung des Gesetzes Vernunftwesen erfreuen muß. Achtung ist Zwang, Hochachtung schon ein freieres Gefühl. Aber das rührt von der Liebe her, die ein Ingredienz der Hochachtung ausmacht. Achten muß auch der Nichtswürdige das Gute; aber um denjenigen hochzuachten, der es gethan hat, müßte er aufhören, ein Nichtswürdiger zu seyn.

kann der Gute wenig achten, was er nicht zugleich mit Liebe umfinge. Der reine Geist kann nur lieben, nicht achten; der Sinn kann nur achten, aber nicht lieben.

Wenn der schuldbewußte Mensch in ewiger Furcht schwebt, dem Gesetzgeber in ihm selbst, in der Sinnenwelt zu begegnen, und in Allem, was groß und schön und trefflich ist, seinen Feind erblickt, so kennt die schöne Seele kein süßeres Glück, als das Heilige in sich außer sich nachgeahmt oder verwirklicht zu sehen, und in der Sinnenwelt ihren unsterblichen Freund zu umarmen. Liebe ist zugleich das Großmüthigste und das Selbstsüchtigste in der Natur: das erste, denn sie empfängt von ihrem Gegenstande nichts, sondern gibt ihm Alles, da der reine Geist nur geben, nicht empfangen kann; das zweite, denn es ist immer nur ihr eigenes Selbst, was sie in ihrem Gegenstande sucht und schätzet.

Aber eben darum, weil der Liebende von dem Geliebten nur empfängt, was er ihm selber gab, so begegnet es ihm öfters, daß er ihm gibt, was er nicht von ihm empfing. Der äußere Sinn glaubt zu sehen, was nur der innere anschaut: der feurige Wunsch wird zum Glauben, und der eigene Ueberfluß des Liebenden verbirgt die Armuth des Geliebten. Daher ist die Liebe so leicht der Täuschung ausgesetzt, was der Achtung und Begierde selten begegnet. So lange der innere Sinn den äußern exaltirt, so lange dauert auch die selige Bezauberung der platonischen Liebe, der zur Wonne der Unsterblichen nur die Dauer fehlt. Sobald aber der innere Sinn dem äußern seine Anschauungen nicht mehr unterschiebt, so tritt der äußere wieder in seine Rechte und fordert, was ihm zukommt — Stoff. Das Feuer, welches die himmlische Venus entzündete, wird von der irdischen benutzt, und der Naturtrieb rächt seine lange Vernachläßigung nicht selten durch eine desto unumschränktere Herrschaft. Da der Sinn nie getäuscht wird, so macht er diesen Vortheil mit grobem Uebermuth gegen seinen eblern Nebenbuhler geltend, und ist kühn genug zu behaupten, daß er gehalten habe, was die Begeisterung schuldig blieb.

Die Würde hindert, daß die Liebe nicht zur Begierde wird. Die Anmuth verhütet, daß die Achtung nicht Furcht wird.

Wahre Schönheit, wahre Anmuth soll niemals Begierde erregen. Wo diese sich einmischt, da muß es entweder dem Gegenstand an Würde, oder dem Betrachter an Sittlichkeit der Empfindungen mangeln.

Wahre Größe soll niemals Furcht erregen. Wo diese eintritt, da kann man gewiß seyn, daß es entweder dem Gegenstand an Geschmack und an Grazie oder dem Betrachter an einem günstigen Zeugniß seines Gewissens fehlt.

Reiz, Anmuth und Grazie werden zwar gewöhnlich als gleichbedeutend gebraucht; sie sind es aber nicht, oder sollten es doch nicht seyn, da der Begriff, den sie ausdrücken, mehrerer Bestimmungen fähig ist, die eine verschiedene Bezeichnung verdienen.

Es gibt eine belebende und eine beruhigende Grazie. Die erste gränzt an den Sinnenreiz, und das Wohlgefallen an derselben kann, wenn es nicht durch Würde zurückgehalten wird, leicht in Verlangen ausarten. Diese kann Reiz genannt werden. Ein abgespannter Mensch kann sich nicht durch innere Kraft in Bewegung setzen, sondern muß Stoff von außen empfangen, und durch leichte Uebungen der Phantasie und schnelle Uebergänge vom Empfinden zum Handeln seine verlorne Schnellkraft wieder herzustellen suchen. Dieses erlangt er im Umgang mit einer reizenden Person, die das stagnirende Meer seiner Einbildungskraft durch Gespräch und Anblick in Schwung bringt.

Die beruhigende Grazie gränzt näher an die Würde, da sie sich durch Mäßigung unruhiger Bewegungen äußert. Zu ihr wendet sich der angespannte Mensch, und der wilde Sturm des

Gemüths löst sich auf an ihrem friedeathmenden Busen. Diese kann Anmuth genannt werden. Mit dem Reize verbindet sich gern der lachende Scherz und der Stachel des Spottes; mit der Anmuth das Mitleid und die Liebe. Der entnervte Soliman schmachtet zuletzt in den Ketten einer Rorelane, wenn sich der brausende Geist eines Othello an der sanften Brust einer Desdemona zur Ruhe wiegt.

Auch die Würde hat ihre verschiedenen Abstufungen, und wird da, wo sie sich der Anmuth und Schönheit nähert, zum Edeln, und, wo sie an das Furchtbare gränzt, zur Hoheit.

Der höchste Grad der Anmuth ist das Bezaubernde; der höchste Grad der Würde die Majestät. Bei dem Bezaubernden verlieren wir uns gleichsam selbst, und fließen hinüber in den Gegenstand. Der höchste Genuß der Freiheit gränzt an den völligen Verlust derselben, und die Trunkenheit des Geistes an den Taumel der Sinnenlust. Die Majestät hingegen hält uns ein Gesetz vor, das uns nöthigt, in uns selbst zu schauen. Wir schlagen die Augen vor dem gegenwärtigen Gott zu Boden, vergessen Alles außer uns, und empfinden nichts als die schwere Bürde unseres eigenen Daseyns.

Majestät hat nur das Heilige. Kann ein Mensch uns dieses repräsentiren, so hat er Majestät, und wenn auch unsre Kniee nicht nachfolgen, so wird doch unser Geist vor ihm niederfallen. Aber er richtet sich schnell wieder auf, sobald nur die kleinste Spur menschlicher Schuld an dem Gegenstand seiner Anbetung sichtbar wird; denn nichts, was nur vergleichungsweise groß ist, darf unsern Muth darniederschlagen.

Die bloße Macht, sey sie auch noch so furchtbar und gränzenlos, kann nie Majestät verleihen. Macht imponirt nur dem Sinnenwesen, die Majestät muß dem Geiste seine Freiheit nehmen. Ein Mensch, der mir das Todesurtheil schreiben kann, hat darum noch keine Majestät für mich, sobald ich selbst nur bin, was ich seyn soll. Sein Vortheil über mich ist aus, sobald ich will. Wer mir aber in seiner Person den reinen Willen darstellt, vor dem werde ich mich, wenn's möglich ist, auch noch in künftigen Welten beugen.

Anmuth und Würde stehen in einem zu hohen Werth, um die Eitelkeit und Thorheit nicht zur Nachahmung zu reizen. Aber es gibt dazu nur **einen** Weg, nämlich Nachahmung der Gesinnungen, deren Ausdruck sie sind. Alles Andere ist **Nach-äffung**, und wird sich als solche durch Uebertreibung bald kenntlich machen.

So wie aus der Affectation des Erhabenen **Schwulst**, aus der Affectation des Edeln das **Kostbare** entsteht, so wird aus der affectirten Anmuth **Ziererei**, und aus der affectirten Würde **steife Feierlichkeit und Gravität**.

Die ächte Anmuth **gibt bloß nach und kommt entgegen**; die falsche hingegen **zerfließt**. Die wahre Anmuth schont bloß die Werkzeuge der willkürlichen Bewegung, und will der Freiheit der Natur nicht unnöthigerweise zu nahe treten; die falsche Anmuth hat gar nicht das Herz, die Werkzeuge des Willens gehörig zu gebrauchen, und um ja nicht ins Harte und Schwerfällige zu fallen, **opfert** sie lieber etwas von dem Zweck der Bewegung auf, oder sucht **ihn** durch **Umschweife** zu erreichen. Wenn der **unbehülfliche** Tänzer bei einer Menuett so viel Kraft aufwendet, als ob er ein Mühlrad zu ziehen hätte, und mit Händen und Füßen so scharfe Ecken schneidet, als wenn es hier um eine geometrische Genauigkeit zu thun wäre, so wird der **affectirte** Tänzer so schwach auftreten, als ob er den Fußboden fürchtete, und mit Händen und Füßen nichts als Schlangenlinien beschreiben, wenn er auch darüber nicht von der Stelle kommen sollte. Das andere Geschlecht, welches vorzugsweise im Besitz der wahren Anmuth ist, macht sich auch der falschen am meisten schuldig; aber nirgends beleidigt diese mehr, als wo sie der Begierde zum Angel dient. Aus dem Lächeln der wahren Grazie wird dann die widrigste Grimasse; das schöne Spiel der Augen, so bezaubernd, wenn wahre Empfindung daraus spricht, wird zur Verdrehung; die schmelzend modulirende Stimme, so unwiderstehlich in einem wahren Munde, wird zu einem studirten tremulirenden Klang, und die ganze Musik weiblicher Reizungen zu einer betrüglichen Toilettenkunst.

Wenn man auf Theatern und Ballsälen Gelegenheit hat, die affectirte Anmuth zu beobachten, so kann man oft in den Cabinetten der Minister und in den Studierzimmern der Gelehrten (auf hohen Schulen besonders) die falsche Würde studieren. Wenn die wahre Würde zufrieden ist, den Affect an seiner Herrschaft zu hindern, und dem Naturtrieb bloß da, wo er den Meister spielen will, in den unwillkürlichen Bewegungen Schranken setzt, so regiert die falsche Würde auch die willkürlichen mit einem eisernen Scepter, unterdrückt die moralischen Bewegungen, die der wahren Würde heilig sind, so gut als die sinnlichen, und löscht das ganze mimische Spiel der Seele in den Gesichtszügen aus. Sie ist nicht bloß streng gegen die widerstrebende, sondern hart gegen die unterwürfige Natur, und sucht ihre lächerliche Größe in Unterjochung, und, wo dieß nicht angehen will, in Verbergung derselben. Nicht anders, als wenn sie Allem, was Natur heißt, einen unversöhnlichen Haß gelobt hätte, steckt sie den Leib in lange faltige Gewänder, die den ganzen Gliederbau des Menschen verbergen, beschränkt den Gebrauch der Glieder durch einen lästigen Apparat unnützer Zierrath, und schneidet sogar die Haare ab, um das Geschenk der Natur durch ein Machwerk der Kunst zu ersetzen. Wenn die wahre Würde, die sich nie der Natur, nur der rohen Natur schämt, auch da, wo sie an sich hält, noch stets frei und offen bleibt; wenn in den Augen Empfindung strahlt, und der heitere stille Geist auf der beredten Stirn ruht, so legt die Gravität die ihrige in Falten, wird verschlossen und mysteriös, und bewacht sorgfältig wie ein Komödiant ihre Züge. Alle ihre Gesichtsmuskeln sind angespannt, aller wahre natürliche Ausdruck verschwindet, und der ganze Mensch ist wie ein versiegelter Brief. Aber die falsche Würde hat nicht immer Unrecht, das mimische Spiel ihrer Züge in scharfer Zucht zu halten, weil es vielleicht mehr aussagen könnte, als man laut machen will; eine Vorsicht, welche die wahre Würde freilich nicht nöthig hat. Diese wird die Natur nur beherrschen, nie verbergen; bei der falschen hingegen herrscht die Natur nur desto gewaltthätiger i n n e n, indem sie a u ß e n bezwungen ist.[1]

[1] Indessen gibt es auch eine F e i e r l i ch k e i t im guten Sinne, wovon die Kunst Gebrauch machen kann. Diese entsteht nicht aus der Anmaßung, sich wichtig zu machen, sondern sie hat die Absicht, das Gemüth auf etwas W i ch t i g e s vorzubereiten. Da, wo ein großer und tiefer Eindruck geschehen soll, und es dem Dichter darum zu thun ist, daß nichts davon verloren gehe, so stimmt er das Gemüth vorher zum Empfang desselben, entfernt alle Zerstreuungen, und setzt die Einbildungskraft in eine erwartungsvolle Spannung. Dazu ist nun das F e i e r l i ch e sehr geschickt, welches in Häufung vieler Anstalten besteht, wovon man den Zweck nicht absieht, und in einer absichtlichen Verzögerung des Fortschritts, da wo die Ungeduld Eile fordert. In der Musik wird das Feierliche durch eine l a n g s a m e gleichförmige Folge starker Töne hervorgebracht; die Stärke erweckt und spannt das Gemüth, die Langsamkeit verzögert die Befriedigung, und die Gleichförmigkeit des Tacts läßt die Ungeduld gar kein Ende absehen.

Das F e i e r l i ch e unterstützt den Eindruck des Großen und Erhabenen nicht wenig, und wird daher bei Religionsgebräuchen und Mysterien mit großem Erfolg gebraucht. Die Wirkungen der Glocken, der Choralmusik, der Orgel sind bekannt; aber auch für das Auge gibt es ein F e i e r l i ch e s, nämlich die P r a ch t, verbunden mit dem F u r ch t b a r e n, wie bei Leichenceremonien und bei allen öffentlichen Aufzügen, die eine große Stille und einen langsamen Tact beobachten.

Ueber das Pathetische.[1]

Darstellung des Leidens — als bloßen Leidens — ist niemals Zweck der Kunst, aber als Mittel zu ihrem Zweck ist sie derselben äußerst wichtig. Der letzte Zweck der Kunst ist die Darstellung des Uebersinnlichen, und die tragische Kunst insbesondere bewerkstelligt dieses dadurch, daß sie uns die moralische Independenz von Naturgesetzen im Zustand des Affects versinnlicht. Nur der Widerstand, den es gegen die Gewalt der Gefühle äußert, macht das freie Princip in uns kenntlich; der Widerstand aber kann nur nach der Stärke des Angriffs geschätzt werden. Soll sich also die Intelligenz im Menschen als eine von der Natur unabhängige Kraft offenbaren, so muß die Natur ihre ganze Macht erst vor unsern Augen bewiesen haben. Das Sinnen-

---

[1] Anmerkung des Herausgebers. Der Verfasser hatte in das dritte Stück der neuen Thalia vom Jahrgang 1793 eine Abhandlung vom Erhabenen eingerückt, die nach der Ueberschrift zur weitern Ausführung einiger Kantischen Ideen dienen sollte. Einige Jahre nachher war über eben diesen Gegenstand die Schrift entstanden, welche im zehnten Bande dieser Ausgabe abgedruckt ist. Dieser spätern Bearbeitung, die sich mehr durch eigenthümliche Ansichten auszeichnete, gab der Verfasser den Vorzug, als seine kleinen prosaischen Schriften zusammengedruckt wurden, und von jener frühern Abhandlung wurde nur ein Theil unter dem Titel: über das Pathetische, in diese Sammlung aufgenommen.

wesen muß tief und heftig leiden; Pathos muß da seyn, damit das Vernunftwesen seine Unabhängigkeit kund thun, und sich handelnd darstellen könne.

Man kann niemals wissen, ob die Fassung des Gemüths eine Wirkung seiner moralischen Kraft ist, wenn man nicht überzeugt worden ist, daß sie keine Wirkung der Unempfindlichkeit ist. Es ist keine Kunst, über Gefühle Meister zu werden, die nur die Oberfläche der Seele leicht und flüchtig bestreichen; aber in einem Sturm, der die ganze sinnliche Natur aufregt, seine Gemüthsfreiheit zu behalten, dazu gehört ein Vermögen des Widerstandes, das über alle Naturmacht unendlich erhaben ist. Man gelangt also zur Darstellung der moralischen Freiheit nur durch die lebendigste Darstellung der leidenden Natur, und der tragische Held muß sich erst als empfindendes Wesen bei uns legitimirt haben, ehe wir ihm als Vernunftwesen huldigen, und an seine Seelenstärke glauben.

Pathos ist also die erste und unnachläßliche Forderung an den tragischen Künstler, und es ist ihm erlaubt, die Darstellung des Leidens so weit zu treiben, als es, ohne Nachtheil für seinen letzten Zweck, ohne Unterdrückung der moralischen Freiheit, geschehen kann. Er muß gleichsam seinem Helden oder seinem Leser die ganze volle Ladung des Leidens geben, weil es sonst immer problematisch bleibt, ob sein Widerstand gegen dasselbe eine Gemüthshandlung, etwas Positives, und nicht vielmehr bloß etwas Negatives und ein Mangel ist.

Dies Letztere ist der Fall bei dem Trauerspiel der ehemaligen Franzosen, wo wir höchst selten oder nie die leidende Natur zu Gesicht bekommen, sondern meistens nur den kalten, declamatorischen Poeten oder auch den auf Stelzen gehenden Komödianten sehen. Der frostige Ton der Declamation erstickt alle wahre Natur, und den französischen Tragikern macht es ihre angebetete

Decenz vollends ganz unmöglich, die Menschheit in ihrer Wahrheit zu zeichnen. Die Decenz verfälscht überall, auch wenn sie an ihrer rechten Stelle ist, den Ausdruck der Natur, und doch fordert diesen die Kunst unnachläßlich. Kaum können wir es einem französischen Trauerspielhelden glauben, daß er leidet, denn er läßt sich über seinen Gemüthszustand heraus, wie der ruhigste Mensch, und die unaufhörliche Rücksicht auf den Eindruck, den er auf Andere macht, erlaubt ihm nie, der Natur in sich ihre Freiheit zu lassen. Die Könige, Prinzessinnen und Helden eines Corneille und Voltaire vergessen ihren Rang auch im heftigsten Leiden nie, und ziehen weit eher ihre Menschheit als ihre Würde aus. Sie gleichen den Königen und Kaisern in den alten Bilderbüchern, die sich mit sammt der Krone zu Bette legen.

Wie ganz anders sind die Griechen und diejenigen unter den Neuern, die in ihrem Geiste gedichtet haben. Nie schämt sich der Grieche der Natur, er läßt der Sinnlichkeit ihre vollen Rechte, und ist dennoch sicher, daß er nie von ihr unterjocht werden wird. Sein tiefer und richtiger Verstand läßt ihn das Zufällige, das der schlechte Geschmack zum Hauptwerke macht, von dem Nothwendigen unterscheiden; Alles aber, was nicht Menschheit ist, ist zufällig an dem Menschen. Der griechische Künstler, der einen Laokoon, eine Niobe, einen Philoktet darzustellen hat, weiß von keiner Prinzessin, keinem König und keinem Königssohn; er hält sich nur an den Menschen. Deßwegen wirft der weise Bildhauer die Bekleidung weg, und zeigt uns bloß nackende Figuren, ob er gleich sehr gut weiß, daß dies im wirklichen Leben nicht der Fall war. Kleider sind ihm etwas Zufälliges, dem das Nothwendige niemals nachgesetzt werden darf, und die Gesetze des Anstands oder des Bedürfnisses sind nicht die Gesetze der Kunst. Der Bildhauer soll und will uns den Menschen zeigen, und Gewänder verbergen denselben; also verwirft er sie mit Recht.

Eben so wie der griechische Bildhauer die unnütze und hinderliche Last der Gewänder hinwegwirft, um der menschlichen Natur mehr Platz zu machen, so entbindet der griechische Dichter seine Menschen von dem eben so unnützen und eben so hinderlichen Zwang der Convenienz und von allen frostigen Anstandsgesetzen, die an dem Menschen nur künsteln und die Natur an ihm verbergen. Die leidende Natur spricht wahr, aufrichtig und tiefeindringend zu unserm Herzen in der Homerischen Dichtung und in den Tragikern; alle Leidenschaften haben ein freies Spiel, und die Regel des Schicklichen hält kein Gefühl zurück. Die Helden sind für alle Leiden der Menschheit so gut empfindlich als Andere, und eben das macht sie zu Helden, daß sie das Leiden stark und innig fühlen, und doch nicht davon überwältigt werden. Sie lieben das Leben so feurig wie wir Andern, aber diese Empfindung beherrscht sie nicht so sehr, daß sie es nicht hingeben können, wenn die Pflichten der Ehre oder der Menschlichkeit es fordern. Philoktet erfüllt die griechische Bühne mit seinen Klagen; selbst der wüthende Hercules unterdrückt seinen Schmerz nicht. Die zum Opfer bestimmte Jphigenia gesteht mit rührender Offenheit, daß sie von dem Licht der Sonne mit Schmerzen scheide. Nirgends sucht der Grieche in der Abstumpfung und Gleichgültigkeit gegen das Leiden seinen Ruhm, sondern in Ertragung desselben bei allem Gefühl für dasselbe. Selbst die Götter der Griechen müssen der Natur einen Tribut entrichten, sobald sie der Dichter der Menschheit näher bringen will. Der verwundete Mars schreit vor Schmerz so laut auf, wie zehntausend Mann, und die von einer Lanze geritzte Venus steigt weinend zum Olymp, und verschwört alle Gefechte.

Diese zarte Empfindlichkeit für das Leiden, diese warme, aufrichtige, wahr und offen da liegende Natur, welche uns in den griechischen Kunstwerken so tief und lebendig rührt, ist ein

Muster der Nachahmung für alle Künstler, und ein Gesetz, das der griechische Genius der Kunst vorgeschrieben hat. Die erste Forderung an den Menschen macht immer und ewig die Natur, welche niemals darf abgewiesen werden; denn der Mensch ist — ehe er etwas Anderes ist — ein empfindendes Wesen. Die zweite Forderung an ihn macht die Vernunft, denn er ist ein vernünftig empfindendes Wesen, eine moralische Person, und für diese ist es Pflicht, die Natur nicht über sich herrschen zu lassen, sondern sie zu beherrschen. Erst alsdann, wenn **erstlich der Natur ihr Recht ist angethan worden, und wenn zweitens die Vernunft das ihrige behauptet hat**, ist es dem Anstand erlaubt, die **dritte Forderung** an den Menschen zu machen, und ihm, im Ausdruck sowohl seiner Empfindungen als seiner Gesinnungen, Rücksicht gegen die Gesellschaft aufzulegen, und sich als ein — **civilisirtes** Wesen zu zeigen.

Das erste Gesetz der tragischen Kunst war Darstellung der leidenden Natur. Das zweite ist Darstellung des moralischen Widerstandes gegen das Leiden.

Der Affect, als Affect, ist etwas Gleichgültiges, und die Darstellung desselben würde, für sich allein betrachtet, ohne allen ästhetischen Werth seyn; denn, um es noch einmal zu wiederholen, nichts, was bloß die sinnliche Natur angeht, ist der Darstellung würdig. Daher sind nicht nur alle bloß erschlaffenden (schmelzenden) Affecte, sondern überhaupt auch alle **höchsten Grade**, von was für Affecten es auch sey, unter der Würde tragischer Kunst.

Die schmelzenden Affecte, die bloß zärtlichen Rührungen, gehören zum Gebiet des **Angenehmen**, mit dem die schöne Kunst nichts zu thun hat. Sie ergötzen bloß den Sinn durch Auflösung oder Erschlaffung, und beziehen sich bloß auf den äußern, nicht auf den innern Zustand des Menschen. Viele

unferer Romane und Trauerspiele, besonders der sogenannten
Dramen (Mitteldinge zwischen Lustspiel und Trauerspiel) und der
beliebten Familiengemälde gehören in diese Classe. Sie bewirken
bloß Ausleerungen des Thränensacks und eine wollüstige Erleich=
terung der Gefäße; aber der Geist geht leer aus, und die edlere
Kraft im Menschen wird ganz und gar nicht dadurch gestärkt.
Eben so, sagt Kant, fühlt sich Mancher durch eine Predigt er=
baut, wobei doch gar nichts in ihm aufgebaut worden ist.
Auch die Musik der Neuern scheint es vorzüglich nur auf die
Sinnlichkeit anzulegen, und schmeichelt dadurch dem herrschenden
Geschmack, der nur angenehm gekitzelt, nicht ergriffen, nicht kräftig
gerührt, nicht erhoben seyn will. Alles Schmelzende wird
daher vorgezogen, und wenn noch so großer Lärm in einem Con=
zertsaale ist, so wird plötzlich Alles Ohr, wenn eine schmelzende
Passage vorgetragen wird. Ein bis ins Thierische gehender Aus=
druck der Sinnlichkeit erscheint dann gewöhnlich auf allen Ge=
sichtern, die trunkenen Augen schwimmen, der offene Mund ist
ganz Begierde, ein wollüstiges Zittern ergreift den ganzen Körper,
der Athem ist schnell und schwach, kurz alle Symptome der Be=
rauschung stellen sich ein: zum deutlichen Beweise, daß die Sinne
schwelgen, der Geist aber oder das Princip der Freiheit im Men=
schen der Gewalt des sinnlichen Eindrucks zum Raube wird. Alle
diese Rührungen, sage ich, sind durch einen edeln und männlichen
Geschmack von der Kunst ausgeschlossen, weil sie bloß allein dem
Sinne gefallen, mit dem die Kunst nichts zu verkehren hat.

Auf der andern Seite sind aber auch alle diejenigen Grade
des Affects ausgeschlossen, die den Sinn bloß quälen, ohne
zugleich den Geist dafür zu entschädigen. Sie unterdrücken die
Gemüthsfreiheit durch Schmerz nicht weniger als jene durch
Wollust, und können deßwegen bloß Verabscheuung und keine
Rührung bewirken, die der Kunst würdig wäre. Die Kunst

muß den Geist ergötzen und der Freiheit gefallen. Der, welcher einem Schmerz zum Raube wird, ist bloß ein gequältes Thier, kein leidender Mensch mehr; denn von dem Menschen wird schlechterdings ein moralischer Widerstand gegen das Leiden gefordert, durch den allein sich das Princip der Freiheit in ihm, die Intelligenz, kenntlich machen kann.

Aus diesem Grunde verstehen sich diejenigen Künstler und Dichter sehr schlecht auf ihre Kunst, welche das Pathos durch die bloße sinnliche Kraft des Affects und die höchst lebendigste Schilderung des Leidens zu erreichen glauben. Sie vergessen, daß das Leiden selbst nie der letzte Zweck der Darstellung und nie die unmittelbare Quelle des Vergnügens seyn kann, das wir am Tragischen empfinden. Das Pathetische ist nur ästhetisch, insofern es erhaben ist. Wirkungen aber, welche bloß auf eine sinnliche Quelle schließen lassen, und bloß in der Affection des Gefühlvermögens gegründet sind, sind niemals erhaben, wie viel Kraft sie auch verrathen mögen: denn alles Erhabene stammt nur aus der Vernunft.

Eine Darstellung der bloßen Passion (sowohl der wollüstigen als der peinlichen) ohne Darstellung der übersinnlichen Widerstehungskraft heißt gemein, das Gegentheil heißt edel. Gemein und edel sind Begriffe, die überall, wo sie gebraucht werden, eine Beziehung auf den Antheil oder Nichtantheil der übersinnlichen Natur des Menschen an einer Handlung oder an einem Werke bezeichnen. Nichts ist edel, als was aus der Vernunft quillt; Alles, was die Sinnlichkeit für sich hervorbringt, ist gemein. Wir sagen von einem Menschen, er handle gemein, wenn er bloß den Eingebungen seines sinnlichen Triebes folgt; er handle anständig, wenn er seinem Trieb nur mit Rücksicht auf Gesetze folgt; er handle edel, wenn er bloß der Vernunft, ohne Rücksicht auf seine Triebe folgt. Wir nennen eine

Gesichtsbildung gemein, wenn sie die Intelligenz im Menschen durch gar nichts kenntlich macht; wir nennen sie sprechend, wenn der Geist die Züge bestimmte, und edel, wenn ein reiner Geist die Züge bestimmte. Wir nennen ein Werk der Architektur gemein, wenn es uns keine andern als physische Zwecke zeigt; wir nennen es edel, wenn es, unabhängig von allen physischen Zwecken, zugleich Darstellung von Ideen ist.

Ein guter Geschmack also, sage ich, gestattet keine, wenn gleich noch so kraftvolle, Darstellung des Affects, die bloß physisches Leiden und physischen Widerstand ausdrückt, ohne zugleich die höhere Menschheit, die Gegenwart eines übersinnlichen Vermögens, sichtbar zu machen — und zwar aus dem schon entwickelten Grunde, weil nie das Leiden an sich, nur der Widerstand gegen das Leiden pathetisch und der Darstellung würdig ist. Daher sind alle absolut höchsten Grade des Affects dem Künstler sowohl als dem Dichter untersagt; denn alle unterdrücken die innerlich widerstehende Kraft, oder setzen vielmehr die Unterdrückung derselben schon voraus, weil kein Affect seinen absolut höchsten Grad erreichen kann, so lange die Intelligenz im Menschen noch einigen Widerstand leistet.

Jetzt entsteht die Frage: wodurch macht sich diese übersinnliche Widerstehungskraft in einem Affecte kenntlich? Durch nichts anders als durch Beherrschung, oder allgemeiner, durch Bekämpfung des Affects. Ich sage des Affects, denn auch die Sinnlichkeit kann kämpfen; aber das ist kein Kampf mit dem Affect, sondern mit der Ursache, die ihn hervorbringt — kein moralischer, sondern ein physischer Widerstand, den auch der Wurm äußert, wenn man ihn tritt, und der Stier, wenn man ihn verwundet, ohne deßwegen Pathos zu erregen. Daß der leidende Mensch seinen Gefühlen einen Ausdruck zu geben, daß er seinen Feind zu entfernen, daß er das leidende Glied in

Sicherheit zu bringen sucht, hat er mit jedem Thiere gemein, und schon der Instinct übernimmt dieses, ohne erst bei seinem Willen anzufragen. Das ist also noch kein Actus seiner Humanität, das macht ihn als Intelligenz noch nicht kenntlich. Die Sinnlichkeit wird zwar jederzeit ihren Feind, aber niemals sich selbst bekämpfen.

Der Kampf mit dem Affect hingegen ist ein Kampf mit der Sinnlichkeit, und setzt also etwas voraus, was von der Sinnlichkeit unterschieden ist. Gegen das Object, das ihn leiden macht, kann sich der Mensch mit Hülfe seines Verstandes und seiner Muskelkräfte wehren; gegen das Leiden selbst hat er keine andern Waffen, als Ideen der Vernunft.

Diese müssen also in der Darstellung vorkommen, oder durch sie erweckt werden, wo Pathos stattfinden soll. Nun sind aber Ideen im eigentlichen Sinn und positiv nicht darzustellen, weil ihnen nichts in der Anschauung entsprechen kann. Aber negativ und indirect sind sie allerdings darzustellen, wenn in der Anschauung etwas gegeben wird, wozu wir die Bedingungen in der Natur vergebens aufsuchen. Jede Erscheinung, deren letzter Grund aus der Sinnenwelt nicht kann abgeleitet werden, ist eine indirecte Darstellung des Uebersinnlichen.

Wie gelangt nun die Kunst dazu, etwas vorzustellen, was über der Natur ist, ohne sich übernatürlicher Mittel zu bedienen? Was für eine Erscheinung muß das seyn, die durch natürliche Kräfte vollbracht wird (denn sonst wäre sie keine Erscheinung) und dennoch ohne Widerspruch aus physischen Ursachen nicht kann hergeleitet werden? Dies ist die Aufgabe; und wie löst sie nun der Künstler?

Wir müssen uns erinnern, daß die Erscheinungen, welche im Zustand des Affects an einem Menschen können wahrgenommen werden, von zweierlei Gattung sind. Entweder es sind solche, die ihm bloß als Thier angehören und als solche bloß dem

Naturgesetz folgen, ohne daß sein Wille sie beherrschen oder überhaupt die selbstständige Kraft in ihm unmittelbaren Einfluß darauf haben könnte. Der Instinct erzeugt sie unmittelbar, und blind gehorchen sie seinen Gesetzen. Dahin gehören z. B. die Werkzeuge des Blutumlaufs, des Athemholens und die ganze Oberfläche der Haut; aber auch diejenigen Werkzeuge, die dem Willen unterworfen sind, warten nicht immer die Entscheidung des Willens ab, sondern der Instinct setzt sie oft unmittelbar in Bewegung, da besonders, wo dem physischen Zustand Schmerz oder Gefahr droht. So steht zwar unser Arm unter der Herrschaft des Willens, aber wenn wir unwissend etwas Heißes angreifen, so ist das Zurückziehen der Hand gewiß keine Willenshandlung, sondern der Instinct allein vollbringt sie. Ja, noch mehr. Die Sprache ist gewiß etwas, was unter der Herrschaft des Willens steht, und doch kann auch der Instinct sogar über dieses Werkzeug und Werk des Verstandes nach seinem Gutdünken disponiren, ohne erst bei dem Willen anzufragen, sobald ein großer Schmerz oder nur ein starker Affect uns überrascht. Man lasse den gefaßtesten Stoiker auf einmal etwas höchst Wunderbares oder unerwartet Schreckliches erblicken, man lasse ihn dabei stehen, wenn Jemand ausglitscht und in einen Abgrund fallen will, so wird ein lauter Ausruf und zwar kein bloß unarticulirter Ton, sondern ein ganz bestimmtes Wort, ihm unwillkürlich entwischen und die Natur in ihm wird früher als der Wille gehandelt haben. Dies dient also zum Beweis, daß es Erscheinungen an dem Menschen gibt, die nicht seiner Person als Intelligenz, sondern bloß seinem Instinct als einer Naturkraft können zugeschrieben werden.

Nun gibt es aber auch zweitens Erscheinungen an ihm, die unter dem Einfluß und unter der Herrschaft des Willens stehen, oder die man wenigstens als solche betrachten kann, die der Wille hätte verhindern können; welche also die Person und nicht der Instinct zu verantworten hat. Dem Instinct kommt es zu, das Interesse der Sinnlichkeit mit blindem Eifer zu besorgen; aber der Person kommt es zu, den Instinct durch Rücksicht auf Gesetze zu beschränken. Der Instinct achtet an sich selbst auf kein Gesetz; aber die Person hat dafür zu sorgen, daß den Vorschriften der Vernunft durch keine Handlung des Instincts Eintrag geschehe. So viel ist also gewiß, daß der Instinct allein nicht alle Erscheinungen am Menschen im Affect unbedingter Weise zu bestimmen hat, sondern daß ihm durch den Willen des Menschen eine Gränze gesetzt werden kann. Bestimmt der Instinct allein alle Erscheinungen am Menschen, so ist nichts mehr vorhanden, was an die Person erinnern könnte, und es ist bloß ein Naturwesen, also ein Thier, was wir vor uns haben; denn Thier heißt jedes Naturwesen unter der Herrschaft des Instincts. Soll also die Person dargestellt werden, so müssen einige Erscheinungen am Menschen vorkommen, die entweder gegen den Instinct, oder doch nicht durch den Instinct bestimmt worden sind. Schon daß sie nicht durch den Instinct bestimmt wurden, ist hinreichend, uns auf eine höhere Quelle zu leiten, sobald wir nur einsehen, daß der Instinct sie schlechterdings hätte anders bestimmen müssen, wenn seine Gewalt nicht wäre gebrochen worden.

Jetzt sind wir im Stande, die Art und Weise anzugeben, wie die übersinnliche selbstständige Kraft im Menschen, sein moralisches Selbst, im Affect zur Darstellung gebracht werden kann. — Dadurch nämlich, daß alle bloß der Natur gehorchenden Theile, über welche der Wille entweder gar niemals oder wenigstens unter gewissen Umständen nicht disponiren kann, die Gegenwart des Leidens verrathen — diejenigen Theile aber, welche der blinden Gewalt des Instincts entzogen sind, und dem Naturgesetz nicht nothwendig gehorchen, keine oder nur eine geringe Spur dieses Leidens zeigen, also in einem gewissen Grad frei erscheinen. An dieser Disharmonie nun zwischen denjenigen Zügen, die der animalischen Natur nach dem Gesetz der Nothwendigkeit eingeprägt werden, und zwischen denen, die der selbstthätige Geist bestimmt, erkennt man die Gegenwart eines **übersinnlichen Princips im Menschen**, welches den Wirkungen der Natur eine Gränze setzen kann, und sich also eben dadurch als von derselben unterschieden kenntlich macht. Der bloß thierische Theil des Menschen folgt dem Naturgesetz, und darf daher von der Gewalt des Affects unterdrückt erscheinen. An diesem Theil also offenbart sich die ganze Stärke des Leidens, und dient gleichsam zum Maß, nach welchem der Widerstand geschätzt werden kann; denn man kann die Stärke des Widerstandes, oder die moralische Macht in dem Menschen, nur nach der Stärke des Angriffs beurtheilen. Je entscheidender und gewaltsamer nun der Affect in dem **Gebiet der Thierheit** sich äußert, ohne doch im **Gebiet der Menschheit** dieselbe Macht behaupten zu können, desto mehr wird diese letztere kenntlich, desto glorreicher offenbart sich die moralische Selbstständigkeit des Menschen, desto pathetischer ist die Darstellung und desto erhabener das Pathos.¹

¹ Unter dem **Gebiet der Thierheit** begreife ich das ganze System derjenigen Erscheinungen am Menschen, die unter der blinden Gewalt des Naturtriebes stehen und ohne Voraussetzung einer Freiheit des Willens vollkommen erklärbar sind; unter dem **Gebiet der Menschheit** aber diejenigen, welche ihre Gesetze von der Freiheit empfangen. Mangelt nun bei einer Darstellung der Affect im Gebiet der Thierheit, so läßt uns dieselbe kalt; **herrscht er hingegen im Gebiet der Menschheit, so ekelt sie uns an und empört.** Im Gebiet der Thierheit muß der Affect jederzeit **unaufgelöst** bleiben, sonst fehlt das Pathetische; erst im Gebiet der Menschheit darf sich die Auflösung finden. Eine leidende Person, klagend und weinend vorgestellt, wird daher nur schwach rühren, denn Klagen und Thränen lösen den Schmerz schon im Gebiet der Thierheit auf. Weit stärker ergreift uns der verbissene stumme Schmerz, wo wir

In den Bildsäulen der Alten findet man diesen ästhetischen Grundsatz anschaulich gemacht; aber es ist schwer, den Eindruck, den der sinnlich lebendige Anblick macht, unter Begriffe zu bringen, und durch Worte anzugeben. Die Gruppe des Laokoon und seiner Kinder ist ungefähr ein Maß für das, was die bildende Kunst der Alten im Pathetischen zu leisten vermochte. „Laokoon," sagt uns Winkelmann in seiner Gesch. der Kunst (S. 699 der Wiener Quartausgabe), „ist eine Natur im höchsten Schmerze, nach dem Bilde eines Mannes gemacht, der die bewußte Stärke des Geistes gegen denselben zu sammeln sucht; und indem sein Leiden die Muskeln aufschwellet und die Nerven anziehet, tritt der mit Stärke bewaffnete Geist in der aufgetriebenen Stirne hervor, und die Brust erhebt sich durch den beklemmten Odem, und durch Zurückhaltung des Ausdrucks der Empfindung, um den Schmerz in sich zu fassen und zu verschließen. Das bange Seufzen, welches er in sich und den Odem an sich ziehet, erschöpft den Unterleib, und macht die Seiten hohl, welches uns gleichsam von der Bewegung seiner Eingeweide urtheilen läßt. Sein eigenes Leiden aber scheint ihn weniger zu beängstigen als die Pein seiner Kinder, die ihr Angesicht zum Vater wenden und um Hülfe schreien; denn das väterliche Herz offenbart sich in den wehmüthigen Augen, und das Mitleiden scheint in einem trüben Duft auf denselben zu schwimmen. Sein Gesicht ist klagend, aber nicht schreiend, seine Augen sind nach der höhern Hülfe gewandt. Der Mund ist voll von Wehmuth und die gesenkte Unterlippe schwer von derselben; in der überwärts gezogenen Oberlippe aber ist dieselbe mit Schmerz vermischet, welcher mit einer Regung

bei der Natur keine Hülfe finden, sondern zu etwas, das über alle Natur hinausliegt, unsere Zuflucht nehmen müssen; und eben in dieser Hinweisung auf das Uebersinnliche liegt das Pathos und die tragische Kraft.

von Unmuth, wie über ein unverdientes unwürdiges Leiden, in die Nase hinauftritt, dieselbe schwellen macht, und sich in den erweiterten und aufwärts gezogenen Nüstern offenbart. Unter der Stirn ist der Streit zwischen Schmerz und Widerstand, wie in einem Punkte vereinigt, mit großer Wahrheit gebildet; denn indem der Schmerz die Augenbraunen in die Höhe treibt, so drückt das Sträuben gegen denselben das obere Augenfleisch niederwärts und gegen das obere Augenlied zu, so daß dasselbe durch das übergetretene Fleisch beinahe ganz bedeckt wird. Die Natur, welche der Künstler nicht verschönern konnte, hat er ausgewickelter, angestrengter und mächtiger zu zeigen gesucht; da, wohin der größte Schmerz gelegt ist, zeigt sich auch die größte Schönheit. Die linke Seite, in welche die Schlange mit dem wüthenden Bisse ihr Gift ausgießt, ist diejenige, welche durch die nächste Empfindung zum Herzen am heftigsten zu leiden scheint. Seine Beine wollen sich erheben, um seinem Uebel zu entrinnen; kein Theil ist in Ruhe, ja die Meißelstriche selbst helfen zur Bedeutung einer erstarrten Haut."

Wie wahr und fein ist in dieser Beschreibung der Kampf der Intelligenz mit dem Leiden der sinnlichen Natur entwickelt, und wie treffend die Erscheinungen angegeben, in denen sich Thierheit und Menschheit, Naturzwang und Vernunftfreiheit offenbaren! Virgil schilderte bekanntlich denselben Auftritt in seiner Aeneis; aber es lag nicht in dem Plan des epischen Dichters, sich bei dem Gemüthszustande des Laokoon, wie der Bildhauer thun mußte, zu verweilen. Bei dem Virgil ist die ganze Erzählung bloß Nebenwerk, und die Absicht, wozu sie ihm dienen soll, wird hinlänglich durch die bloße Darstellung des Physischen erreicht, ohne daß er nöthig gehabt hätte, uns in die Seele des Leidenden tiefe Blicke thun zu lassen, da er uns nicht sowohl zum Mitleid bewegen, als mit Schrecken durchdringen will. Die

Pflicht des Dichters war also in dieser Hinsicht bloß negativ, nämlich, die Darstellung der leidenden Natur nicht so weit zu treiben, daß aller Ausdruck der Menschheit oder des moralischen Widerstandes dabei verloren ging, weil sonst Unwille und Abscheu unausbleiblich erfolgen müßten. Er hielt sich daher lieber an Darstellung der Ursache des Leidens, und fand für gut, sich umständlicher über die Furchtbarkeit der beiden Schlangen und über die Wuth, mit der sie ihr Schlachtopfer anfallen, als über die Empfindungen desselben zu verbreiten. An diesen eilt er nur schnell vorüber, weil ihm daran liegen mußte, die Vorstellung eines göttlichen Strafgerichts und den Eindruck des Schreckens ungeschwächt zu erhalten. Hätte er uns hingegen von Laokoons Person so viel wissen lassen, als der Bildhauer, so würde nicht mehr die strafende Gottheit, sondern der leidende Mensch der Held in der Handlung gewesen seyn, und die Episode ihre Zweckmäßigkeit für das Ganze verloren haben.

Man kennt die Virgilische Erzählung schon aus Lessings vortrefflichem Commentar. Aber die Absicht, wozu Lessing sie gebrauchte, war bloß, die Gränzen der poetischen und malerischen Darstellung an diesem Beispiel anschaulich zu machen, nicht den Begriff des Pathetischen daraus zu entwickeln. Zu dem letztern Zweck scheint sie mir aber nicht weniger brauchbar, und man erlaube mir, sie in dieser Hinsicht noch einmal zu durchlaufen.

> Ecce autem gemini Tenedo tranquilla per alta
> (horresco referens) immensis orbibus angues
> incumbunt pelago, pariterque ad littora tendunt.
> Pectora quorum inter fluctus arrecta, jubaeque
> sanguineae exsuperant undas, pars caetera pontum
> pone legit, sinuatque immensa volumine terga.
> Fit sonitus spumante salo, jamque arva tenebant,
> ardenteis oculos suffecti sanguine et igni,
> sibila lambebant linguis vibrantibus ora.

Die erste von den drei oben angeführten Bedingungen des Erhabenen, der Macht, ist hier gegeben; eine mächtige Naturkraft nämlich, die zur Zerstörung bewaffnet ist und jedes Widerstandes spottet. Daß aber dieses Mächtige zugleich furchtbar, und das Furchtbare erhaben werde, beruht auf zwei verschiedenen Operationen des Gemüths, d. i. auf zwei Vorstellungen, die wir selbstthätig in uns erzeugen. Indem wir erstlich diese unwiderstehliche Naturmacht mit dem schwachen Widerstehungsvermögen des physischen Menschen zusammenhalten, erkennen wir sie als furchtbar, und indem wir sie zweitens auf unsern Willen beziehen und uns die absolute Unabhängigkeit desselben von jedem Natureinfluß ins Bewußtseyn rufen, wird sie uns zu einem erhabenen Object. Diese beiden Beziehungen aber stellen wir an; der Dichter gab uns weiter nichts als einen mit starker Macht bewaffneten und nach Aeußerung derselben strebenden Gegenstand. Wenn wir davor zittern, so geschieht es bloß, weil wir uns selbst oder ein uns ähnliches Geschöpf im Kampf mit demselben denken. Wenn wir uns bei diesem Zittern erhaben fühlen, so ist es, weil wir uns bewußt werden, daß wir, auch selbst als ein Opfer dieser Macht, für unser freies Selbst, für die Autonomie unserer Willensbestimmungen, nichts zu fürchten haben würden. Kurz, die Darstellung ist bis hieher bloß contemplativ erhaben.

> Diffugimus visu exsangues, illi agmine certo
> Laocoonta petunt,

Jetzt wird das Mächtige zugleich als furchtbar gegeben, und das Contemplativerhabene geht ins Pathetische über. Wir sehen es wirklich mit der Ohnmacht des Menschen in Kampf treten. Laokoon oder wir, das wirkt bloß dem Grad nach verschieden. Der sympathetische Trieb schreckt den Erhaltungstrieb auf, die Ungeheuer schießen los auf — uns, und alles Entrinnen ist vergebens.

Jetzt hängt es nicht mehr von uns ab, ob wir diese Macht mit der unsrigen messen und auf unsre Existenz beziehen wollen. Dies geschieht ohne unser Zuthun in dem Objecte selbst. Unsre Furcht hat also nicht, wie im vorhergehenden Moment, einen bloß subjectiven Grund in unserm Gemüthe, sondern einen objectiven Grund in dem Gegenstand. Denn erkennen wir gleich das Ganze für eine bloße Fiction der Einbildungskraft, so unterscheiden wir doch auch in dieser Fiction eine Vorstellung, die uns von außen mitgetheilt wird, von einer andern, die wir selbstthätig in uns hervorbringen.

Das Gemüth verliert also einen Theil seiner Freiheit, weil es von außen empfängt, was es vorher durch seine Selbstthätigkeit erzeugte. Die Vorstellung der Gefahr erhält einen Anschein objectiver Realität, und es wird Ernst mit dem Affecte.

Wären wir nun nichts als Sinnenwesen, die keinem andern als dem Erhaltungstriebe folgen, so würden wir hier stille stehen und im Zustand des bloßen Leidens verharren. Aber etwas ist in uns, was an den Affectionen der sinnlichen Natur keinen Theil nimmt, und dessen Thätigkeit sich nach keinen physischen Bedingungen richtet. Je nachdem nun dieses selbstthätige Princip (die moralische Anlage) in einem Gemüth sich entwickelt hat, wird der leidenden Natur mehr oder weniger Raum gelassen seyn, und mehr oder weniger Selbstthätigkeit im Affecte übrig bleiben.

In moralischen Gemüthern geht das Furchtbare (der Einbildungskraft) schnell und leicht ins Erhabene über. So wie die Imagination ihre Freiheit verliert, so macht die Vernunft die ihrige geltend; und das Gemüth erweitert sich nur desto mehr nach innen, indem es nach außen Gränzen findet. Herausgeschlagen aus allen Verschanzungen, die dem Sinnenwesen einen physischen Schutz verschaffen können, werfen wir uns in die unbezwingliche Burg unserer moralischen Freiheit, und gewinnen eben dadurch eine absolute und unendliche Sicherheit, indem wir eine bloß comparative und prekäre Schutzwehr im Felde der Erscheinung verloren geben. Aber eben darum, weil es zu diesem physischen Bedrängniß gekommen seyn muß, ehe wir bei unserer moralischen Natur Hülfe suchen, so können wir dieses hohe Freiheitsgefühl nicht anders als mit Leiden erkaufen. Die gemeine Seele bleibt bloß bei diesem Leiden stehen, und fühlt im Erhabenen des Pathos nie mehr als das Furchtbare; ein selbstständiges Gemüth hingegen nimmt gerade von diesem Leiden den Uebergang zum Gefühl seiner herrlichsten Kraftwirkung und weiß aus jedem Furchtbaren ein Erhabenes zu erzeugen.

> Laocoonta petunt, ac primum parva duorum
> corpora gnatorum serpens amplexus uterque
> implicat, ac miseros morsu depascitur artus.

Es thut eine große Wirkung, daß der moralische Mensch (der Vater) eher als der physische angefallen wird. Alle Affecte sind ästhetischer aus der zweiten Hand, und keine Sympathie ist stärker, als die wir mit der Sympathie empfinden.

> Post ipsum auxilio subeuntem ac tela ferentem
> corripiunt.

Jetzt war der Augenblick da, den Helden als moralische Person bei uns in Achtung zu setzen, und der Dichter ergriff diesen Augenblick. Wir kennen aus seiner Beschreibung die ganze Macht und Wuth der feindlichen Ungeheuer, und wissen, wie vergeblich aller Widerstand ist. Wäre nun Laokoon bloß ein gemeiner Mensch, so würde er seines Vortheils wahrnehmen, und wie die übrigen Trojaner in einer schnellen Flucht seine Rettung suchen.

Aber er hat ein Herz in seinem Busen, und die Gefahr seiner Kinder hält ihn zu seinem eigenen Verderben zurück. Schon dieser einzige Zug macht ihn unsers ganzen Mitleidens würdig. In was für einem Moment auch die Schlangen ihn ergriffen haben möchten, es würde uns immer bewegt und erschüttert haben. Daß es aber gerade in dem Moment geschieht, wo er als Vater uns achtungswürdig wird, daß sein Untergang gleichsam als unmittelbare Folge der erfüllten Vaterpflicht, der zärtlichen Bekümmerniß für seine Kinder vorgestellt wird — dies entflammt unsere Theilnahme aufs höchste. Er ist es jetzt gleichsam selbst, der sich aus freier Wahl dem Verderben hingibt, und sein Tod wird eine Willenshandlung.

Bei allem Pathos muß also der Sinn durch Leiden, der Geist durch Freiheit interessirt seyn. Fehlt es einer pathetischen Darstellung an einem Ausdruck der leidenden Natur, so ist sie ohne ästhetische Kraft, und unser Herz bleibt kalt. Fehlt es ihr an einem Ausdruck der ethischen Anlage, so kann sie bei aller sinnlichen Kraft nie **pathetisch** seyn, und wird unausbleiblich unsere Empfindung empören. Aus aller Freiheit des Gemüths muß immer der leidende Mensch, aus allem Leiden der Menschheit muß immer der selbstständige oder der Selbstständigkeit fähige Geist durchscheinen.

Auf zweierlei Weise aber kann sich die Selbstständigkeit des Geistes im Zustand des Leidens offenbaren. Entweder **negativ**: wenn der ethische Mensch von dem physischen das Gesetz nicht empfängt, und dem Zustand keine Causalität für die Gesinnung gestattet wird; oder **positiv**: wenn der ethische Mensch dem physischen das Gesetz **gibt**, und die Gesinnung für den

Zustand Causalität erhält. Aus dem ersten entspringt das Erhabene der Fassung, aus dem zweiten das Erhabene der Handlung.

Ein Erhabenes der Fassung ist jeder vom Schicksal unabhängige Charakter. „Ein tapferer Geist, im Kampf mit der „Widerwärtigkeit," sagt Seneca, „ist ein anziehendes Schau„spiel, selbst für die Götter." Einen solchen Anblick gibt uns der römische Senat nach dem Unglück bei Cannä. Selbst Miltons Lucifer, wenn er sich in der Hölle, seinem künftigen Wohnort, zum ersten Mal umsieht, durchdringt uns, dieser Seelenstärke wegen, mit einem Gefühl von Bewunderung. „Schrecken, „ich grüße euch," ruft er aus, „und dich, unterirdische Welt, „und dich, tiefste Hölle! Nimm auf, deinen neuen Gast. Er „kommt zu dir mit einem Gemüth, das weder Zeit noch Ort „umgestalten soll. In seinem Gemüthe wohnt er. Das wird „ihm in der Hölle selbst einen Himmel erschaffen. Hier endlich „sind wir frei, u. s. f." Die Antwort der Medea im Trauerspiel gehört in die nämliche Classe.

Das Erhabene der Fassung läßt sich anschauen, denn es beruht auf der Coëxistenz; das Erhabene der Handlung hingegen läßt sich bloß denken, denn es beruht auf der Succession, und der Verstand ist nöthig, um das Leiden von einem freien Entschluß abzuleiten. Daher ist nur das Erste für den bildenden Künstler, weil dieser nur das Coëxistente glücklich darstellen kann; der Dichter aber kann sich über Beides verbreiten. Selbst wenn der bildende Künstler eine erhabene Handlung darzustellen hat, muß er sie in eine erhabene Fassung verwandeln.

Zum Erhabenen der Handlung wird erfordert, daß das Leiden eines Menschen auf seine moralische Beschaffenheit nicht nur keinen Einfluß habe, sondern vielmehr umgekehrt das Werk seines moralischen Charakters sey. Dies kann auf zweierlei Weise seyn.

Entweder mittelbar nach dem Gesetz der Freiheit, wenn er aus Achtung für irgend eine Pflicht das Leiden erwählt. Die Vorstellung der Pflicht bestimmt ihn in diesem Falle als Motiv, und sein Leiden ist eine Willenshandlung. Oder unmittelbar und nach dem Gesetz der Nothwendigkeit, wenn er eine übertretene Pflicht moralisch büßt. Die Vorstellung der Pflicht bestimmt ihn in diesem Falle als Macht, und sein Leiden ist bloß eine Wirkung. Ein Beispiel des Ersten gibt uns Regulus, wenn er, um Wort zu halten, sich der Rachbegier der Carthaginienser ausliefert; zu einem Beispiel des Zweiten würde er uns dienen, wenn er sein Wort gebrochen und das Bewußtseyn dieser Schuld ihn elend gemacht hätte. In beiden Fällen hat das Leiden einen moralischen Grund, nur mit dem Unterschied, daß er uns in dem ersten Fall seinen moralischen Charakter, in dem andern bloß seine Bestimmung dazu zeigt. In dem ersten Fall erscheint er als eine moralisch große Person, in dem zweiten bloß als ein ästhetisch großer Gegenstand.

Dieser letzte Unterschied ist wichtig für die tragische Kunst, und verdient daher eine genauere Erörterung.

Ein erhabenes Object, bloß in der ästhetischen Schätzung, ist schon derjenige Mensch, der uns die Würde der menschlichen Bestimmung durch seinen Zustand vorstellig macht, gesetzt auch, daß wir diese Bestimmung in seiner Person nicht realisirt finden sollten. Erhaben in der moralischen Schätzung wird er nur alsdann, wenn er sich zugleich als Person jener Bestimmung gemäß verhält, wenn unsere Achtung nicht bloß seinem Vermögen, sondern dem Gebrauch dieses Vermögens gilt, wenn nicht bloß seiner Anlage, sondern seinem wirklichen Betragen Würde zukommt. Es ist ganz etwas anders, ob wir bei unserm Urtheil auf das moralische Vermögen überhaupt, und auf die Möglichkeit einer absoluten Freiheit des Willens, oder ob wir auf den Gebrauch dieses Vermögens und auf die Wirklichkeit dieser absoluten Freiheit des Willens unser Augenmerk richten.

Es ist etwas ganz anders, sage ich, und diese Verschiedenheit liegt nicht etwa nur in den beurtheilten Gegenständen, sondern sie liegt in der verschiedenen Beurtheilungsweise. Der nämliche Gegenstand kann uns in der moralischen Schätzung mißfallen und in der ästhetischen sehr anziehend für uns seyn. Aber wenn er uns auch in beiden Instanzen der Beurtheilung Genüge leistete, so thut er diese Wirkung bei beiden auf eine ganz verschiedene Weise. Er wird dadurch, daß er ästhetisch brauchbar ist, nicht moralisch befriedigend, und dadurch, daß er moralisch befriedigt, nicht ästhetisch brauchbar.

Ich denke mir z. B. die Selbstaufopferung des Leonidas bei Thermopylä. Moralisch beurtheilt, ist mir diese Handlung Darstellung des bei allem Widerspruch der Instincte erfüllten Sittengesetzes; ästhetisch beurtheilt, ist sie mir Darstellung des von allem Zwang der Instincte unabhängigen, sittlichen Vermögens. Meinen moralischen Sinn (die Vernunft) befriedigt diese Handlung; meinen ästhetischen Sinn (die Einbildungskraft) entzückt sie.

Von dieser Verschiedenheit meiner Empfindungen bei dem nämlichen Gegenstande gebe ich mir folgenden Grund an.

Wie sich unser Wesen in zwei Principien oder Naturen theilt, so theilen sich, diesen gemäß, auch unsere Gefühle in zweierlei ganz verschiedene Geschlechter. Als Vernunftwesen empfinden wir Beifall oder Mißbilligung; als Sinnenwesen empfinden wir Lust oder Unlust. Beide Gefühle, des Beifalls und der Lust, gründen sich auf eine Befriedigung: jenes auf Befriedigung eines Anspruchs, denn die Vernunft fordert bloß, aber bedarf nicht: dieses auf Befriedigung eines Anliegens, denn der Sinn bedarf bloß, und kann nicht fordern. Beide, die Forderungen der

Vernunft und die Bedürfnisse des Sinnes, verhalten sich zu einander, wie Nothwendigkeit zu Nothdurft; sie sind also beide unter dem Begriff von Necessität enthalten; bloß mit dem Unterschied, daß die Necessität der Vernunft ohne Bedingung, die Necessität der Sinne bloß unter Bedingungen statt hat. Bei beiden aber ist die Befriedigung zufällig. Alles Gefühl, der Lust sowohl als des Beifalls, gründet sich also zuletzt auf Uebereinstimmung des Zufälligen mit dem Nothwendigen. Ist das Nothwendige ein Imperativ, so wird Beifall, ist es eine Nothdurft, so wird Lust die Empfindung seyn; beide in desto stärkerm Grade, je zufälliger die Befriedigung ist.

Nun liegt bei aller moralischen Beurtheilung eine Forderung der Vernunft zum Grunde, daß moralisch gehandelt werde, und es ist eine unbedingte Necessität vorhanden, daß wir wollen, was recht ist. Weil aber der Wille frei ist, so ist es (physisch) zufällig, ob wir es wirklich thun. Thun wir es nun wirklich, so erhält diese Uebereinstimmung des Zufalls im Gebrauche der Freiheit mit dem Imperativ der Vernunft Billigung oder Beifall, und zwar in desto höherem Grade, als der Widerstreit der Neigungen diesen Gebrauch der Freiheit zufälliger und zweifelhafter machte.

Bei der ästhetischen Schätzung hingegen wird der Gegenstand auf das Bedürfniß der Einbildungskraft bezogen, welche nicht gebieten, bloß verlangen kann, daß das Zufällige mit ihrem Interesse übereinstimmen möge. Das Interesse der Einbildungskraft aber ist: sich frei von Gesetzen im Spiele zu erhalten. Diesem Hange zur Ungebundenheit ist die sittliche Verbindlichkeit des Willens, durch welche ihm sein Object auf das strengste bestimmt wird, nichts weniger als günstig; und da die sittliche Verbindlichkeit des Willens der Gegenstand des moralischen Urtheils ist, so sieht man leicht, daß bei dieser Art zu urtheilen die Einbildungskraft ihre Rechnung nicht finden könne.

Aber eine sittliche Verbindlichkeit des Willens läßt sich nur unter Voraussetzung einer absoluten Indepenbenz desselben vom Zwang der Naturtriebe denken; die Möglichkeit des Sittlichen postulirt also Freiheit, und stimmt folglich mit dem Interesse der Phantasie hierin auf das vollkommenste zusammen. Weil aber die Phantasie durch ihr Bedürfniß nicht so vorschreiben kann, wie die Vernunft durch ihren Imperativ dem Willen der Individuen vorschreibt, so ist das Vermögen der Freiheit, auf die Phantasie bezogen, etwas Zufälliges, und muß daher, als Uebereinstimmung des Zufalls mit dem (bedingungsweise) Nothwendigen Lust erwecken. Beurtheilen wir also jene That des Leonidas moralisch, so betrachten wir sie aus einem Gesichtspunkt, wo uns weniger ihre Zufälligkeit als ihre Nothwendigkeit in die Augen fällt. Beurtheilen wir sie hingegen ästhetisch, so betrachten wir sie aus einem Standpunkt, wo sich uns weniger ihre Nothwendigkeit als ihre Zufälligkeit darstellt. Es ist Pflicht für jeden Willen, so zu handeln, sobald er ein freier Wille ist; daß es aber überhaupt eine Freiheit des Willens gibt, welche es möglich macht, so zu handeln, dies ist eine Gunst der Natur in Rücksicht auf dasjenige Vermögen, welchem Freiheit Bedürfniß ist. Beurtheilt also der moralische Sinn — die Vernunft — eine tugendhafte Handlung, so ist Billigung das Höchste, was erfolgen kann, weil die Vernunft nie mehr und selten nur so viel finden kann, als sie fordert. Beurtheilt hingegen der ästhetische Sinn, die Einbildungskraft, die nämliche Handlung, so erfolgt eine positive Lust, weil die Einbildungskraft niemals Einstimmigkeit mit ihrem Bedürfnisse fordern kann, und sich also von der wirklichen Befriedigung desselben, als von einem glücklichen Zufall, überrascht finden muß. Daß Leonidas die heldenmüthige Entschließung wirklich faßte, billigen wir; daß er sie fassen konnte, darüber frohlocken wir und sind entzückt.

Der Unterschied zwischen beiden Arten der Beurtheilung fällt noch deutlicher in die Augen, wenn man eine Handlung zum Grunde legt, über welche das moralische und das ästhetische Urtheil verschieden ausfallen. Man nehme die Selbstverbrennung des Peregrinus Proteus zu Olympia. Moralisch beurtheilt, kann ich dieser Handlung nicht Beifall geben, insofern ich unreine Triebfedern dabei wirksam finde, um derentwillen die Pflicht der Selbsterhaltung hintangesetzt wird. Aesthetisch beurtheilt, gefällt mir aber diese Handlung, und zwar deßwegen gefällt sie mir, weil sie von einem Vermögen des Willens zeugt, selbst dem mächtigsten aller Instincte, dem Triebe der Selbsterhaltung, zu widerstehen. Ob es eine rein moralische Gesinnung oder ob es bloß eine mächtigere sinnliche Reizung war, was den Selbsterhaltungstrieb bei dem Schwärmer Peregrin unterdrückte, darauf achte ich bei der ästhetischen Schätzung nicht, wo ich das Individuum verlasse, von dem Verhältniß seines Willens zu dem Willensgesetz abstrahire, und mir den menschlichen Willen überhaupt, als Vermögen der Gattung, im Verhältniß zu der ganzen Naturgewalt denke. Bei der moralischen Schätzung, hat man gesehen, wurde die Selbsterhaltung als eine Pflicht vorgestellt, daher beleidigte ihre Verletzung; bei der ästhetischen Schätzung hingegen wurde sie als ein Interesse angesehen, daher gefiel ihre Hintansetzung. Bei der letztern Art des Beurtheilens wird also die Operation gerade umgekehrt, die wir bei der erstern verrichten. Dort stellen wir das sinnlich beschränkte Individuum und den pathologisch-afficirbaren Willen dem absoluten Willensgesetz und der unendlichen Geisterpflicht, hier hingegen stellen wir das absolute Willensvermögen und die unendliche Geistergewalt dem Zwange der Natur und den Schranken der Sinnlichkeit gegenüber. Daher läßt uns das ästhetische Urtheil frei, und erhebt und begeistert uns, weil wir uns schon durch das bloße Vermögen, absolut zu wollen, schon durch die bloße Anlage zur Moralität gegen die Sinnlichkeit in augenscheinlichem Vortheil befinden, weil schon durch die bloße Möglichkeit, uns vom Zwange der Natur loszusagen, unserm Freiheitsbedürfniß geschmeichelt wird. Daher beschränkt uns das moralische Urtheil, und demüthigt uns, weil wir uns bei jedem besondern Willensact gegen das absolute Willensgesetz mehr oder weniger im Nachtheil befinden, und durch die Einschränkung des Willens auf eine einzige Bestimmungsweise, welche die Pflicht schlechterdings fordert, dem Freiheitstriebe der Phantasie widersprochen wird. Dort schwingen wir uns von dem Wirklichen zu dem Möglichen, und von dem Individuum zur Gattung empor; hier hingegen steigen wir vom Möglichen zum Wirklichen herunter, und schließen die Gattung in die Schranken des Individuums ein; kein Wunder also, wenn wir uns bei ästhetischen Urtheilen erweitert, bei moralischen hingegen eingeengt und gebunden fühlen.¹

¹ Diese Auflösung, errinnere ich bei!äufig, erklärt uns auch die Verschiedenheit des ästhetischen Eindrucks, den die Kant'sche Vorstellung der Pflicht auf seine verschiedenen Beurtheiler zu machen pflegt. Ein nicht zu verachtender Theil des Publicums findet diese Vorstellung der Pflicht sehr demüthigend; ein anderer findet sie unendlich erhebend für das Herz. Beide haben Recht, und der Grund dieses Widerspruchs liegt b'oß in der Verschiedenhe t des Standpunkts, aus welchem beide diesen Gegenstand betrachten. Seine bloße Schuldigkeit thun, hat allerdings nichts Großes, und insofern das Beste, was wir zu leisten vermögen, nichts als Erfüllung, und noch mangelhafte Erfüllung unserer Pflicht ist, liegt in der höchsten Tugend nichts Begeisterndes. Aber bei allen Schranken der sinnlichen Natur dennoch treu und beharrlich seine Schuldigkeit thun, und in den Fesseln der Materie dem heiligen Geistergesetz unwandelbar folgen, dies ist allerdings erhebend und der Bewunderung werth. Gegen die Geisterwelt gehalten, ist an unserer Tugend freilich nichts Verdienstliches, und wie viel wir es uns auch kosten lassen mögen wir werden immer unnütze Knechte seyn; gegen die Sinnenwelt gehalten, ist sie hingegen ein desto erhabeneres Object. Insofern wir also Handlungs=

Aus diesem Allem ergibt sich denn, daß die moralische und die ästhetische Beurtheilung, weit entfernt, einander zu unterstützen, einander vielmehr im Wege stehen, weil sie dem Gemüth zwei ganz entgegengesetzte Richtungen geben; denn die Gesetzmäßigkeit, welche die Vernunft als moralische Richterin fordert, besteht nicht mit der Ungebundenheit, welche die Einbildungskraft als ästhetische Richterin verlangt. Daher wird ein Object zu einem ästhetischen Gebrauch gerade um so viel weniger taugen, als es sich zu einem moralischen qualificirt; und wenn der Dichter es dennoch erwählen müßte, so wird er wohl thun, es so zu behandeln, daß nicht sowohl unsere Vernunft auf die Regel des Willens, als vielmehr unsere Phantasie auf das Vermögen des Willens hingewiesen werde. Um seiner selbst willen muß der Dichter diesen Weg einschlagen, denn mit unserer Freiheit ist sein Reich zu Ende. Nur so lange wir außer uns anschauen, sind wir sein; er hat uns verloren, sobald wir in unsern eigenen Busen greifen. Dies erfolgt aber unausbleiblich, sobald ein Gegenstand nicht mehr als Erscheinung von uns betrachtet wird, sondern als Gesetz über uns richtet.

Selbst von den Aeußerungen der erhabensten Tugend kann der Dichter nichts für seine Absichten brauchen, als was an denselben der Kraft gehört. Um die Richtung der Kraft bekümmert er sich nichts. Der Dichter, auch wenn er die vollkommensten sittlichen Muster vor unsere Augen stellt, hat keinen

---

moralisch beurtheilen, und sie auf das Sittengesetz beziehen, werden wir wenig Ursache haben, auf unsere Sittlichkeit stolz zu seyn; insofern wir aber auf die Möglichkeit dieser Handlungen sehen, und das Vermögen unsers Gemüths, das denselben zum Grund liegt, auf die Welt der Erscheinungen beziehen, d. h. insofern wir sie ästhetisch beurtheilen, ist uns ein gewisses Selbstgefühl erlaubt, ja, es ist sogar nothwendig, weil wir ein Princivium in uns aufdecken, das über alle Vergleichung groß und unendlich ist.

andern Zweck, und darf keinen andern haben, als uns durch Betrachtung derselben zu ergötzen. Nun kann uns aber nichts ergötzen, als was unser Subject verbessert, und nichts kann uns geistig ergötzen, als was unser geistiges Vermögen erhöht. Wie kann aber die Pflichtmäßigkeit eines Andern unser Subject verbessern und unsere geistige Kraft vermehren? Daß er seine Pflicht wirklich erfüllt, beruht auf einem zufälligen Gebrauche, den er von seiner Freiheit macht, und der eben darum für uns nichts beweisen kann. Es ist bloß das Vermögen zu einer ähnlichen Pflichtmäßigkeit, was wir mit ihm theilen, und indem wir in seinem Vermögen auch das unsrige wahrnehmen, fühlen wir unsere geistige Kraft erhöht. Es ist also bloß die vorgestellte Möglichkeit eines absolut freien Wollens, wodurch die wirkliche Ausübung desselben unserm ästhetischen Sinn gefällt.

Noch mehr wird man sich davon überzeugen, wenn man nachdenkt, wie wenig die poetische Kraft des Eindrucks, den sittliche Charaktere oder Handlungen auf uns machen, von ihrer historischen Realität abhängt. Unser Wohlgefallen an idealischen Charakteren verliert nichts durch die Erinnerung, daß sie poetische Fictionen sind, denn es ist die poetische, nicht die historische Wahrheit, auf welche alle ästhetische Wirkung sich gründet. Die poetische Wahrheit besteht aber nicht darin, daß etwas wirklich geschehen ist, sondern darin, daß es geschehen konnte, also in der innern Möglichkeit der Sache. Die ästhetische Kraft muß also schon in der vorgestellten Möglichkeit liegen.

Selbst an wirklichen Begebenheiten historischer Personen ist nicht die Existenz, sondern das durch die Existenz kund gewordene Vermögen das Poetische. Der Umstand, daß diese Personen wirklich lebten, und daß diese Begebenheiten wirklich erfolgten, kann zwar sehr oft unser Vergnügen vermehren, aber mit einem fremdartigen Zusatz, der dem poetischen Eindruck vielmehr nach=

theilig als beförderlich ist. Man hat lange geglaubt, der Dicht=
kunst unseres Vaterlandes einen Dienst zu erweisen, wenn man
den Dichtern Nationalgegenstände zur Bearbeitung empfahl. Da=
durch, hieß es, wurde die griechische Poesie so bemächtigend für
das Herz, weil sie einheimische Scenen malte und einheimische
Thaten verewigte. Es ist nicht zu läugnen, daß die Poesie der
Alten, dieses Umstandes halber, Wirkungen leistete, deren die
neuere Poesie sich nicht rühmen kann, — aber gehörten diese
Wirkungen der Kunst und dem Dichter? Wehe dem griechischen
Kunstgenie, wenn es vor dem Genius der Neuern nichts weiter
als diesen zufälligen Vortheil voraus hätte, und wehe dem grie=
chischen Kunstgeschmack, wenn er durch diese historischen Bezie=
hungen in den Werken seiner Dichter erst hätte gewonnen werden
müssen! Nur ein barbarischer Geschmack braucht den Stachel des
Privatinteresses, um zu der Schönheit hingelockt zu werden, und
nur der Stümper borgt von dem Stoffe eine Kraft, die er in
die Form zu legen verzweifelt. Die Poesie soll ihren Weg nicht
durch die kalte Region des Gedächtnisses nehmen, soll nie die
Gelehrsamkeit zu ihrer Auslegerin, nie den Eigennutz zu ihrem
Fürsprecher machen. Sie soll das Herz treffen, weil sie aus dem
Herzen floß, und nicht auf den Staatsbürger in dem Menschen,
sondern auf den Menschen in dem Staatsbürger zielen.

Es ist ein Glück, daß das wahre Genie auf die Fingerzeige
nicht viel achtet, die man ihm, aus besserer Meinung als Befug=
niß, zu ertheilen sich sauer werden läßt; sonst würden Sulzer
und seine Nachfolger der deutschen Poesie eine sehr zweideutige
Gestalt gegeben haben. Den Menschen moralisch auszubilden,
und Nationalgefühle in dem Bürger zu entzünden, ist zwar ein
sehr ehrenvoller Auftrag für den Dichter, und die Musen wissen
es am besten, wie nahe die Künste des Erhabenen und
Schönen damit zusammenhängen mögen. Aber was die Dichtkunst

mittelbar ganz vortrefflich macht, würde ihr unmittelbar nur sehr schlecht gelingen. Die Dichtkunst führt bei dem Menschen nie ein besonderes Geschäft aus, und man könnte kein ungeschickteres Werkzeug erwählen, um einen einzelnen Auftrag, ein Detail, gut besorgt zu sehen. Ihr Wirkungskreis ist das Total der menschlichen Natur, und bloß, insofern sie auf den Charakter einfließt, kann sie auf seine einzelnen Wirkungen Einfluß haben. Die Poesie kann dem Menschen werden, was dem Helden die Liebe ist. Sie kann ihm weder rathen, noch mit ihm schlagen, noch sonst eine Arbeit für ihn thun; aber zum Helden kann sie ihn erziehen, zu Thaten kann sie ihn rufen, und zu Allem, was er seyn soll, ihn mit Stärke ausrüsten.

Die ästhetische Kraft, womit uns das Erhabene der Gesinnung und Handlung ergreift, beruht also keineswegs auf dem Interesse der Vernunft, daß recht gehandelt werde, sondern auf dem Interesse der Einbildungskraft, daß recht handeln möglich sey, d. h. daß keine Empfindung, wie mächtig sie auch sey, die Freiheit des Gemüths zu unterdrücken vermöge. Diese Möglichkeit liegt aber in jeder starken Aeußerung von Freiheit und Willenskraft, und wo nur irgend der Dichter diese antrifft, da hat er einen zweckmäßigen Gegenstand für seine Darstellung gefunden. Für sein Interesse ist es eins, aus welcher Classe von Charakteren, der schlimmen oder guten, er seine Helden nehmen will, da das nämliche Maß von Kraft, welches zum Guten nöthig ist, sehr oft zur Consequenz im Bösen erfordert werden kann. Wie viel mehr wir in ästhetischen Urtheilen auf die Kraft als auf die Richtung der Kraft, wie viel mehr auf Freiheit als auf Gesetzmäßigkeit sehen, wird schon daraus hinlänglich offenbar, daß wir Kraft und Freiheit lieber auf Kosten der Gesetzmäßigkeit geäußert, als die Gesetzmäßigkeit auf Kosten der Kraft und Freiheit beobachtet sehen. Sobald nämlich Fälle eintreten, wo das moralische Gesetz sich mit Antrieben gattet, die den Willen durch ihre Macht fortzureißen drohen, so gewinnt der Charakter ästhetisch, wenn er diesen Antrieben widerstehen kann. Ein Lasterhafter fängt an uns zu interessiren, sobald er Glück und Leben wagen muß, um seinen schlimmen Willen durchzusetzen; ein Tugendhafter hingegen verliert in demselben Verhältniß unsere Aufmerksamkeit, als seine Glückseligkeit selbst ihn zum Wohlverhalten nöthigt. Rache, zum Beispiel, ist unstreitig ein unedler und selbst niedriger Affect. Nichtsdestoweniger wird sie ästhetisch, sobald sie dem, der sie ausübt, ein schmerzhaftes Opfer kostet. Medea, indem sie ihre Kinder ermordet, zielt bei dieser Handlung auf Jasons Herz, aber zugleich führt sie einen schmerzhaften Stich auf ihr eigenes, und ihre Rache wird ästhetisch erhaben, sobald wir die zärtliche Mutter sehen.

Das ästhetische Urtheil enthält hierin mehr Wahres, als man gewöhnlich glaubt. Offenbar kündigen Laster, welche von Willensstärke zeugen, eine größere Anlage zur wahrhaften moralischen Freiheit an, als Tugenden, die eine Stütze von der Neigung entlehnen, weil es dem consequenten Bösewicht nur einen einzigen Sieg über sich selbst, eine einzige Umkehrung der Maximen kostet, um die ganze Consequenz und Willensfertigkeit, die er an das Böse verschwendete, dem Guten zuzuwenden. Woher sonst kann es kommen, daß wir den halbguten Charakter mit Widerwillen von uns stoßen, und dem ganz schlimmen oft mit schauernder Bewunderung folgen? Daher unstreitig, weil wir bei jenem auch die Möglichkeit des absolut freien Wollens aufgeben, diesem hingegen es in jeder Aeußerung anmerken, daß er durch einen einzigen Willensact sich zur ganzen Würde der Menschheit aufrichten kann.

In ästhetischen Urtheilen sind wir also nicht für die Sittlichkeit an sich selbst, sondern bloß für die Freiheit interessirt, und jene kann nur insofern unserer Einbildungskraft gefallen, als sie die letztere sichtbar macht. Es ist daher offenbare Verwirrung der Gränzen, wenn man moralische Zweckmäßigkeit in ästhetischen Dingen fordert, und, um das Reich der Vernunft zu erweitern, die Einbildungskraft aus ihrem rechtmäßigen Gebiete verdrängen will. Entweder wird man sie ganz unterjochen müssen, und dann ist es um alle ästhetische Wirkung geschehen; oder sie wird mit der Vernunft ihre Herrschaft theilen, und dann wird für Moralität wohl nicht viel gewonnen seyn. Indem man zwei verschiedene Zwecke verfolgt, wird man Gefahr laufen, beide zu verfehlen. Man wird die Freiheit der Phantasie durch moralische Gesetzmäßigkeit fesseln, und die Nothwendigkeit der Vernunft durch die Willkür der Einbildungskraft zerstören.

Ueber den Grund des Vergnügens an tragischen Gegenständen.[1]

Wie sehr auch einige neuere Aesthetiker sich's zum Geschäft machen, die Künste der Phantasie und Empfindung gegen den allgemeinen Glauben, daß sie auf Vergnügen abzwecken, wie gegen einen herabsetzenden Vorwurf zu vertheidigen, so wird dieser Glaube dennoch, nach wie vor, auf seinem festen Grunde bestehen, und die schönen Künste werden ihren althergebrachten unabstreitbaren und wohlthätigen Beruf nicht gern mit einem neuen vertauschen, zu welchem man sie großmüthig erhöhen will. Unbesorgt, daß ihre auf unser Vergnügen abzielende Bestimmung sie erniedrige, werden sie vielmehr auf den Vorzug stolz seyn, dasjenige unmittelbar zu leisten, was alle übrigen Richtungen und Thätigkeiten des menschlichen Geistes nur mittelbar erfüllen. Daß der Zweck der Natur mit dem Menschen seine Glückseligkeit sey, wenn auch der Mensch selbst in seinem moralischen Handeln von diesem Zwecke nichts wissen soll, wird wohl Niemand bezweifeln, der überhaupt nur einen Zweck in der Natur annimmt. Mit dieser also, oder vielmehr mit ihrem Urheber haben die

[1] Anmerkung des Herausgebers. Im ersten Stück der neuen Thalia vom Jahre 1792 wurde dieser Aufsatz zuerst gedruckt.

schönen Künste ihren Zweck gemein, Vergnügen auszuspenden und Glückliche zu machen. Spielend verleihen sie, was ihre ernstern Schwestern uns erst mühsam erringen lassen; sie verschenken, was dort erst der sauer erworbene Preis vieler Anstrengungen zu seyn pflegt. Mit anspannendem Fleiße müssen wir die Vergnügungen des Verstandes, mit schmerzhaften Opfern die Billigung der Vernunft, die Freuden der Sinne durch harte Entbehrungen erkaufen, oder das Uebermaß derselben durch eine Kette von Leiden büßen; die Kunst allein gewährt uns Genüsse, die nicht erst abverdient werden dürfen, die kein Opfer kosten, die durch keine Reue erkauft werden. Wer wird aber das Verdienst, auf diese Art zu ergötzen, mit dem armseligen Verdienst, zu belustigen, in eine Classe setzen? Wer sich einfallen lassen, der schönen Kunst bloß deßwegen jenen Zweck abzusprechen, weil sie über diesen erhaben ist?

Die wohlgemeinte Absicht, das Moralischgute überall als höchsten Zweck zu verfolgen, die in der Kunst schon so manches Mittelmäßige erzeugte und in Schutz nahm, hat auch in der Theorie einen ähnlichen Schaden angerichtet. Um den Künsten einen recht hohen Rang anzuweisen, um ihnen die Gunst des Staats, die Ehrfurcht aller Menschen zu erwerben, vertreibt man sie aus ihrem eigenthümlichen Gebiet, um ihnen einen Beruf aufzudringen, der ihnen fremd und ganz unnatürlich ist. Man glaubt ihnen einen großen Dienst zu erweisen, indem man ihnen, anstatt des frivolen Zwecks, zu ergötzen, einen moralischen unterschiebt, und ihr so sehr in die Augen fallender Einfluß auf die Sittlichkeit muß diese Behauptung unterstützen. Man findet es widersprechend, daß dieselbe Kunst, die den höchsten Zweck der Menschheit in so großem Maße befördert, nur beiläufig diese Wirkung leisten und einen so gemeinen Zweck, wie man sich das Vergnügen denkt, zu ihrem letzten Augenmerk haben sollte. Aber diesen anscheinenden Widerspruch würde, wenn wir sie hätten, eine bündige Theorie des Vergnügens und eine vollständige Philosophie der Kunst sehr leicht zu heben im Stande seyn. Aus dieser würde sich ergeben, daß ein freies Vergnügen, so wie die Kunst es hervorbringt, durchaus auf moralischen Bedingungen beruhe, daß die ganze sittliche Natur des Menschen dabei thätig sey. Aus ihr würde sich ferner ergeben, daß die Hervorbringung dieses Vergnügens ein Zweck sey, der schlechterdings nur durch moralische Mittel erreicht werden könne, daß also die Kunst, um das Vergnügen, als ihren wahren Zweck, vollkommen zu erreichen, durch die Moralität ihren Weg nehmen müsse. Für die Würdigung der Kunst ist es aber vollkommen einerlei, ob ihr Zweck ein moralischer sey, oder ob sie ihren Zweck nur durch moralische Mittel erreichen könne, denn in beiden Fällen hat sie es mit der Sittlichkeit zu thun, und muß mit dem sittlichen Gefühl im engsten Einverständniß handeln; aber für die Vollkommenheit der Kunst ist es nichts weniger als einerlei, welches von beiden ihr Zweck und welches das Mittel ist. Ist der Zweck selbst moralisch, so verliert sie das, wodurch sie allein mächtig ist, ihre Freiheit, und das, wodurch sie so allgemein wirksam ist, den Reiz des Vergnügens. Das Spiel verwandelt sich in ein ernsthaftes Geschäft; und doch ist es gerade das Spiel, wodurch sie das Geschäft am besten vollführen kann. Nur indem sie ihre höchste ästhetische Wirkung erfüllt, wird sie einen wohlthätigen Einfluß auf die Sittlichkeit haben; aber nur indem sie ihre völlige Freiheit ausübt, kann sie ihre höchste ästhetische Wirkung erfüllen.

Es ist ferner gewiß, daß jedes Vergnügen, insofern es aus sittlichen Quellen fließt, den Menschen sittlich verbessert, und daß hier die Wirkung wieder zur Ursache werden muß. Die Lust am Schönen, am Rührenden, am Erhabenen stärkt unsere moralischen Gefühle, wie das Vergnügen am Wohlthun, an der Liebe u. s. f alle diese Neigungen stärkt. Eben so, wie ein vergnügter Geist das gewisse Loos eines sittlich vortrefflichen Menschen ist, so ist sittliche Vortrefflichkeit gern die Begleiterin eines vergnügten Gemüths. Die Kunst wirkt also nicht deßwegen allein sittlich, weil sie durch sittliche Mittel ergötzt, sondern auch deßwegen, weil das Vergnügen selbst, das die Kunst gewährt, ein Mittel zur Sittlichkeit wird.

Die Mittel, wodurch die Kunst ihren Zweck erreicht, sind so vielfach, als es überhaupt Quellen eines freien Vergnügens gibt. Frei aber nenne ich dasjenige Vergnügen, wobei die geistigen Kräfte, Vernunft und Einbildungskraft, thätig sind, und wo die Empfindung durch eine Vorstellung erzeugt wird; im Gegensatz von dem physischen oder sinnlichen Vergnügen, wobei die Seele einer blinden Naturnothwendigkeit unterworfen wird, und die Empfindung unmittelbar auf ihre physische Ursache erfolgt. Die sinnliche Lust ist die einzige, die vom Gebiet der schönen Kunst ausgeschlossen wird, und eine Geschicklichkeit, die sinnliche Lust zu erwecken, kann sich nie oder alsdann nur zur Kunst erheben, wenn die sinnlichen Eindrücke nach einem Kunstplan geordnet, verstärkt oder gemäßigt werden, und diese Planmäßigkeit durch die Vorstellung erkannt wird. Aber auch in diesem Fall wäre nur dasjenige an ihr Kunst, was der Gegenstand eines freien Vergnügens ist, nämlich der Geschmack in der Anordnung, der unsern Verstand ergötzt, nicht die physischen Reize selbst, die nur unsere Sinnlichkeit vergnügen.

Die allgemeine Quelle jedes, auch des sinnlichen, Vergnügens ist Zweckmäßigkeit. Das Vergnügen ist sinnlich, wenn die Zweckmäßigkeit nicht durch die Vorstellungskräfte erkannt wird, sondern bloß durch das Gesetz der Nothwendigkeit die Empfindung des Vergnügens zur physischen Folge hat. So erzeugt eine zweckmäßige Bewegung des Bluts und der Lebensgeister in einzelnen

Organen oder in der ganzen Maschine die körperliche Lust mit allen ihren Arten und Modificationen; wir fühlen diese Zweckmäßigkeit durch das Medium der angenehmen Empfindung, aber wir gelangen zu keiner, weder klaren noch verworrenen Vorstellung von ihr.

Das Vergnügen ist frei, wenn wir uns die Zweckmäßigkeit vorstellen, und die angenehme Empfindung die Vorstellung begleitet; alle Vorstellungen also, wodurch wir Uebereinstimmung und Zweckmäßigkeit erfahren, sind Quellen eines freien Vergnügens, und insofern fähig, von der Kunst zu dieser Absicht gebraucht zu werden. Sie erschöpfen sich in folgenden Classen: Gut, Wahr, Vollkommen, Schön, Rührend, Erhaben. Das Gute beschäftigt unsre Vernunft, das Wahre und Vollkommene den Verstand, das Schöne den Verstand mit der Einbildungskraft, das Rührende und Erhabene die Vernunft mit der Einbildungskraft. Zwar ergötzt auch schon der Reiz oder die zur Thätigkeit aufgeforderte Kraft, aber die Kunst bedient sich des Reizes nur, um die höhern Gefühle der Zweckmäßigkeit zu begleiten; allein betrachtet, verliert er sich unter die Lebensgefühle, und die Kunst verschmäht ihn, wie alle sinnlichen Lüste.

Die Verschiedenheit der Quellen, aus welchen die Kunst das Vergnügen schöpft, das sie uns gewähret, kann für sich allein zu keiner Eintheilung der Künste berechtigen, da in derselben Kunstclasse mehrere, ja oft alle Arten des Vergnügens zusammenfließen können. Aber insofern eine gewisse Art derselben als Hauptzweck verfolgt wird, kann sie, wenn gleich nicht eine eigene Classe, doch eine eigene Ansicht der Kunstwerke gründen. So z. B. könnte man diejenigen Künste, welche den Verstand und die Einbildungskraft vorzugsweise befriedigen, diejenigen also, die das Wahre, das Vollkommene, das Schöne zu ihrem Hauptzweck machen, unter dem Namen der schönen Künste (Künste des

Geschmacks, Künste des Verstandes) begreifen; diejenigen hingegen, die die Einbildungskraft mit der Vernunft vorzugsweise beschäftigen, also das Gute, das Erhabene und Rührende zu ihrem Hauptgegenstand haben, unter dem Namen der rührenden Künste (Künste des Gefühls, des Herzens) in eine besondere Classe vereinigen. Zwar ist es unmöglich, das Rührende von dem Schönen durchaus zu trennen, aber sehr gut kann das Schöne ohne das Rührende bestehen. Wenn also gleich diese verschiedene Ansicht zu keiner vollkommenen Eintheilung der freien Künste berechtigt, so dient sie wenigstens dazu, die Principien zu Beurtheilung derselben näher anzugeben und der Verwirrung vorzubeugen, welche unvermeidlich einreißen muß, wenn man bei einer Gesetzgebung in ästhetischen Dingen die ganz verschiedenen Felder des Rührenden und des Schönen verwechselt.

Das Rührende und Erhabene kommen darin überein, daß sie Lust durch Unlust hervorbringen, daß sie uns also (da die Lust aus Zweckmäßigkeit, der Schmerz aber aus dem Gegentheil entspringt) eine Zweckmäßigkeit zu empfinden geben, die eine Zweckwidrigkeit voraussetzt.

Das Gefühl des Erhabenen besteht einerseits aus dem Gefühl unserer Ohnmacht und Begränzung, einen Gegenstand zu umfassen, andrerseits aber aus dem Gefühl unserer Uebermacht, welche vor keinen Gränzen erschrickt, und dasjenige sich geistig unterwirft, dem unsre sinnlichen Kräfte unterliegen. Der Gegenstand des Erhabenen widerstreitet also unserm sinnlichen Vermögen, und diese Unzweckmäßigkeit muß uns nothwendig Unlust erwecken. Aber sie wird zugleich eine Veranlassung, ein anderes Vermögen in uns zu unserm Bewußtseyn zu bringen, welches demjenigen, woran die Einbildungskraft erliegt, überlegen ist. Ein erhabener Gegenstand ist also eben dadurch, daß er der Sinnlichkeit widerstreitet, zweckmäßig für die Vernunft, und ergötzt durch das höhere Vermögen, indem er durch das niedrige schmerzt.

Rührung in seiner strengen Bedeutung bezeichnet die gemischte Empfindung des Leidens und der Lust an dem Leiden. Rührung kann man also nur dann über eigenes Unglück empfinden, wenn der Schmerz über dasselbe gemäßigt genug ist, um der Lust Raum zu lassen, die etwa ein mitleidender Zuschauer dabei empfindet. Der Verlust eines großen Guts schlägt uns heute zu Boden, und unser Schmerz rührt den Zuschauer; in einem Jahre erinnern wir uns dieses Leidens selbst mit Rührung. Der Schwache ist jederzeit ein Raub seines Schmerzens, der Held und der Weise werden vom höchsten eigenen Unglück nur gerührt.

Rührung enthält eben so wie das Gefühl des Erhabenen zwei Bestandtheile, Schmerz und Vergnügen; also hier wie dort liegt der Zweckmäßigkeit eine Zweckwidrigkeit zum Grunde. So scheint es eine Zweckwidrigkeit in der Natur zu seyn, daß der Mensch leidet, der doch nicht zum Leiden bestimmt ist, und diese Zweckwidrigkeit thut uns wehe. Aber dieses Wehethun der Zweckwidrigkeit ist zweckmäßig für unsere vernünftige Natur überhaupt, und, insofern es uns zur Thätigkeit auffordert, zweckmäßig für die menschliche Gesellschaft. Wir müssen also über die Unlust selbst, welche das Zweckwidrige in uns erregt, nothwendig Lust empfinden, weil jene Unlust zweckmäßig ist. Um zu bestimmen, ob bei einer Rührung die Lust oder die Unlust hervorstechen werde, kommt es darauf an, ob die Vorstellung der Zweckwidrigkeit oder die der Zweckmäßigkeit die Oberhand behält. Dies kann nun entweder von der Menge der Zwecke, die erreicht oder verletzt werden, oder von ihrem Verhältniß zu dem letzten Zweck aller Zwecke abhängen.

Das Leiden des Tugendhaften rührt uns schmerzhafter, als das Leiden des Lasterhaften, weil dort nicht nur dem allgemeinen

Zweck der Menschen, glücklich zu seyn, sondern auch dem besondern, daß die Tugend glücklich mache, hier aber nur dem erstern widersprochen wird. Hingegen schmerzt uns das Glück des Bösewichts auch weit mehr, als das Unglück des Tugendhaften, weil erstlich das Laster selbst, und zweitens die Belohnung des Lasters eine Zweckwidrigkeit enthalten.

Außerdem ist die Tugend weit mehr geschickt, sich selbst zu belohnen, als das glückliche Laster, sich zu bestrafen; eben deßwegen wird der Rechtschaffene im Unglück weit eher der Tugend getreu bleiben, als der Lasterhafte im Glück zur Tugend umkehren.

Vorzüglich aber kommt es bei Bestimmung des Verhältnisses der Lust zu der Unlust in Rührungen darauf an, ob der verletzte Zweck den erreichten, oder der erreichte den, der verletzt wird, an Wichtigkeit übertreffen. Keine Zweckmäßigkeit geht uns so nahe an als die moralische, und nichts geht über die Lust, die wir über diese empfinden. Die Naturzweckmäßigkeit könnte noch immer problematisch seyn, die moralische ist uns erwiesen. Sie allein gründet sich auf unsere vernünftige Natur und auf innere Nothwendigkeit. Sie ist uns die nächste, die wichtigste, und zugleich die erkennbarste, weil sie durch nichts von außen, sondern durch ein inneres Princip unserer Vernunft bestimmt wird. Sie ist das Palladium unserer Freiheit.

Diese moralische Zweckmäßigkeit wird am lebendigsten erkannt, wenn sie im Widerspruch mit andern die Oberhand behält; nur dann erweist sich die ganze Macht des Sittengesetzes, wenn es mit allen übrigen Naturkräften im Streit gezeigt wird, und alle neben ihm ihre Gewalt über ein menschliches Herz verlieren. Unter diesen Naturkräften ist Alles begriffen, was nicht moralisch ist, Alles, was nicht unter der höchsten Gesetzgebung der Vernunft steht; also Empfindungen, Triebe, Affecte, Leidenschaften so gut, als die physische Nothwendigkeit und das Schicksal. Je furchtbarer die Gegner, desto glorreicher der Sieg; der Widerstand allein kann die Kraft sichtbar machen. Aus diesem folgt, „daß das höchste Bewußtseyn unserer moralischen Natur nur in „einem gewaltsamen Zustande, im Kampfe erhalten werden kann, „und daß das höchste moralische Vergnügen jederzeit von Schmerz „begleitet seyn wird."

Diejenige Dichtungsart also, welche uns die moralische Lust in vorzüglichem Grade gewährt, muß sich eben deßwegen der gemischten Empfindungen bedienen, und uns durch den Schmerz ergötzen. Dies thut vorzugsweise die Tragödie, und ihr Gebiet umfaßt alle möglichen Fälle, in denen irgend eine Naturzweckmäßigkeit einer moralischen, oder auch eine moralische Zweckmäßigkeit der andern, die höher ist, aufgeopfert wird. Es wäre vielleicht nicht unmöglich, nach dem Verhältniß, in welchem die moralische Zweckmäßigkeit im Widerspruch mit der andern erkannt und empfunden wird, eine Stufenleiter des Vergnügens von der untersten bis zur höchsten hinauf zu führen, und den Grad der angenehmen oder schmerzhaften Rührung a priori aus dem Princip der Zweckmäßigkeit bestimmt anzugeben. Ja vielleicht ließen sich aus eben diesem Princip bestimmte Ordnungen der Tragödie ableiten, und alle möglichen Classen derselben a priori in einer vollständigen Tafel erschöpfen; so daß man im Stande wäre, jeder gegebenen Tragödie ihren Platz anzuweisen, und den Grad sowohl als die Art der Rührung im voraus zu berechnen, über den sie sich, vermöge ihrer Species, nicht erheben kann. Aber dieser Gegenstand bleibt einer eigenen Erörterung vorbehalten.

Wie sehr die Vorstellung der moralischen Zweckmäßigkeit der Naturzweckmäßigkeit in unserm Gemüthe vorgezogen werde, wird aus einzelnen Beispielen einleuchtend zu erkennen seyn.

Wenn wir Hüon und Amanda an den Marterpfahl gebunden sehen, beide aus freier Wahl bereit, lieber den fürchterlichen

Feuertod zu sterben, als durch Untreue gegen das Geliebte sich einen Thron zu erwerben — was macht uns wohl diesen Auftritt zum Gegenstand eines so himmlischen Vergnügens? Der Widerspruch ihres gegenwärtigen Zustandes mit dem lachenden Schicksale, das sie verschmähten, die anscheinende Zweckwidrigkeit der Natur, welche Tugend mit Elend lohnt, die naturwidrige Verläugnung der Selbstliebe u. s. f. sollten uns, da sie so viele Vorstellungen von Zweckwidrigkeiten in unsere Seele rufen, mit dem empfindlichsten Schmerz erfüllen — aber was kümmert uns die Natur mit allen ihren Zwecken und Gesetzen, wenn sie durch ihre Zweckwidrigkeit eine Veranlassung wird, uns die moralische Zweckmäßigkeit in uns in ihrem vollsten Lichte zu zeigen? Die Erfahrung von der siegenden Macht des sittlichen Gesetzes, die wir bei diesem Anblick machen, ist ein so hohes, so wesentliches Gut, daß wir sogar versucht werden, uns mit dem Uebel auszusöhnen, dem wir es zu verdanken haben. Uebereinstimmung im Reich der Freiheit ergötzt uns unendlich mehr, als alle Widersprüche in der natürlichen Welt uns zu betrüben vermögen.

Wenn Coriolan, von der Gatten- und Kindes- und Bürgerpflicht besiegt, das schon so gut als eroberte Rom verläßt, seine Rache unterdrückt, sein Heer zurückführt, und sich dem Haß eines eifersüchtigen Nebenbuhlers zum Opfer dahingibt, so begeht er offenbar eine sehr zweckwidrige Handlung; er verliert durch diesen Schritt nicht nur die Frucht aller bisherigen Siege, sondern rennt auch vorsätzlich seinem Verderben entgegen — aber wie trefflich, wie unaussprechlich groß ist es auf der andern Seite, den gröbsten Widerspruch mit der Neigung einem Widerspruch mit dem sittlichen Gefühl kühn vorzuziehen, und auf solche Art dem höchsten Interesse der Sinnlichkeit entgegen, gegen die Regeln der Klugheit zu verstoßen, um nur mit der höhern moralischen Pflicht übereinstimmend zu handeln? Jede Aufopferung des Lebens ist zweckwidrig, denn das Leben ist die Bedingung aller Güter; aber Aufopferung des Lebens in moralischer Absicht ist in hohem Grad zweckmäßig, denn das Leben ist nie für sich selbst, nie als Zweck, nur als Mittel zur Sittlichkeit wichtig. Tritt also ein Fall ein, wo die Hingebung des Lebens ein Mittel zur Sittlichkeit wird, so muß das Leben der Sittlichkeit nachstehen. „Es ist nicht nöthig, daß ich lebe, aber es ist nöthig, daß ich Rom vor dem Hunger schütze," sagt der große Pompejus, da er nach Afrika schiffen soll, und seine Freunde ihm anliegen, seine Abfahrt zu verschieben, bis der Seesturm vorüber sey.

Aber das Leiden eines Verbrechers ist nicht weniger tragisch ergötzend, als das Leiden des Tugendhaften; und doch erhalten wir hier die Vorstellung einer moralischen Zweckwidrigkeit. Der Widerspruch seiner Handlung mit dem Sittengesetz sollte uns mit Unwillen, die moralische Unvollkommenheit, die eine solche Art zu handeln voraussetzt, mit Schmerz erfüllen; wenn wir auch das Unglück der Schuldlosen nicht einmal in Anschlag brächten, die das Opfer davon werden. Hier ist keine Zufriedenheit mit der Moralität der Personen, die uns für den Schmerz zu entschädigen vermöchte, den wir über ihr Handeln und Leiden empfinden — und doch ist Beides ein sehr dankbarer Gegenstand für die Kunst, bei dem wir mit hohem Wohlgefallen verweilen. Es wird nicht schwer seyn, diese Erscheinung mit dem bisher Gesagten in Uebereinstimmung zu zeigen.

Nicht allein der Gehorsam gegen das Sittengesetz gibt uns die Vorstellung moralischer Zweckmäßigkeit, auch der Schmerz über Verletzung desselben thut es. Die Traurigkeit, welche das Bewußtseyn moralischer Unvollkommenheit erzeugt, ist zweckmäßig, weil sie der Zufriedenheit gegenüber steht, die das moralische Rechtthun begleitet. Reue, Selbstverdammung, selbst in ihrem höchsten Grad, in der Verzweiflung, sind moralisch erhaben, weil sie nimmermehr empfunden werden könnten, wenn nicht tief in der Brust des Verbrechers ein unbestechliches Gefühl für Recht und Unrecht wachte, und seine Ansprüche selbst gegen das feurigste Interesse der Selbstliebe geltend machte. Reue über eine That entspringt aus der Vergleichung derselben mit dem Sittengesetz, und ist Mißbilligung dieser That, weil sie dem Sittengesetz widerstreitet. Also muß im Augenblick der Reue das Sittengesetz die höchste Instanz im Gemüth eines solchen Menschen seyn; es muß ihm wichtiger seyn, als selbst der Preis des Verbrechens, weil das Bewußtseyn des beleidigten Sittengesetzes ihm den Genuß dieses Preises vergällt. Der Zustand eines Gemüths aber, in welchem das Sittengesetz für die höchste Instanz erkannt wird, ist moralisch zweckmäßig, also eine Quelle moralischer Lust. Und was kann auch erhabener seyn, als jene heroische Verzweiflung, die alle Güter des Lebens, die das Leben selbst in den Staub tritt, weil sie die mißbilligende Stimme ihres innern Richters nicht ertragen und nicht übertäuben kann? Ob der Tugendhafte sein Leben freiwillig dahin gibt, um dem Sittengesetz gemäß zu handeln — oder ob der Verbrecher unter dem Zwange des Gewissens sein Leben mit eigner Hand zerstört, um die Uebertretung jenes Gesetzes an sich zu bestrafen, so steigt unsere Achtung für das Sittengesetz zu einem gleich hohen Grade empor; und, wenn ja noch ein Unterschied statt fände, so würde er vielmehr zum Vortheil des Letztern ausfallen, da das beglückende Bewußtseyn des Rechthandelns dem Tugendhaften seine Entschließung doch einigermaßen konnte erleichtert haben, und das sittliche Verdienst an einer Handlung gerade um eben so viel abnimmt, als Neigung und Lust daran Antheil haben. Reue und Verzweiflung über ein begangenes Verbrechen zeigen uns die Macht des Sittengesetzes nur später, nicht schwächer; es sind Gemälde der erhabensten Sittlichkeit, nur in einem gewaltsamen Zustand entworfen. Ein Mensch, der wegen einer verletzten moralischen Pflicht verzweifelt, tritt eben dadurch zum Gehorsam gegen dieselbe zurück, und je furchtbarer seine Selbstverdammung sich äußert, desto mächtiger sehen wir das Sittengesetz ihm gebieten.

Aber es gibt Fälle, wo das moralische Vergnügen nur durch einen moralischen Schmerz erkauft wird, und dies geschieht, wenn eine moralische Pflicht übertreten werden muß, um einer höhern und allgemeinern desto gemäßer zu handeln. Wäre Coriolan, anstatt seine eigene Vaterstadt zu belagern, vor Antium oder Corioli mit einem römischen Heere gestanden, wäre seine Mutter eine Volscierin gewesen, und ihre Bitten hätten die nämliche Wirkung auf ihn gehabt, so würde dieser Sieg der Kindespflicht den entgegengesetzten Eindruck auf uns machen. Der Ehrerbietung gegen die Mutter stünde dann die weit höhere bürgerliche Verbindlichkeit entgegen, welche im Collisionsfall vor jener den Vorzug verdient. Jener Commandant, dem die Wahl gelassen wird, entweder die Stadt zu übergeben, oder seinen gefangenen Sohn vor seinen Augen durchbohrt zu sehen, wählt ohne Bedenken das Letztere, weil die Pflicht gegen sein Kind der Pflicht gegen sein Vaterland billig untergeordnet ist. Es empört zwar im ersten Augenblick unser Herz, daß ein Vater dem Naturtriebe und der Vaterpflicht so widersprechend handelt, aber es reißt uns bald zu einer süßen Bewunderung hin, daß sogar ein moralischer Antrieb, und wenn er sich selbst mit der Neigung gattet, die Vernunft in ihrer Gesetzgebung nicht irre machen kann. Wenn der Corinthier Timoleon einen geliebten, aber ehrsüchtigen Bruder Timophanes ermorden läßt, weil seine Meinung von patriotischer Pflicht ihn zu Vertilgung alles dessen, was die Republik in Gefahr setzt, verbindet, so sehen wir ihn zwar nicht ohne Entsetzen und Abscheu diese naturwidrige, dem moralischen Gefühl so sehr widerstreitende Handlung begehen; aber unser Abscheu löst sich

bald in die höchste Achtung der heroischen Tugend auf, die ihre
Aussprüche gegen jeden fremden Einfluß der Neigung behauptet,
und im stürmischen Widerstreit der Gefühle eben so frei und
eben so richtig als im Zustand der höchsten Ruhe entscheidet.
Wir können über republicanische Pflicht mit Timoleon ganz verschieden denken; das ändert an unserm Wohlgefallen nichts. Vielmehr sind es gerade solche Fälle, wo unser Verstand nicht auf
der Seite der handelnden Person ist, aus welchen man erkennt,
wie sehr wir Pflichtmäßigkeit über Zweckmäßigkeit, Einstimmung
mit der Vernunft über die Einstimmung mit dem Verstand
erheben.

Ueber keine moralische Erscheinung aber wird das Urtheil
der Menschen so verschieden ausfallen, als gerade über diese, und
der Grund dieser Verschiedenheit darf nicht weit gesucht werden.
Der moralische Sinn liegt zwar in allen Menschen, aber nicht
bei allen in derjenigen Stärke und Freiheit, wie er bei Beurtheilung dieser Fälle vorausgesetzt werden muß. Für die Meisten
ist es genug, eine Handlung zu billigen, weil ihre Einstimmung
mit dem Sittengesetz leicht gefaßt wird, und eine andre zu verwerfen, weil ihr Widerstreit mit diesem Gesetz in die Augen
leuchtet. Aber ein heller Verstand und eine von jeder Naturkraft, also auch von moralischen Trieben (insofern sie instinct-
artig wirken) unabhängige Vernunft wird erfordert, die Verhältnisse moralischer Pflichten zu dem höchsten Princip der
Sittlichkeit richtig zu bestimmen. Daher wird die nämliche Handlung, in welcher einige Wenige die höchste Zweckmäßigkeit erkennen,
dem großen Haufen als ein empörender Widerspruch erscheinen,
obgleich Beide ein moralisches Urtheil fällen; daher rührt es,
daß die Rührung an solchen Handlungen nicht in der Allgemeinheit mitgetheilt werden kann, wie die Einheit der menschlichen
Natur und die Nothwendigkeit des moralischen Gesetzes erwarten

läßt. Aber auch das wahrste und höchste Erhabene ist, wie man weiß, Vielen Ueberspannung und Unsinn, weil das Maß der Vernunft, die das Erhabene erkennt, nicht in Allen dasselbe ist. Eine kleine Seele sinkt unter der Last so großer Vorstellungen dahin, oder fühlt sich peinlich über ihren moralischen Durchmesser auseinander gespannt. Sieht nicht oft genug der gemeine Haufe da die häßlichste Verwirrung, wo der denkende Geist gerade die höchste Ordnung bewundert?

So viel über das Gefühl der moralischen Zweckmäßigkeit, insofern es der tragischen Rührung und unserer Lust an dem Leiden zum Grunde liegt. Aber es sind demohngeachtet Fälle genug vorhanden, wo uns die Naturzweckmäßigkeit selbst auf Unkosten der moralischen zu ergötzen scheint. Die höchste Consequenz eines Bösewichts in Anordnung seiner Maschinen ergötzt uns offenbar, obgleich Anstalten und Zweck unserm moralischen Gefühl widerstreiten. Ein solcher Mensch ist fähig, unsre lebhafteste Theilnahme zu erwecken, und wir zittern vor dem Fehlschlag derselben Pläne, deren Vereitlung wir, wenn es wirklich an dem wäre, daß wir Alles auf die moralische Zweckmäßigkeit beziehen, aufs feurigste wünschen sollten. Aber auch diese Erscheinung hebt dasjenige nicht auf, was bisher über das Gefühl der moralischen Zweckmäßigkeit, und seinen Einfluß auf unser Vergnügen an tragischen Rührungen behauptet wurde.

Zweckmäßigkeit gewährt uns unter allen Umständen Vergnügen, sie beziehe sich entweder gar nicht auf das Sittliche, oder sie widerstreite demselben. Wir genießen dieses Vergnügen rein, so lange wir uns keines sittlichen Zweckes erinnern, dem dadurch widersprochen wird. Eben so, wie wir uns an dem verstandähnlichen Instinct der Thiere, an dem Kunstfleiß der Bienen u. dergl. ergötzen, ohne diese Naturzweckmäßigkeit auf einen verständigen Willen, noch weniger auf einen moralischen Zweck zu beziehen, so gewährt uns die Zweckmäßigkeit eines jeden menschlichen Geschäfts an sich selbst Vergnügen, sobald wir uns weiter nichts dabei denken, als das Verhältniß der Mittel zu ihrem Zweck. Fällt es uns aber ein, diesen Zweck nebst seinen Mitteln auf ein sittliches Princip zu beziehen, und entdecken wir alsdann einen Widerspruch mit dem letztern, kurz, erinnern wir uns, daß es die Handlung eines moralischen Wesens ist, so tritt eine tiefe Indignation an die Stelle jenes ersten Vergnügens, und keine noch so große Verstandeszweckmäßigkeit ist fähig, uns mit der Vorstellung einer sittlichen Zweckwidrigkeit zu versöhnen. Nie darf es uns lebhaft werden, daß dieser Richard III., dieser Jago, dieser Lovelace Menschen sind; sonst wird sich unsere Theilnahme unausbleiblich in ihr Gegentheil verwandeln. Daß wir aber ein Vermögen besitzen und auch häufig genug ausüben, unsre Aufmerksamkeit von einer gewissen Seite der Dinge freiwillig abzulenken und auf eine andere zu richten, daß das Vergnügen selbst, welches durch diese Absonderung allein für uns möglich ist, uns dazu einladet und dabei festhält, wird durch die tägliche Erfahrung bestätigt.

Nicht selten aber gewinnt eine geistreiche Bosheit vorzüglich deßwegen unsere Gunst, weil sie ein Mittel ist, uns den Genuß der moralischen Zweckmäßigkeit zu verschaffen. Je gefährlicher die Schlingen sind, welche Lovelace Clarissens Tugend legt, je härter die Proben sind, auf welche die erfinderische Grausamkeit eines Despoten die Standhaftigkeit seines unschuldigen Opfers stellt, in desto höherem Glanz sehen wir die moralische Zweckmäßigkeit triumphiren. Wir freuen uns über die Macht des moralischen Pflichtgefühls, welches die Erfindungskraft eines Verführers so sehr in Arbeit setzen kann. Hingegen rechnen wir dem consequenten Bösewicht die Besiegung des moralischen Gefühls, von dem wir wissen, daß es sich nothwendig in ihm regen mußte, zu einer Art von Verdienst an, weil es von einer gewissen Stärke der Seele und einer großen Zweckmäßigkeit des Verstandes zeugt, sich durch keine moralische Regung in seinem Handeln irre machen zu lassen.

Uebrigens ist es unwidersprechlich, daß eine zweckmäßige Bosheit nur alsdann der Gegenstand eines vollkommenen Wohlgefallens werden kann, wenn sie vor der moralischen Zweckmäßigkeit zu Schanden wird. Dann ist sie sogar eine wesentliche Bedingung des höchsten Wohlgefallens, weil sie allein vermag, die Uebermacht des moralischen Gefühls recht einleuchtend zu machen. Es gibt davon keinen überzeugendern Beweis, als den letzten Eindruck, mit dem uns der Verfasser der Clarissa entläßt. Die höchste Verstandeszweckmäßigkeit, die wir in dem Verführungsplane des Lovelace unfreiwillig bewundern mußten, wird durch die Vernunftzweckmäßigkeit, welche Clarissa diesem furchtbaren Feind ihrer Unschuld entgegensetzt, glorreich übertroffen, und wir sehen uns dadurch in den Stand gesetzt, den Genuß beider in einem hohen Grad zu vereinigen.

Insofern sich der tragische Dichter zum Ziel setzt, das Gefühl der moralischen Zweckmäßigkeit zu einem lebendigen Bewußtseyn zu bringen, insofern er also die Mittel zu diesem Zweck verständig wählt und anwendet, muß er den Kenner jederzeit auf eine gedoppelte Art, durch die moralische und durch die Naturzweckmäßigkeit ergötzen. Durch jene wird er das Herz, durch diese den Verstand befriedigen. Der große Haufe erleidet gleichsam blind die von dem Künstler auf das Herz beabsichtete Wirkung, ohne die Magie zu durchblicken, vermittelst welcher die Kunst diese Macht über ihn ausübte. Aber es gibt eine gewisse Classe von Kennern, bei denen der Künstler, gerade umgekehrt, die auf das Herz abgezielte Wirkung verliert, deren Geschmack er aber durch die Zweckmäßigkeit der dazu angewandten Mittel für sich gewinnen kann. In diesen sonderbaren Widerspruch artet öfters die feinste Cultur des Geschmacks aus, besonders wo die moralische Veredlung hinter der Bildung des Kopfes zurückbleibt. Diese Art Kenner suchen im Rührenden und Erhabenen nur das Verständige; dieses empfinden und prüfen sie mit dem richtigsten Geschmack, aber man hüte sich, an ihr Herz zu appelliren. Alter und Cultur führen uns dieser Klippe entgegen, und diesen nachtheiligen Einfluß von beiden glücklich besiegen, ist der höchste Charakterruhm des gebildeten Mannes. Unter Europens Nationen sind unsere Nachbarn, die Franzosen, diesem Extrem am nächsten geführt worden, und wir ringen, wie in Allem, so auch hier, diesem Muster nach.

Ueber die tragische Kunst.[1]

Der Zustand des Affects für sich selbst, unabhängig von aller Beziehung seines Gegenstandes auf unsere Verbesserung oder Verschlimmerung, hat etwas Ergötzendes für uns; wir streben, uns in denselben zu versetzen, wenn es auch einige Opfer kosten sollte. Unsern gewöhnlichsten Vergnügungen liegt dieser Trieb zum Grunde; ob der Affect auf Begierde oder Verabscheuung gerichtet, ob er seiner Natur nach angenehm oder peinlich sey, kommt dabei wenig in Betrachtung. Vielmehr lehrt die Erfahrung, daß der unangenehme Affect den größern Reiz für uns habe, und also die Lust am Affect mit seinem Inhalt gerade in umgekehrtem Verhältnisse stehe. Es ist eine allgemeine Erscheinung in unserer Natur, daß uns das Traurige, das Schreckliche, das Schauderhafte selbst, mit unwiderstehlichem Zauber an sich lockt, daß wir uns von Auftritten des Jammers, des Entsetzens, mit gleichen Kräften weggestoßen und wieder angezogen fühlen. Alles drängt sich voll Erwartung um den Erzähler einer Mordgeschichte; das abenteuerlichste Gespenstermährchen verschlingen wir mit Begierde und mit desto größerer, je mehr uns dabei die Haare zu Berge steigen.

[1] Anmerkung des Herausgebers. Im zweiten Stück der neuen Thalia vom Jahre 1792 findet sich dieser Aufsatz zuerst.

Lebhafter äußert sich diese Regung bei Gegenständen der wirklichen Anschauung. Ein Meersturm, der eine ganze Flotte versenkt, vom Ufer aus gesehen, würde unsere Phantasie eben so stark ergötzen, als er unser fühlendes Herz empört; es dürfte schwer seyn, mit dem Lucrez zu glauben, daß diese natürliche Lust aus einer Vergleichung unsrer eigenen Sicherheit mit der wahrgenommenen Gefahr entspringe. Wie zahlreich ist nicht das Gefolge, das einen Verbrecher nach dem Schauplatz seiner Qualen begleitet! Weder das Vergnügen befriedigter Gerechtigkeitsliebe, noch die unedle Lust der gestillten Rachbegierde kann diese Erscheinung erklären. Dieser Unglückliche kann in dem Herzen der Zuschauer sogar entschuldigt, das aufrichtigste Mitleid für seine Erhaltung geschäftig seyn; dennoch regt sich, stärker oder schwächer, ein neugieriges Verlangen bei dem Zuschauer, Aug' und Ohr auf den Ausdruck seines Leidens zu richten. Wenn der Mensch von Erziehung und verfeinertem Gefühl hierin eine Ausnahme macht, so rührt dies nicht daher, daß dieser Trieb gar nicht in ihm vorhanden war, sondern daher, daß er von der schmerzhaften Stärke des Mitleids überwogen, oder von den Gesetzen des Anstands in Schranken gehalten wird. Der rohe Sohn der Natur, den kein Gefühl zarter Menschlichkeit zügelt, überläßt sich ohne Scheu diesem mächtigen Zuge. Er muß also in der ursprünglichen Anlage des menschlichen Gemüths gegründet, und durch ein allgemeines psychologisches Gesetz zu erklären seyn.

Wenn wir aber auch diese rohen Naturgefühle mit der Würde der menschlichen Natur unverträglich finden, und deßwegen Anstand nehmen, ein Gesetz für die ganze Gattung darauf zu gründen, so gibt es noch Erfahrungen genug, die die Wirklichkeit und Allgemeinheit des Vergnügens an schmerzhaften Rührungen außer Zweifel setzen. Der peinliche Kampf entgegengesetzter Neigungen oder Pflichten, der für denjenigen, der ihn erleidet, eine

Quelle des Elends ist, ergötzt uns in der Betrachtung; wir folgen mit immer steigender Lust den Fortschritten einer Leidenschaft bis zu dem Abgrund, in welchen sie ihr unglückliches Opfer hinabzieht. Das nämliche zarte Gefühl, das uns von dem Anblick eines physischen Leidens, oder auch von dem physischen Ausdruck eines moralischen zurückschreckt, läßt uns in der Sympathie mit dem reinen moralischen Schmerz eine nur desto süßere Lust empfinden. Das Interesse ist allgemein, mit dem wir bei Schilderungen solcher Gegenstände verweilen.

Natürlicher Weise gilt dies nur von dem mitgetheilten oder nachempfundenen Affect; denn die nahe Beziehung, in welcher der ursprüngliche zu unserm Glückseligkeitstriebe steht, beschäftigt und besitzt uns gewöhnlich zu sehr, um der Lust Raum zu lassen, die er, frei von jeder eigennützigen Beziehung, für sich gewährt. So ist bei demjenigen, der wirklich von einer schmerzhaften Leidenschaft beherrscht wird, das Gefühl des Schmerzens überwiegend, so sehr die Schilderung seiner Gemüthslage den Hörer oder Zuschauer entzücken kann. Demungeachtet ist selbst der ursprüngliche schmerzhafte Affect für denjenigen, der ihn erleidet, nicht ganz an Vergnügen leer; nur sind die Grade dieses Vergnügens nach der Gemüthsbeschaffenheit der Menschen verschieden. Läge nicht auch in der Unruhe, im Zweifel, in der Furcht ein Genuß, so würden Hazardspiele ungleich weniger Reiz für uns haben, so würde man sich nie aus tollkühnem Muthe in Gefahren stürzen, so könnte selbst die Sympathie mit fremden Leiden gerade im Moment der höchsten Illusion und im stärksten Grad der Verwechslung nicht am lebhaftesten ergötzen. Dadurch aber wird nicht gesagt, daß die unangenehmen Affecte an und für sich selbst Lust gewähren, welches zu behaupten wohl Niemand sich einfallen lassen wird; es ist genug, wenn diese Zustände des Gemüths bloß die Bedingungen abgeben, unter welchen allein gewisse Arten des Vergnügens für uns möglich sind. Gemüther also, welche für diese Arten des Vergnügens vorzüglich empfänglich und vorzüglich darnach lüstern sind, werden sich leichter mit diesen unangenehmen Bedingungen versöhnen, und auch in den heftigsten Stürmen der Leidenschaft ihre Freiheit nicht ganz verlieren.

Von der Beziehung seines Gegenstandes auf unser sinnliches oder sittliches Vermögen rührt die Unlust her, welche wir bei widrigen Affecten empfinden, so wie die Lust bei den angenehmen aus eben diesen Quellen entspringt. Nach dem Verhältniß nun, in welchem die sittliche Natur eines Menschen zu seiner sinnlichen steht, richtet sich auch der Grad der Freiheit, der in Affecten behauptet werden kann; und da nun bekanntlich im Moralischen keine Wahl für uns stattfindet, der sinnliche Trieb hingegen der Gesetzgebung der Vernunft unterworfen und also in unserer Gewalt ist, wenigstens seyn soll, so leuchtet ein, daß es möglich ist, in allen denjenigen Affecten, welche mit dem eigennützigen Trieb zu thun haben, eine vollkommene Freiheit zu behalten, und über den Grad Herr zu seyn, den sie erreichen sollen. Dieser wird in eben dem Maße schwächer seyn, als der moralische Sinn über den Glückseligkeitstrieb bei einem Menschen die Obergewalt behauptet, und die eigennützige Anhänglichkeit an sein individuelles Ich durch den Gehorsam gegen allgemeine Vernunftgesetze vermindert wird. Ein solcher Mensch wird also im Zustand des Affects die Beziehung eines Gegenstandes auf seinen Glückseligkeitstrieb weit weniger empfinden, und folglich auch weit weniger von der Unlust erfahren, die nur aus dieser Beziehung entspringt; hingegen wird er desto mehr auf das Verhältniß merken, in welchem eben dieser Gegenstand zu seiner Sittlichkeit steht, und eben darum auch desto empfänglicher für die Lust seyn, welche die Beziehung aufs Sittliche nicht selten in die peinlichsten Leiden der Sinnlichkeit mischt. Eine solche Verfassung des Gemüths ist am fähigsten, das Vergnügen des Mitleids zu genießen, und selbst den ursprünglichen Affect in den Schranken des Mitleids zu erhalten. Daher der hohe Werth einer Lebensphilosophie, welche durch stete Hinweisung auf allgemeine Gesetze das Gefühl für unsere Individualität entkräftet, im Zusammenhange des großen Ganzen unser kleines Selbst uns verlieren lehrt, und uns dadurch in den Stand setzt, mit uns selbst wie mit Fremdlingen umzugehen. Diese erhabene Geistesstimmung ist das Loos starker und philosophischer Gemüther, die durch fortgesetzte Arbeit an sich selbst den eigennützigen Trieb unterjochen gelernt haben. Auch der schmerzhafteste Verlust führt sie nicht über eine Wehmuth hinaus, mit der sich noch immer ein merklicher Grad des Vergnügens gatten kann. Sie, die allein fähig sind, sich von sich selbst zu trennen, genießen allein das Vorrecht, an sich selbst Theil zu nehmen, und eigenes Leiden in dem milden Widerschein der Sympathie zu empfinden.

Schon das Bisherige enthält Winke genug, die uns auf die Quellen des Vergnügens, das der Affect an sich selbst, und vorzüglich der traurige, gewährt, aufmerksam machen. Es ist größer, wie man gesehen hat, in moralischen Gemüthern, und wirkt desto freier, je mehr das Gemüth von dem eigennützigen Triebe unabhängig ist. Es ist ferner lebhafter und stärker in traurigen Affecten, wo die Selbstliebe gekränkt wird, als in fröhlichen, welche eine Befriedigung derselben voraussetzen; also wächst es, wo der eigennützige Trieb beleidigt, und nimmt ab, wo diesem Triebe geschmeichelt wird. Wir kennen aber nicht mehr als zweierlei Quellen des Vergnügens, die Befriedigung des Glückseligkeitstriebes und die Erfüllung moralischer Gesetze; eine Lust also, von der man bewiesen hat, daß sie nicht aus der ersten Quelle entsprang, muß nothwendig aus der zweiten ihren Ursprung nehmen. Aus unserer moralischen Natur also quillt die

Lust hervor, wodurch uns schmerzhafte Affecte in der Mittheilung entzücken, und, auch sogar ursprünglich empfunden, in gewissen Fällen noch angenehm rühren.

Man hat es auf mehrere Art versucht, das Vergnügen des Mitleids zu erklären; aber die wenigsten Auflösungen konnten befriedigend ausfallen, weil man den Grund der Erscheinung lieber in begleitenden Umständen als in der Natur des Affects selbst aufsuchte. Vielen ist das Vergnügen des Mitleids nichts Anderes, als das Vergnügen der Seele an ihrer Empfindsamkeit; Andern die Lust an starkbeschäftigten Kräften, an lebhafter Wirksamkeit des Begehrungsvermögens, kurz an einer Befriedigung des Thätigkeitstriebes; Andere lassen sie aus der Entdeckung sittlich schöner Charakterzüge, die der Kampf mit dem Unglück und mit der Leidenschaft sichtbar mache, entspringen. Noch immer aber bleibt unaufgelöst, warum gerade die Pein selbst, das eigentliche Leiden, bei Gegenständen des Mitleids uns am mächtigsten anzieht, da nach jenen Erklärungen ein schwächerer Grad des Leidens den angeführten Ursachen unserer Lust an der Rührung offenbar günstiger seyn müßte. Die Lebhaftigkeit und Stärke der in unserer Phantasie erweckten Vorstellungen, die sittliche Vortrefflichkeit der leidenden Personen, der Rückblick des mitleidenden Subjects auf sich selbst, können die Lust an Rührungen wohl erhöhen, aber sie sind die Ursache nicht, die sie hervorbringt. Das Leiden einer schwachen Seele, der Schmerz eines Bösewichts, gewähren uns diesen Genuß freilich nicht; aber deßwegen nicht, weil sie unser Mitleid nicht in dem Grade wie der leidende Held oder der kämpfende Tugendhafte erregen. Stets also kehrt die erste Frage zurück, warum eben just der Grad des Leidens den Grad der sympathetischen Lust an einer Rührung bestimme, und sie kann auf keine andere Art beantwortet werden, als daß gerade der Angriff auf unsere Sinnlichkeit die Bedingung sey, diejenige

Kraft des Gemüths aufzuregen, deren Thätigkeit jenes Vergnügen an sympathetischem Leiden erzeugt.

Diese Kraft nun ist keine andere als die Vernunft, und insofern die freie Wirksamkeit derselben, als absolute Selbstthätigkeit, vorzugsweise den Namen der Thätigkeit verdient, insofern sich das Gemüth nur in seinem sittlichen Handeln vollkommen unabhängig und frei fühlt; insofern ist es freilich der befriedigte Trieb der Thätigkeit, von welchem unser Vergnügen an traurigen Rührungen seinen Ursprung zieht. Aber so ist es auch nicht die Menge, nicht die Lebhaftigkeit der Vorstellungen, nicht die Wirksamkeit des Begehrungsvermögens überhaupt, sondern eine bestimmte Gattung der erstern, und eine bestimmte, durch Vernunft erzeugte Wirksamkeit des letztern, was diesem Vergnügen zum Grund liegt.

Der mitgetheilte Affect überhaupt hat also etwas Ergötzendes für uns, weil er den Thätigkeitstrieb befriedigt; der traurige Affect leistet jene Wirkung in einem höhern Grade, weil er diesen Trieb in einem höhern Grade befriedigt. Nur im Zustand seiner vollkommenen Freiheit, nur im Bewußtseyn seiner vernünftigen Natur äußert das Gemüth seine höchste Thätigkeit, weil es da allein eine Kraft anwendet, die jedem Widerstand überlegen ist.

Derjenige Zustand des Gemüths also, der vorzugsweise diese Kraft zu ihrer Verkündigung bringt, diese höhere Thätigkeit weckt, ist der zweckmäßigste für ein vernünftiges Wesen, und für den Thätigkeitstrieb der befriedigendste; er muß also mit einem vorzüglichen Grade von Lust verknüpft seyn.[1] In einen solchen Zustand versetzt uns der traurige Affect, und die Lust an demselben muß die Lust an fröhlichen Affecten in eben dem Grad übertreffen, als das sittliche Vermögen in uns über das sinnliche erhaben ist.

[1] Siehe die Abhandlung über den Grund des Vergnügens an tragischen Gegenständen.

Was in dem ganzen Syſtem der Zwecke nur ein untergeord=
netes Glied iſt, darf die Kunſt aus dieſem Zuſammenhang ab=
ſondern und als Hauptzweck verfolgen. Für die Natur mag das
Vergnügen nur ein mittelbarer Zweck ſeyn; für die Kunſt iſt es
der höchſte. Es gehört alſo vorzüglich zum Zweck der letztern,
das hohe Vergnügen nicht zu vernachläſſigen, das in der trau=
rigen Rührung enthalten iſt. Diejenige Kunſt aber, welche ſich
das Vergnügen des Mitleids insbeſondere zum Zweck ſetzt, heißt
die tragiſche Kunſt im allgemeinſten Verſtande.

Die Kunſt erfüllt ihren Zweck durch Nachahmung der Natur,
indem ſie die Bedingungen erfüllt, unter welchen das Vergnügen
in der Wirklichkeit möglich wird, und die zerſtreuten Anſtalten
der Natur zu dieſem Zwecke nach einem verſtändigen Plan ver=
einigt, um das, was dieſe bloß zu ihrem Nebenzweck machte,
als letzten Zweck zu erreichen. Die tragiſche Kunſt wird alſo
die Natur in denjenigen Handlungen nachahmen, welche den
mitleidenden Affect vorzüglich zu erwecken vermögen.

Um alſo der tragiſchen Kunſt ihr Verfahren im Allgemeinen
vorzuſchreiben, iſt es vor Allem nöthig, die Bedingungen zu
wiſſen, unter welchen nach der gewöhnlichen Erfahrung das Ver=
gnügen der Rührung am gewiſſeſten und am ſtärkſten erzeugt zu
werden pflegt; zugleich aber auch auf diejenigen Umſtände auf=
merkſam zu machen, welche es einſchränken oder gar zerſtören.

Zwei entgegengeſetzte Urſachen gibt die Erfahrung an, welche
das Vergnügen an Rührungen hindern: wenn das Mitleid ent=
weder zu ſchwach, oder wenn es ſo ſtark erregt wird, daß der
mitgetheilte Affect zu der Lebhaftigkeit eines urſprünglichen über=
geht. Jenes kann wieder entweder an der Schwäche des Ein=
drucks liegen, den wir von dem urſprünglichen Leiden erhalten,
in welchem Falle wir ſagen, daß unſer Herz kalt bleibt, und
wir weder Schmerz noch Vergnügen empfinden; oder es liegt an

stärkern Empfindungen, welche den empfangenen Eindruck bekämpfen und durch ihr Uebergewicht im Gemüth das Vergnügen des Mitleids schwächen oder gänzlich ersticken.

Nach dem, was im vorhergehenden Aufsatz über den Grund des Vergnügens an tragischen Gegenständen behauptet wurde, ist bei jeder tragischen Rührung die Vorstellung einer Zweckwidrigkeit, welche, wenn die Rührung ergötzend seyn soll, jederzeit auf eine Vorstellung von höherer Zweckmäßigkeit leitet. Auf das Verhältniß dieser beiden entgegengesetzten Vorstellungen unter einander kommt es nun an, ob bei einer Rührung die Lust oder die Unlust hervorstechen soll. Ist die Vorstellung der Zweckwidrigkeit lebhafter als die des Gegentheils, oder ist der verletzte Zweck von größerer Wichtigkeit als der erfüllte, so wird jederzeit die Unlust die Oberhand behalten; es mag dieses nun objectiv von der menschlichen Gattung überhaupt, oder bloß subjectiv von besonderen Individuen gelten.

Wenn die Unlust über die Ursache eines Unglücks zu stark wird, so schwächt sie unser Mitleid mit demjenigen, der es erleidet. Zwei ganz verschiedene Empfindungen können nicht zu gleicher Zeit in einem hohen Grade in dem Gemüthe vorhanden seyn. Der Unwille über den Urheber des Leidens wird zum herrschenden Affekt, und jedes andere Gefühl muß ihm weichen. So schwächt es jederzeit unsern Antheil, wenn sich der Unglückliche, den wir bemitleiden sollen, aus eigener unverzeihlicher Schuld in sein Verderben gestürzt hat, oder sich auch aus Schwäche des Verstandes und aus Kleinmuth nicht, da er es doch könnte, aus demselben zu ziehen weiß. Unsern Antheil an dem unglücklichen, von seinen undankbaren Töchtern mißhandelten Lear schadet es nicht wenig, daß dieser kindische Alte seine Krone so leichtsinnig hingab, und seine Liebe so unverständig unter seinen Töchtern vertheilte. In dem Kronegk'schen Trauerspiel Olint und Sophronia kann selbst das fürchterlichste Leiden, dem wir diese beiden Märtyrer ihres Glaubens ausgesetzt sehen, unser Mitleid, und ihr erhabener Heroismus unsere Bewunderung nur schwach erregen, weil der Wahnsinn allein eine Handlung begehen kann, wie diejenige ist, wodurch Olint sich selbst und sein ganzes Volk an den Rand des Verderbens führte.

Unser Mitleid wird nicht weniger geschwächt, wenn der Urheber eines Unglücks, dessen schuldlose Opfer wir bemitleiden sollen, unsere Seele mit Abscheu erfüllt. Es wird jederzeit der höchsten Vollkommenheit seines Werks Abbruch thun, wenn der tragische Dichter nicht ohne einen Bösewicht auskommen kann, und wenn er gezwungen ist, die Größe des Leidens von der Größe der Bosheit herzuleiten. Shakspeare's Jago und Lady Macbeth, Cleopatra in der Rorolane, Franz Moor in den Räubern zeugen für diese Behauptung. Ein Dichter, der sich auf seinen wahren Vortheil versteht, wird das Unglück nicht durch einen bösen Willen, der Unglück beabsichtet, noch viel weniger durch einen Mangel des Verstandes, sondern durch den Zwang der Umstände herbeiführen. Entspringt dasselbe nicht aus moralischen Quellen, sondern von äußerlichen Dingen, die weder Willen haben, noch einem Willen unterworfen sind, so ist das Mitleid reiner, und wird zum wenigsten durch keine Vorstellung moralischer Zweckwidrigkeit geschwächt. Aber dann kann dem theilnehmenden Zuschauer das unangenehme Gefühl einer Zweckwidrigkeit in der Natur nicht erlassen werden, welche in diesem Fall allein die moralische Zweckmäßigkeit retten kann. Zu einem weit höhern Grad steigt das Mitleid, wenn sowohl derjenige, welcher leidet, als derjenige, welcher Leiden verursacht, Gegenstände desselben werden. Dies kann nur dann geschehen, wenn der Letztere weder unsern Haß noch unsere Verachtung erregte, sondern wider seine Neigung dahin gebracht wird, Urheber des Unglücks zu werden. So ist es eine vorzügliche Schönheit in der deutschen Iphigenia, daß der taurische König, der Einzige, der den Wünschen Orests und seiner Schwester im Wege steht, nie unsere Achtung verliert, und uns zuletzt noch Liebe abnöthigt.

Diese Gattung des Rührenden wird noch von derjenigen übertroffen, wo die Ursache des Unglücks nicht allein nicht der Moralität widersprechend, sondern sogar durch Moralität allein möglich ist, und wo das wechselseitige Leiden bloß von der Vorstellung herrührt, daß man Leiden erwecke. Von dieser Art ist die Situation Ximenens und Roderichs im Cid des Peter Corneille; unstreitig, was die Verwicklung betrifft, dem Meisterstück der tragischen Bühne. Ehrliebe und Kindespflicht bewaffnen Roderichs Hand gegen den Vater seiner Geliebten, und Tapferkeit macht ihn zum Ueberwinder desselben; Ehrliebe und Kindespflicht erwecken ihm in Ximenen, der Tochter des Erschlagenen, eine furchtbare Anklägerin und Verfolgerin. Beide handeln ihrer Neigung entgegen, welche vor dem Unglück des verfolgten Gegenstandes eben so ängstlich zittert, als eifrig sie die moralische Pflicht macht, dieses Unglück herbeizurufen. Beide also gewinnen unsere höchste Achtung, weil sie auf Kosten der Neigung eine moralische Pflicht erfüllen; beide entflammen unser Mitleid aufs höchste, weil sie freiwillig und aus einem Beweggrund leiden, der sie in hohem Grade achtungswürdig macht. Hier also wird unser Mitleid so wenig durch widrige Gefühle gestört, daß es vielmehr in doppelter Flamme auflodert; bloß die Unmöglichkeit, mit der höchsten Würdigkeit zum Glücke die Idee des Unglücks zu vereinbaren, könnte unsere sympathische Lust noch durch eine Wolke des Schmerzens trüben. Wie viel auch schon dadurch gewonnen wird, daß unser Unwille über diese Zweckwidrigkeit kein moralisches Wesen betrifft, sondern an den unschädlichsten Ort, auf die Nothwendigkeit abgeleitet wird, so ist eine blinde Unterwürfigkeit unter das Schicksal immer demüthigend und kränkend für freie, sich selbst bestimmende Wesen. Dies ist es, was uns auch in den vortrefflichsten Stücken der griechischen Bühne etwas zu wünschen übrig läßt, weil in allen diesen Stücken zuletzt an die Nothwendigkeit appellirt wird, und für unsere Vernunft fordernde Vernunft immer ein unaufgelöster Knoten zurückbleibt. Aber auf der höchsten und letzten Stufe, welche der moralisch gebildete Mensch erklimmt, und zu welcher die rührende Kunst sich erheben kann, löst sich auch dieser, und jeder Schatten von Unlust verschwindet mit ihm. Dies geschieht, wenn selbst diese Unzufriedenheit mit dem Schicksal hinwegfällt, und sich in die Ahndung oder lieber in ein deutliches Bewußtseyn einer teleologischen Verknüpfung der Dinge, einer erhabenen Ordnung, eines gütigen Willens verliert. Dann gesellt sich zu unserem Vergnügen an moralischer Uebereinstimmung die erquickende Vorstellung der vollkommensten Zweckmäßigkeit im großen Ganzen der Natur, und die scheinbare Verletzung derselben, welche uns in dem einzelnen Falle Schmerzen erweckte, wird bloß ein Stachel für unsere Vernunft, in allgemeinen Gesetzen eine Rechtfertigung dieses besondern Falles aufzusuchen, und den einzelnen Mißlaut in der großen Harmonie aufzulösen. Zu dieser reinen Höhe tragischer Rührung hat sich die griechische Kunst nie erhoben, weil weder die Volksreligion, noch selbst die Philosophie der Griechen ihnen so weit voranleuchtete. Der neuern Kunst, welche den Vortheil genießt, von einer geläuterten Philosophie einen reinern Stoff zu empfangen, ist es aufbehalten, auch diese höchste Forderung zu erfüllen, und so die ganze moralische Würde der Kunst zu entfalten. Müssen wir Neuern wirklich darauf Verzicht thun, griechische Kunst je wieder herzustellen, da der philosophische Genius des Zeitalters und die moderne Cultur überhaupt der Poesie nicht günstig sind, so wirken sie weniger nachtheilig auf die tragische Kunst, welche mehr auf dem sittlichen ruht. Ihr allein ersetzt vielleicht unsere Cultur den Raub, den sie an der Kunst überhaupt verübte.

So wie die tragische Rührung durch Einmischung widriger Vorstellungen und Gefühle geschwächt, und dadurch die Lust an derselben vermindert wird, so kann sie im Gegentheil durch zu große Annäherung an den ursprünglichen Affect zu einem Grade ausschweifen, der den Schmerz überwiegend macht. Es ist bemerkt worden, daß die Unlust in Affecten von der Beziehung ihres Gegenstandes auf unsere Sinnlichkeit, so wie die Lust an denselben von der Beziehung des Affects selbst auf unsere Sittlichkeit, seinen Ursprung nehme. Es wird also zwischen Sinnlichkeit und Sittlichkeit ein bestimmtes Verhältniß vorausgesetzt, welches das Verhältniß der Unlust zu der Lust in traurigen Rührungen entscheidet, und welches nicht verändert oder umgekehrt werden kann, ohne zugleich die Gefühle von Lust und Unlust bei Rührungen umzukehren, oder in ihr Gegentheil zu verwandeln. Je lebhafter die Sinnlichkeit in unserm Gemüthe erwacht, desto schwächer wird die Sittlichkeit wirken, und umgekehrt, je mehr jene von ihrer Macht verliert, desto mehr wird diese an Stärke gewinnen. Was also der Sinnlichkeit in unserm Gemüthe ein Uebergewicht gibt, muß nothwendiger Weise, weil es die Sittlichkeit einschränkt, unser Vergnügen an Rührungen vermindern, das allein aus dieser Sittlichkeit fließt; so wie Alles, was dieser letztern in unserm Gemüth einen Schwung gibt, sogar in ursprünglichen Affecten dem Schmerz seinen Stachel nimmt. Unsere Sinnlichkeit erlangt aber dieses Uebergewicht wirklich, wenn sich die Vorstellungen des Leidens zu einem solchen Grade der Lebhaftigkeit erheben, der uns keine Möglichkeit übrig läßt, den mitgetheilten Affect von einem ursprünglichen, unser eigenes Ich von dem leidenden Subject, oder Wahrheit von Dichtung zu unterscheiden. Sie erlangt gleichfalls das Uebergewicht, wenn ihr durch Anhäufung ihrer Gegenstände und durch das blendende Licht, das eine aufgeregte Einbildungskraft darüber verbreitet, Nahrung gegeben wird. Nichts hingegen ist geschickter, sie in ihre Schranken zurückzuweisen, als der Beistand übersinnlicher, sittlicher Ideen, an denen sich die unterdrückte Vernunft, wie an geistigen Stützen, aufrichtet, um sich über den trüben Dunstkreis der Gefühle in einen heitern Horizont zu erheben. Daher der große Reiz, welchen allgemeine Wahrheiten oder Sittensprüche, an der rechten Stelle in den dramatischen Dialog eingestreut, für alle gebildeten Völker gehabt haben, und der fast übertriebene Gebrauch, den schon die Griechen davon machten. Nichts ist einem sittlichen Gemüthe willkommener, als nach einem lang anhaltenden Zustand des bloßen Leidens aus der Dienstbarkeit der Sinne zur Selbstthätigkeit geweckt, und in seine Freiheit wieder eingesetzt zu werden.

So viel von den Ursachen, welche unser Mitleid einschränken, und dem Vergnügen an der traurigen Rührung im Wege stehen. Jetzt sind die Bedingungen aufzuzählen, unter welchen das Mitleid befördert, und die Lust der Rührung am unfehlbarsten und am stärksten erweckt wird.

Alles Mitleid setzt Vorstellungen des Leidens voraus, und nach der Lebhaftigkeit, Wahrheit, Vollständigkeit und Dauer der letztern richtet sich auch der Grad der erstern.

1) Je lebhafter die Vorstellungen, desto mehr wird das Gemüth zur Thätigkeit eingeladen, desto mehr wird seine Sinnlichkeit gereizt, desto mehr also auch sein sittliches Vermögen zum Widerstand aufgefordert. Vorstellungen des Leidens lassen sich aber auf zwei verschiedenen Wegen erhalten, welche der Lebhaftigkeit des Eindrucks nicht auf gleiche Art günstig sind. Ungleich stärker afficiren uns Leiden, von denen wir Zeugen sind, als

solche, die wir erst durch Erzählung oder Beschreibung erfahren. Jene heben das freie Spiel unserer Einbildungskraft auf, und bringen, da sie unsere Sinnlichkeit unmittelbar treffen, auf dem kürzesten Weg zu unserm Herzen. Bei der Erzählung hingegen wird das Besondere erst zum Allgemeinen erhoben, und aus diesem dann das Besondere erkannt, also schon durch diese nothwendige Operation des Verstandes dem Eindruck sehr viel von seiner Stärke entzogen. Ein schwacher Eindruck aber wird sich des Gemüths nicht ungetheilt bemächtigen, und fremdartigen Vorstellungen Raum geben, seine Wirkung zu stören und die Aufmerksamkeit zu zerstreuen. Sehr oft versetzt uns auch die erzählende Darstellung aus dem Gemüthszustand der handelnden Personen in den des Erzählers, welches die zum Mitleid so nothwendige Täuschung unterbricht. So oft der Erzähler in eigner Person sich vordringt, entsteht ein Stillstand in der Handlung, und darum unvermeidlich auch in unserm theilnehmenden Affect; dies ereignet sich selbst dann, wenn sich der dramatische Dichter im Dialog vergißt, und der sprechenden Person Betrachtungen in den Mund legt, die nur ein kalter Zuschauer anstellen konnte. Von diesem Fehler dürfte schwerlich eine unserer neuern Tragödien frei seyn, doch haben ihn die französischen allein zur Regel erhoben. Unmittelbare lebendige Gegenwart und Versinnlichung sind also nöthig, unsern Vorstellungen vom Leiden diejenige Stärke zu geben, die zu einem hohen Grade von Rührung erfordert wird.

2) Aber wir können die lebhaftesten Eindrücke von einem Leiden erhalten, ohne doch zu einem merklichen Grad des Mitleids gebracht zu werden, wenn es diesen Eindrücken an Wahrheit fehlt. Wir müssen uns einen Begriff von dem Leiden machen, an dem wir Theil nehmen sollen; dazu gehört eine Uebereinstimmung desselben mit etwas, was schon vorher in uns

vorhanden ist. Die Möglichkeit des Mitleids beruht nämlich auf der Wahrnehmung oder Voraussetzung einer Aehnlichkeit zwischen uns und dem leidenden Subject. Ueberall, wo diese Aehnlichkeit sich erkennen läßt, ist das Mitleid nothwendig; wo sie fehlt, unmöglich. Je sichtbarer und größer die Aehnlichkeit, desto lebhafter unser Mitleid; je geringer jene, desto schwächer auch dieses. Es müssen, wenn wir den Affect eines Andern ihm nachempfinden sollen, alle inneren Bedingungen zu diesem Affect in uns selbst vorhanden seyn, damit die äußere Ursache, die durch ihre Vereinigung mit jenen dem Affect die Entstehung gab, auch auf uns eine gleiche Wirkung äußern könne. Wir müssen, ohne uns Zwang anzuthun, die Person mit ihm zu wechseln, unser eigenes Ich seinem Zustande augenblicklich unterzuschieben fähig seyn. Wie ist es aber möglich, den Zustand eines Andern in uns zu empfinden, wenn wir nicht uns zuvor in diesem Andern gefunden haben?

Diese Aehnlichkeit geht auf die ganze Grundlage des Gemüths, insofern diese nothwendig und allgemein ist. Allgemeinheit und Nothwendigkeit aber enthält vorzugsweise unsre sittliche Natur. Das sinnliche Vermögen kann durch zufällige Ursachen anders bestimmt werden; selbst unsre Erkenntnißvermögen sind von veränderlichen Bedingungen abhängig; unsre Sittlichkeit allein ruht auf sich selbst, und ist eben darum am tauglichsten, einen allgemeinen und sichern Maßstab dieser Aehnlichkeit abzugeben. Eine Vorstellung also, welche wir mit unsrer Form zu denken und zu empfinden übereinstimmend finden, welche mit unserer eigenen Gedankenreihe schon in gewisser Verwandtschaft steht, welche von unserm Gemüth mit Leichtigkeit aufgefaßt wird, nennen wir wahr. Betrifft die Aehnlichkeit das Eigenthümliche unsers Gemüths, die besondern Bestimmungen des allgemeinen Menschencharakters in uns, welche sich unbeschadet dieses allgemeinen Charakters hinwegdenken laffen, so hat diese Vorstellung bloß Wahrheit für uns; betrifft sie die allgemeine und nothwendige Form, welche wir bei der ganzen Gattung voraussetzen, so ist die Wahrheit der objectiven gleich zu achten. Für den Römer hat der Richterspruch des ersten Brutus, der Selbstmord des Cato subjective Wahrheit. Die Vorstellungen und Gefühle, aus denen die Handlungen dieser beiden Männer fließen, folgen nicht unmittelbar aus der allgemeinen, sondern mittelbar aus einer besonders bestimmten menschlichen Natur. Um diese Gefühle mit ihnen zu theilen, muß man eine römische Gesinnung besitzen, oder doch zu augenblicklicher Annahme der letztern fähig seyn. Hingegen braucht man bloß Mensch überhaupt zu seyn, um durch die heldenmüthige Aufopferung eines Leonidas, durch die ruhige Ergebung eines Aristid, durch den freiwilligen Tod eines Sokrates in eine hohe Rührung versetzt, und durch den schrecklichen Glückswechsel eines Darius zu Thränen hingerissen zu werden. Solchen Vorstellungen räumen wir, im Gegensatz mit jenen, objective Wahrheit ein, weil sie mit der Natur aller Subjecte übereinstimmen, und dadurch eine eben so strenge Allgemeinheit und Nothwendigkeit erhalten, als wenn sie von jeder subjectiven Bedingung unabhängig wären.

Uebrigens ist die subjectiv wahre Schilderung, weil sie auf zufällige Bestimmungen geht, darum nicht mit willkürlichen zu verwechseln. Zuletzt fließt auch das subjectiv Wahre aus der allgemeinen Einrichtung des menschlichen Gemüths, welche bloß durch besondere Umstände besonders bestimmt ward, und beide sind nothwendige Bedingungen desselben. Die Entschließung des Cato könnte, wenn sie den allgemeinen Gesetzen der menschlichen Natur widerspräche, auch nicht mehr subjectiv wahr seyn. Nur haben Darstellungen der letztern Art einen engern Wirkungskreis, weil sie noch andere Bestimmungen, als jene allgemeinen, voraussetzen. Die tragische Kunst kann sich ihrer mit großer intensiver

Wirkung bedienen, wenn sie der extensiven entsagen will; doch wird das unbedingt Wahre, das bloß Menschliche in menschlichen Verhältnissen, stets ihr ergiebigster Stoff seyn, weil sie bei diesem allein, ohne darum auf die Stärke des Eindrucks Verzicht thun zu müssen, der Allgemeinheit desselben versichert ist.

3) Zu der Lebhaftigkeit und Wahrheit tragischer Schilderung wird drittens noch Vollständigkeit verlangt. Alles, was von außen gegeben werden muß, um das Gemüth in die abgezweckte Bewegung zu setzen, muß in der Vorstellung erschöpft seyn. Wenn sich der noch so römisch gesinnte Zuschauer den Seelenzustand des Cato zu eigen machen, wenn er die letzte Entschließung dieses Republikaners zu der seinigen machen soll, so muß er diese Entschließung nicht bloß in der Seele des Römers, auch in den Umständen gegründet finden, so muß ihm die äußere sowohl als innere Lage desselben in ihrem ganzen Zusammenhang und Umfang vor Augen liegen, so darf auch kein einziges Glied aus der Kette von Bestimmungen fehlen, an welche sich der letzte Entschluß des Römers als nothwendig anschließt. Ueberhaupt ist selbst die Wahrheit einer Schilderung ohne diese Vollständigkeit nicht erkennbar, denn nur die Aehnlichkeit der Umstände, welche wir vollkommen einsehen müssen, kann unser Urtheil über die Aehnlichkeit der Empfindungen rechtfertigen, weil nur aus der Vereinigung der äußern und innern Bedingungen der Affect entspringt. Wenn entschieden werden soll, ob wir wie Cato würden gehandelt haben, so müssen wir uns vor allen Dingen in Cato's ganze äußere Lage hineindenken, und dann erst sind wir befugt, unsere Empfindungen gegen die seinigen zu halten, einen Schluß auf die Aehnlichkeit zu machen und über die Wahrheit derselben ein Urtheil zu fällen.

Diese Vollständigkeit der Schilderung ist nur durch Verknüpfung mehrerer einzelnen Vorstellungen und Empfindungen möglich, die sich gegen einander als Ursache und Wirkung verhalten und in ihrem Zusammenhang ein Ganzes für unsere Erkenntniß ausmachen. Alle diese Vorstellungen müssen, wenn sie uns lebhaft rühren sollen, einen unmittelbaren Eindruck auf unsere Sinnlichkeit machen, und, weil die erzählende Form jederzeit diesen Eindruck schwächt, durch eine gegenwärtige Handlung veranlaßt werden. Zur Vollständigkeit einer tragischen Schilderung gehört also eine Reihe einzelner versinnlichter Handlungen, welche sich zu der tragischen Handlung als zu einem Ganzen verbinden.

4) Fortdauernd endlich müssen die Vorstellungen des Leidens auf uns wirken, wenn ein hoher Grad von Rührung durch sie erweckt werden soll. Der Affect, in welchen uns fremde Leiden versetzen, ist für uns ein Zustand des Zwanges, aus welchem wir eilen uns zu befreien, und allzu leicht verschwindet die zum Mitleid so unentbehrliche Täuschung. Das Gemüth muß also an diese Vorstellungen gewaltsam gefesselt und der Freiheit beraubt werden, sich der Täuschung zu frühzeitig zu entreißen. Die Lebhaftigkeit der Vorstellungen und die Stärke der Eindrücke, welche unsre Sinnlichkeit überfallen, ist dazu allein nicht hinreichend; denn je heftiger das empfangende Vermögen gereizt wird, desto stärker äußert sich die rückwirkende Kraft der Seele, um diesen Eindruck zu besiegen. Diese selbstthätige Kraft aber darf der Dichter nicht schwächen, der uns rühren will; denn eben im Kampfe derselben mit dem Leiden der Sinnlichkeit liegt der hohe Genuß, den uns die traurigen Rührungen gewähren. Wenn also das Gemüth, seiner widerstrebenden Selbstthätigkeit ungeachtet, an die Empfindungen des Leidens geheftet bleiben soll, so müssen diese periodenweise geschickt unterbrochen, ja von entgegengesetzten Empfindungen abgelöst werden — um alsdann mit zunehmender Stärke zurückzukehren und die Lebhaftigkeit des

erften Eindrucks defto öfter zu erneuern. Gegen Ermattung, gegen die Wirkungen der Gewohnheit ift der Wechsel der Empfindungen das kräftigfte Mittel. Diefer Wechsel frischt die erschöpfte Sinnlichkeit wieder an, und die Gradation der Eindrücke weckt das felbftthätige Vermögen zum verhältnißmäßigen Widerftand. Unaufhörlich muß diefes gefchäftig feyn, gegen den Zwang der Sinnlichkeit feine Freiheit zu behaupten, aber nicht früher als am Ende den Sieg erlangen, und noch weit weniger im Kampf unterliegen; fonft ift es im erften Falle um das Leiden, im zweiten um die Thätigkeit gethan, und nur die Vereinigung von beiden erweckt ja die Rührung. In der gefchickten Führung diefes Kampfes beruht eben das große Geheimniß der tragifchen Kunft; da zeigt fie fich in ihrem glänzendften Lichte.

Auch dazu ift nun eine Reihe abwechfelnder Vorftellungen, alfo eine zweckmäßige Verknüpfung mehrerer, diefen Vorftellungen entfprechender Handlungen nothwendig, an denen fich die Haupthandlung, und durch fie der abgezielte tragifche Eindruck vollftändig, wie ein Knäuel von der Spindel, abwindet, und das Gemüth zuletzt wie mit einem unzerreißbaren Netze umftrickt. Der Künftler, wenn mir diefes Bild hier verftattet ift, fammelt erft wirthfchaftlich alle einzelnen Strahlen des Gegenftandes, den er zum Werkzeug feines tragifchen Zweckes macht, und fie werden unter feinen Händen zum Blitz, der alle Herzen entzündet. Wenn der Anfänger den ganzen Donnerftrahl des Schreckens und der Furcht auf einmal und fruchtlos in die Gemüther fchleudert, fo gelangt jener Schritt vor Schritt durch lauter kleine Schläge zum Ziel und durchdringt eben dadurch die Seele ganz, daß er fie nur allmählig und gradweife rührte.

Wenn wir nunmehr die Refultate aus den bisherigen Unterfuchungen ziehen, fo find es folgende Bedingungen, welche der tragifchen Rührung zum Grunde liegen. Erftlich muß der Gegen=

stand unsers Mitleids zu unsrer Gattung im ganzen Sinn dieses Worts gehören, und die Handlung, an der wir Theil nehmen sollen, eine moralische, d. i. unter dem Gebiet der Freiheit begriffen seyn. Zweitens muß uns das Leiden, seine Quellen und seine Grade, in einer Folge verknüpfter Begebenheiten vollständig mitgetheilt und zwar drittens sinnlich vergegenwärtigt, nicht mittelbar durch Beschreibung, sondern unmittelbar durch Handlung dargestellt werden. Alle diese Bedingungen vereinigt und erfüllt die Kunst in der Tragödie.

Die Tragödie wäre demnach dichterische Nachahmung einer zusammenhängenden Reihe von Begebenheiten (einer vollständigen Handlung), welche uns Menschen in einem Zustand des Leidens zeigt, und zur Absicht hat, unser Mitleid zu erregen.

Sie ist erstlich — Nachahmung einer Handlung. Der Begriff der Nachahmung unterscheidet sie von den übrigen Gattungen der Dichtkunst, welche bloß erzählen oder beschreiben. In Tragödien werden die einzelnen Begebenheiten im Augenblick ihres Geschehens, als gegenwärtig, vor die Einbildungskraft oder vor die Sinne gestellt; unmittelbar, ohne Einmischung eines Dritten. Die Epopöe, der Roman, die einfache Erzählung rücken die Handlung, schon ihrer Form nach, in die Ferne, weil sie zwischen den Leser und die handelnden Personen den Erzähler einschieben. Das Entfernte, das Vergangene schwächt aber, wie bekannt ist, den Eindruck und den theilnehmenden Affect; das Gegenwärtige verstärkt ihn. Alle erzählenden Formen machen das Gegenwärtige zum Vergangenen; alle dramatischen machen das Vergangene gegenwärtig.

Die Tragödie ist zweitens Nachahmung einer Reihe von Begebenheiten, einer Handlung. Nicht bloß die Empfindungen und Affecte der tragischen Personen, sondern die Begebenheiten, aus denen sie entsprangen und auf deren Veranlassung sie sich äußern, stellt sie nachahmend dar; dies unterscheidet sie von den lyrischen Dichtungsarten, welche zwar ebenfalls gewisse Zustände des Gemüths poetisch nachahmen, aber nicht Handlungen. Eine Elegie, ein Lied, eine Ode können uns die gegenwärtige, durch besondere Umstände bedingte Gemüthsbeschaffenheit des Dichters (sey es in seiner eigenen Person oder in idealischer) nachahmend vor Augen stellen, und insofern sind sie zwar unter dem Begriff der Tragödie mit enthalten, aber sie machen ihn noch nicht aus, weil sie sich bloß auf Darstellungen von Gefühlen einschränken. Noch wesentlichere Unterschiede liegen in dem verschiedenen Zweck dieser Dichtungsarten.

Die Tragödie ist drittens Nachahmung einer vollständigen Handlung. Ein einzelnes Ereigniß, wie tragisch es auch seyn mag, gibt noch keine Tragödie. Mehrere als Ursache und Wirkung in einander gegründete Begebenheiten müssen sich mit einander zweckmäßig zu einem Ganzen verbinden, wenn die Wahrheit, d. i. die Uebereinstimmung eines vorgestellten Affects, Charakters und dergleichen mit der Natur unserer Seele, auf welche allein sich unsre Theilnahme gründet, erkannt werden soll. Wenn wir es nicht fühlen, daß wir selbst bei gleichen Umständen eben so würden gelitten und eben so gehandelt haben, so wird unser Mitleid nie erwachen. Es kommt also darauf an, daß wir die vorgestellte Handlung in ihrem ganzen Zusammenhang verfolgen, daß wir sie aus der Seele ihres Urhebers durch eine natürliche Gradation unter Mitwirkung äußerer Umstände hervorfließen sehen. So entsteht und wächst und vollendet sich vor unsern Augen die Neugier des Oedipus, die Eifersucht des Othello. So kann auch allein der große Abstand ausgefüllt werden, der sich zwischen dem Frieden einer schuldlosen Seele und den Gewissensqualen eines Verbrechers, zwischen der stolzen Sicherheit eines Glücklichen und seinem schrecklichen Untergang, kurz, der sich zwischen der ruhigen Gemüthsstimmung des Lesers am Anfang und der heftigen Aufregung seiner Empfindungen am Ende der Handlung findet.

Eine Reihe mehrerer zusammenhängender Vorfälle wird erfordert, einen Wechsel der Gemüthsbewegungen in uns zu erregen, der die Aufmerksamkeit spannt, der jedes Vermögen unsers Geistes aufbietet, den ermattenden Thätigkeitstrieb ermuntert, und durch die verzögerte Befriedigung ihn nur desto heftiger entflammt. Gegen die Leiden der Sinnlichkeit findet das Gemüth nirgends als in der Sittlichkeit Hülfe. Diese also desto dringender aufzufordern, muß der tragische Künstler die Martern der Sinnlichkeit verlängern; aber auch dieser muß er Befriedigung zeigen, um jener den Sieg desto schwerer und rühmlicher zu machen. Beides ist nur durch eine Reihe von Handlungen möglich, die mit weiser Wahl zu dieser Absicht verbunden sind.

Die Tragödie ist viertens poetische Nachahmung einer mitleidswürdigen Handlung, und dadurch wird sie der historischen entgegengesetzt. Das Letztere würde sie seyn, wenn sie einen historischen Zweck verfolgte, wenn sie darauf ausginge, von geschehenen Dingen und von der Art ihres Geschehens zu unterrichten. In diesem Falle müßte sie sich streng an historische Richtigkeit halten, weil sie einzig nur durch treue Darstellung des wirklich Geschehenen ihre Absicht erreichte. Aber die Tragödie hat einen poetischen Zweck, d. i. sie stellt eine Handlung dar, um zu rühren, und durch Rührung zu ergötzen. Behandelt sie also einen gegebenen Stoff nach diesem ihrem Zwecke, so wird sie eben dadurch in der Nachahmung frei; sie erhält Macht, ja Verbindlichkeit, die historische Wahrheit den Gesetzen der Dichtkunst unterzuordnen, und den gegebenen Stoff nach ihrem Bedürfnisse zu bearbeiten. Da sie aber ihren Zweck, die Rührung, nur unter der Bedingung der höchsten Uebereinstimmung mit den

Gesetzen der Natur zu erreichen im Stande ist, so steht sie, ihrer historischen Freiheit unbeschadet, unter dem strengen Gesetz der Naturwahrheit, welche man im Gegensatz von der historischen die poetische Wahrheit nennt. So läßt sich begreifen, wie bei strenger Beobachtung der historischen Wahrheit nicht selten die poetische leiden, und umgekehrt bei grober Verletzung der historischen die poetische nur um so mehr gewinnen kann. Da der tragische Dichter, so wie überhaupt jeder Dichter, nur unter dem Gesetz der poetischen Wahrheit steht, so kann die gewissenhafteste Beobachtung der historischen ihn nie von seiner Dichterpflicht lossprechen, nie einer Uebertretung der poetischen Wahrheit, nie einem Mangel des Interesses zur Entschuldigung gereichen. Es verräth daher sehr beschränkte Begriffe von der tragischen Kunst, ja von der Dichtkunst überhaupt, den Tragödiendichter vor das Tribunal der Geschichte zu ziehen, und Unterricht von demjenigen zu fordern, der sich schon vermöge seines Namens bloß zu Rührung und Ergötzung verbindlich macht. Sogar dann, wenn sich der Dichter selbst durch eine ängstliche Unterwürfigkeit gegen historische Wahrheit seines Künstlervorrechts begeben, und der Geschichte eine Gerichtsbarkeit über sein Product stillschweigend eingeräumt haben sollte, fordert die Kunst ihn mit allem Rechte vor ihren Richterstuhl, und ein Tod Hermanns, eine Minona, ein Fust von Stromberg würden, wenn sie hier die Prüfung nicht aushielten, bei noch so pünktlicher Befolgung des Costume's, des Volks- und des Zeitcharakters mittelmäßige Tragödien heißen.

Die Tragödie ist fünftens Nachahmung einer Handlung, welche uns Menschen im Zustand des Leidens zeigt. Der Ausdruck „Menschen" ist hier nichts weniger als müßig, und dient dazu die Gränzen genau zu bezeichnen, in welcher die Tragödie in der Wahl ihrer Gegenstände eingeschränkt ist. Nur das Leiden

sinnlich moralischer Wesen, dergleichen wir selbst sind, kann unser
Mitleid erwecken. Wesen also, die sich von aller Sittlichkeit
lossprechen, wie sich der Aberglaube des Volks, oder die Ein=
bildungskraft der Dichter die bösen Dämonen malt, und Menschen,
welche ihnen gleichen, — Wesen ferner, die von dem Zwange
der Sinnlichkeit befreit sind, wie wir uns die reinen Intelligenzen
denken, und Menschen, die sich in höherm Grade, als die mensch=
liche Schwachheit erlaubt, diesem Zwange entzogen haben, sind
gleich untauglich für die Tragödie. Ueberhaupt bestimmt schon
der Begriff des Leidens, und eines Leidens, an dem wir Theil
nehmen sollen, daß nur Menschen im vollen Sinne dieses Worts
der Gegenstand desselben seyn können. Eine reine Intelligenz
kann nicht leiden, und ein menschliches Subject, das sich dieser
reinen Intelligenz in ungewöhnlichem Grade nähert, kann, weil
es in einer sittlichen Natur einen zu schnellen Schutz gegen die
Leiden einer schwachen Sinnlichkeit findet, nie einen großen Grad
von Pathos erwecken. Ein durchaus sinnliches Subject ohne
Sittlichkeit, und solche, die sich ihm nähern, sind zwar des
fürchterlichsten Grades von Leiden fähig, weil ihre Sinnlichkeit
in überwiegendem Grade wirkt, aber von keinem sittlichen Ge=
fühl aufgerichtet, werden sie diesem Schmerz zum Raube — und
von einem Leiden, von einem durchaus hülflosen Leiden, von einer
absoluten Unthätigkeit der Vernunft wenden wir uns mit Un=
willen und Abscheu hinweg. Der tragische Dichter gibt also mit
Recht den gemischten Charakteren den Vorzug, und das Ideal
seines Helden liegt in gleicher Entfernung zwischen dem ganz
Verwerflichen und dem Vollkommenen.

Die Tragödie endlich vereinigt alle diese Eigenschaften, um
den mitleidigen Affect zu erregen. Mehrere von den Anstalten,
welche der tragische Dichter macht, ließen sich ganz füglich zu
einem andern Zweck, z. B. einem moralischen, einem historischen

u. a. benutzen; daß er aber gerade diesen und keinen andern sich
vorsetzt, befreit ihn von allen Forderungen, die mit diesem Zweck
nicht zusammenhängen, verpflichtet ihn aber auch zugleich, bei
jeder besondern Anwendung der bisher aufgestellten Regeln sich
nach diesem letzten Zwecke zu richten.

Der letzte Grund, auf den sich alle Regeln für eine bestimmte
Dichtungsart beziehen, heißt der Zweck dieser Dichtungsart; die
Verbindung der Mittel, wodurch eine Dichtungsart ihren Zweck
erreicht, heißt ihre Form. Zweck und Form stehen also mit einander in dem genauesten Verhältniß. Diese wird durch jenen
bestimmt und als nothwendig vorgeschrieben, und der erfüllte
Zweck wird das Resultat der glücklich beobachteten Form seyn.

Da jede Dichtungsart einen ihr eigenthümlichen Zweck verfolgt, so wird sie sich eben deßwegen durch eine eigenthümliche
Form von den übrigen unterscheiden, denn die Form ist das
Mittel, durch welches sie ihren Zweck erreicht. Eben das, was
sie ausschließend vor den übrigen leistet, muß sie vermöge derjenigen Beschaffenheit leisten, die sie vor den übrigen ausschließend besitzt. Der Zweck der Tragödie ist: Rührung; ihre Form:
Nachahmung einer zum Leiden führenden Handlung. Mehrere
Dichtungsarten können mit der Tragödie einerlei Handlung zu
ihrem Gegenstand haben. Mehrere Dichtungsarten können den
Zweck der Tragödie, die Rührung wenn gleich nicht als Hauptzweck, verfolgen. Das Unterscheidende der letztern besteht also
im Verhältniß der Form zu dem Zwecke, d. i. in der Art und
Weise, wie sie ihren Gegenstand in Rücksicht auf ihren Zweck
behandelt, wie sie ihren Zweck durch ihren Gegenstand erreicht.

Wenn der Zweck der Tragödie ist, den mitleidigen Affect zu
erregen, ihre Form aber das Mittel ist, durch welches sie diesen
Zweck erreicht, so muß Nachahmung einer rührenden Handlung
der Inbegriff aller Bedingungen seyn, unter welchen der mitleidige

Affect am stärksten erregt wird. Die Form der Tragödie ist also die günstigste, um den mitleidigen Affect zu erregen.

Das Product einer Dichtungsart ist vollkommen, in welchem die eigenthümliche Form dieser Dichtungsart zu Erreichung ihres Zweckes am besten benutzt worden ist. Eine Tragödie also ist vollkommen, in welcher die tragische Form, nämlich die Nachahmung einer rührenden Handlung, am besten benutzt worden ist, den mitleidigen Affect zu erregen. Diejenige Tragödie würde also die vollkommenste seyn, in welcher das erregte Mitleid weniger Wirkung des Stoffs, als der am besten benutzten tragischen Form, ist. Diese mag für das Ideal der Tragödie gelten.

Viele Trauerspiele, sonst voll hoher poetischer Schönheit, sind dramatisch tadelhaft, weil sie den Zweck der Tragödie nicht durch die beste Benutzung der tragischen Form zu erreichen suchen; andere sind es, weil sie durch die tragische Form einen andern Zweck als den der Tragödie erreichen. Nicht wenige unsrer beliebtesten Stücke rühren uns einzig des Stoffes wegen, und wir sind großmüthig oder unaufmerksam genug, diese Eigenschaft der Materie dem ungeschickten Künstler als Verdienst anzurechnen. Bei andern scheinen wir uns der Absicht gar nicht zu erinnern, in welcher uns der Dichter im Schauspielhause versammelt hat, und, zufrieden, durch glänzende Spiele der Einbildungskraft und des Witzes angenehm unterhalten zu seyn, bemerken wir nicht einmal, daß wir ihn mit kaltem Herzen verlassen. Soll die ehrwürdige Kunst (denn das ist sie, die zu dem göttlichen Theil unsers Wesens spricht) ihre Sache durch solche Kämpfer vor solchen Kampfrichtern führen? — Die Genügsamkeit des Publicums ist nur ermunternd für die Mittelmäßigkeit, aber beschimpfend und abschreckend für das Genie.

Zerstreute Betrachtungen über verschiedene ästhetische Gegenstände.[1]

Alle Eigenschaften der Dinge, wodurch sie ästhetisch werden können, lassen sich unter viererlei Classen bringen, die sowohl nach ihrer objectiven Verschiedenheit, als nach ihrer verschiedenen subjectiven Beziehung, auf unser leidendes oder thätiges Vermögen ein nicht bloß der Stärke, sondern auch dem Werth nach verschiedenes Wohlgefallen wirken, und für den Zweck der schönen Künste auch von ungleicher Brauchbarkeit sind; nämlich das Angenehme, das Gute, das Erhabene und das Schöne. Unter diesen ist das Erhabene und Schöne allein der Kunst eigen. Das Angenehme ist ihrer nicht würdig, und das Gute ist wenigstens nicht ihr Zweck; denn der Zweck der Kunst ist, zu vergnügen, und das Gute, sey es theoretisch oder praktisch, kann und darf der Sinnlichkeit nicht als Mittel dienen.

Das Angenehme vergnügt bloß die Sinne, und unterscheidet sich darin von dem Guten, welches der bloßen Vernunft gefällt. Es gefällt durch seine Materie, denn nur der Stoff kann den Sinn afficiren, und Alles, was Form ist, nur der Vernunft gefallen.

---

[1] Anmerkung des Herausgebers. Dieser Aufsatz erschien zuerst im fünften Stück der neuen Thalia vom Jahr 1793.

Das Schöne gefällt zwar durch das Medium der Sinne, wodurch es sich vom Guten unterscheidet, aber es gefällt durch seine Form der Vernunft, wodurch es sich vom Angenehmen unterscheidet. Das Gute, kann man sagen, gefällt durch die bloße vernunftgemäße Form, das Schöne durch vernunftähnliche Form, das Angenehme durch gar keine Form. Das Gute wird gedacht, das Schöne betrachtet, das Angenehme bloß gefühlt. Jenes gefällt im Begriff, das zweite in der Anschauung, das dritte in der materiellen Empfindung.

Der Abstand zwischen dem Guten und dem Angenehmen fällt am meisten in die Augen. Das Gute erweitert unsere Erkenntniß, weil es einen Begriff von seinem Object verschafft und voraussetzt; der Grund unsers Wohlgefallens liegt in dem Gegenstand, wenn gleich das Wohlgefallen selbst ein Zustand ist, in dem wir uns befinden. Das Angenehme hingegen bringt gar kein Erkenntniß seines Objects hervor und gründet sich auch auf keines. Es ist bloß dadurch angenehm, daß es empfunden wird, und sein Begriff verschwindet gänzlich, sobald wir uns die Affectibilität der Sinne hinwegdenken oder sie auch nur verändern. Einem Menschen, der Frost empfindet, ist eine warme Luft angenehm; eben dieser Mensch aber wird in der Sommerhitze einen kühlenden Schatten suchen. In beiden Fällen aber wird man gestehen, hat er richtig geurtheilt. Das Objective ist von uns völlig unabhängig, und was uns heute wahr, zweckmäßig, vernünftig vorkommt, wird uns (vorausgesetzt, daß wir heute richtig geurtheilt haben) auch in zwanzig Jahren eben so erscheinen. Unser Urtheil über das Angenehme ändert sich ab, so wie sich unsere Lage gegen sein Object verändert. Es ist also keine Eigenschaft des Objects, sondern entsteht erst aus dem Verhältniß eines Objects zu unsern Sinnen — denn die Beschaffenheit des Sinnes ist eine nothwendige Bedingung desselben.

Das Gute hingegen ist schon gut, ehe es vorgestellt und empfunden wird. Die Eigenschaft, durch die es gefällt, besteht vollkommen für sich selbst, ohne unser Subject nöthig zu haben, wenn gleich unser Wohlgefallen an demselben auf einer Empfänglichkeit unsers Wesens ruht. Das Angenehme, kann man daher sagen, ist nur, weil es empfunden wird; das Gute hingegen wird empfunden, weil es ist.

Der Abstand des Schönen von dem Angenehmen fällt, so groß er auch übrigens ist, weniger in die Augen. Es ist darin dem Angenehmen gleich, daß es immer den Sinnen muß vorgehalten werden, daß es nur in der Erscheinung gefällt. Es ist ihm ferner darin gleich, daß es keine Erkenntniß von seinem Object verschafft noch voraussetzt. Es unterscheidet sich aber wieder sehr von dem Angenehmen, weil es durch die Form seiner Erscheinung, nicht durch die materielle Empfindung gefällt. Es gefällt zwar dem vernünftigen Subject bloß, insofern dasselbe zugleich sinnlich ist; aber es gefällt auch dem Sinnlichen nur, insofern dasselbe zugleich vernünftig ist. Es gefällt nicht bloß dem Individuum, sondern der Gattung, und ob es gleich nur durch seine Beziehung auf sinnlich-vernünftige Wesen Existenz erhält, so ist es doch von allen empirischen Bestimmungen der Sinnlichkeit unabhängig, und es bleibt dasselbe, auch wenn sich die Privatbeschaffenheit der Subjecte verändert. Das Schöne hat also eben das mit dem Guten gemein, worin es von dem Angenehmen abweicht, und geht eben da von dem Guten ab, wo es sich dem Angenehmen nähert.

Unter dem Guten ist dasjenige zu verstehen, worin die Vernunft eine Angemessenheit zu ihren theoretischen oder praktischen Gesetzen erkennt. Es kann aber der nämliche Gegenstand mit der theoretischen Vernunft vollkommen zusammenstimmen, und doch der praktischen im höchsten Grad widersprechend seyn. Wir können den Zweck einer Unternehmung mißbilligen, und doch die Zweckmäßigkeit in derselben bewundern. Wir können die Genüsse verachten, die der Wollüstling zum Ziel seines Lebens macht, und doch seine Klugheit in der Wahl der Mittel und die Consequenz seiner Grundsätze loben. Was uns bloß durch seine Form gefällt, ist gut, und es ist absolut und ohne Bedingung gut, wenn seine Form zugleich auch sein Inhalt ist. Auch das Gute ist ein Object der Empfindung, aber keiner unmittelbaren, wie das Angenehme, und auch keiner gemischten, wie das Schöne. Es erregt nicht Begierde, wie das erste, und nicht Neigung, wie das zweite. Die reine Vorstellung des Guten kann nur Achtung einflößen.

Nach Festsetzung des Unterschiedes zwischen dem Angenehmen, dem Guten und dem Schönen leuchtet ein, daß ein Gegenstand häßlich, unvollkommen, ja sogar moralisch verwerflich und doch angenehm seyn, doch den Sinnen gefallen könne; daß ein Gegenstand die Sinne empören und doch gut seyn, doch der Vernunft gefallen könne; daß ein Gegenstand seinem innern Wesen nach das moralische Gefühl empören und doch in der Betrachtung gefallen, doch schön seyn könne. Die Ursache ist, weil bei allen diesen verschiedenen Vorstellungen ein anderes Vermögen des Gemüths und auf eine andere Art interessirt ist.

Aber hiermit ist die Classification der ästhetischen Prädicate noch nicht erschöpft; denn es gibt Gegenstände, die zugleich häßlich, den Sinnen widrig und schrecklich, unbefriedigend für den Verstand, und in der moralischen Schätzung gleichgültig sind, und die doch gefallen, ja, die in so hohem Grad gefallen, daß wir gern das Vergnügen der Sinne und des Verstandes aufopfern, um uns den Genuß derselben zu verschaffen.

Nichts ist reizender in der Natur als eine schöne Landschaft in der Abendröthe. Die reiche Mannigfaltigkeit und der milde

Umriß der Gestalten, das unendlich wechselnde Spiel des Lichts, der leichte Flor, der die fernen Objecte umkleidet — Alles wirkt zusammen, unsere Sinne zu ergötzen. Das sanfte Geräusch eines Wasserfalls, das Schlagen der Nachtigallen, eine angenehme Musik soll dazu kommen, unser Vergnügen zu vermehren. Wir sind aufgelöst in süße Empfindungen von Ruhe, und indem unsere Sinne von der Harmonie der Farben, der Gestalten und Töne auf das angenehmste gerührt werden, ergötzt sich das Gemüth an einem leichten und geistreichen Ideengang und das Herz an einem Strom von Gefühlen.

Auf einmal erhebt sich ein Sturm, der den Himmel und die ganze Landschaft verfinstert, der alle andern Töne überstimmt oder schweigen macht, und uns alle jene Vergnügungen plötzlich raubt. Pechschwarze Wolken umziehen den Horizont, betäubende Donnerschläge fallen nieder, Blitz folgt auf Blitz, und unser Gesicht wie unser Gehör wird auf das widrigste gerührt. Der Blitz leuchtet nur, um uns das Schreckliche der Nacht desto sichtbarer zu machen; wir sehen, wie er einschlägt, ja wir fangen an zu fürchten, daß er auch uns treffen möchte. Nichtsdestoweniger werden wir glauben, bei dem Tausch eher gewonnen als verloren zu haben, diejenigen Personen ausgenommen, denen die Furcht alle Freiheit des Urtheils raubt. Wir werden von diesem furchtbaren Schauspiel, das unsere Sinne zurückstößt, von einer Seite mit Macht angezogen, und verweilen uns bei demselben mit einem Gefühl, das man zwar nicht eigentliche Lust nennen kann, aber der Lust oft weit vorzieht. Nun ist aber dieses Schauspiel der Natur eher verderblich als gut (wenigstens hat man gar nicht nöthig an die Nutzbarkeit eines Gewitters zu denken, um an dieser Naturerscheinung Gefallen zu finden), es ist eher häßlich als schön, denn Finsterniß kann als Veraubung aller Vorstellungen, die das Licht verschafft, nie gefallen, und die plötzliche

Lufterschütterung durch den Donner, so wie die plötzliche Lufterleuchtung durch den Blitz, widersprechen einer nothwendigen Bedingung aller Schönheit, die nichts Abruptes, nichts Gewaltsames verträgt. Ferner ist diese Naturerscheinung den bloßen Sinnen eher schmerzhaft als annehmlich, weil die Nerven des Gesichts und des Gehörs durch die plötzliche Abwechslung von Dunkelheit und Licht, von dem Knallen des Donners zur Stille peinlich angespannt und dann eben so gewaltsam wieder erschlafft werden. Und trotz allen diesen Ursachen des Mißfallens ist ein Gewitter für den, der es nicht fürchtet, eine anziehende Erscheinung.

Ferner. Mitten in einer grünen und lachenden Ebene soll ein unbewachsener wilder Hügel hervorragen, der dem Auge einen Theil der Aussicht entzieht. Jeder wird diesen Erdhaufen hinweg wünschen, als etwas, das die Schönheit der ganzen Landschaft verunstaltet. Nun lasse man in Gedanken diesen Hügel immer höher und höher werden, ohne das Geringste an seiner übrigen Form zu verändern, so daß dasselbe Verhältniß zwischen seiner Breite und Höhe auch noch im Großen beibehalten wird. Anfangs wird das Mißvergnügen über ihn zunehmen, weil ihn seine zunehmende Größe nur bemerkbarer, nur störender macht. Man fahre aber fort, ihn bis über die doppelte Höhe eines Thurmes zu vergrößern, so wird das Mißvergnügen über ihn sich unmerklich verlieren und einem ganz andern Gefühle Platz machen. Ist er endlich so hoch hinaufgestiegen, daß es dem Auge beinahe unmöglich wird, ihn in ein einziges Bild zusammen zu fassen, so ist er uns mehr werth, als die ganze schöne Ebene um ihn her, und wir würden den Eindruck, den er auf uns macht, ungern mit einem andern noch so schönen vertauschen. Nun gebe man in Gedanken diesem Berg eine solche Neigung, daß es aussieht, als wenn er alle Augenblicke herabstürzen wollte, so wird das vorige Gefühl sich mit einem andern vermischen; Schrecken wird sich damit verbinden, aber der Gegenstand selbst wird nur desto anziehender seyn. Gesetzt aber, man könnte diesen sich neigenden Berg durch einen andern unterstützen, so würde sich der Schrecken und mit ihm ein großer Theil unsers Wohlgefallens verlieren. Gesetzt ferner, man stellte dicht an diesen Berg vier bis fünf andere, davon jeder um den vierten oder fünften Theil niedriger wäre als der zunächst auf ihn folgende, so würde das erste Gefühl, das uns seine Größe einflößte, merklich geschwächt werden — etwas Aehnliches würde geschehen, wenn man den Berg selbst in zehn oder zwölf gleichförmige Absätze theilte; auch wenn man ihn durch künstliche Anlagen verzierte. Mit diesem Berge haben wir nun anfangs keine andere Operation vorgenommen, als daß wir ihn, ganz wie er war, ohne seine Form zu verändern, größer machten, und durch diesen einzigen Umstand wurde er aus einem gleichgültigen, ja sogar widerwärtigen Gegenstand in einen Gegenstand des Wohlgefallens verwandelt. Bei der zweiten Operation haben wir diesen großen Gegenstand zugleich in ein Object des Schreckens verwandelt, und dadurch das Wohlgefallen an seinem Anblick vermehrt. Bei den übrigen damit vorgenommenen Operationen haben wir das Schreckenerregende seines Anblicks vermindert, und dadurch das Vergnügen geschwächt. Wir haben die Vorstellung seiner Größe *subjectiv* verringert, theils dadurch, daß wir die Aufmerksamkeit des Auges zertheilten, theils dadurch, daß wir demselben in den daneben gestellten kleinern Bergen ein Maß verschafften, womit es die Größe des Berges desto leichter beherrschen konnte. Größe und Schreckbarkeit können also in gewissen Fällen für sich allein eine Quelle von Vergnügen abgeben.

Es gibt in der griechischen Fabellehre kein fürchterlicheres und zugleich häßlicheres Bild als die Furien oder Erinnyen, wenn sie aus dem Orcus hervorsteigen, einen Verbrecher zu verfolgen. Ein scheußlich verzerrtes Gesicht, hagere Figuren, ein Kopf, der statt der Haare mit Schlangen bedeckt ist, empören unsere Sinne eben so sehr, als sie unsern Geschmack beleidigen. Wenn aber diese Ungeheuer vorgestellt werden, wie sie den Muttermörder Orestes verfolgen, wie sie die Fackel in ihren Händen schwingen und ihn rastlos von einem Orte zum andern jagen, bis sie endlich, wenn die zürnende Gerechtigkeit versöhnt ist, in den Abgrund der Hölle verschwinden, so verweilen wir mit einem angenehmen Grausen bei dieser Vorstellung. Aber nicht bloß die Gewissensangst eines Verbrechens, welche durch die Furien versinnlicht wird, selbst seine pflichtwidrigen Handlungen, der wirkliche Actus eines Verbrechens, kann uns in der Darstellung gefallen. Die Medea des griechischen Trauerspiels Klytemnestra, die ihren Gemahl ermordet, Orest, der seine Mutter tödtet, erfüllen unser Gemüth mit einer schauerlichen Lust. Selbst im gemeinen Leben entdecken wir, daß uns gleichgültige, ja selbst widrige und abschreckende Gegenstände zu interessiren anfangen, sobald sie sich entweder dem Ungeheuren oder dem Schrecklichen nähern. Ein ganz gemeiner und unbedeutender Mensch fängt an, uns zu gefallen, sobald eine heftige Leidenschaft, die seinen Werth nicht im Geringsten erhöht, ihn zu einem Gegenstand der Furcht und des Schreckens macht; so wie ein gemeiner, nichts sagender Gegenstand für uns eine Quelle der Lust wird, sobald wir ihn so vergrößern, daß er unser Fassungsvermögen zu überschreiten droht. Ein häßlicher Mensch wird noch häßlicher durch den Zorn, und doch kann er im Ausbruch dieser Leidenschaft, sobald sie nicht ins Lächerliche, sondern ins Furchtbare verfällt, gerade noch den meisten Reiz für uns haben. Selbst bis zu den Thieren herab gilt diese Bemerkung. Ein Stier am Pfluge, ein Pferd am Karren, ein Hund sind gemeine Gegenstände; reizen wir aber den Stier zum Kampfe, setzen wir das ruhige Pferd in Wuth, oder sehen wir einen wüthenden Hund, so erheben sich diese Thiere zu ästhetischen Gegenständen, und wir fangen an, sie mit einem Gefühle zu betrachten, das an Vergnügen und Achtung gränzt. Der allen Menschen gemeinschaftliche Hang zum Leidenschaftlichen, die Macht der sympathetischen Gefühle, die uns in der Natur zum Anblick des Leidens, des Schreckens, des Entsetzens hintreibt, die in der Kunst so viel Reiz für uns hat, die uns in das Schauspielhaus lockt, die uns an den Schilderungen großer Unglücksfälle so viel Geschmack finden läßt — alles dies beweist für eine vierte Quelle von Lust, die weder das Angenehme, noch das Gute, noch das Schöne zu erzeugen im Stande sind.

Alle bisher angeführten Beispiele haben etwas Objectives in der Empfindung, die sie bei uns erregen, mit einander gemein. In allen empfangen wir eine Vorstellung von etwas, „das „entweder unsere sinnliche Fassungskraft oder unsere sinnliche „Widerstehungskraft überschreitet, oder zu überschreiten droht," jedoch ohne diese Ueberlegenheit bis zur Unterdrückung jener beiden Kräfte zu treiben, und ohne die Bestrebung zum Erkenntniß oder zum Widerstand in uns niederzuschlagen. Ein Mannigfaltiges wird uns dort gegeben, welches in Einheit zusammen zu fassen unser anschauendes Vermögen bis an seine Gränzen treibt. Eine Kraft wird uns hier vorgestellt, gegen welche die unsrige verschwindet, die wir aber doch damit zu vergleichen genöthigt werden. Entweder ist es ein Gegenstand, der sich unserm Anschauungsvermögen zugleich darbietet und entzieht, und das Bestreben zur Vorstellung weckt, ohne es Befriedigung hoffen zu lassen; oder es ist ein Gegenstand, der gegen unser Daseyn selbst feindlich aufzustehen scheint, uns gleichsam zum Kampf herausfordert und für den Ausgang besorgt macht. Eben so ist in allen angeführten Fällen die nämliche Wirkung auf das Empfindungsvermögen sichtbar. Alle setzen das Gemüth in eine unruhige Bewegung und spannen es an. Ein gewisser Ernst, der bis zur Feierlichkeit steigen kann, bemächtigt sich unserer Seele, und indem sich in den sinnlichen Organen deutliche Spuren von Beängstigung zeigen, sinkt der nachdenkende Geist in sich selbst zurück, und scheint sich auf ein erhöhtes Bewußtseyn seiner selbstständigen Kraft und Würde zu stützen. Dieses Bewußtseyn muß schlechterdings überwiegend seyn, wenn das Große oder das Schreckliche einen ästhetischen Werth für uns haben soll. Weil sich nun das Gemüth bei solchen Vorstellungen begeistert und über sich selbst gehoben fühlt, so bezeichnet man sie mit dem Namen des Erhabenen, obgleich den Gegenständen selbst objectiv nichts Erhabenes zukommt, und es also wohl schicklicher wäre, sie erhebend zu nennen.

Wenn ein Object erhaben heißen soll, so muß es sich unsern sinnlichen Vermögen entgegensetzen. Es lassen sich aber überhaupt zwei verschiedene Verhältnisse denken, in welchen die Dinge zu unserer Sinnlichkeit stehen können, und diesen gemäß muß es auch zwei verschiedene Arten des Widerstandes geben. Entweder werden sie als Objecte betrachtet, von denen wir uns ein Erkenntniß verschaffen wollen, oder sie werden als eine Macht angesehen, mit der wir die unsrige vergleichen. Nach dieser Eintheilung gibt es auch zwei Gattungen des Erhabenen, das Erhabene der Erkenntniß und das Erhabene der Kraft.

Nun tragen aber die sinnlichen Vermögen nichts weiter zur Erkenntniß bei, als daß sie den gegebenen Stoff auffassen und das Mannigfaltige desselben im Raum und in der Zeit aneinander setzen. Dieses Mannigfaltige zu unterscheiden und zu sortiren, ist das Geschäft des Verstandes, nicht der Einbildungskraft. Für den Verstand allein gibt es ein Verschiedenes, für die Einbildungskraft (als Sinn) bloß ein Gleichartiges, und es ist also bloß die Menge des Gleichartigen (die Quantität, nicht die Qualität), was bei der sinnlichen Auffassung der Erscheinungen einen Unterschied machen kann. Soll also das sinnliche Vorstellungsvermögen an einem Gegenstand erliegen, so muß dieser Gegenstand durch seine Quantität für die Einbildungskraft übersteigend seyn. Das Erhabene der Erkenntniß beruht demnach auf der Zahl oder der Größe, und kann darum auch das mathematische heißen.[1]

Von der ästhetischen Größenschätzung.

Ich kann mir von der Quantität eines Gegenstandes vier, von einander ganz verschiedene, Vorstellungen machen.

Der Thurm, den ich vor mir sehe, ist eine Größe.

Er ist zweihundert Ellen hoch.

Er ist hoch.

Er ist ein hoher (erhabener) Gegenstand.

Es leuchtet in die Augen, daß durch jedes dieser viererlei Urtheile, welche sich doch sämmtlich auf die Quantität des Thurmes beziehen, etwas ganz Verschiedenes ausgesagt wird. In den beiden ersten Urtheilen wird der Thurm bloß als ein Quantum (als eine Größe), in den zwei übrigen wird er als ein Magnum (als etwas Großes) betrachtet.

Alles, was Theile hat, ist ein Quantum. Jede Anschauung, jeder Verstandesbegriff hat eine Größe, so gewiß dieser eine Sphäre und jene einen Inhalt hat. Die Quantität überhaupt kann also nicht gemeint seyn, wenn man von einem Größenunterschied unter den Objecten redet. Die Rede ist hier von einer solchen Quantität, die einem Gegenstande vorzugsweise zukommt,

[1] Siehe Kants Kritik der ästhetischen Urtheilskraft.

d. h. die nicht bloß ein **Quantum**, sondern zugleich ein **Magnum** ist.

Bei jeder Größe denkt man sich eine Einheit, zu welcher mehrere gleichartige Theile verbunden sind. Soll also ein Unterschied zwischen Größe und Größe statt finden, so kann er nur darin liegen, daß in der einen mehr, in der andern weniger Theile zur Einheit verbunden sind, oder daß die eine nur einen Theil in der andern ausmacht. Dasjenige Quantum, welches ein anderes Quantum als Theil in sich enthält, ist gegen dieses Quantum ein Magnum.

Untersuchen, wie oft ein bestimmtes Quantum in einem andern enthalten ist, heißt dieses Quantum **messen** (wenn es stetig), oder es **zählen** (wenn es nicht stetig ist). Auf die zum Maß genommene Einheit kommt es also jederzeit an, ob wir einen Gegenstand als ein Magnum betrachten sollen, d. h. alle Größe ist ein Verhältnißbegriff.

Gegen ihr Maß gehalten, ist jede Größe ein Magnum, und noch mehr ist sie es gegen das Maß ihres Maßes, mit welchem verglichen dieses selbst wieder ein Magnum ist. Aber so, wie es herabwärts geht, geht es auch aufwärts. Jedes Magnum ist wieder klein, sobald wir es uns in einem andern enthalten denken; und wo gibt es hier eine Gränze, da wir jede noch so große Zahlreihe mit sich selbst wieder multipliciren können?

Auf dem Wege der Messung können wir also zwar auf die **comparative**, aber nie auf die **absolute** Größe stoßen, auf diejenige nämlich, welche in keinem andern Quantum mehr enthalten seyn kann, sondern alle andern Größen unter sich befaßt. Nichts würde uns ja hindern, daß dieselbe Verstandeshandlung die uns eine solche Größe lieferte, uns auch das **Duplum** derselben lieferte, weil der Verstand successiv verfährt, und, von Zahlbegriffen geleitet, seine Synthese ins Unendliche fortsetzen kann. So lange sich noch bestimmen läßt, wie groß ein Gegenstand sey, ist er noch nicht (schlechthin) groß, und kann durch dieselbe Operation der Vergleichung zu einem sehr kleinen herabgewürdigt werden. Diesem nach könnte es in der Natur nur eine einzige Größe per excellentiam geben, nämlich das unendliche Ganze der Natur selbst, dem aber nie eine Anschauung entsprechen, und dessen Synthesis in keiner Zeit vollendet werden kann. Da sich das Reich der Zahl nie erschöpfen läßt, so müßte es der Verstand seyn, der seine Synthesis endigt. Er selbst müßte irgend eine Einheit als höchstes und äußerstes Maß aufstellen, und was darüber hinausragt, schlechthin für groß erklären.

Dies geschieht auch wirklich, wenn ich von dem Thurm, der vor mir steht, sage, er sey hoch, ohne seine Höhe zu bestimmen. Ich gebe hier kein Maß der Vergleichung, und doch kann ich dem Thurm die absolute Größe nicht zuschreiben, da mich gar nichts hindert, ihn noch größer anzunehmen. Mir muß also schon durch den bloßen Anblick des Thurmes ein äußerstes Maß gegeben seyn, und ich muß mir einbilden können, durch meinen Ausdruck: dieser Thurm ist hoch, auch jedem andern dieses äußerste Maß vorgeschrieben zu haben. Dieses Maß liegt also schon in dem Begriffe eines Thurmes, und es ist kein anderes als der Begriff seiner Gattungsgröße.

Jedem Ding ist ein gewisses Maximum der Größe entweder durch seine Gattung (wenn es ein Werk der Natur ist), oder (wenn es ein Werk der Freiheit ist) durch die Schranken der ihm zu Grunde liegenden Ursache und durch seinen Zweck vorgeschrieben. Bei jeder Wahrnehmung von Gegenständen wenden wir, mit mehr oder weniger Bewußtseyn, dieses Größenmaß an; aber unsere Empfindungen sind sehr verschieden, je nachdem das Maß, welches wir zum Grund legen, zufälliger oder nothwendiger ist. Ueberschreitet ein Object den Begriff seiner Gattungs=

größe, so wird es uns gewissermaßen in Verwunderung setzen. Wir werden überrascht, und unsere Erfahrung erweitert sich; aber insofern wir an dem Gegenstand selbst kein Interesse nehmen, bleibt es bloß bei diesem Gefühle einer übertroffenen Erwartung. Wir haben jenes Maß nur aus einer Reihe von Erfahrungen abgezogen, und es ist gar keine Nothwendigkeit vorhanden, daß es immer zutreffen muß. Ueberschreitet hingegen ein Erzeugniß der Freiheit den Begriff, den wir uns von den Schranken seiner Ursache machten, so werden wir schon eine gewisse Bewunderung empfinden. Es ist hier nicht bloß die übertroffene Erwartung, es ist zugleich eine Entledigung von Schranken, was uns bei einer solchen Erfahrung überrascht. Dort blieb unsere Aufmerksamkeit bloß bei dem Producte stehen, das an sich selbst gleichgültig war; hier wird sie auf die hervorbringende Kraft hingezogen, welche moralisch oder doch einem moralischen Wesen angehörig ist, und uns also nothwendig interessiren muß. Dieses Interesse wird in eben dem Grade steigen, als die Kraft, welche das wirkende Principium ausmachte, edler und wichtiger, und die Schranke, welche wir überschritten finden, schwerer zu überwinden ist. Ein Pferd von ungewöhnlicher Größe wird uns angenehm befremden, aber noch mehr der geschickte und starke Reiter, der es bändigt. Sehen wir ihn nun gar mit diesem Pferd über einen breiten und tiefen Graben setzen, so erstaunen wir; und ist es eine feindliche Fronte, gegen welche wir ihn lossprengen sehen, so gesellt sich zu diesem Erstaunen Achtung, und es geht in Bewunderung über. In dem letztern Fall behandeln wir seine Handlung als eine dynamische Größe, und wenden unsern Begriff von menschlicher Tapferkeit als Maßstab darauf an, wo es nun darauf ankommt, wie wir uns selbst fühlen, und was wir als äußerste Gränze der Herzhaftigkeit betrachten.

Ganz anders hingegen verhält es sich, wenn der Größen=

begriff des Zwecks überschritten wird. Hier legen wir keinen empirischen und zufälligen, sondern einen rationalen und also nothwendigen Maßstab zum Grunde, der nicht überschritten werden kann, ohne den Zweck des Gegenstandes zu vernichten. Die Größe eines Wohnhauses ist einzig durch seinen Zweck bestimmt; die Größe eines Thurmes kann bloß durch die Schranken der Architektur bestimmt seyn. Finde ich daher das Wohnhaus für seinen Zweck zu groß, so muß es mir nothwendig mißfallen. Finde ich hingegen den Thurm meine Idee von Thurmeshöhen übersteigend, so wird er mich nur desto mehr ergötzen. Warum? Jenes ist ein Widerspruch, dieses nur eine unerwartete Uebereinstimmung mit dem, was ich suche. Ich kann es mir sehr wohl gefallen lassen, daß eine Schranke erweitert, aber nicht, daß eine Absicht verfehlt wird.

Wenn ich nun von einem Gegenstande schlechtweg sage, er sey groß, ohne hinzuzusetzen, wie groß er sey, so erkläre ich ihn dadurch gar nicht für etwas absolut Großes, dem kein Maßstab gewachsen ist; ich verschweige bloß das Maß, dem ich ihn unterwerfe, in der Voraussetzung, daß es in seinem bloßen Begriff schon enthalten sey. Ich bestimme seine Größe zwar nicht ganz, nicht gegen alle denkbaren Dinge, aber doch zum Theil, und gegen eine gewisse Classe von Dingen, also doch immer objectiv und logisch, weil ich ein Verhältniß aussage, und nach einem Begriffe verfahre.

Dieser Begriff kann aber empirisch, also zufällig seyn, und mein Urtheil wird in diesem Fall nur subjective Gültigkeit haben. Ich mache vielleicht zur Gattungsgröße, was nur die Größe gewisser Arten ist; ich erkenne vielleicht für eine objective Gränze, was nur die Gränze meines Subjects ist, ich lege vielleicht der Beurtheilung meinen Privatbegriff von dem Gebrauch und dem Zweck eines Dinges unter. Der Materie nach kann also meine

Größenschätzung ganz subjectiv seyn, ob sie gleich der Form nach objectiv, d. i. wirkliche Verhältnißbestimmung ist. Der Europäer hält den Patagonen für einen Riesen, und sein Urtheil hat auch volle Gültigkeit bei demjenigen Völkerstamm, von dem er seinen Begriff menschlicher Größe entlehnte; in Patagonien hingegen wird es Widerspruch finden. Nirgends wird man den Einfluß subjectiver Gründe auf die Urtheile der Menschen mehr gewahr, als bei ihrer Größenschätzung, sowohl bei körperlichen als bei unkörperlichen Dingen. Jeder Mensch, kann man annehmen, hat ein gewisses Kraft- und Tugendmaß in sich, wornach er sich bei der Größenschätzung moralischer Handlungen richtet. Der Geizhals wird das Geschenk eines Guldens für eine sehr große Anstrengung seiner Freigebigkeit halten, wenn der Großmüthige mit der dreifachen Summe noch zu wenig zu geben glaubt. Der Mensch von gemeinem Schlag hält schon das Nichtbetrügen für einen großen Beweis seiner Ehrlichkeit; ein Anderer von zartem Gefühl trägt manchmal Bedenken, einen erlaubten Gewinn zu nehmen.

Obgleich in allen diesen Fällen das Maß subjectiv ist, so ist die Messung selbst immer objectiv; denn man darf nur das Maß allgemein machen, so wird die Größenbestimmung allgemein eintreffen. So verhält es sich wirklich mit den objektiven Maßen, die im allgemeinen Gebrauche sind, ob sie gleich alle einen subjectiven Ursprung haben, und von dem menschlichen Körper hergenommen sind.

Alle vergleichende Größenschätzung aber, sie mag nun idealisch oder körperlich, sie mag ganz oder nur zum Theil bestimmend seyn, führt nur zur relativen und niemals zur absoluten Größe; denn wenn ein Gegenstand auch wirklich das Maß übersteigt, welches wir als ein höchstes und äußerstes annehmen, so kann ja immer noch gefragt werden, um wie vielmal er es übersteige

Er ist zwar ein Großes gegen seine Gattung, aber noch nicht das Größtmögliche, und wenn die Schranke einmal überschritten ist, so kann sie ins Unendliche fort überschritten werden. Nun suchen wir aber die absolute Größe, weil diese allein den Grund eines Vorzugs in sich enthalten kann, da alle comparativen Größen, als solche betrachtet, einander gleich sind. Weil nichts den Verstand nöthigen kann, in seinem Geschäfte still zu stehen, so muß es die Einbildungskraft seyn, welche demselben eine Gränze setzt. Mit andern Worten: die Größenschätzung muß aufhören logisch zu seyn, sie muß ästhetisch verrichtet werden.

Wenn ich eine Größe logisch schätze, so beziehe ich sie immer auf mein Erkenntnißvermögen; wenn ich sie ästhetisch schätze, so beziehe ich sie auf mein Empfindungsvermögen. Dort erfahre ich etwas von dem Gegenstand, hier hingegen erfahre ich bloß an mir selbst etwas, auf Veranlassung der vorgestellten Größe des Gegenstandes. Dort erblicke ich etwas außer mir, hier etwas in mir. Ich messe also auch eigentlich nicht mehr, ich schätze keine Größe mehr, sondern ich selbst werde mir augenblicklich zu einer Größe, und zwar zu einer unendlichen. Derjenige Gegenstand, der mich mir selbst zu einer unendlichen Größe macht, heißt **erhaben**.

Das Erhabene der Größe ist also keine objective Eigenschaft des Gegenstandes, dem es beigelegt wird; es ist bloß die Wirkung unsers eigenen Subjects auf Veranlassung jenes Gegenstandes. Es entspringt **einestheils** aus dem vorgestellten Unvermögen der Einbildungskraft, die von der Vernunft als Forderung aufgestellte Totalität in Darstellung der Größe zu erreichen, **anderntheils** aus dem vorgestellten Vermögen der Vernunft, eine solche Forderung aufstellen zu können. Auf das Erste gründet sich die **zurückstoßende**, auf das Zweite die **anziehende** Kraft des Großen und des Sinnlich-Unendlichen.

Obgleich aber das Erhabene eine Erscheinung ist, welche erst in unserm Subject erzeugt wird, so muß doch in den Objecten selbst der Grund enthalten seyn, warum gerade nur diese und keine andern Objecte uns zu diesem Gebrauch Anlaß geben. Und weil wir ferner bei unserm Urtheil das Prädicat des Erhabenen in den Gegenstand legen (wodurch wir andeuten, daß wir diese Verbindung nicht bloß willkürlich vornehmen, sondern dadurch ein Gesetz für Jedermann aufzustellen meinen), so muß in unserm Subject ein nothwendiger Grund enthalten seyn, warum wir von einer gewissen Classe von Gegenständen gerade diesen und keinen andern Gebrauch machen.

Es gibt demnach innere und gibt äußere nothwendige Bedingungen des Mathematisch-Erhabenen. Zu jenen gehört ein gewisses bestimmtes Verhältniß zwischen Vernunft und Einbildungskraft, zu diesen ein bestimmtes Verhältniß des angeschauten Gegenstandes zu unserm ästhetischen Größenmaß.

Sowohl die Einbildungskraft als die Vernunft müssen sich mit einem gewissen Grad von Stärke äußern, wenn das Große uns rühren soll. Von der Einbildungskraft wird verlangt, daß sie ihr ganzes Comprehensionsvermögen zu Darstellung der Idee des Absoluten aufbiete, worauf die Vernunft unnachläßlich bringt. Ist die Phantasie unthätig und träge, oder geht die Tendenz des Gemüthes mehr auf Begriffe als auf Anschauungen, so bleibt auch der erhabenste Gegenstand bloß ein logisches Object, und wird gar nicht vor das ästhetische Forum gezogen. Dies ist der Grund, warum Menschen von überwiegender Stärke des analytischen Verstandes für das Aesthetisch-Große selten viel Empfänglichkeit zeigen. Ihre Einbildungskraft ist entweder nicht lebhaft genug, sich auf Darstellung des Absoluten der Vernunft auch nur einzulassen, oder ihr Verstand zu geschäftig, den Gegenstand sich zuzueignen, und ihn aus dem Felde der Intuition in sein discursives Gebiet hinüber zu spielen.

Ohne eine gewisse Stärke der Phantasie wird der große Gegenstand gar nicht ästhetisch; ohne eine gewisse Stärke der Vernunft hingegen wird der ästhetische nicht erhaben. Die Idee des Absoluten erfordert schon eine mehr als gewöhnliche Entwicklung des höhern Vernunftvermögens, einen gewissen Reichthum an Ideen, und eine genauere Bekanntschaft des Menschen mit seinem edelsten Selbst. Wessen Vernunft noch gar keine Ausbildung empfangen hat, der wird von dem Großen der Sinne nie einen übersinnlichen Gebrauch zu machen wissen. Die Vernunft wird sich in das Geschäft gar nicht mischen, und es wird der Einbildungskraft allein, oder dem Verstand allein überlassen bleiben. Die Einbildungskraft für sich selbst ist aber weit entfernt, sich auf eine Zusammenfassung einzulassen, die ihr peinlich wird. Sie begnügt sich also mit der bloßen Auffassung, und es fällt ihr gar nicht ein, ihren Darstellungen Allheit geben zu wollen. Daher die stupide Unempfindlichkeit, mit der der Wilde im Schooß der erhabensten Natur und mitten unter den Symbolen des Unendlichen wohnen kann, ohne dadurch aus seinem thierischen Schlummer geweckt zu werden, ohne auch nur von weitem den großen Naturgeist zu ahnden, der aus dem Sinnlich-Unermeßlichen zu einer fühlenden Seele spricht.

Was der rohe Wilde mit dummer Gefühllosigkeit anstarrt, das flieht der entnervte Weichling als einen Gegenstand des Grauens, der ihm nicht seine Kraft, nur seine Ohnmacht zeigt. Sein enges Herz fühlt sich von großen Vorstellungen peinlich auseinander gespannt. Seine Phantasie ist zwar reizbar genug, sich an der Darstellung des Sinnlich-Unendlichen zu versuchen, aber seine Vernunft nicht selbstständig genug, dieses Unternehmen mit Erfolg zu endigen. Er will es erklimmen, aber auf halbem Wege sinkt er ermattet hin. Er kämpft mit dem furchtbaren Genius, aber nur mit irdischen, nicht mit unsterblichen Waffen.

Dieser Schwäche sich bewußt, entzieht er sich lieber einem Anblick, der ihn niederschlägt, und sucht Hülfe bei der Trösterin aller Schwachen, der Regel. Kann er sich selbst nicht aufrichten zu dem Großen der Natur, so muß die Natur zu seiner kleinen Fassungskraft heruntersteigen. Ihre kühnen Formen muß sie mit künstlichen vertauschen, die ihr fremd, aber seinem verzärtelten Sinne Bedürfniß sind. Ihren Willen muß sie seinem eisernen Joch unterwerfen, und in die Fesseln mathematischer Regelmäßigkeit sich schmiegen. So entsteht der ehemalige französische Geschmack in Gärten, der endlich fast allgemein dem englischen gewichen ist, aber ohne dadurch dem wahren Geschmack merklich näher zu kommen. Denn der Charakter der Natur ist eben so wenig bloße Mannigfaltigkeit als Einförmigkeit. Ihr gesetzter, ruhiger Ernst verträgt sich eben so wenig mit diesen schnellen und leichtsinnigen Uebergängen, mit welchen man sie in dem neuen Gartengeschmack von einer Decoration zur andern hinüber hüpfen läßt. Sie legt, indem sie sich verwandelt, ihre harmonische Einheit nicht ab; in bescheidener Einfalt verbirgt sie ihre Fülle, und auch in der üppigsten Freiheit sehen wir sie das Gesetz der Stetigkeit ehren. [1]

Zu den objectiven Bedingungen des Mathematisch-Erhabenen gehört fürs erste, daß der Gegenstand, den wir dafür erkennen sollen, ein Ganzes ausmache und also Einheit zeige; fürs zweite, daß er uns das höchste sinnliche Maß, womit wir alle Größen

---

[1] Die Gartenkunst und die dramatische Dichtkunst haben in neueren Zeiten ziemlich dasselbe Schicksal, und zwar bei denselben Nationen gehabt. Dieselbe Tyrannei der Regel in den französischen Gärten und in den französischen Tragödien; dieselbe bunte und wilde Regellosigkeit in den Parks der Engländer und in ihrem Shakspeare; und so wie der deutsche Geschmack von jeher das Gesetz von den Ausländern empfangen, so mußte er auch in diesem Stück zwischen jenen beiden Extremen hin- und herschwanken.

zu messen pflegen, völlig unbrauchbar mache. Ohne das Erste würde die Einbildungskraft gar nicht aufgefordert werden, eine Darstellung seiner Totalität zu versuchen; ohne das Zweite würde ihr dieser Versuch nicht verunglücken können.

Der Horizont übertrifft jede Größe, die uns irgend vor Augen kommen kann, denn alle Raumgrößen müssen ja in demselben liegen. Nichtsdestoweniger bemerken wir, daß oft ein einziger Berg, der sich darin erhebt, uns einen weit stärkern Eindruck des Erhabenen zu geben im Stande ist, als der ganze Gesichtskreis, der nicht nur diesen Berg, sondern noch tausend andere Größen in sich faßt. Das kommt daher, weil uns der Horizont nicht als ein einziges Object erscheint, und wir also nicht eingeladen werden, ihn in ein Ganzes der Darstellung zusammen zu fassen. Entfernt man aber aus dem Horizont alle Gegenstände, welche den Blick insbesondere auf sich ziehen, denkt man sich auf eine weite und ununterbrochene Ebene oder auf die offenbare See, so wird der Horizont selbst zu einem Object, und zwar zu dem erhabensten, was dem Aug je erscheinen kann. Die Kreisfigur des Horizonts trägt zu diesem Eindruck besonders viel bei, weil sie an sich selbst so leicht zu fassen ist, und die Einbildungskraft sich um so weniger erwehren kann, die Vollendung derselben zu versuchen.

Der ästhetische Eindruck der Größe beruht aber darauf, daß die Einbildungskraft die Totalität der Darstellung an dem gegebenen Gegenstande fruchtlos versucht, und dies kann nur dadurch geschehen, daß das höchste Größenmaß, welches sie auf einmal deutlich fassen kann, so vielmal zu sich selbst addirt, als der Verstand deutlich zusammen denken kann, für den Gegenstand zu klein ist. Daraus aber scheint zu folgen, daß Gegenstände von gleicher Größe auch einen gleich erhabenen Eindruck machen müßten, und daß der minder große diesen Eindruck weniger werde hervorbringen können, wogegen doch die Erfahrung spricht. Denn nach dieser erscheint der Theil nicht selten erhabener als das Ganze, der Berg oder der Thurm erhabener als der Himmel, in den er hinaufragt, der Fels erhabener als das Meer, dessen Wellen ihn umspülen. Man muß sich aber hier der vorhin erwähnten Bedingung erinnern, vermöge welcher der ästhetische Eindruck nur dann erfolgt, wenn sich die Imagination auf Allheit des Gegenstandes einläßt. Unterläßt sie dieses bei dem weit größern Gegenstand und beobachtet es hingegen bei dem minder großen, so kann sie von dem letztern ästhetisch gerührt, und doch gegen den ersten unempfindlich seyn. Denkt sie sich aber diesen als eine Größe, so denkt sie ihn zugleich als Einheit, und dann muß er nothwendig einen verhältnißmäßig stärkern Eindruck machen, als er jenen an Größe übertrifft.

Alle sinnlichen Größen sind entweder im Raum (ausgedehnte Größen) oder in der Zeit (Zahlgrößen). Ob nun gleich jede ausgedehnte Größe zugleich eine Zahlgröße ist (weil wir auch das im Raum Gegebene in der Zeit auffassen müssen), so ist dennoch die Zahlgröße selbst nur insofern, als ich sie in eine Raumgröße verwandle, erhaben. Die Entfernung der Erde vom Sirius ist zwar ein ungeheures Quantum in der Zeit, und, wenn ich sie in Allheit begreifen will, für meine Phantasie überschwenglich; aber ich lasse mich auch nimmermehr darauf ein, diese Zeitgröße anzuschauen, sondern helfe mir durch Zahlen, und nur alsdann, wenn ich mich erinnere, daß die höchste Raumgröße, die ich in Einheit zusammenfassen kann, z. B. ein Gebirge, dennoch ein viel zu kleines und ganz unbrauchbares Maß für diese Entfernung ist, erhalte ich den erhabenen Eindruck. Das Maß für dieselbe nehme ich also doch von ausgedehnten Größen, und auf das Maß kommt es ja eben an, ob ein Object uns groß erscheinen soll.

Das Große im Raum zeigt sich entweder in Längen oder in Höhen (wozu auch die Tiefen gehören: denn die Tiefe ist nur eine Höhe unter uns, so wie die Höhe eine Tiefe über uns genannt werden kann. Daher die lateinischen Dichter auch keinen Anstand nehmen, den Ausdruck profundus auch von Höhen zu gebrauchen:

> ni faceret, maria ac terras coelumque profundum
> quippe ferant rapidi secum —).

Höhen erscheinen durchaus erhabener als gleich große Längen, wovon der Grund zum Theil darin liegt, daß sich das dynamisch Erhabene mit dem Anblick der erstern verbindet. Eine bloße Länge, wie unabsehlich sie auch sey, hat gar nichts Furchtbares an sich, wohl aber eine Höhe, weil wir von dieser herabstürzen können. Aus demselben Grund ist eine Tiefe noch erhabener als eine Höhe, weil die Idee des Furchtbaren sie unmittelbar begleitet. Soll eine große Höhe schreckhaft für uns seyn, so müssen wir uns erst hinaufdenken, und sie also in eine Tiefe verwandeln. Man kann diese Erfahrung leicht machen, wenn man einen mit Blau untermischten bewölkten Himmel in einem Brunnen oder sonst in einem dunkeln Wasser betrachtet, wo seine unendliche Tiefe einen ungleich schauerlichern Anblick als seine Höhe gibt. Dasselbe geschieht in noch höherm Grade, wenn man ihn rücklings betrachtet, als wodurch er gleichfalls zu einer Tiefe wird, und, weil er das einzige Object ist, das in das Auge fällt, unsere Einbildungskraft zu Darstellung seiner Totalität unwiderstehlich nöthigt. Höhen und Tiefen wirken nämlich auch schon deßwegen stärker auf uns, weil die Schätzung ihrer Größe durch keine Vergleichung geschwächt wird. Eine Länge hat an dem Horizont immer einen Maßstab, unter welchem sie verliert, denn so weit sich eine Länge erstreckt, so weit erstreckt sich auch der

Himmel. Zwar ist auch das höchste Gebirge gegen die Höhe des Himmels klein, aber das lehrt bloß der Verstand, nicht das Auge, und es ist nicht der Himmel, der durch seine Höhe die Berge niedrig macht, sondern die Berge sind es, die durch ihre Größe die Höhe des Himmels zeigen.

Es ist daher nicht bloß eine **optisch** richtige, sondern auch eine **symbolisch** wahre Vorstellung, wenn es heißt, daß der Atlas den Himmel stütze. So wie nämlich der Himmel selbst auf dem Atlas zu ruhen scheint, so ruht unsere Vorstellung von der Höhe des Himmels auf der Höhe des Atlas. Der Berg trägt also, in figürlichem Sinne, wirklich den Himmel, denn er hält denselben für unsere sinnliche Vorstellung in der Höhe. Ohne den Berg würde der Himmel **fallen**, d. h. er würde optisch von seiner Höhe sinken und erniedrigt werden.